Education

Principles and Strategies

教育原理与策略

薛晓阳 蔡 澄 马兰芳

主编

江苏大学出版社
JIANGSU UNIVERSITY PRESS

图书在版编目(CIP)数据

教育原理与策略/薛晓阳,蔡澄,马兰芳主编. —
镇江：江苏大学出版社,2010.8(2015.1 重印)
ISBN 978-7-81130-165-6

Ⅰ.①教…　Ⅱ.①薛…②蔡…③马…　Ⅲ.①教育理
论－师范大学－教材　Ⅳ.①G40

中国版本图书馆 CIP 数据核字(2010)第 169478 号

教育原理与策略

主　　编/薛晓阳　蔡　澄　马兰芳
责任编辑/米小鸽
出版发行/江苏大学出版社
地　　址/江苏省镇江市梦溪园巷 30 号(邮编：212003)
电　　话/0511-84440890
传　　真/0511-84446464
排　　版/镇江文苑制版印刷有限责任公司
印　　刷/扬中市印刷有限公司
经　　销/江苏省新华书店
开　　本/718 mm×1 000 mm　1/16
印　　张/21.75
字　　数/443 千字
版　　次/2010 年 8 月第 1 版　2015 年 1 月第 4 次印刷
书　　号/ISBN 978-7-81130-165-6
定　　价/43.80 元

本书如有印装质量问题请与本社发行部联系调换(电话：0511-84440882)

前　言

公共教育学有自身的特点,其授课对象是普通师范生。对于他们的职业生涯来说,以知识理论为主体的传统教学模式,未能真正体现普通师范生学习教育课程的特殊需要。也正是基于这一原因,公共教育学课程教学长期处于教与学之间矛盾和困惑的尴尬境地。目前,随着高校研究性教学的提出,其教学形式也在发生变化,包括强化课堂讨论、推进学生自主学习等,但这种改革还不能使公共教育学课程在基本价值观和指导思想上发生扭转与变化。

公共教育学课程教学的改革,寄希望于教师教育理论的研究。从教师专业化理论的发展来看,其重心逐步转向对教师个体成长经历的关注,而不是作为外部动力的课程教学。有关师范教育课程设置的教育价值问题,大规模和高层次的研究越来越少,似乎学术界已经不太关心这个问题。面对公共教育学的尴尬,国内学者王道俊主持的教育部课题"面向21世纪师范院校公共教育学课程体系及教学改革研究"探讨了师范教育的办学模式、教师教育专业素质、公共教育类课程体系、教育学教材体系以及教育学课程教学等问题,并有针对性地提出了若干条建设性建议。

从公共教育学研究的总体看,主要有以下特点:

(1) 研究者的视野大多局限于进行教师定向培养的高师院校,而在综合性大学的视野下进行公共教育学课程改革探索的不多。

（2）对教材内容体系改革,许多学者提倡学术性、新课程改革的理念,但都未突破原有的"通论"式的知识中心的体系,对专题化、模块化及操作性研究不够。

（3）教学模式改革研究注重学生的自学能力培养,近几年也有学者主张案例教学,但对案例教学的研究局限于理论的具体化,而缺乏与探究性学习、教育体验的结合,对公共教育学实践教学的研究尚未引起重视。

（4）鉴于以往对网络教学资源建设的不足,许多学者对公共教育学课程实施网络化教学还缺乏深入的研究。

总体而言,既有研究未能提供公共教育学课程教学改革的出路,虽然在内容上融入了新课程思想,推进了知识与理念的更新,但没有能改变以知识为主体的课程内容和教学模式。这些研究为我们深入研究公共教育学课程改革提供了借鉴,同时也表明确实还存在进一步展开研究的可能与空间。

虽然有关公共教育学课程教学的改革不如从前热烈,但仍有学者在思考这方面的问题。许多学者从不同角度对公共教育学的课程价值进行了反思,而受到批评最多的是以知识理论为主体的课程价值和课程目标。雷晓云认为,教育学的教学应当成为一种真正意义上的教育活动,而不是简单的教育学知识的授受。李素立等批评当前公共教育学课程的目标定位太过宽泛。周燕批评"万能"教育学的课程理念,认为那种试图让教育学承担所有师范教育的任务的做法是不明智的。还有一些学者,把批判的目标指向过于实用性的目标定位。比如,范兆雄认为,公共教育学主要解决的是教育的基本理念和职业情感问题,而不是像备课上课这类具体的专业技能问题。

在课程实践方面,公共教育学的改革有以下趋势:

（1）课程内容改革趋势:改变原有知识本位的课程内容体系。现有的"通论"式的教育学教材模式将被专题化、模块化的注重理论探讨与实际应用的教材体系所取代。新的模式将更加有利于学生对教育内涵的感受和体验,有利于教师专业精神的培养和职业情感的陶冶。在内容上,将不会过分强调概念和定义的学习,而是着重于原理知识的案例化、情景化和活动化。比如,叶澜教授认为,个人成长的独特性和个人感受的内在性才是影响教师获取教育成就与促进教师个人成长的真正动力。这些说明,感受和体验正是教育学教学不可缺少的重要内容。

（2）教学方式改革趋势:将会逐渐地改革原有的以教师讲授为主的教学模式。教学方式的改革将会更加注重案例教学、探究性学习。与此同时,实践教学将在新的改革实验中改变自己的形态,并占据更为重要的位置。在新的改革实验体系中,课堂的实践化和操作化将成为公共教育学改革的重要方向。

（3）教学手段改革趋势:网上资源利用,尤其是反映公共教育学及普通师范生特点的互动性资源的开发和管理,将成为新一轮公共教育学研究的焦点。

基于以上研究和总体发展趋势,我们试图探索一条打破传统公共教育学教学模式的独特思路,即建立以教师专业精神为主要目标、以案例场景的感知体验为基本形式的公共教育学课程教学的新体系。突出基础性、实践性、情景性的统一,从课程价值观上实现公共教育学课程目标及教学模式的结构性改革。

在这一思想指导之下,2009 年我们申报并获批江苏省教改课程"以情感目标为主体的公共教育学教学模式实验研究",扬州大学将此课程立为精品课程重点建设项目。

具体来说,我们的改革设想可以包括以下 3 个方面的目标:

（1）以教师专业精神为课程教学的价值目标。新的课程改革实验突显以情感目标为主体的公共教育学的课程价值,把知识和技能融于对教育案例与场景的感知和体验之中,构建知识与情感并重的课程教学新体系。

(2)以感知体验、探究与对话为课程教学的基本形式。新的课程改革实验把感知体验作为课程教学的主要内容和形式,力求使课堂教学场景化和问题化,把对概念知识的学习变成对教育场景的感知和领悟,使单纯的知识学习过程变成专业精神与职业情感的陶冶过程。

(3)以案例教学为课程教学的主要内容。新的课程改革实验继续重视教育基本理论的学习,但同时强调把教育理论的学习融于典型案例及其他教育场景与问题讨论之中。在课堂教学中,突出案例和场景的主体地位,使理论知识专题化、问题化、场景化。

适应新的改革理念,我们以公共教育学教材改革作为突破口,与课堂教学改革、网络资源利用和网络互动、实践教学改革等相匹配,在教学设计和教材编排上试图进行深层次的改革,形成以情感教育为目的、以感受体验为过程、以案例教学为线索的独特体系和特点。

本书主要有以下特点与教学建议:

第一,全书内容分为理论模块和实践模块,力求建构一个把理论融于感知与体验之中的内容体系。其中,理论模块分为8篇,包括教育与教育学、教师职业与发展、学生成长与发展、课程原理与开发、教学原理与策略、班级建设与发展、教育环境建设与管理、教育科研与写作,每篇内容都以专题形式出现。实践模块主要精选与理论专题相对应的典型案例、视像资料、经典名著阅读、实践场景等内容,为教师教学研讨、学生课外阅读和自主探究提供丰富的材料。

第二,建议采用案例教学与研究性学习、理论学习与情感体验相结合的教学模式。教学过程围绕专题和案例展开,引导学生分析案例并感知生动的教育场景。同时,在这一过程中让学生学习和领悟教育的理论与原理,培养学生分析和解决教育问题的能力,从而切实发挥教育学的职业精神的陶冶价值,进而达到激发学生的教育情感、培育学生的专业精神的改革目标。与此同时,增强公共教育学课堂教学的生动性和有效性。

第三,要注重实践教学体系的改革,可以采用主题参与性实践、视像观摩性实践、田野体验性实践、技能操作性实践等模式。让这几大模块都始终贯穿案例及场景的形式,并通过案例及场景来实现。通过实践教学体系的改革,实现以感知体验为主体的设计理念和实验构想,建立公共教育学所具有的独特的研究性教学体系与开放性的课程学习方式。同时,通过新的改革实验,为公共教育学课程在实践教学方面开创一条新的途径。

第四,重视评价体系与方法的改革,课程教学的目标强调情感教育,因此要进一步加大公共教育学在考试与评价方式上的改革实验。按照学生在教学过程中感知与体验的投入程度以及参与讨论交流的情况,制定对学生的评价标准。评价将更加注重平时的教学过程,包括课堂讨论、自主学习、独立作业及网络参与的程度和情况。这一点是改革实验至关重要的一个环节。

第五,借助校园网为学生搭建一个学习与研究教育科学的平台。从事公共教育学课程教学的每位教师都要能运用网络资源教学。教育学课程基本资料上网,充实了课堂教学的音像资料、典型教育案例及教学活动方案等内容。每位教师要利用网络进行教学互动,引导学生探究学习。

本书编写者为:申卫革副教授(第一篇),管海宏讲师(第二篇),翟楠博士(第三篇),潘洪建教授(第四篇),蔡澄副教授(第五篇),周鸿羽讲师(第六篇),张继龙讲师(第七篇),赵明玉博士(第八篇)。全书由薛晓阳、蔡澄、马兰芳主编设计、统稿和定稿,上述同志多次参与了本书体系、书稿的讨论。

本书的编写参考和引用了一些国内外学者的研究成果与著述,特在此向这些学者表示诚挚的谢意。本书的出版得到了顾松明、陈秋苹、刘胜乐、姚林、陈家麟、刘久成、钱小莉、查永军、张奇勇等同志的支持和帮助,并得到了扬州大学科研出版基金的资助,在此一并致谢。

由于编写时间仓促,加之水平有限,我们的改革设想远未能实现,不成熟之处在所难免,恳请专家同行批评指正。

薛晓阳

2010 年 8 月

目 录

第一篇

教育与教育学

专题一　教育与教育学的发展

学习要求: 理解教育的基本内涵,了解教育和教育学发展的历史过程,掌握不同的教育形态特点,理解当代教育发展的趋势,初步掌握从教育学的视角分析现实教育问题的方法,初步形成教师教育专业必备的积极专业情感和态度。

一、众说纷纭话教育

(一)"教育"一词从哪里来

在我国,"教育"一词最早见于《孟子》中的"得天下英才而教育之,三乐也"一句。东汉许慎《说文解字》对"教"和"育"分别作了最早的解释:"教,上所施,下所效也;育,养子使作善也。""教育"一词在现代英语中对应的是"education",起源于拉丁文"educare",原始意义是"引出,自潜在物中引发"①,指采用一定的手段,把某种本来就潜藏于人身上的东西引导出来,使之从一种潜质变为现实。英语"education"的这一词源学上的意义,反映出东西方文化的一种深度内在区别:中国的"教"、"育",强调的是儿童要学习"外在"的规定的立身之内容,强调成人对儿童的养育;西方强调的则是将儿童潜质的引导作为教育的内涵。在古希腊语中,"教育"一词与"教仆"一词有关,"教仆"是对专门照看儿童的奴隶的称呼。从中西两种有关教育的词源分析中,可以看出"教育"是对人类社会中抚育新生一代的特殊活动的概括。

20世纪之前,在我国,人们很少把"教"和"育"两个词合用,人们论述教育问题时大多用"教"与"学"代替,直到20世纪初,从日本转译过来的"教育"一词才逐渐取代了传统文化背景下的"教"与"学"。日语"教育"的发音与汉语同词相近,但是日语"教育"同英语"education"对译,故具有不同于古代汉语中"教育"一词的含义。

---

① 《牛津现代高级英汉双解词典》,牛津大学出版社,1984年,第378页。

（二）教育是什么

对教育是什么这个问题，人们从不同的立场出发，有着不同的回答。

柏拉图认为，教育是为了以后的生活所进行的训练，它能使人变善，从而高尚地行动，教育不是像有些人所说的那样，可以把知识装进空无所有的心灵里，仿佛可以把视觉装进盲者的眼睛里，教育乃是心灵的转向。

捷克的夸美纽斯认为，人只有受过恰当的教育之后，才能成为一个人。

英国的斯宾塞认为，教育即为未来人的完满生活作准备。

美国的杜威认为，教育不是生活的准备，它本身就是生活，教育即生活，教育即生长，教育即经验的改造。

对教育的解释常见的还有：

"在广义上，教育指的是对一个人的身心和性格产生塑造性的影响的任何行动或经验……在专门技术性的意义上，教育就是通过各级学校、成人教育机构和其他有组织的媒介，有意地把上一代的文化遗产和所积累起来的知识、价值和技能传给下一代的过程。"[1]

"所谓教育，乃是把本是作为自然人而降生的儿童，培育成为社会一员的工作。"[2]

"教育是在一定社会背景下发生的促使个体的社会化和社会的个性化的实践活动。"[3]

目前的教育学教材中，广泛流行的有关教育的定义一般分为广义和狭义两种。广义的教育定义为："教育是有意识的以影响人的身心发展为直接目标的社会活动。"[4]狭义的教育定义，一般指学校教育，是指由专职人员和专门机构承担，有制度保证的，有目的、有系统、有组织的，以影响入学者的身心发展为直接目标的社会活动。[5]

教育作为一种社会活动，包含着不同的形态，这些不同形态的教育所包含的对象、目的、内容、方式、方法千差万别，但由于都以影响人的身心发展为直接目标，因此具有共同的基本要素。我们把教育的要素分为人的要素和影响人活动的要素即教育影响。人的要素包括教育者和受教育者，教育影响包括教育手段、教育内容、教育环境等要素。教育的各个要素共同构成一个完整的实践活动系

① 陈友松，等：《当代西方教育哲学》，杨之岭，等译，教育科学出版社，1982年，第26页。
② 日本筑波大学教育学研究会：《现代教育学基础》，钟启泉译，上海教育出版社，1986年，第3页。
③ 全国十二所重点师范大学联合编写：《教育学基础》，教育科学出版社，2002年，第4页。
④ 叶澜：《教育概论》，人民教育出版社，2006年，第10页。
⑤ 同④。

统。没有教育者,教育活动就不能展开,学习者也不可能得到有效的指导;没有学习者,教育活动就失去了对象,教育就会无的放矢;没有教育影响,教育活动就成了无米之炊、无源之水。不同要素的变化及其组合,最终形成了多样的教育形态。

二、教育发展的历程

(一)教育究竟是如何起源的

教育作为从古到今人类特有的一种社会活动,是如何发生的呢? 在教育学史上,关于教育起源的问题一直争论不休。

1. 历史上关于教育起源问题的争论

神话起源说是人类关于教育起源的最古老的观点,所有的宗教都持这种观点。这种观点认为,教育与其他万事万物一样,都是由人格化的神所创造的,教育的目的就是体现神或天的意志,使人皈依神或顺从于天。今天看来,这种观点是错误的,是非科学的。之所以有这样的观点,主要是因为受当时在人类起源问题上认识水平的局限,从而不能正确提出和认识教育的起源问题。

教育的生物起源说是教育学史上第一个正式提出的有关教育起源的学说,它由法国社会学家勒图尔诺与英国教育家沛西·能提出。他们较早地把教育起源问题作为一个学术问题提出来,他们认为教育活动不仅存在于人类社会中,而且存在于动物界中,人类社会的教育是对动物界教育的继承、改善和发展,教育的产生完全来自动物的本能,是种族发展的本能需要。教育的生物起源说以达尔文生物进化论为指导,它的提出也有一定的经验基础,与神话起源说相比,不能不说是一大进步,标志着在教育起源问题上开始从神话解释转向科学解释。它的根本错误在于没有把握人类教育的目的性和社会性,从而没能区分出人类教育行为与动物类养育行为之间质的差别,仅从外在行为的角度而没有从内在目的的角度来论述教育的起源问题,从而把教育的起源问题生物学化。

心理起源说在学术界被认为是对教育的生物起源说的批判,其代表人物是美国教育家孟禄。他认为,原始教育形式和方法主要是日常生活中的儿童对成人的无意识模仿。表面上看,这种观点不同于生物起源说,但仔细考虑,便可以发现它也离生物起源说不远。因为如果教育起源于原始社会中儿童对成人行为"无意识模仿"的话,那么这种无意识模仿就肯定不是获得性的,而是遗传性的,是先天的而不是后天的,即是本能的而不是文化的和社会的。只不过这种本能是人类的类本能,而不是动物的类本能,这是心理起源说比生物起源说进步的地方。

2. 今天对教育起源问题的探索

劳动起源论一直是近些年来教育起源问题的主流观点。这个观点以恩格斯"劳动创造了人本身"的论断为基础,认为人与动物的根本区别在于劳动,人在劳动中使大脑以及语言等发展起来,教育因此起源于人类传递生产和生活经验的劳动中,并为生产劳动服务。

不过也有学者对"教育的劳动起源论"提出质疑:首先,劳动是教育起源的外因,它不可能是决定性条件。其次,"劳动创造了人本身"这一命题在生命科学上,是进化论的历史陈迹,缺乏科学事实依据,逻辑上也显得混乱。最后,教育和劳动是两个不同的范畴,其对象、特点、过程都不相同,不能把教育当做劳动或认为其从属于劳动。

以叶澜为代表的教育专家在对劳动起源论加以批判的基础上提出了交往起源论。他们认为劳动与教育不同,劳动是人与自然之间借助于人自己制造的工具而产生的一种特殊关系方式,不是人与人之间的直接关系方式,因此,它不可能成为教育的形态起源。教育的形态应起源于人与人之间的交往:交往总是由双方构成的,交往总包含着内容,交往也需要一定的媒体,所以交往具备了教育所必需的要素。交往起源论针对劳动起源论的缺陷而提出,认为劳动是人对客体关系的反应,而教育是人与人之间关系的反应,交往作为劳动过程中人与人关系的反应,更符合教育产生的动因。

(二) 教育的发展历程是什么

教育作为一种社会活动,随着人类社会的发展而变化。在不同的社会历史阶段,由于生产力发展的水平不同,生产关系和政治制度不同,教育表现出不同的形态。一般把教育的形态分为原始社会的教育形态、古代社会的教育形态和现代社会的教育形态。

1. 融于社会生活的原始教育

原始社会生产力水平很低,没有剩余产品,劳动只能维持最低水平的生活。教育还没有从社会生活中分化成为专门的事业,没有专门的教育机构和教育人员,教育是在生产劳动过程中和人们的日常生活中进行的,是与生产劳动紧密结合的,教育内容限于传递简单的生产经验和生活经验。原始社会的教育没有阶级性,人们具有同等的受教育权利。

2. 出现了专门教育机构的古代教育

当人类使用金属手工工具进行生产时,人类社会进入到古代文明的奴隶社会和封建社会时期。这两种社会的学校教育,虽然在目的、内容、制度和组织规模等方面有所不同,但也存在着许多相似点,我们把它们统称为古代社会的教育。

我国的夏、商和西周是奴隶社会,根据《礼记》等书记载,我国古代最早的学校有"庠"、"序"、"学"、"瞽宗"等名称。学校教育的主要内容是六艺:礼、乐、射、御、书、数。教育的主要目的是使奴隶主子弟学习一套管理国家、镇压奴隶与作战的本领。当时的学校教育是轻视体力劳动的,教育与生产劳动是分离的。

在欧洲奴隶社会中,出现了斯巴达和雅典两种教育体系。斯巴达是一个农业国家,残酷的剥削和压迫常常引起奴隶的暴动,奴隶主为了维护统治,特别重视军事训练。雅典是一个商业比较发达的国家,生产力发展的水平比斯巴达高,雅典奴隶主子弟,从7岁到18岁,可以到文法学校、弦琴学校和体操学校学习,既受到体操和军事训练,又受到读、写、算、音乐、文学、政治和哲学方面的教育,掌握从事商业和政治活动的本领。

在我国封建社会里,学校大体分为官学和私学两种。官学具有鲜明的等级性,比如唐朝由中央设立六学二馆。六学:国子学,收文武三品以上官员的子孙入学;太学,收文武五品以上官员的子孙入学;四门学,收文武七品以上官员的子孙入学;律学、书学和算学,收八品和八品以下官员的子孙以及庶族地主的子弟入学。二馆:东宫的崇文馆和门下省的弘文馆,此二馆专收皇帝、皇后的近亲及宰相、大臣的儿子。在地方设立的学校有州学、府学、县学,这些学校只有地方官吏和富豪地主的子弟才有入学的机会,农民和手工业者的子弟是无条件进入的。至于历代的私学,表面上虽是人人可以入学,但由于学费的限制,贫苦子弟也是很难有入学机会的。儒家的经典著作"四书"、"五经"是主要的教育内容,在教学方法上崇尚书本、呆读死记,在教学组织形式上实行个别教学。

在我国封建社会时期,为了选拔为统治阶级服务的人才,先后建立了选士制度和科举制度。汉朝实行察举制,到了魏晋南北朝时期演变为"九品中正制",表面上是以"学问"、"德行"为标准,实际上为豪门士族所垄断,造成"上品无寒门,下品无士族"的现象。自隋至清改行科举制度,这反映了庶族地主的要求和封建中央集权的加强。科举制度的出现是我国教育史上的一个进步,可是由于科举考试内容多为儒家经典,学习方法又多死记硬背,科举考试束缚了学生的头脑,影响了科学文化的发展。

在欧洲封建社会时期,宗教成了封建制度的精神支柱,因此教会教育和骑士教育是教育的两种主要类型。教会教育的主要内容是三科(文法、修辞、辩证法)、四学(算术、几何、天文、音乐),合称"七艺",各个科目都贯穿着神学精神,神学是全部学科的"王冠"。骑士教育的内容是"骑士七技"(骑马、游泳、投枪、击剑、打猎、下棋、吟诗),当然也要进行宗教观点和武士道德品质的教育。

总体看来,古代社会的教育具有以下一些基本特点:(1)出现了专门的教育机构和执教人员。奴隶社会里,出现了专门从事教育工作的教师,产生了学校教育,使教育从社会生活中分化出来,成为独立的形态。(2)教育与生产劳动相分离,学校轻视体力劳动,脑体严重分离。(3)教育方法上崇尚书本,方式简单,体罚普遍。(4)学校教育为奴隶主阶级和地主阶级所垄断,具有鲜明的阶级性,学校教育内容主要是古典学科和治人之术。(5)教学的组织形式是采用个别教学。

3. 与社会生产紧密结合的现代教育

现代社会的生产力水平大幅度提高,科学技术迅猛发展,各种社会关系也发生了很大变化。现代社会的教育也表现出了许多新的特征:

(1)现代学校的出现和发展。从时间上说,现代学校最早出现在18世纪,是应现代大工业生产的要求而产生的;从类型上说,现代学校既包括一些专门传递现代科学技术知识、为现代工业训练劳动力的实科学校、职业技术学校,也包括现代大学。现代学校在体系上更完备、类型上更多样、层次上更清晰、性质上更世俗化。现代学校的教学组织形式是班级上课制。

(2)教育与生产劳动相结合,是现代教育的主要特征之一,教育的生产性日益突出。人们逐渐认识到教育与生产、教育与经济之间的密切关系,教育的生产性和经济功能得到充分关注,教育改革成为经济发展的战略性条件。

(3)教育的公共性日益突出。随着工业生产知识含量的增加和工业社会管理方式的变化,教育逐渐成为社会的公共事业,师生关系也由过去的不平等关系转变为工业社会的民主关系,教育民主不断加强。

(4)教育的终身化和全民化理念成为指导教育改革的基本理念。教育已经远不局限于学龄阶段,而是贯穿于人的一生,终身教育成为重要的发展趋势。随着社会民主化进程的加快,受教育权逐渐成为一项基本的公民权利,全民教育的理念正在从理论走向实践。

(5)教育形式多样化。社会生产力的发展和科学的进步,既为多种形式的教育的产生提供了条件,也向各类人才的培养提出了新的要求,因此各种形式的教育应运而生。从纵向上看,有学前教育、初等教育、中等教育和高等教育,从横向上看,有普通教育、职业教育、特殊教育、成人教育、远程教育、电视教育、继续教育等,从而构成了纵横交错、形式多样的教育系统。

三、当代教育的发展

当代教育是伴随着现代社会的形成而出现的一种崭新的教育形式,是人类社会和教育发展到一定历史阶段的产物,从形式、内容到价值取向都发生了许多变化,下面让我们一起来展望当代教育的发展趋势。

(一) 生命教育为什么成为当代教育的重要主题

20世纪50—60年代,为适应科学技术发展和知识剧烈增长这一现实,国际教育发展委员会发表了《学会生存——教育世界的今天和明天》(Learning to Be—the World of Education Today and Tomorrow)的报告,提出培养适应现代科技发展需要和激烈的国际竞争环境的人才,学会生存成为20世纪下半叶一个重要的教育价值追求。但是在教育强调适应社会物质文明突飞猛进发展需求的时候,一些新的问题也随之而来。精神生活的缺失和道德的堕落,社会秩序的混乱和暴力犯罪的增加,给教育提出了新的问题。

关注生存提升了人们的生存能力,满足了社会发展对人的能力的要求,但是却忽视了教育的另一个尺度,那就是生命的尺度,从而导致教育成为社会控制和规训人的工具,失落了教育引导人生命成长的价值。新的问题引发了人们的思考,教育的价值取向也在逐渐发生变化,从"学会生存"转变为"学会关心",从关注生存转变为关怀生命。联合国教科文组织1989年发表《学会关心——21世纪的教育》(Learning to Care for Others:the Aim for the Education in 21st Century)的报告,它标志着当代教育由"学会生存"到"学会关心"的价值转向。以叶澜为代表的一批教育学者也提出了生命教育的价值理念,认为学校教育应关怀生命,以培养具有积极生存方式、主动健康发展的个体为使命,学校教育生活应关注生命个体的生存状态,关注学校可能开发的多样的生命成长资源。[①] 从"关注生存"到"关怀生命"是当代教育的重要转向。

(二) 人文精神为什么成为教育的重要追求

当代教育的核心是科学教育。教育的内容是科学的,教育的方法也是科学的,没有科学教育就没有现代教育。不过,在现代教育发展过程中,科学教育在进步的同时,也发生了偏向,即受到了科学主义和人本主义对立的影响。所谓科学主义的影响,就是片面强调和发展自然科学的教育,忽视社会科学、人文科学的教育,使学生的全面发展特别是个性心理素质的发展以及伦理道德素质的教育都受到削弱。

科学技术本身是一把"双刃剑",它既可以造福人类,也可以贻害人类。科技究竟给人类带来幸福还是灾难,取决于人自己,关键在于掌握科技的人如何运

---

① 叶澜:《教育学原理》,人民教育出版社,2007年,第162页。

用它,这有赖于人文精神的指导。科学技术只有在人文精神的指导下,才能向着最有利于人类美好发展的方向前进。人文精神也离不开科学精神,只有自觉地把科学精神内蕴于宏大的人文精神之中,人文精神才更富于清晰性、准确性,才能更好地指导人类实践。人文精神本身就是一种科学精神,即科学的人文精神;而科学世界本身也具有丰富的人文内涵:科学在追求知识和真理的同时也在追求着人类自身的进步与发展,在创造物质文明的同时也在创造着精神文明,赋予人类崇高的理想精神,激励人们超越自我、追求更高的人生境界。在教育目标上,我们应强调科学教育和人文教育齐头并进,培养求真求实的科学精神素养和求善求美的人文精神素养相统一的人。

(三) 教育民主化为什么成为教育发展的重要趋势

教育现代化的进程与教育民主化的进程是同步向前的,人们逐步打破由少数人特别是社会统治者垄断、主宰教育的局面,而使教育为越来越多的人所享受、掌握和利用。这是社会进步、人类进步和教育进步的重要标志。到了18世纪后半期,一些先进资本主义国家先后制定了要求普及初等教育的法令,这在教育发展史上乃至整个人类历史上都是一件划时代的大事,是一个大转折。这是第一次承认劳动人民也有权利接受正规的学校教育并把它付诸实施,标志着现代学校、现代教育的正式诞生,教育逐渐普及化,教育民主化成为当代教育发展的趋势。

“教育机会均等”是教育民主化要求的一个具体口号。教育机会均等主要包括:教育起点也就是入学机会的平等、受教育过程的平等以及学业成功机会的平等。教育平等不仅是个体发展权利的重要保障,也是实现社会平等的必由之路,即“教育作为一种相对变动的社会机构,对提高人们的社会地位仍然是一种重要手段”。①

教育民主化不仅要把更多的教育给予更多的人,也要更多的人参加教育民主管理。目前教育民主化逐渐向纵深发展,已逐步深入到教育教学过程的内部,例如实行民主平等的师生关系,反对教师专制的师生关系,反对强制学习和强迫纪律,也反对抹杀学生个性的平均要求。同时,教育的公共性也日益突出,教育公正和教育机会均等成为教育决策与教育行为的基础准则。

(四) 终身教育为什么是当代教育的重要理念

世界上首次对终身教育理念进行系统理论阐述的是联合国教科文组织成人

---

① (美)奥恩斯坦:《美国教育学基础》,刘付忱,等译,人民教育出版社,1984年,第313页。

教育官员、法国成人教育专家保罗·郎格朗,他在 1965 年联合国教科文组织主持召开的"成人教育促进国际会议"期间首次提出终身教育理念。他认为教育应当贯穿于人的一生,成为人的一生不可缺少的活动,应该使教育从横的方面连接个人和社会生活的各个侧面,使今后的教育在每一个人需要的时刻,随时都能以最好的方式提供必要的知识技能。他批评了传统社会把人的一生机械地分为学习期和工作期的做法,并尖锐地指出:"前半生的时间用来积累知识,后半生则一劳永逸地使用知识,这是毫无科学根据的。"他还要求建立一个一体化的终身教育体系。保罗·郎格朗对终身教育理念的诠释及其对终身教育理念实施的倡导,揭示了终身教育不仅是一种教育理念、一个教育原则,而且也是一种教育实践,把这种教育理念和原则转化为教育实践,也就是教育理念的实施。目前,世界上许多国家在制定教育方针、政策或构建国民教育体系框架时,无不以终身教育理念作为支柱,并将实施终身教育理念作为促进国家社会经济发展和公民素质提高的战略手段。为此,我们必须改变传统的教育观念、课程结构和评价方式,必须打通正规教育与业余教育、学校教育与继续教育,建立一个一体化的、更加灵活的、能满足不同类型和层次学习者学习需要的新的教育体制。

《学会生存》指出:"国际教育发展委员会特别强调两个基本观念:终身教育和学习化的社会。"在终身教育思想影响下,世界各国几乎所有大学都承担了继续教育和成人教育任务,建立一套包括人生各个阶段、学校与校外教育机构互相联系的完整的终身教育体系,并着手对本国现行教育体制进行改革,使教育体系向终身教育体系过渡。今天,越来越多的国家建立起了完整的终身教育体系,人人树立起终身教育理念,一个新的学习化社会已经向我们走来。

四、作为学科的教育学的发展历程

(一)萌芽阶段的教育学有哪些教育思想

自从有了教育活动,就有了人们对教育活动的认识。但是近代之前,人们对教育的认识主要停留在经验和习俗的水平,并没有形成系统的理性认识,没有产生教育之"学"。这就是教育学的萌芽阶段。

这一阶段所取得的教育认识成果主要体现在一些哲学家、思想家的哲学著作中。西方柏拉图的《理想国》、昆体良的《雄辩术原理》以及亚里士多德、苏格拉底等都对教育问题有过经典论述。我国古代的教育家孔子留下了许多著名的教育思想,记载在《论语》中,比如启发性原则、因材施教原则至今不朽。我国古代的《学记》是世界教育史上最古老的专门论述教育问题的著作,其中的"教学相长"、"不凌节而施"、"导而弗牵,强而弗抑,开而弗达"、"长善救失"等观点一直是教育学中闪光的思想。

孔子(公元前 551 年—公元前 479 年)

苏格拉底(Socrates,公元前 469 年—公元前 399 年)

(二)创立阶段的教育学有哪些经典著作

从欧洲文艺复兴到 19 世纪末,教育学进入一个新的发展阶段。17 世纪初,教育学开始从哲学知识体系中分化出来,成为一门独立的学科。英国哲学家和自然科学家培根于 1623 年首次把"教育学"作为一门独立的学科提了出来,与其他学科并列。在教育学的独立阶段,捷克教育家夸美纽斯的《大教学论》(1632 年)概括了欧洲文艺复兴以来的教育经验,研究了新兴资产阶级在教育上提出的新问题,建立了比较完整的教育理论体系。他的《大教学论》一般被认为是近代最早一部比较完整的教育理论体系,是教育学作为一门独立学科诞生的标志。在这本著作中,夸美纽斯提出了教育的可能性与必要性问题,主张建立适应儿童年龄特征的教育制度,还系统论述了现代教育的主要组织形式——班级上课制。英国洛克的《教育漫话》(1693 年)、法国卢梭的《爱弥儿》(1762 年)、瑞士裴斯泰洛奇的《林哈德和葛笃德》(1780—1790 年)、德国赫尔巴特的《普通教育学》(1806 年)、德国福禄贝尔的《人的

夸美纽斯(J. A. Comenius, 1592 年—1670 年)

教育》(1826 年)、英国斯宾塞的《教育论》(1861 年)等都是教育学创立阶段的经典之作。其中《普通教育学》被视为科学教育学诞生的标志,该书主张教育学建立在伦理学和心理学的基础上,主张教育在教育过程中的权威地位。赫尔巴特

是传统教育学的代表。

这一阶段的教育学已经从哲学中分离出来,形成了独立的体系,对教育问题的论述逐渐从现象的描述过渡到理论的说明,但是由于科学发展水平的限制,许多理论还存在着局限性。

(三) 多元发展阶段的教育学有哪些存在样态

19 世纪末以来,心理学、社会学、伦理学以及一些自然科学快速发展,教育学不仅从这些学科中汲取了有关成果,而且还利用这些学科的相关研究方法来研究教育问题,教育学获得了多元化的发展。

赫尔巴特(J. F. Herbart, 1776 年—1841 年)

教育学的多元发展为我们展示了教育知识的不同存在样态以及理解和建构方式。

实验教育学是 19 世纪末 20 世纪初在欧美一些国家兴起的用自然科学的实验法研究儿童发展及其与教育的关系的理论,其代表人物是德国教育家梅伊曼和拉伊。实验教育学提倡把实验心理学的研究成果和研究方法运用于教育研究,反对传统教育学思辨式的和经验式的研究方法,强调定量研究,并成为 20 世纪研究教育学的基本范式。实验教育学强调以自然科学的标准研究教育学,走上了"唯科学主义"的道路。

文化教育学是德国 19 世纪末出现的一种教育学说,代表人物主要有狄尔泰等人。文化教育学认为教育是在一定社会历史背景下进行的,因此教育的过程是一种历史文化过程,教育的研究必须采用文化科学的方法,亦即理解与解释的方法进行,教育的目的就是要促使社会历史的客观文化向个体的主观文化转变,并将个体的主观文化世界引向博大的客观文化世界,从而培养完整的人格。其主要途径是"陶冶"和"唤醒",发挥教师和学生个体两方面的积极作用,建构和谐对话的师生关系。

实用主义教育学是 19 世纪末 20 世纪初在美国兴起的一种教育思潮,对整个 20 世纪的教育理论和实践产生了极大影响。其代表人物是美国的杜威、克伯屈等人,代表作有杜威的《民主主义与教育》(1916 年)、《经验与教育》(1938 年),克伯屈的《设计教学法》(1918 年)等。

实用主义教育学也是在批判以赫尔巴特为代表的传统教育学的基础上提出来的,认为教育即生活,教育的过程与生活的过程是合而为一的,教育不是为将来的某种生活作准备的;教育即学生个体经验继续不断的增长,除此之外教育不该有其他目的;课程组织以学生的经验为中心,而非以教师为中心,教师只是学生成长的帮助者。实用主义教育学以美国实用主义文化为基础,对传统教育学进行了深刻批判,但是它忽视了系统知识的学习。

马克思主义教育学派认为:教育是一种社会历史现象,在阶级社会中具有鲜明的阶级性,不存在脱离社会影响的教育,教育起源于社会性生产劳动,劳动方法和性质的变化必然引起教育形式及内容的改变;现代教育的根本目的是促使学生个体的全面发展,现代教育与现代大生产劳动的结合不仅是发展社会生产力的重要方法,也是培养全面发展的人的唯一方法。

批判教育学是20世纪70年代之后兴起的一种教育思潮,也是当前在西方教育理论界占主导地位的教育思潮。批判教育学有许多流派,其观点也不尽相同,但有一些基本的主张:当代学校教育是维护现实社会的不公平和不公正,造成社会差别、歧视和对立的根源;之所以会出现这种现象,是因为教育与社会是相对应的,有什么样的社会政治、经济和文化,就有什么样的学校教育机构,社会的政治意识形态、文化样态、经济结构都制约着学校的教育目的、教育内容等,学校教育一定程度上是复制现有社会阶层的工具,处于不利地位者难以在学校教育系统中获得成功。批判教育学认为教育现象不是中立的和客观的,而是充满利益纷争的,因此教育理论研究不能采取唯科学主义的态度和方法,而要采用批判的态度和方法。

案例分析与讨论

案例一 教育的悲哀

西安市双水磨小学7岁的学生涂千因没完成作业,上课时被班主任叫到教室外罚站三节课,致使小涂千溜出学校玩耍,结果在邻近的人工湖中淹死。

这是个悲痛的故事,然而,事故发生后,双水磨小学的校长和班主任老师、涂千班上的一些同学,都异口同声地撒谎,说涂千出事那天根本没去上学,且众口一词,信誓旦旦,咬得死死的。其中一位小女孩是涂千的同桌,也斩钉截铁地说那天没见涂千来上学。纸终究包不住火,后来终于有一位同学说出了真相。原来,学校和老师为了推卸责任公然撒谎,而且"教育"小学生:为了学校的"名誉",就有必要撒谎。小学生们照办了。就这样,全校上下对媒体、社会、法律撒谎,涂千的父母处于伤心欲绝、孤立无援的弱势地位,多么盼望有人说出真相,但孩子们驯服地照老师的话去做,什么诚实、正义、良心、道德全被老师的教唆扭曲了。这是教育的悲哀,更是教育的畸变和失败,给众多小学生心灵造成的创伤永难弥补。

令人感到欣慰的是,在正义的感召下终于有小学生说出了真相,这个可敬可爱的孩子说:"老师说过,诚实才是好孩子,我要做一个诚实的孩子。"社会正在重新倡导和恢复诚信,社会的希望就在这样诚信的孩子身上。这是真正的教育的曙光。①

讨论题:

1. 上述案例中阐述的故事为什么说是"教育的悲哀"?
2. 从上述案例出发,请你谈谈教育应该是什么,什么样的教育才是好教育。

案例二 成人大学让职业之路走得更远

——条条大道通罗马,高考不再是成才的唯一路径

在很多人的观念里,似乎高考是通向美好未来的唯一通道,可是这个社会上还有很多成功者的故事告诉我们,即使没有通过高考,没有挤进那道狭窄的门,他们还是一样通过努力取得成功。一个人通过成人高考、自学考试,甚至是完全没有接受过高等教育,也一样有机会走向成功。

记者对一些通过参加成人高考成功找到心仪工作的同学进行了采访,发现灵活的学习形式有利于人们成功转行,成人教育、远程教育、开放教育等多条成功路引领人们前行。

胡文鑫毕业于广东社会科学大学企业管理专业,现就职于广州本田公司江门分公司。

中专毕业后,胡文鑫想过参加自学考试,但是自学考试的难度较大,他感到有些吃力,最后他结合自身情况选择了成人高考。

他在大学中获取了助理汽车营销师资格证,毕业后很顺利地找到了一份与销售有关的工作,进入了捷豹汽车公司的销售部,工作一段时间后又跳槽到广州本田公司,即现在的工作单位。

胡文鑫说:"我现在对自己的成绩感到比较欣慰,通过自己一步一步的努力已经做到了主管,相信以后的道路还很长,我会不断充电,让自己的职业道路走得更远。"

专家点评:针对胡文鑫的情况,广东社会科学大学负责招生工作的吴老师认

---

① 引自钟启泉、崔允漷:《新课程的理念与创新——师范生读本》,高等教育出版社,2003 年。

为对于销售行业来讲,用人单位重视的不是应聘者的学历而是工作经验、人际交往能力、语言表达能力、处理问题的能力等综合素质,而在这些方面,成人大学的毕业生在平时的学习中经常接触社会、做兼职等,这使他们往往具有很大的优势,而且大多数成人大学的毕业生对工资要求并不苛刻,很多企业也愿意接收他们。

陈墨超毕业于广东社会科学大学电子商务专业,现与好友合伙创业,创办了自己的网络公司。

陈墨超是广州人,高考未能考上心仪的大学,最后经过对自身条件和现实社会状况的反思,决定报考成人大学。

陈墨超在大学期间立志于成为"全能型"的人才,在学好文化课的同时,注重各种专业技能的培养,获取了公共关系证、企划师资格证、中级计算机职业资格证等与自己所从事领域相关的资格证。由于自身的能力突出,他还没有毕业就找到了一个与税务有关的工作,毕业时,他已经具备了一定的工作经验,得到了很多用人单位的青睐,但是他有更高的目标——自己创业。

陈墨超一直对电子商务很感兴趣,在他刚刚接触这一专业的时候,电子商务虽然被炒得很热,但是实际上并不成熟。通过大学期间的专业课学习,结合自己以往的工作经历,他对电子商务有了更深入的了解,这也是他日后创办网络公司的重要原因。

专家点评:广东社会科学大学负责招生工作的吴老师认为,现如今的社会正朝着多元化方向发展,学生们面临的选择也是多元化的,普通高考再也不是考生们的唯一出路,那些通过刻苦的努力但是高考成绩依然不尽如人意的考生或者高考发挥失常但是由于家庭经济条件限制不愿复读的考生,均可以考虑报考成人大学,在成人大学里,学生们照样可以选择自己感兴趣的专业,学到知识,锻炼能力。

成人大学的教育模式比较重视学生的实际操作能力以及人际交往能力等综合素质的培养,很多学生在校期间都结合自身情况积极参加各种证书考试,比如注册会计师、汽车营销师、电子商务师等等,为自身增值。在就业过程中,具有多种资格证的优秀毕业生往往很具竞争力。[1]

讨论题:

1. 结合这个案例,分析现代教育的发展特点。

---

[1]　http://www.30edu.com/news/2007－09－24/9390.shtml。

2. 结合这个案例,说说你如何理解"条条大道通罗马,高考不再是成才的唯一路径"这一观点。

【扩展阅读】

1. 杨伯峻:《论语译注》,中华书局,1980 年。

2. 袁振国:《当代教育学》,教育科学出版社,2004 年。

3. 柳海民:《现代教育原理》,人民教育出版社,2006 年。

4. 孙孔懿:《教育家》,人民教育出版社,2006 年。

【思考与探究】

1. 谈谈你对教育内涵的理解。

2. 中西方古代教育有哪些特点?

3. 教育学的发展经历了哪些阶段?

4. 你发现当代教育发生了哪些显著的变化? 结合实际,谈谈你对这些变化的认识。

专题二　教育目的

学习要求：理解教育目的的几种基本价值取向，了解在不同价值取向引导下的几种教育目的观，理解我国现阶段的教育目的和中小学培养目标，掌握运用相关理论分析教育实践中具体问题的方法，形成对我国教育目的的正确认识态度。

一、几种不同的教育目的观

（一）教育要培养什么样的人

我们的教育要培养什么样的人？教育目的正是对这一问题的思考和回答。通过教育活动要培养什么样的人的问题，是对人才质量和规格的一种预设，不同的人从不同的立场出发，对这个问题的认识也不同，持有的教育目的观也就不同。

　　1. 个人本位的观点

追求自我的个人本位论认为，教育的目的就是使受教育者的本性、本能得到自然的发展，教育目的应当根据人的本性之需要来确定。个人本位的教育目的观一般注重个人价值，注重人的身心和谐发展，强调人的价值高于社会价值，认为教育目的就是使人的本性获得自然发展，主张根据人的自然本性实施教育。个人本位的价值取向把人视为教育目的的根本，在人类历史进程中不乏进步意义，特别是在文艺复兴以后的历史条件下，它高扬个性自由的旗帜，促进了人的解放，提升了人的价值。但是绝对的个人本位主张无视社会要求和社会需要，忽视了人的社会性。

　　个人本位论的典型代表是卢梭。卢梭是以培养自然人作为教育目的的,在他看来,教育的目的,"它不是别的,它就是自然的目标"。他认为,不能同时把人教育成"人(自然)"与"公民(社会)",而要在"人"与"公民"之间作出选择。他选择了前者,他在《爱弥儿》中说,人应该为自己和自己的爱好而生存,公民的一切却由社会来决定,因而他不再是一个独立的人,顺应天性发展的教育便不应以培养这种公民为职责。但这种自然人不是纯粹生物性的人,不是那种倒退到原始社会的原始人。他指出:一个生活在自然中的自然人和一个生活在社会中的自然人,两者全然不同,一个生活在社会中的自然人须知道怎样在城市中谋生存,如何与人相处。他对这种新型的人作了如下描述:这种人是身心调和发达的人;既有农夫的或运动员的身手,又有哲学家的头脑;身体健康、感觉灵敏、理性发达;不曾受到社会传统的摧残,未被旧有的模型铸成固定的形式;有着发展成为各种人才的条件,能适应时势的要求而承担应当承担的使命。

2. 生活本位论的观点

　　面向生活的生活本位论把教育目的与受教育者的生活紧密联系在一起,他们或以为教育要为未来生活作准备,或以为教育即是生活本身,注重的是使受教育者怎样生活。这方面突出的代表人物是斯宾塞和杜威。

　　斯宾塞是19世纪中后期英国著名的哲学家、社会学家和教育家。他明确提出,教育目的是为"完满的生活"作准备,教育的主要任务就是教会人们怎样生活,教会他们运用一切能力,做到"对自己对人最为有益"。[①] 他指出:"为我们的完满生活作准备是教育应尽的职责,而评判一门教学科目的唯一合理办法就是看它对这个职责尽到什么程度。"他主张教育者有责任把完满的生活作为教育的主要目的,并根据目的慎重地选择施教的科目和方法。斯宾塞的"生活预备说"体现了当时英国资产阶级对通过教育获取使个人幸福的知识与能力的现实要求。

---

① (英)斯宾塞:《教育论》,胡毅译,人民教育出版社,1962年,第7页。

与斯宾塞不同,杜威反对将教育视为未来生活的准备,而认为,一旦把教育看做是为儿童未来的生活作准备,必然要教以成人的经验、责任和权利,而忽视了儿童此时此刻的兴趣与需要,把儿童置于被动地位。因此,他主张,应把教育理解为教育生活,"教育即生活"。一切事物的存在都是人与环境相互作用产生的,人不能脱离环境,学校也不能脱离眼前的生活,学校教育应该利用现有的生活情境作为其教育内容,教儿童适应眼前的生活环境,也就是培养完全适应眼前社会生活的人。他在《学校与社会》中明确提出应把学校创造成"一个小型的社会,一个雏形的社会"。每个学校都成为一种雏形的社会生活,以反映大社会生活的各种类型的作业进行活动……当学校能在这样一个小社会里引导和训练每个儿童成为社会的成员,用服务的精神熏陶他,并授予有效的自我指导工具时,我们将有一个有价值的、可爱的、和谐的大社会的最深切的、最好的保证。[①]

3. 社会本位论的观点

一切服从社会需要的社会本位论主张教育目的应当根据社会的要求来确定,认为教育的根本目的在于使受教育者掌握社会的知识和规范。这种目的观一般强调人是社会的产物,社会是人们赖以生存、发展的基础,教育是培养人的社会活动,教育就是要使受教育者成为社会需要的、维护社会稳定和促进社会进步的人。柏拉图、纳托普、涂尔干、孔德、凯兴斯泰纳等是社会本位论的代表人物。社会本位的价值取向重视教育的社会价值,强调教育目的从社会出发,满足社会的需要,具有一定的合理性;但它充分强调人对社会的依赖,把教育的社会目的绝对化,完全割裂了人与社会的关系,单纯把人当做社会工具,而不是把人作为社会主体来培养,造成对人本性发展的严重束缚和压抑。

柏拉图认为,一个完美的理想国家的建立必须要通过教育来实施。教育的最终目的,就是培养和选拔出统治国家的哲学家——最高统治者,他们是深谋远虑的、真正有智慧的;训练出维持国家秩序的军人与安于生产的农民和手工业者。柏拉图关于教育目的的认识,是与其政治思想紧密结合在一起的,在他那里,教育是社会政治的附庸。

[①] 赵祥麟、王承绪:《杜威教育论著选》,华东师范大学出版社,1981年,第21、28页。

涂尔干是社会学家,他的教育学说实际上是社会学的一个重要部分。涂尔干认为,教育是一个社会事物,学校是社会的缩影,不同的社会环境造就了不同类型的教育,整个社会环境决定了教育能够发挥什么样的功能。他认为教育的目的就是实现年青一代系统的社会化。

德国教育家凯兴斯泰纳批评学校过于培养了学生的个人主义,他主张:"一切教育的目的是教育有用的国家公民。"

纳托普认为:"在教育目的的决定方面,个人不具任何价值,个人不过是教育的原料,个人不可能成为教育的目的。"

4. 伦理本位论的观点

以伦理教化为旨归的伦理本位论是介于"个人本位论"与"社会本位论"之间的教育目的观,但它更偏向于社会本位一边,注重的是社会伦理的一边。作为教育来说,就是要使受本能驱使的自然人转变为能够自觉运用社会规范来支配行动道德的人,也就是通过文化的熏陶使人摆脱自然欲望而变得富有教养,从而塑造出"文化—道德"人来。伦理本位论的代表人物是康德和赫尔巴特。他们认为教育的真正目的是必要的目的,即道德的目的,是指一个人在他的任何活动中都需要达到的目的。一个人不管将来干什么工作,从事什么职业,都必须具有完善的道德品质。

康德开创出一条从自然与人、个体与社会、感性与理性的矛盾对立中来认识和把握教育目的的道路。他揭示了人的双重本性:一方面,人属于自然界,作为自然存在的人具有各种感性欲望;另一方面,人又是道德世界的理性存在,人能以理性来克制感性欲望,从而使自己的行为承担道德责任。

赫尔巴特认为教育目的应该依据伦理学,教育方法则依据心理学来决定。他认为教育目的在于借助知识的传授使受教育者能明辨善恶、陶冶意志,养成弃恶从善的品德。他指出:"教育的唯一工作与全部工作可以总结在这一概念之中——道德。""道德普遍地被认为是人类的最高目的,因此,也是教育的最高目的。"他把教育的目的分为两类:必要的目的与可能的目的,或称道德的目的与选择的目的。他认为,可能的目的或选择的目的是为成长的一代将来能从事某种职业实施一定的教育,帮助他们发展兴趣与能力只是教育的职责,而不是教育的目的,教育的真正目的是道德的目的。

从古到今,实践中践行的一直是社会本位论的教育目的,教育一直是社会的工具,但在理论中,许多教育家一直致力于论述个人本位论的教育目的。从某种意义上说,个人本位论是思想家或者教育学者的理想,任何一个社会都会把教育作为发展的工具来利用。客观上来说,就一个社会整体而言,应把满足人的需要和社会需要结合起来,把重视人的价值和重视社会价值结合起来,并最终落实到人的发展上。

(二) 教育实践中的价值冲突

1. 雅俗之争——博雅教育和职业教育

博雅教育(Liberal Arts)的"博雅"的拉丁文原意是"适合自由人"(在奴隶社会里的自由人或后来社会及政治上的精英),这代表博雅教育正是精英所需要的学识及技能。古希腊倡导博雅教育(Liberal Education),旨在培养具有广博知识和优雅气质的人。其所成就的,不是没有灵魂的专门家,而是有文化的人。博雅教育的目的不是给学生提供一种职业训练或专业训练,而是通过几种基本知识和技能的学习,培养一种身心全面发展的理想的人格,或者说发展一种丰富的健康的人性。

到了19世纪,自然科学的发展给世界带来巨大的变化,科学主义、实用主义、功利主义等逐渐取代了人文主义而甚嚣尘上。斯宾塞是科学主义教育的代表。斯宾塞认为教育是为人的未来完满生活作准备,科学知识能使人们熟悉事物的构成,增强征服自然的能力,使自然服从人们的需要,增进人们的幸福。教育应该教给人如何生活得更好的素质、态度与技能,它们包括实用的知识、各种职业技能等。教育成为职业的训练场,成为职业资格养成的场所,教育成为谋生的工具,博雅教育中对"人的自由"的价值追求逐渐衰落,人们试图通过教育来获得谋生的本领,对"如何存在"的问题不再在意。生存还是存在?人们通过职业教育选择了前者。职业教育解决了谋生的技术问题,对职业教育的关注是合理的,但是仅仅停留在这个水平上是不够的。因为人不仅要生存,作为存在的个体还要实现自由,还要追求像"人"那样地活着。而这,只能从博雅教育的价值中寻找答案。

在西方教育历史中,博雅教育的七大范畴被分为"三道"(初等级)和"四道"(高等级)两类。"三道"包括语法、修辞学及辩证法。"四道"包括算术、几何、天文及音乐。这些成了中世纪大学的核心课程。

起始于古希腊的博雅教育,在亚里士多德那里就因其与"职业"、"专业"教育的对立而得以确定。亚里士多德在其《政治学》中曾提出,博雅教育是专门为人的自由而设立的,它不应当具有实用性或职业性,而纯粹以"使用闲暇从事理智活动"为目的,如探寻知识不是为了知识的实用,操练乐器不是为了成为乐师,而主要是为了个人自由。这一思想不仅为欧洲中世纪"七艺"课程的设置以及文艺复兴时期注重希腊文、拉丁文的古典人文主义教育,而且为我国的素质教育、通识教育等提供了辩护基础。

美国哈佛大学杜维明教授考察了中国和美国的博雅教育后是这样总结的:博雅教育在中国大陆普遍称为素质教育,在美国称为Liberal Arts Education,在中国香港称为博雅教育,在中国台湾通称为通识教育。虽然对博雅教育的叫法不同,但是各方面都一致认为,在传授专业知识的同时,大学应该注重通识教育,提供人文训练,培养人文素质。

2. 并非冤家——素质教育与应试教育

应试教育是素质教育的对立面吗? 对素质教育与应试教育的关系该如何理解?

素质教育曾一度成为教育理论和实践界的热门关键词。对素质教育的理解也有许多差异。在我国的文化语境下,一般认为,素质教育也就是全面发展教育,是对含有各方面素质培养功能的整体教育的一种概括,是对为使受教育者得到多方面发展而实施的多种素质培养的教育活动的总称,是由多种相互联系而又各具特点的教育所组成的。从教育实践来看,一般认为素质教育由德育、智育、体育、美育、劳动教育构成。我国教育方针规定,教育要培养德、智、体等方面全面发展的社会主义建设者和接班人,这是我国对现阶段教育要培养什么性质和规格的人的规定,也是我国现阶段的教育目的。

一般认为,素质教育具有以下基本特征:(1) 素质教育是面向全体学生的教育。素质教育坚持面向全体学生,努力开发每个学生的特长和潜能,改变那种只重视升学有望的学生的做法。素质教育不是面向部分学生而是面向全体学生。这不是英才教育和选拔性教育,而是发展性教育,每个人都在天赋的范围内获得充分发展。(2) 素质教育是促进学生全面发展的教育。素质教育要求学生全面发展,要求全面发展学生的思想政治素质、文化科学素质、劳动技能素质、身体心理素质和审美素质等。素质教育倡导为学生的全面发展创造宽松的条件,克服那种只重视智育,而忽视其他各育的倾向,克服那种只重视知识而忽视能力培养的教育,促进学生身心的和谐发展是素质教育的旨归。(3)素质教育是培养学生个性、主体精神和创造精神的教育。素质教育尊重学生的主体意识和主体精神,提升学生的主体能力,以培养学生个性和创造性为价值追求。没有个性就没有创造性,没有创造性的民族就没有生机和希望。

应试教育常常作为实施素质教育的对立面被提及和批判,实际上,素质教育是就教育内容或者教育宗旨而言的,而应试则是教育实施的手段,二者不存在逻辑上的并列关系。二者常常被相提并论的原因在于,在教育实践中,我们往往把教育的手段——应试作为教育的目的了,也就是我们培养的是如何考试的人,这样就把教育的手段当做教育的目的了,手段和目的的倒置造成了教育目的的偏离,素质教育没有真正落到实处。素质教育和应试教育也说明了理论上应然的教育目的和现实中实然的教育目的的偏差。

二、全面发展的教育目的

(一)我国教育目的体现了什么样的人才观

我国现阶段的教育目的在我国目前的教育方针中有鲜明体现:"教育必须为社会主义现代化建设服务,为人们服务,必须与生产劳动和社会实践相结合,培养德智体美等全面发展的社会主义事业建设者和接班人。"这个方针表明我国现阶段教育目的要培养的人的性质、方向、质量规格等方面的要求,体现了现阶段的人才质量观。社会主义的方向是对人才性质的要求,是我国教育目的的根本所在。受教育者达到德、智、体、美等方面全面发展是对人才素质的要求。德,指个人对待生活和工作、对待社会与他人、对待自然时所应具有的价值观念、行为品质、道德追求、人格修养等,是一个人的人生观、世界观、道德观、政治观及行为品质的总称。智,是指人在认识自然、社会中所具有的学识、才能、智慧等。体,是指人所应具有的身体活动机能、能量、体质和体力等。美,具体指的是审美和创造美的能力。这几个方面是人的基本素质,是个性的主要内容。我国教育目的还蕴涵着提高全民素质、为各行各业培养各级各类人才的内容。

(二)我国教育目的的理论基础是什么

马克思主义关于人的全面发展的学说是我国教育目的的理论基础,是我国现阶段教育目的的源头。马克思关于人的发展的这一理论为我们科学认识人的全面发展提供了方法论指导。历史上,亚里士多德、夸美纽斯、卢梭以及空想社会主义者欧文等人都曾提出过人的智力、体力和道德各方面和谐发展问题,但他们都对人的发展和社会生产之间关系的论述鲜有涉及,大部分建立在抽象的人性基础上,唯有马克思关于人的发展理论把人的发展和社会生产结合起来。

> 马克思关于人的全面发展学说是马克思在考察社会物质生产与人的发展关系时所提出的关于人的发展问题的基本原理,其主要内容是:人的发展与社会生产发展是一致的。旧式劳动分工造成了人的片面发展,大工业机器生产要求人的全面发展,并为人的发展提供了物质基础。实现人的全面发展的途径是教育与生产劳动相结合。马克思全面发展的内涵是指一个人智力和体力的自然自由的发展,这种全面发展的实现需要通过教育与社会生产的结合。

我们要防止教育目的的实践性缺失。实现全面发展的教育目的需要有扎实有效的教育实践,同时有效的教育实践也需要依据教育目的来很好地引导,即要以教育目的的要求来时刻校准教育实践活动的方向,把它作为衡量、评价教育实践的根本标准。忽视这一点,就会导致对教育活动中教育目的的这一价值因素的轻视,而主要注意其中的工具性因素,造成手段与目的的颠倒,把手段当做目的,人们所批评的现行教育中存在的片面追求升学率的"应试教育"就属于此类问题。本来考试是教育的一个环节,是检测教育效果的手段,但却成了教育追求的目的,使真正的教育目的在这样的教育实践中被遗弃,教育实践背离了教育目的的宗旨,这是我国当代教育亟待解决的问题。[①]

此外,由于受文化传统的影响,我国教育目的对生命教育普遍忽视,通过教育,我们应引导学生学会尊重生命、敬畏生命,在教育过程中把引导学生生命的积极成长作为教育的目的之一。

(三)基础教育阶段有哪些基本的培养目标

培养目标是教育目的的具体化,是在教育目的的基础上制订的、各个不同层级的学校培养人才的方向和要求。

义务教育阶段的培养目标是:全面贯彻党的教育方针,体现时代要求,使学生具有爱国主义、集体主义精神,热爱社会主义,继承和发扬中华民族的优秀传统和革命传统;具有社会主义民主法制意识,遵守国家法律和社会公德;逐步形

---

① 　全国十二所师范大学联合编写:《教育学基础》,教育科学出版社,2002 年,第 82 页。

成正确的世界观、人生观、价值观;具有社会责任感,努力为人民服务;具有初步的创新精神、实践能力、科学和人文素养以及环境意识;具有适应终身学习的基础知识、基本技能和方法;具有健壮的体魄和良好的心理素质,养成健康的审美情趣和生活方式,成为有理想、有道德、有文化、有纪律的一代新人。

普通高中教育是在九年义务教育基础上进一步提高国民素质、面向大众的基础教育。普通高中教育为学生的终身发展奠定基础。普通高中特别强调使学生:初步形成正确的世界观、人生观、价值观;热爱社会主义祖国,热爱中国共产党,自觉维护国家尊严和利益,继承中华民族的优秀传统,弘扬民族精神,有为民族振兴和社会进步作贡献的志向与愿望;具有民主与法制意识,遵守国家法律和社会公德,维护社会正义,自觉行使公民的权利,履行公民的义务,对自己的行为负责,具有社会责任感;具有终身学习的愿望和能力,掌握适应时代发展需要的基础知识和基本技能,学会收集、判断和处理信息,具有初步的科学与人文素养、环境意识、创新精神与实践能力;具有强健的体魄、顽强的意志,形成积极健康的生活方式和审美情趣,初步具备独立生活的能力、职业意识、创业精神和人生规划能力;正确认识自己,尊重他人,学会交流与合作,具有团队精神,理解文化的多样性,初步具备面向世界的开放意识。

案例分析与讨论

案例一 考试制度尚未变革 减负令该如何执行

2007 年 11 月 30 日,武汉市教育局出台《进一步加强中小学管理减轻中小学生课业负担的意见》,提出了 17 条"减负"禁令,对中小学作息时间、日托班、课外作业量、考试次数、竞赛项目、培优补课等方面作出了明确规定。本报记者回访了一些中小学,老师们反映了一些执行难点。一言以蔽之,老师们对"减负令"细则持观望态度,家长也不太放心孩子的成绩。他们的困惑十分现实,也十分普遍:中高考制度尚未变革,孩子们怎么敢减负?

这种谨慎心理,完全可以理解,谁都害怕一着失误导致满盘皆输。现今,素质教育及为孩子"减负",其实已成为社会共识,家长们都心疼孩子幼小的肩膀扛负着沉重的书包。但"怎么敢减负"的话语,也一直萦绕,成为另一种"共识"。

诚然,中高考制度没有根本变革前,老师、家长们求稳,一句"怎么敢",隐含的"我也很想"的愿望,确实使一切看上去既无奈又责任深重。但一些趋势,还是应受到关注。

比如,2007年11月29日在武汉召开的教育考试高峰论坛上,教育部考试中心主任戴家干透露:今后高校在招生录取时,将综合考虑学生高中学业水平测试、综合素质评价与高考统一考试3个方面,综合成绩将作为普通高校的录取依据。

戴家干作为教育部门主管考试的官员,言语代表着官方确定的改革方向,相信实现的时日也相距不远。即便以"升学即成才"的标准评判,也至少可供人们想象:也许过不了多久,现在的"减负"生,正可以赶上综合衡量并录取人才的时代。

届时,辛苦求学"苦读儿"们,取得了很好的统一考试成绩,但这可能是其仅有的优势。这项优势,在录取时还会像现在一样明显吗?

再放眼到大的社会环境中去,包括人才聘用、社会评价等,也已经悄然生变。且不说"文凭＝能力"早已被击碎,之前我们常美慕的"体面",也不再局限于惯常所云的"高端"或所谓的"成功人士"。一个普通人,虽有一定的生活烦恼,但只要是快乐地生存于世,这样宁静的市民生活,我们也认为是体面的。所以,在看待童话作家郑渊洁培养儿子时并未刻意追求功利,而是教会他"快乐生存"的故事时,我们更多的是给予赞赏并由此进行反思。

社会评价的一些变化,影响到了家长心理。当"体面"的含义变得宽泛时,残酷竞争下越来越大的压力,使得不少家长在面对未来时选择了淡然——他们可以忘却"富贵",只是希望孩子能有一个工作,可以活得轻松愉快。

一旦孩子的未来与功利产生了某种程度的脱钩,那么选择就将显得人性。反之,孩子们从小就被置入一条"光荣的荆棘路",为"锦绣前程"而绷紧神经,只会让他们在朦胧时期就"深谙"竞争的残酷,过早体味社会生活的艰辛,提前利用压力来"锻炼"承受力。这究竟是福是祸?

在对未来进行更多衡量时,"怎么敢"3个字,可能只是一种基于经验的畏惧,踏出勇敢的一步,在整体环境渐渐向好的当下,未必就意味着对成年的"透支"。因此,我们在观望、怀疑和谨慎之外,更要破除一些固有的旧识。

至于一些执行上的为难之处,比如教师们反映的作业量不好控制的问题,不进行一定测验教师难以掌握学生的学习状况等问题,属于教学中的细节。这些难点,需要教育主管部门引起重视,并调研、解决之。①

讨论题:
1. 根据本专题内容,结合上述案例谈谈你对高考和成才的关系的认识。
2. 结合上述案例,分析"倡导多年减负,成效却不显著"的原因。

---

① http://www.30edu.com/news/2007－12－05/9825.shtml。

案例二　山西朔州高中生课堂上持刀杀死老师

入学不足 1 个月，没有任何仇怨，揣着 3 把利刃，连捅老师 4 刀……2008 年 10 月 4 日，发生在课堂之上的惊天血案在山西朔州惨烈上演。被害的老师家境贫寒，才华横溢，曾考中两所学校的研究生，创作发表了 20 余部小说和剧本。而弑师的学生，却在其留下的一页"死亡笔记"中写道："我就是个坏学生，还坏到家了……我恨老师，更恨学校、国家、社会……我要发泄，我要复仇，我要杀老师。"

10 月 8 日起，记者辗转朔州、静乐等地，深入调查了这起令人扼腕叹息的事件。

疯　狂　血　案

10 月 9 日，位于朔州市郊的朔州市第二中学戒备森严，数名保安警惕地注视着校外来的陌生人。校园内，教学楼旁活动的学生，不由得望着位于一楼的那间已经转移了学生的高一教室。

一切都因为几天前发生的那起血案。

10 月 4 日，是朔州二中开学的日子，晚上 7 时的晚自习是学生们到校后上的第一节课。高一 0816 班的班主任郝旭东早早就来到了教室里。为了省路费，他在放假期间没有回老家去看望父母。这是他参加工作的第一个月，在此之前，他以第一名的成绩应聘成为这所民办学校的老师。

晚上 7 时 30 分左右，他轻轻地走到班长跟前，询问班费的收缴情况。当被告知有两名同学还没有缴，其中包括李明（化名）时，他抬起目光望向李明。

李明正在座位上悠闲地抽着烟，烟盒放在桌子上。对这名学生，郝旭东很是无奈。

不好管也得管。他轻轻地走到李明面前，从他的手中拿走了烟蒂，把烟盒交给班长保管。然后继续走动着巡视，丝毫没有意识到危险正向他逼近。

7 时 44 分，郝旭东走到了李明的座位旁，李明突然站了起来，手中拿着一把弹簧刀，猛地刺向郝旭东的腹部。郝旭东忍着剧痛，捂着流血的肚子向讲台方向退去，但李明并没有就此罢手，他追上前去，一把搂住正向前门挣扎的郝旭东的脖子，右手持刀再次向郝旭东刺去，直到郝旭东倒在血泊中。

突如其来的血案让平静的教室乱作一团，几位反应快的学生扑上前去试图夺下李明手中的刀子，有的学生拿出手机报警，一些女孩子则吓得惊叫起来。

面对血泊中奄奄一息的老师和惊慌失措的同学，李明不以为然。他拿着沾满鲜血的凶器,在讲台上语无伦次地说着自己家如何有钱,他如何恨老师……

其他老师、学生和校领导闻讯赶来,约 10 分钟后,救护车赶到,但因失血过多,在送往医院的途中,郝旭东 23 岁的年轻生命凄然逝去。

赶到现场的警方将仍留在教室的李明带走,在他的书包里,警方找到了两把弹簧刀和一把砍刀,还在他的宿舍里找到了一页"死亡笔记"。

心 灵 扭 曲

这是写在一张活页纸上的寥寥 300 余字的日记,写作日期是 2008 年 9 月 18 日,纸的最上面写着"死亡笔记"4 个字。日记中,这个 16 岁的学生写道:"我已经对生活失去了信心,我活着像一个死人,世界是黑暗的,我只是一个毫不起眼的'细胞'。"在日记中,李明发泄着对初中时教他的两位老师的不满,声称"做鬼"也要杀他们。"不光是老师,父母也不尊重我,同学也是,他们歧视我……我也不会去尊重他们,我的心灵渐渐扭曲。我采用了这种最极(端)的方法。我不会去后悔,从我这个想法一出,我就知道我选择了一条不归路,一条通向死亡的道路,我希望我用这种方式可以唤醒人们对学生的态度,认识社会,认识国家,认识到老师的混蛋,让教育业可以改变。"

这个自称是"倒数第一、差生、坏学生,一块臭肉坏了一锅汤"、认为"我的人生毁在了老师手上"的 16 岁学生李明,最终选择了"杀老师"这样的极端举动,亲手把自己的人生置于了万劫不复的深渊。①

讨论题:

1. 联系本专题内容,结合这个案例,你认为我们在教育目的的实践中有哪些缺失?

2. 结合这个案例,说说我们的教育应该培养什么样的人。

【扩展阅读】

1. 夏正江:《教育理论哲学基础的反思——关于人的问题》,上海人民出版社,2000 年。

2. 陈桂生:《教育原理》,华东师范大学出版社,2000 年。

3. 郑金洲:《教育通论》,华东师范大学出版社,2000 年。

4. 黄济、王策三:《现代教育论》,人民教育出版社,2001 年。

5. 新浪网教育频道,http://edu.sina.com.cn/。

---

① 源自山西新闻网,2008 年 10 月 21 日。

【思考与探究】

   1. 分析评价社会本位论和个人本位论的基本观点。

   2. 运用全面发展的观点分析我国教育目的的精神实质。

   3. 我国教育实践中有哪些与教育目的相背离的地方？举例说明。

专题三 教育功能

学习要求：了解教育的两种基本功能，即对个体发展的功能和对社会的功能，理解教育对个体发展的个性化和社会化功能的基本含义，能够反思现代教育对个体发展的负向功能，理解教育和社会各要素之间的关系，掌握运用相关理论分析个体和社会发展中由教育引发的各种问题的方法，形成对个性教育的正确认识态度。

一、教育的本体功能——促进个体的和谐发展

生活中我们对教育功能的期待日益膨胀，家长希望通过教育给孩子一个美好的未来，成人试图通过教育改变自己的命运或境遇，那么教育究竟对个体发展有着怎样的功能呢？

一般主要从两个方面讲教育的功能，即社会功能和个体功能，其中个体功能是教育的固有职能或本体功能，教育的社会功能是派生的，是通过个体功能体现出来的，所以教育的个体功能是根本。

个体的发展是指个体从生到死，其身心诸方面所发生的一切积极的变化，它是个体的潜在素质变成现实特征的过程。一个人生活在社会上，既是社会的人，又是个体的人。前者表现为人具有社会性，后者表现为人具有个性，社会性和个性是一个人完整的两面。社会性是人的类共性，是人生存的根本；个性是人的独特性，是人存在的本质特征。

（一）自然的人如何成长为社会的人

学校教育是个体社会化的有效手段。个体从一个自然的生物体到社会活动主体的变化，就是通过个体社会化的过程来实现的。个体社会化是个体学习所在社会的生活方式，将社会所期望的价值观、行为规范内化，获得社会生活所需要的知识、技能，以适应社会需要的过程。影响社会化的因素很多，家庭、学校、同伴、媒体、社区、各种环境等都会对个体社会化起作用。学校是青少年社会化

的重要场所,教育是个体社会化的最重要、最有效的手段。

社会化的程度是一个人适应社会的标准,包含思想意识和价值观念的社会化、个体行为方式的社会化、个体职业意识和职业角色的社会化等方面。只有通过有效的教育,个体才能实现这几个方面的社会化。

(二)教育如何促进个性发展

教育促进个体的个性化也是教育的重要功能。如果说社会性是人的"类共性",那么个性才是人的"特性"。人失去社会性的共性,处于游离状态,将会被社会淘汰;人失去个性的特性,在随波逐流中就会失去自我,找寻不到自我的人也就失去了尊严、价值和一切生命意义。完整的人是社会性和个性的统一,对任何一方的疏离都会导致人发展的片面。教育对个体的个性化功能主要表现为两个方面:一是促进人的主体意识和主体能力的发展,形成人的自主性;二是促进个体差异的发展,形成人的独特性。

无论是主体意识的形成,还是主体能力的获得,都要通过教育。主体意识和主体能力是人的主体性的体现。主体意识是人作为认识和实践活动的主体的自觉意识,它包括主体的自我意识和对象意识;主体能力是主体认识、改造外部对象世界的能力。主体意识是主体性的观念表现,主体能力是主体性的外在表征。教育过程对个体而言,是一个提高自身素质、发觉主体意识、提升主体能力的过程。

人的遗传素质蕴涵着个体先天的差异性,再加上后天生活环境、教育影响的不同,即使是相同的遗传素质,也会形成不同的发展结果。教育作为有目的的活动,可以根据学生的不同心理发展特征,选择适合个体的发展思路,因此,教育能够尊重个体差异、因材施教,发展个体的个性,形成个体的独特性。在这个基础上,教育应该通过培养人的自主性、发展人的个性进而使人形成创造性人格,激发人的求知欲,来达到培养学生创造力的目的。

二、教育的社会功能——社会文明进步的阶梯

教育好比是一棵大树,它从社会这个大地中吸收养分而不断成长,同时又通过自身的功能来反哺社会。

(一)教育如何为社会政治服务

教育是造就合格公民和统治人才的重要手段。通过教育传递统治阶级的思想价值观念,通过教育宣传一定阶级或者政党的政治纲领、方针路线和政策,是

教育的基本政治功能。这一点可以从两方面理解：一是学校是知识分子和青年学生聚集的地方，师生对社会政治方面的各种主张、思潮作出反应，对进步的、符合时代潮流的政治观点和变革进行积极学习与宣传，从而促进社会政治进步和变革；二是学校教育对社会政治的决策即政治路线、方针、政策的确定具有咨询作用，特别是高等学校在这方面的功能更为显著。

教育提升国民素质，推动社会民主化进程。社会民主属于政治范畴，民主政治是政治现代化的重要标志，民主是当代政治的重要组成部分，民主政治必然要求民主教育与之配合。民主教育，即实现教育的普及化、民主化和法制化，这是当代教育也是民主政治的重要特征和条件。当代教育具有通过传播民主政治，启发激励人们参与政治的意识和能力等功能。因为社会民主政治发展的程度同参与者的教育程度是有关的，教育程度越高，民主参与意识和能力就越高。民主与法制息息相关，民主政治只有在法制的轨道上才能更好地实现，因此当代教育通过对社会公民的法制教育，提高公民的法制意识，增强他们的法制观念，从而促进社会民主化进程。政治民主化是当代社会政治发展的必然趋势，民主意识、民主观念都需要教育的推动，因为国民素质是社会民主化的重要保证。

（二）为什么说教育也是一种生产力

科学技术是"第一生产力"，是马克思所言的"一般生产力"。所谓一般生产力，是指科学技术通常是以知识形态存在的、潜在的、可能的生产力。这种潜在的、可能的生产力要转化为直接的、现实的生产力，就必须借助人的掌握，把科学技术渗透到物质生产过程中，发挥它的力量。而教育恰恰是科学技术转化为生产力的中间环节，是科技第一生产力由潜在性变为现实性的前提和条件。当代经济发展模式已由依靠物质、资金的物力增长模式转变为依靠人力和知识的资本增长模式，教育对经济增长的促进作用越来越显著。

教育通过提高国民的人力资本，促进国民收入和经济的增长。美国经济学家舒尔茨提出"人力资本理论"，他认为有技能的人的资源是一切资源中最为重要的资源，人力资本收益大于物力资本投资的收益，教育作为经济发展的源泉，其作用远远超过被看做实际价值的建筑物、设施、库存物资等物力资本。教育通过提高国民的人力资本，促进国民收入和经济的增长。普通教育提高受教育者的文化素质，为经济发展提供良好的发展潜能；职业和专业教育直接生产劳动能力，为经济发展提供人力的支持。

教育通过生产科学技术，促进经济发展。科学技术是教育的重要内容，教育对科学技术的作用主要体现在两个方面：一是再生产新的科学技术，二是生产新的科学技术。科学技术是人类整个历史发展过程的结晶,是人类不断积累、继承和创造的结果。在人类历史的发展过程中,科学技术要得以传播,尽管有许多途径,但教育是最有效的途径,因为教育能够对科学技术加以加工改造,成为简约化的"精华"内容。教育对科学技术的传播是一种高效的和扩大的再生产,它通过有效的组织形式和方法来缩短再生产科学技术所需要的劳动时间,它通过教师的传播使原来为少数人所掌握的科学技术为更多的人所掌握,扩大了传播的范围。更重要的是通过教育培养了一大批科技人才,他们是生产新的科学技术的不竭动力。

(三) 为什么说教育是文化中最能动的要素

教育是保存和延续文化的有效手段,教育通过两种方式来完成文化的保存和延续:其一是纵向的文化传承,表现为文化在时间上的延续;其二是横向的文化传播,表现为文化在空间上的流动。教育作为培养人的活动,它以文化为中介,客观上起着文化传承和文化普及作用。正因为有教育的文化传承和文化普及作用,人类积累的文化才能代代相传并广泛普及。

教育通过文化传播和文化交流丰富了文化内容,通过对文化的选择促进了文化的进步和发展。学校教育在本质上就是一种文化价值的引导工作,它选取文化的精华作为教育内容,在批判和选择中实现文化的传承与创新。社会文化总是处于不断发展的过程中,要发展就意味着要创新,没有文化的创新自然也就无真实意义上的文化发展,而文化的创新则需要通过教育来实现,所以教育是文化结构中一个最能动的要素。

教育的社会制约性

教育不仅作用于社会各个因素,同时教育的发展也受社会的政治、经济、人口、文化等各种因素的制约。教育和社会的关系是双向的关系。政治制度决定了教育的领导权和受教育权,经济发展水平影响着教育发展的速度和质量,人口的数量和质量影响着教育的规模、结构以及发展的速度和水平,一个社会的文化传统则对教育的整个价值追求都有深刻的影响。

三、教育功能的反思与再认识

（一）个性教育缺失的原因在哪里

学校个性教育缺失的表现是：通过对独特性的压制和对差异的忽视，最终导致学生自主性和创造性的缺失。那么，学校个性教育缺失的原因在哪里呢？

1. 社会本位的教育目的取向忽视了教育功能的个体尺度

翻开不同版本的教育学方面的书籍，一切对于教育目的的界定都植根于"一定社会培养人的要求"。虽然历史和现实的许多教育家都以人性的解放、个性的自然自由的发展和张扬为追求，但这一切都是教育家对教育目的的价值取向，是教育目的的"应然"，是理想的，而现实总是具体的、真实的，"实然"的教育目的皆是社会本位的教育目的。法国社会学家涂尔干认为，教育目的在于"使儿童的身体智力和道德都得到某种激励与发展，以适应整个社会在总体上对儿童的要求，并适应儿童将来所处的特定社会环境的要求"①，也即教育在于促进年青一代的社会化。

自从人类社会进入工业化社会以来，工具理性主义盛行，原因在于科技成为生活中享有霸权地位的因素。科技的进步意味着对自然的支配能力的提高和对更多物质财富的占有，对行业的垄断和对他人的控制，科技因而被认为是社会的主导因素，发展科技也成为各国共同的使命，而承担这一使命的就是教育。学校教育培养了一批批适应科技社会的劳动力，教育的地位也因此获得空前提升。教育在成为社会发展的有力工具的同时，却失落了教育引领人的精神成长的固有职能，学校个性教育严重缺失。

学校职能是指学校在社会分工中特有的专门职责。从逻辑层面分析，在当代社会条件下，"学校职能可分为个体个性化的职能与社会化的职能两类。前者是学校的固有职能，后者是学校的派生的即工具的职能"②。个体个性化职能是培养独立、健全、独特人格的职能，社会化职能是把个体培养成社会需要的能担当各种社会角色的职能。虽然从人的发展的角度，个性化和社会化是统一在完整的人身上的不同方面，甚至在某种程度上，社会化也是个性化的一部分，但如果一味强调社会化而忽视人的个性化，势必会导致个体独特人格的丧失和人

① （法）涂尔干：《教育及其性质与作用》，张仁杰《国外教育社会学基本文选》，华东师范大学出版社，1989年，第5页。
② 陈桂生：《教育原理》第2版，华东师范大学出版社，2000年，第236页。

的片面发展。

2. 我国教育评价的形式、标准、评价主体等方面都不利于个性教育的实施

我国教育评价的形式主要是以终结性考试为主,强调教育的选拔功能。当前社会考试盛行并且愈加制度化,导致学校在一定程度上是为培养"应试者"而教育教学。考试已成为社会流行的选拔人才的方式,无论是学生还是成人都为应付名目繁多的考试而疲于奔命。考试作为评价人的方式在遴选人才的过程中是一种有效手段,但如果夸大了其价值而让其成为社会主流的生活方式之一,将会滋生功利主义倾向,对学校教育的影响尤为不利。本来作为手段的考试一旦成为学校教育的目的,学校的教学内容和教学目标都会依附考试的指挥棒,不仅学校的选拔职能会空前彰显,而且学校也会完全成为培养"考试机器"的场所。

评价标准的唯一、唯分数、唯权色彩浓重。社会流行的标准化、客观化评价方式导致单一的评价标准,把学生的思维限定在统一的框架内,教育成为培养"标准件"的机器,扼杀了学生的个性。在以分数作为唯一标准的应试教育评价体系中,学生分数功能的扩大化使得所有人的价值取向变得单一和片面。分数本身的局限性在于:它所反映的仅是学生的书本知识和学校生活的经验,而非真正的社会知识、社会经验以及对生存技能的掌握和对生命意义的理解等真才实学,也很难反映出一个学生的发展程度。学校分数至上的评价标准把学生带入了发展的死胡同。评价的权威化是标准化的衍生,它导致学生求同排异,阻断了学生发散性思维的形成,不利于人的个性化发展。

评价主体单一。教育评价的主体是教育者,学生在评价中完全是被动的,虽然在形成性评价中学生偶尔也扮演自我评价的角色,但在规范的尤其是决定"命运"的考试中,学生完全被排除在评价之外,这显然违背了学生作为主体的客观事实。评价作为教育教学过程的一环,应建立在学生参与的基础上,只有学生最了解自己的需要,学生参与的评价也有利于培养学生对自己负责的责任意识,促进学生个性化成长。

教育应教人发掘个性而不是泯灭个性。对人的完整人格的塑造和对人的全面发展的追求,一直是历代教育家辉煌的教育理想,学校教育也是在背负这样的使命中前行,但"应然"教育的价值取向和"实然"教育的现实运作之间的矛盾,总让人有"英雄气短"之叹。教育的对象是人,人的发展是教育的起点和永恒主题,对人的全面发展的无限追求是人的理性自觉,相信学校教育在促进人的完整发展、实施个性教育方面的功能也终会在人的理性之光中苏醒。

（二）教育公平为何成为我国教育改革的热点

教育公平是社会公平的重要基础。由于经济发展水平的差异和制度上的原因，我国在教育公平方面还存在着许多问题。近年来教育公平成为教育改革的关键点，《国家中长期教育改革和发展规划纲要(2010—2020年)》提出把促进公平作为国家基本教育政策。

1. 目前我国在教育公平方面存在的主要问题

目前我国在教育公平方面存在的问题主要表现在以下几个方面：学校教育资源的配置不均等，城乡之间、重点示范学校与普通薄弱学校之间资源配置严重失衡，教育质量相差悬殊，导致择校压力巨大。相当一部分学生难以承受高中和大学阶段的学费，由于经济的贫困失去受教育的机会，导致了事实上的不平等。弱势群体尤其是进城务工的农民工子女上学比较困难。教育领域的弱势群体主要包括贫困学生、残障学生和农民工子女，农民工子女是不断增长的弱势群体，农民工子女就学问题是一个引起广泛关注的热点问题，虽然国家已经确立了流动儿童接受义务教育"以流入地为主，以公办学校为主"的政策，但在实际执行过程中，仍然较难落实。

此外，城乡之间、地区之间、阶层之间高等教育入学机会存在明显的差异。研究表明，不同阶层子女的高等教育入学机会存在很大差异，这种差异不仅体现在能否接受高等教育，而且还表现为所接受高等教育的层次和类型不同。我国城乡二元结构的存在使社会分层对高等教育入学机会的影响呈现明显的城乡差异特征，农村人口中低学历人口的比例远远高于城市人口，城市人口中高学历人口的比例明显高于农村人口的比例。城乡差异是造成高等教育入学机会差异性的重要因素。由于现实、历史和制度的原因，不同地区间高考入学机会也存在着机会的不均等。

2. 我国政府促进教育公平的主要举措

促进教育公平的主要责任在政府，全社会要共同促进教育公平。为了促进教育公平，近年来我国采取了许多有力的举措。

第一，普及义务教育力度加大。中国在经济、社会和教育基础极其薄弱的情况下，普及了义务教育，大大提高了小学、初中、高中阶段的毛入学率，高等教育已经进入大众化阶段。如果没有教育的大发展，中国将只有现有受教育人口的约1/10的人能够受到不同层次的教育。从这个意义上说，"没有发展，就没有公平"。实行真正免费的义务教育，使义务教育做到实至名归，同时为照顾各地经济发展的不平衡，差别收取学杂费，改变义务教育经费过分依赖地方经济发展的状况。

第二,《国家中长期教育改革和发展规划纲要(2010—2020年)》提出,加强教育资源合理配置,统筹城乡教育发展,控制"择校热"。

我国城乡教育差距的突出矛盾是农村教育发展相对滞后,尤其是中西部农村教育与城市教育差距较大。城乡二元结构是造成城乡教育差距的主要根源。因此,缩小城乡教育差距需要从城乡一体化的战略要求出发,在政策制度设计上向农村倾斜。

城乡之间、不同地区之间,甚至同一区域、城市中,不同学校在经费投入、办学设施、师资水平、生源质量等方面也存在巨大差距。这是产生择校现象的主要原因。特别是部分薄弱学校的存在,是实施教育公平的重要障碍。缩小校际差距,首先要着力改造薄弱学校,确保所有学校达到基本建设标准,做到建设有标准,发展有特色。推进义务教育均衡发展。均衡发展是义务教育的战略性任务。推进义务教育学校标准化建设,建立健全义务教育均衡发展保障机制,均衡配置教师、设备、图书、校舍等各项资源。

切实缩小校际差距,着力解决择校问题。加快薄弱学校改造,着力提高师资水平。实行县(区)域内教师和校长交流制度。实行优质普通高中和优质中等职业学校招生名额合理分配到区域内初中的办法。义务教育阶段不得设置重点学校和重点班。在保证适龄儿童、少年就近进入公办学校的前提下,发展民办教育,提供选择机会。

加快缩小城乡差距。建立城乡一体化的义务教育发展机制,在财政拨款、学校建设、教师配置等方面向农村倾斜。率先在县(区)域内实现城乡均衡发展,逐步在更大范围内推进。

努力缩小区域差距。加大对革命老区、民族地区、边疆地区、贫困地区义务教育的转移支付力度。鼓励发达地区支援欠发达地区。

第三,解决弱势群体子女的上学问题。《国家中长期教育改革和发展规划纲要(2010—2020年)》提出,坚持以流入地政府管理为主、以全日制公办中小学为主,确保进城务工人员随迁子女平等接受义务教育。制定进城务工人员随迁子女义务教育后在当地参加升学考试的办法。建立健全政府主导、社会共同参与的农村留守儿童关爱和服务体系,健全动态监测机制。加快农村寄宿学校建设,优先满足留守儿童住宿需求。采取必要措施,确保适龄儿童、少年不因家庭经济困难、学习困难、就学困难等原因而失学,努力消除辍学现象。

第四,促进高等教育入学机会的均等。改进和完善普通高校招生计划安排模式,提高生源计划编制的科学性、合理性。健全国家奖学金、助学金制度,进一步落实国家助学贷款政策,使困难家庭的学生能够上得起大学、接受职业教育。

　　教育部发布《国家发展改革委关于编报 2010 年普通高等教育分学校分专业招生计划的通知》,通知要求进一步缩小地区间高等教育入学机会差距,促进教育公平,高等教育资源相对丰富的北京、天津、上海等省市,将进一步增加面向部分中西部省(区)的生源计划,2010 年,各地均不得减少跨省计划总量。通知还要求,加大对中西部地区对口支援力度。2010 年协作计划安排 12 万人,其中本科 7 万人,高职(专科) 5 万人,由办学条件较好的 14 个省(市)(输出省)的公办普通高校承担,面向今年升学压力较大、高等教育资源有限的 8 个中西部省(区) (输入省)招生。

　　为进一步缩小地区间高等教育入学机会差距,促进教育公平,教育部请高等教育资源相对丰富、2010 年应届普通高中毕业生降幅较大或升学压力相对较小的北京、天津、辽宁、黑龙江、上海、浙江等省(市),在 2009 年常规跨省生源计划和 2010 年协作计划的基础上,进一步增加面向部分中西部省(区)的生源计划。2010 年,各地均不得减少跨省计划总量。

案例分析与讨论

案例一　标准化的语文考试

　　当前中国语文教育过度强调学科的工具性,忽视人文性,过分强调标准化,使不少学者在小学生的考试中败下阵来,如王蒙、莫言、邹静之。

　　据《中华读书报》报道,中国作家协会副主席王蒙曾经试做孙子的语文试卷,结果败下阵来,竟然不及格。面对这样的语文试题,败下阵来的可能不会只有王蒙一人。如今,即使让语言学家来做中国小学生的语文试题,恐怕也都要败下阵来。不是因为王蒙们的学养不厚、学识欠缺,实在是因为现在的语文教育太技术化、工具化,作业也太强调标准化了。

　　中国著名乡土作家莫言的女儿有一次写作文时,把父亲著名作品中的某段借用写进文章中,当女儿将老师阅后的作业拿回家给莫言看时,莫言脸上"三条线":我的作品竟没有一句不是病句!

中国诗人邹静之也曾为上小学的女儿,做过一次吃力不讨好的事。老师要求根据句子的意思写一个成语,比如将"关于思想一致,共同努力"改成成语。邹静之对女儿说应该是"齐心协力"。结果,老师批错,标准答案是"共同协力"。另一题是把"刻画描摹得非常逼真"的意思,写成一成语。邹静之经过一番思索后向女儿说,应该写"栩栩如生"。结果,第二天女儿生气地跑来责问父亲:"爸,你怎么又说错了,老师说应该是惟妙惟肖。"诗人邹静之气得说不出话了。

中国学者表示,当前中国语文教育的症结,就在于过度强调语文学科的工具性而忽视其人文性,过分强调标准化考试而窒息学生的创造性思维,过分强调写作技巧的训练而忽视对学生观察力、创造力和想象力的培养。

北京语文教学专家于漪说,不认清这种人文性,只片面强调语文的工具性,用解剖刀对文章进行肢解,留在学生脑海的只能是鸡零狗碎的符号,这样的后果自然是"把学生的思维捆绑住了,把活生生的学生变成为机器人,把学生的个性、灵气都给打掉了"。①

讨论题:

1. 结合教育功能的相关理论,分析标准化语文教学给个体发展带来的消极影响。

2. 假如你是语文老师,结合本专题内容,谈谈你认为当前语文教学弊端应该如何改革。

案例二 江苏省实施《中华人民共和国义务教育法》办法(征求意见稿)

尚处于试点阶段的义务教育教师"流动制"有望很快在全省铺开。省政府法制办昨日公布的《江苏省实施〈中华人民共和国义务教育法〉办法(征求意见稿)》传递出政策导向信号。这部由省教育厅和法制办共同起草的省级立法征求意见稿中明确写入了教师6年必须流动的条款。据悉,该立法今日起面向社会征求意见,并将于今年5月左右提交省人大常委会审议。

教师核编到县区一级
同一学校任满6年就应流动

在前不久召开的省"两会"上,不少代表委员力挺教师"流动制",希望以此拉平各学校之间的差距,推动教育公平,遏制"择校热"。

---

① 转引自博文,http://blog.sina.com.cn/s/blog_568cf2ae01000alp.html.

征求意见稿中的相关条款对这些意见都有所体现,规定义务教育阶段教职工编制核编到县(市、区),由县级教育行政部门根据学校实际情况统筹使用,均衡配置学校师资力量。

文中还明确指出:"县级教育行政部门应当均衡配置城乡教师资源,建立本行政区域义务教育公办学校教师定期交流制度,组织公办学校教师流动。教师在同一所学校连续任教满6年的,应当流动。""学校实行校长负责制。校长由县级教育行政部门依法聘任,校长任期3年,在同一学校连任不得超过两届。"也就是说,不管是校长还是普通老师,在同一所学校任职都不能超过6年。

有业内人士指出,将轮岗周期定为6年国内已有先例,比如2010年初福州市就规定了义务教育阶段教师原则上在同一所学校工作满6年都要进行异校交流,每年交流人数要达到应交流人数的10%以上。

区域内学校设施均衡设置
不得区分重点非重点

征求意见稿规定,县级以上政府及其教育行政部门应当采取有效措施,促进学校均衡发展,不得将学校分为重点学校和非重点学校,应当统筹规划本行政区域内各学校之间教育教学设施设备的均衡配置。学校不得设置或者变相设置重点班和非重点班。

公办校不得跨学区招生
学区调整应征求居民意见

除了通过教师流动来缩小学校间差距外,江苏省还拟将禁止跨学区招生的规定以立法的形式确立下来。征求意见稿中规定,县级教育行政部门应当根据适龄儿童、少年的数量和分布状况,合理确定本行政区域内义务教育公办学校的施教区范围,保障所有适龄儿童、少年都可以在其户籍所在地就近入学。"确定或者调整公办学校施教区范围,应当听取当地居民的意见。公办学校施教区确定或者调整后,应当向社会公开。"

"公办学校应当接收施教区内的适龄儿童、少年入学,不得跨施教区组织招生。"同时,"适龄儿童、少年免试入学。任何学校不得采取或者变相采取考试、测试、面试等形式选拔学生,不得将任何竞赛成绩、奖励或者证书作为入学的条件和编班的依据。"

不得组织学生学科竞赛
"不补课"将有法律保障

为了切实减轻家长和学生负担,此次征求意见稿中还有不少细化规定,比如规定义务教育不得收取学费、杂费、借读费、教科书费、作业本费等。在为学生减负上还规定了学校不得增加考试科目的课时或者减少非考试科目的课时,不得随意停课,不得占用假期、公休日,不得在课余时间组织学生上课,不得组织学生参加任何形式的学科竞赛,不得按照考试成绩公布学生的排名,不得组织或者变相组织学生参加校外培训机构举办的文化课补习班,等等。各类学生校外活动场所和公共文化体育设施的管理单位,则应当按照有关规定对学生免费或者优惠开放,支持学校开展素质教育。

组织招生考试校长要下岗
老师做有偿家教可解聘

征求意见稿中还花了大量篇幅规定了一系列处罚条款,比如规定学校采取或者变相采取考试、测试、面试等形式选拔新生,或者将各种竞赛成绩、奖励、证书作为新生入学的依据的,由县级以上教育行政部门给予警告;情节严重的,可以对学校校长予以撤职或者解聘。教师从事有偿补习活动或者动员、组织学生接受有偿补习,以及对学生进行体罚等行为,由县级教育行政部门或者学校责令改正;情节严重的,由县级教育行政部门撤销其教师资格,或者由学校予以解聘。而教育行政部门如果向学校下派升学指标,或者以升学情况作为考核标准,情节严重的,相关负责人员给予行政处分,情节特别严重的,负有领导责任的负责人应当引咎辞职。[1]

讨论题:

1. 结合本专题内容,谈谈《江苏省实施〈中华人民共和国义务教育法〉办法(征求意见稿)》旨在解决哪方面的问题。

2. 查阅《国家中长期教育改革和发展规划纲要(2010—2020 年)》,结合这个案例,分析其中关于实现教育公平问题的基本策略。

案例三 江苏义务教育进入"免费时代"

东方网 1 月 8 日消息:近日,一个好消息从江苏省经济工作会议上传来:江

---

[1] 源自《扬子晚报》,http://www.30edu.com/news/2010－02－23/12691.shtml,2010－02－23。

苏省将加大教育投入和对家庭经济困难学生的资助力度,今年全面实行城乡义务教育全部免费提供课本。这是江苏省在全省城乡义务教育阶段全面实行免收学杂费之后,省委、省政府作出的又一项泽惠全省义务教育阶段学子的重要举措。

12 亿元:为 727 万学生"埋单"

江苏省教育厅财务处副处长沈九林告诉记者,实行城乡义务教育全部免费提供课本,是指免除江苏省所有义务教育阶段学生国家课程和省地方课程的课本费。根据测算,2008 年春季江苏省义务教育阶段学生数大约为 727 万人,向他们免费提供课本,意味着中央和地方财政总共需负担约 12 亿元。

实际上,免费提供课本已经"破题"。从 2007 年秋季学期开始,国家向全国农村义务教育阶段所有学生免费提供国家课程的教科书,所需资金全部由中央财政承担。据沈九林说,中央下达给江苏省的 3.1 亿元资金目前已经到达省里,由于农村义务教育阶段的学生已经交费购买了 2007 年秋季学期的教科书,所以对于其中国家课程教科书的部分将如数、及时退还给学生。江苏省对此已经作出部署,要求各地在 2008 年 1 月 20 日前全部清退到每个学生的手上。

一年两大步:从免学杂费到免课本费

"从免学杂费到免课本费,江苏省一年之内跨了两大步。"江苏省教育厅有关负责人接受记者采访时说。2006 年秋季,全省农村义务教育阶段学生全部免除了学杂费,这比全国提前了半年。2007 年初,根据省委省政府的部署,江苏省在全省城乡义务教育阶段全面实行免收学杂费,免除了 770 万名中小学生的学杂费,各级财政部门安排 18.6 亿元予以补助。"2007 年还未过去,省委省政府又作出了免除城乡义务教育阶段学生课本费的决策,比原先预估的时间表大大提前了,真正体现了省委省政府对教育投入的重视,对改善民生的关注。"

据江苏省教育厅有关负责人介绍,免费提供教科书,江苏省从 2005 年就开始了,省政府当年拿出 1 亿元免费提供 56 万套课本给农村经济困难学生。2006 年和 2007 年,省政府免费提供的课本增加到 80 万套,经济薄弱县农村 25%以上的中小学生可以享用到免费课本。

与此同时,又一个提法在悄悄"变脸":2005 年开始,江苏省对农村义务教育阶段家庭经济困难学生实行"两免一补",即免学杂费、免课本费,对贫困的寄宿生补助生活费。2006 年秋季,由于全省农村义务教育阶段学生全部免除了学杂费,所以江苏省开始实行"一免一补"。而向义务教育学生全部免费提供课本后,将会只剩下"一补"。从"两免一补"到"一免一补"再到"一补",内容的减少,是因为"全免"的多了,说明免费政策已经普惠到每一个学生了。

专家视点:开始真正实施免费义务教育

"免费提供课本,标志着江苏省开始真正实施免费义务教育,这是江苏省义务教育发展过程中具有里程碑意义的一件大事。"江苏省教科院教育发展研究中心主任魏所康研究员对这一新政击节称赞。他介绍:国家《义务教育法》明确规定义务教育有免费性与强制性的特点。所谓免费性,就是说由政府财政支付公民的义务教育费;所谓强制性,强调的是作为监护人的家长必须让自己的未成年子女接受义务教育。"正因为免费是义务教育的题中应有之义,接受免费义务教育是公民的基本权利,所以,我国义务教育的总体趋势是实现全部免费。"

魏所康说,现在,江苏省义务教育在免除学杂费之后又免费提供课本,而且一步到位,城乡全免,使得义务教育阶段学生实现了"上学不交费",也使得义务教育实至名归,这走在了全国前列。就是在世界上实施免费义务教育的150多个国家中,既免除学杂费又免除课本费的也不多。

"免费提供课本,是推进教育公平的又一个基础性工作。"沈九林认为,受教育是公民的基本权利,免费义务教育可以确保不让一个孩子因贫失学,打破贫困的"世袭化",使教育体现出最大限度的社会公平。正如温家宝总理所说:"让所有贫困家庭的子女都能上学,真正享有受教育的平等权利,这就是穷人教育学。"

据沈九林介绍,江苏省在免除义务教育阶段学生课本费的同时,还在进行着另一项重要工作,那就是从2007年起,用两年时间全面完成农村义务教育债务化解任务。债务化解后,农村义务教育学校将"轻装前行",大大有利于他们进一步提高办学水平。

校长和家长:孩子们遇上了好时光

"向学生免费提供课本,对于进一步促进义务教育持续、健康发展具有重要意义。"如东县掘港一中黄均校长深有感触地说。据他介绍,他们学校是县城唯一的一所公办初中,全校近千名学生中,95%是农民子女,其中不少学生家庭经济困难或者是进城务工农民子女。"以前每到开学,就是我们校长最犯难的时候。""家庭经济困难学生缴不起课本费,学校要四处想办法去筹措资金,耗费了很多精力。实在收不齐的,就由学校来贴。有的学生索性不来上学,我们还要送钱上门动员他们来上学。我校每年都要筹措 4 万多元,资助特困子女,解决他们上学难的问题,每年还组织教师捐款。""课本费由财政支付,对我们校长来说是送来了'及时雨',解除了后顾之忧。这样我们可以把精力全部集中到教学上来,努力创办人民满意的教育。"黄均说。

"政府把孩子的课本费解决了,为我们农民办了件大好事,真正减轻了我们的负担。"洪泽县共和中学初一年级刘同学的母亲说。这位体弱多病的母亲告诉记者,他们全家的收入来源主要靠孩子父亲在苏南打工,但他一个月只能寄回家八九百元钱。孩子一学期的课本费将近 200 元,3 年就是 1 000 多元,对他们家来说是一笔不小的支出。"孩子遇上了这样的好时候,不好好学习能对得起政府吗?"刘妈妈说。

江苏义务教育免费历程

2005 年省政府向农村家庭经济困难学生免费提供 56 万套课本。

2006 年秋季,全省农村义务教育阶段学生全部免除学杂费;省政府免费提供的课本增加到 80 万套。

2007 年春季,江苏省在全省城乡义务教育阶段全面实行免收学杂费,免除了 770 万名中小学生的学杂费。当年,继续向 80 万名家庭经济困难学生免费提供教科书。

2008 年,全面实行城乡义务教育全部免费提供课本。中央和地方财政将共拿出约 12 亿元,为全省义务教育阶段 727 万名学生免费提供课本。[①]

讨论题:

1. 结合本专题相关内容,谈谈你对江苏义务教育免费历程的理解。

2. 为什么义务教育免费有利于实现教育公平? 结合本案例,谈谈你对这个问题的认识。

【扩展阅读】

1. 吴康宁:《教育社会学》,人民教育出版社,1998 年。

2. 全国十二所重点师范大学联合编写:《教育学基础》,教育科学出版社,2002 年。

3. 杨东平:《中国教育公平的理想与现实》,北京大学出版社,2006 年。

4. 现代教育网,http://www.cn21edu.com/。

---

① 源自《新华日报》,http://www.30edu.com/news/2008 - 01 -08/10050.shtml,2008 年 1 月 8 日。

【思考与探究】

1. 如何理解教育的功能？
2. 教育如何促进个体发展？
3. 教育与经济发展的关系表现在哪些方面？请举例说明。
4. 分析现行教育实践中个性教育的缺失，并举例说明。

第 二 篇

教师职业与发展

专题一　教师职业特征

学习要求：知道教师职业的意义，能明确教师职业性质与劳动特点，在理解教师职业角色变化理论的基础上体会教师职业素养的要求，热爱教育事业，热爱教师职业。

一、教师职业的过去与现在

虽然自教育出现就有教师，但最初的教师并非作为一种职业。据《尚书·舜典》记载，在虞、舜时代，我国似乎就有了专司教育的学官。一为"司徒"，主持"五教"（父义、母慈、兄友、弟恭、子孝），以契为之长；二为"秩宗"，主持"三礼"（祭天神、祭地祇、祭人鬼），以伯夷为之长；三为"典乐"，专掌乐教之类，以夔为之长。这些"司徒"、"秩宗"、"典乐"既是管理行政的首领或长老，又是社会教育的承担者。

作为一种职业的教师诞生于学校产生之后，部分人从直接生产劳动中脱离出来，专门从事培养人的活动。但最初出现的学校一方面是统治阶级维护政治的需要，受（学校）教育是统治阶级的特权；另一方面，教育的内容比较简单，职能没有分化。此时的教师虽然从生产劳动中分离出来，但他所承担的教育任务与他所从事的政治活动、宗教活动是紧密结合在一起的。例如在我国的奴隶社会时期，学校教育就呈现出政教合一的特征，教师由官吏兼任，表现为"官师合一"、"以吏为师"。在西欧各国奴隶社会时期，教师多由僧侣充任，或由其他劳动者兼任。春秋末年的孔子，为了推行自己的政治主张，率先办起了"私学"，提出了"有教无类"，打破了贵族对受教育权的垄断，把受教育的对象扩大到一般的平民，世界上出现了以"教"为业并把"教"当做自己主要生活方式的教师和教师职业。但古代私学的教师因不代表社会的要求，虽然也以育人为业，但仍不同于现在的教师。

当代，虽然知识的传递依然是教师的重要工作，但不能把此视为教师工作的全部和唯一的目标。正如雅斯贝尔斯所说，教育并非理智知识的堆集，而是人的心灵的教育。教育不是"知者"带动"无知者",教师已经跳出和超越了传统的知识传递者的角色,教师的职责不仅在于"教书",更在于"育人",在于创造新的精神生命。从"知识的传递者"到"生命的缔造者",教师的职业性质发生着根本的变革,教师职业已成为一种专门职业。

> 古今中外的教育家曾对教师下过不同的定义,就我国而言,具有代表性的有以下几种观点:
> (1)"师者,教人以道者之称也。"(《周礼》)
> (2)"师者,所以正礼也。""教之以事,而喻诸德者也。"(《荀子》)
> (3)"智如泉源,行可以为人仪表者,人之师也。"(《韩诗外传》)
> (4)"师者,人之模范也。"(扬雄《法言学行篇》)
> (5)"师者,所以传道、授业、解惑也。"(韩愈《师说》)
> (6)《辞源》把教师解释为"传授学业"之人;《辞海》把教师解释为"向学生传授知识,执行教学任务的人员"。

二、教师的社会地位

(一)教师的社会地位缘何"忽高忽低"

一般来说,职业社会作用的大小与其地位高低呈正相关。没有人否认教师职业对社会发展的巨大作用。教师既是人类文化的传递者、社会物质财富和精神财富的创造者,也是学生发展的引导者。因此,教师的劳动理应受到全社会的尊重与承认。然而在历史上,教师职业的社会地位却"忽高忽低"!

在我国,儒家曾把教师的地位抬得很高,将教师与君相提并论。孟子有"天降下民,作之君,作之师"之语;荀子倡"天、地、君、亲、师"序列;《学记》中有"能为师然后能为长,能为长然后能为君。故师也者,所以学为君也"之句。但是,古代社会中教师的作用具有两重性:一方面,继承、传播已有的知识文化;另一方面,依附统治阶级并为统治阶级服务,为统治阶级培养继承人。教师没有充分表达自己意愿的权利,其劳动成果为统治阶级所占有,教师是受压迫的劳动者。因此教师的劳动得不到全社会的承认,社会地位也摇摆不定。同时,由于受政治伦理本位、官师一体、"学而优则仕"和看重职业实利特权文化以及教师的非专业化的影响,教师的实际地位和待遇难以得到实质性的提高与改善。如:韩愈的

"嗟呼,师道之不传久矣",柳宗元的"由魏晋氏以下,人益不事师。今之世,不闻有师;有辄哗笑之,以为狂人",郑板桥的"教馆本来是下流,傍人门户度春秋。半饥半饱清闲客,无锁无枷自在囚"等,都是古代人对教师地位和待遇所生发的悲愤与感慨。新中国成立后,教师作为知识分子被明确为工人阶级的一部分,教师被选举为人大代表、政协委员,国家表彰优秀教师,授予"特级教师"、"劳动模范"光荣称号。但在"文革"中,由于歪曲了知识分子政策,教师被污蔑为"臭老九"。十一届三中全会以后,随着党的知识分子政策的落实,冤假错案的平反,教师的政治地位才开始恢复,中国教育工会成立(2002年扩大为教科文卫体工会)。

我国教师节的由来

　　1932年,国民党政府规定每年6月6日为教师节。1939年,当时的教育部又将教师节改在每年的8月27日。新中国成立初期曾把"五一"节作为全国教师的节日,没有单独设立教师节。20世纪80年代初,教育部和全国教育工会多次给中央写请示报告,1984年,中共中央书记处在请示报告上批了"看来教师有必要有一个教师节"。之后,国务院总理就在1985年1月召开的全国人大常委会上提出了设立教师节的议案;全国人大常委会通过了设立教师节的议案,决定把每年的9月10日定为教师节。1985年9月10日为第一个教师节。教师节的设立,为全社会集中开展尊师重教活动提供了机会,对广大教师也是一种有力的激励。在庆祝一年一度教师节的时候,各级政府都以"为教师办实事、办好事"为主题,推动了为教师排忧解难的具体措施的落实。①

　　在西方,教师的地位也屡有变迁。古希腊的教仆随时可以被贴上标记,并被定价到市场上拍卖。19世纪以前,欧洲各国初等学校的教师大多由教堂里的唱诗人、旅馆的掌柜以及"坐着的手艺匠(裁缝、鞋匠等)"兼任。直到19世纪,初等学校(特别是为劳动人民所设立的初等学校)的教师也一直不受重视。19世纪以后,教师的地位有所改善,但远不尽如人意。1850年,法国立法会议通过了《取缔学校教师法》,马克思就此描述道:"取缔学校教师法,使身为农民阶级的教育者、保护人、思想家和顾问的学校教师处于受地方行政官任意摆布的地位,把身为学者阶级中的无产者的学校教师像追逐野兽一样从一个村庄赶到另一个

---

① 《中国教育报》,2001年9月28日。

村庄。"①总之,在早期的教育中,教育还处于十分散漫的状态。教什么、何时教、怎么教都由教师说了算,学校和教师的工作都没有统一的标准,教学质量也取决于教师的水平。很少有人把教学作为自己的专门职业和终身职业,更谈不上对从事这个行业的人进行专门的培训,这就导致古代教师职业具有非专业化的特点。

教师社会地位的最直观表现是教师的经济待遇。古代社会除少数大师鸿儒外,普通教师的经济待遇一直比较低下,"家有一斗粮,不当孩子王"等正是这种情况的真实写照。现代社会,教师的经济待遇正在不断提高,全社会正在形成尊师重教的风气。教师的经济待遇不仅影响教师个体的生存和发展,也影响教师队伍的稳定和教师职业的专业化程度。

(二) 教师有哪些权利与义务

教师职业的权利主要是指法律赋予教师在履行职责时所享有的权利。教师享有的社会权利,除一般公民权利如生存权、选举权,享受各种待遇和荣誉等权利外,还包括职业本身特点所赋予的专业方面的自主权。《中华人民共和国教师法》对教师的权利和义务主要有以下规定:

1. 教师享有的权利

(1) 进行教育教学活动,开展教育教学改革和实验;

(2) 从事科学研究、学术交流,参加专业的学术团体,在学术活动中充分发表意见;

(3) 指导学生的学习和发展,评定学生的品行和学业成绩;

(4) 按时获取工资报酬,享受国家规定的福利待遇以及寒暑假期的带薪休假;

(5) 对学校教育教学工作、管理工作和教育行政部门的工作提出意见和建议,通过教职工代表大会或者其他形式,参与学校的民主管理;

(6) 参加进修或者其他方式的培训。

2. 教师应当履行的义务

(1) 遵守宪法、法律和职业道德,为人师表;

(2) 贯彻国家的教育方针,遵守规章制度,执行学校的教学计划,履行教师聘约,完成教育教学工作任务;

(3) 对学生进行宪法所确定的基本原则的教育和爱国主义、民族团结的教育,法制教育以及思想品德、文化、科学技术教育,组织、带领学生开展有益的社会活动;

---

① 华东师范大学教育系:《马克思恩格斯论教育》,人民教育出版社,1986年,第170页。

（4）关心、爱护全体学生，尊重学生人格，促进学生在品德、智力、体质等方面全面发展；

（5）制止有害于学生的行为或者其他侵犯学生合法权益的行为，批评和抵制有害于学生健康成长的现象；

（6）不断提高思想政治觉悟和教育教学业务水平。

三、不同于其他行业特点的教师劳动

知识是人发展的养料，生命的和谐整体发展才是教育的目的。教师以他人和自己的精神产品，把社会历史的精神财富内化为自己的精神世界去启迪、引导、培养和造就学生的完美人格，亦即智力、情感、道德、价值观、个性品质的发展，这些因素都属于人的精神世界。因此教师的劳动是创造学生精神生命的独特的精神劳动。韩愈的"传道、授业、解惑"、夸美纽斯的"把一切事物教给一切人类的全部艺术"、赫尔巴特强调的教师中心和书本中心，其本质都是认同教师是知识的保管员和传递者，教师是学生知识的最重要的供给者，把教育目的等同于文化知识的传授。

（一）为什么说教师劳动是复杂性劳动

教师劳动的复杂性首先来源于对象的"复杂"。一方面，教师的劳动对象不是无生命的物体，而是有思想、有情感、有个性的活生生的不同人。另一方面，学生具有不同性别、不同的家庭出身、不同的社会背景，他们的发展受他们各自的遗传素质、后天生活的影响，导致他们的性格、情感、需要、意志、品质等也不完全相同。同时，每个学生的个性又是发展变化的。教师面对的是这些变化着的、独特的精神世界，不可能用同一方法要求所有的学生，必须根据个体的差异，采取不同的方法，区分对待，只有这样，才能有的放矢。

教师既要教书，又要育人；既要传授知识、培养技能，又要发展智力、培养能力；既要帮助学生树立正确的世界观、人生观，培养良好的道德品质，形成文明的行为习惯，又要帮助学生陶冶健康的情感，锻炼坚强的意志和性格；既要关心学生的思想、学习，又要关心他们的身心健康；既要面向全体，又要照顾个别差异。教育就是要使每个学生得到全面、和谐而又独特的发展。

其次，教师的劳动过程不同于其他行业。教师的劳动是一种精神劳动，但又与一般的精神劳动（如文艺创作等）不同。一般的精神劳动虽然也要运用智力，但它完全受生产者自己意志的控制；而教师的劳动不能完全以教师的意志为转移，教育过程虽然由教师来设计，但教师要了解学生的需要，反映他们的学习需求,激励他们的学习积极性和自觉性。教师劳动对象的这种双重性,加大了教师的工作难度,使他们的工作过程具有特殊的复杂性和艰巨性。

教师对学生的影响是知识、人格、品行等全面的影响,是教师集体的影响,具有影响的全员性;然而,要把这些复杂多样的影响优化组合,有效地组织到教育过程中,使来自各方面的影响协调一致,这本身就是一种复杂的工作。

总之,教师的劳动对象,决定了教师的劳动任务是全面复杂的,劳动的手段、劳动的过程等都是复杂的。以前很多人认为有知识的人都可以做教师、从事教育工作,这是对教师劳动的复杂性的估计不足。正因为教师劳动是复杂的,所以只有专业化的人员,才能从事教育工作。

(二)教师劳动的创造性表现在哪里

有人说,教师的劳动是"简单重复"的劳动,是这样吗?苏霍姆林斯基说过,教师劳动的创造性主要体现在他的工作对象上——儿童在经常地发生变化,教师的工作对象永远是新的。教师虽然是教同一个科目,但每届、每班的学生不同。即便是一直在教同一个班级,好像学生没有变化,但学生在受教育的过程中已经得到了发展,他们今天的知识、能力、个性、思想、观念已经不同于昨天,教师实际上已经面对了一个个"新"的个体。教育对象的变化性,决定了教师劳动不可能重复进行,必须根据变化了的学生和教育情境,一切从实际出发,创造性地灵活运用教学规律和原则。这就是所谓的"教学有法,但无定法","运用之妙,存乎于心"。教学是创造,是一门不断创造的艺术。

1. 教师劳动的创造性首先表现在因材施教上

面对各异的教育对象,成功的教学不仅要面向集体,符合该集体学生的年龄阶段特征的要求,更必须照顾他们的个别差异,根据他们的个别特点进行教育。通俗地说,就是教育必须一把钥匙开一把锁,切忌"一刀切"、"一锅煮"。

2. 教师劳动的创造性也表现在教育过程中对教学内容的处理和教学方法的选择、运用上

同样的文本教材,怎样传授给不同的学生,需要教师对教材内容进行加工处理。就像导演对剧本进行再创造一样,教师对教材也需要再创造。同样的教学方法在一种情况下是适用的,而在另一种情况下就不适用;对某个教师来说很有效的好方法,对另一个教师来说就未必。简单照搬或机械模仿别人的经验,只能是"东施效颦"。

3. 教师劳动的创造性还表现在教育机智上

教育虽然有计划、有组织,但由于学生的内心世界是不断变化的,所以,教育过程、教育情境是难以控制的,事先没有预料到的情况随时都可能发生,这就需

要教师对没有预料到的教育问题保持高度的敏感性,对突发性教育事件能够迅速作出反应并及时进行恰当处理。乌申斯基指出:"不论教育者怎样地研究了教育理论,如果他没有教育机智,他就不可能成为一个优良的教育实践者。"

(三) 教师劳动的示范性是什么

一般的劳动都要借助于特定的工具,且工具和劳动者是分离的。教师劳动虽然也借助于一些分离的工具,如教材、教学方法、手段等,但教师劳动的另一个重要的工具是自己的思想、学识、能力、人格、言行等,这些作为教育手段和影响的工具本身为教师所独有。即便是教材、教法这些分离的工具,经过教师的加工、选择,也已经打上了教师的"烙印",深受教师的知识、人格的影响。所以,教师劳动的特殊性就在于劳动者和劳动工具具有一体性与相关性。教师对学生的影响体现在两方面:一方面是教师本身的影响,另一方面是通过教师的加工、渗透着教师本人人格的教育影响。正因如此,教育家都高度重视教师的示范作用。第斯多惠指出,教师本人是学校里最重要的师表,是最直观的、最有教益的模范,是学生活生生的榜样。乌申斯基则进一步指出,在教育工作中,一切都应以教育者的人格为依据,任何章程、任何纲领和任何管理机构,不论设想得多么精妙,都不能代替人格在教育中的作用。正因为教师对学生的成长直接或间接地发生着影响,所以教师必须以身作则。

学生的向师性和模仿性,决定了教师劳动具有示范性。在学生的眼里,教师通常是智慧的化身、人格完美者。青少年学生对老师有一种特殊的信任和依赖,特别是对小学生而言,老师的一言一行在他们心中具有绝对的权威,他们甚至认为老师说的什么都是对的,对老师的信任远在父母和朋友之上,他们经常用老师的言行作为依据衡量其他人的言行。所以,在许多场合,教师本身的学识、人格或教师所倡导的思想、行为、品质、榜样等都成为学生学习、模仿的对象,而且教师对学生人格的影响是深远的。

必须明确的是,教师的示范性,只能是引导学生的成长,给学生做一个表率,而不是把自己的行为方式"复制"或"强加"到学生身上。教师应该鼓励学生独立思考,发展主体性和创新性,而不是让学生盲目崇拜和顺从自己。

(四) 教师劳动的价值能立竿见影吗

教师的劳动对象是人,人的成长是一个长期的过程。正如管仲所说:"一年之计,莫如树谷;十年之计,莫如树木;终身之计,莫如树人。"人才成长的周期长,意味着教师的一节课、一个学期的工作,不可能收到立竿见影的效果,教师的劳动见效缓慢,具有长期性的特点。特别是中小学教育,是为人生发展打基础的教育,教育的成果不能以学生的分数和升学率来衡量,而应看是否为学生的发展奠定了可持续发展的基础,是否为学生的发展提供了持续的动力。它们对学生的影响不可能当时就以显性的形式呈现出来,往往要到学生升入高一级学校或者走上工作岗位以后才能反映出来。

教师劳动的长期性,意味着教师必须力戒只从眼前出发或短期行为,要着眼于未来,着眼于学生的长期发展。这正如杜威所说的,"学校教育的目的在于组织保证生长的各种力量,以保证教育得以继续进行"。评判"学校教育的价值,它的标准,就看它创造继续生长的愿望到什么程度,看它为实现这种愿望提供方法到什么程度"。教育是一个长期的过程,我们不能以功利的标准或量化的方法来评判教师的工作。

(五)教师劳动是"孤军奋战"吗

教师的劳动表面上是以个体的形式进行的,但它并不是孤立的,教师的劳动必须在合作的前提下以个体的方式呈现。这种合作包括两个方面:一个是教师与学生的合作;另一个是教师间的合作。

1. 在师生双边的共同活动中体现出合作性

传统的教育把教师当做主体,学生成为教师随意支配的对象,教学是对学生的知识灌输和说教,这实际上是一种教师的"独白"活动。现代教育认为,学生也是教育活动的主体,教育活动是师生双边的共同活动,他们通过交往、对话、合作,共同研究教育内容,教师不再是知识的灌输者、独霸者,而是学生的合作者、顾问、引导者。通过师生合作中的教师引导,促进学生的自我建构。没有师生的合作,不可能有真正的教育,也不可能有学生的发展。

2. 在教师分工中体现出合作性

古代教育的内容、职能都相对简单,教育以个别的形式进行,通常表现为单个的老师教一个或几个学生。近代以来教育活动复杂化,教育内容大量增加,出现了教育职能的分化(如教学、训育、管理)和教师的分工(按年级分工和按学科分工)。对学生的影响不再取决于教师个人的素质,而取决于教师集体的素质和水平。每个学生的发展都不是某一教师个体劳动的成果,而是教师集体合作的成果。由于这个特点,教师个体的劳动必须置于集体合作的背景之下,自觉树立集体合作的观念,保持教育影响的一致性,通力合作,协调各个教师、各种教育影响的力量,共同促进学生的成长。每个教师只有置身于良好的教育集体之中,才能最大限度地发挥自己的教育才能,取得良好的教育效果。

四、教师不再是单纯的"传道、授业、解惑"者

角色是一个人在某种特定生活中的行为模式。教师的职业角色是教师在学校、课堂及其职业生活中所采取的行为表现，是教师在跟学校课程有关的关系中所表现出的一种身份以及由此而规定的行为规范和行为模式的总和。

古代社会教师扮演的角色单一，如韩愈在《师说》里说的："师者，所以传道、授业、解惑也。"美国心理学家林格伦（H. C. Lindgren）在《课堂教育心理学》一书中分析了课堂中教师的三大类角色：教学与行政的角色、心理定向的角色、自我实现的角色，其中又包含若干具体角色，见表2-1。

表 2-1　教师扮演的角色

角色类别	具体角色描述
教学与行政的角色	教员 榜样 课堂的管理员 办事员 青年团体工作者 公共关系人员
心理定向的角色	人的关系的艺术家 社会心理学家 心理催化剂 临床医师
自我表现的角色	学习者和学者 父母的形象 寻求权力者 寻求安全者

可见，现在教师应当具备的角色和履行的职责使得教师职业的最大特点在于职业角色的多样化。一般说来，现代教师除了扮演"传道、授业、解惑"者的角色之外，还扮演管理者角色、示范者角色、父母与朋友的角色、研究者角色等。

特别强调的是教师要同时扮演上述多个角色，每个角色都对教师提出自己的要求。一方面，这些要求导致了教师职业素养要求越来越高；另一方面，这些要求之间难免会产生矛盾，这就导致了教师角色的冲突，从而要求教师要善于转变角色。

大部分的教书生涯中,我都以"超等老师"这一角色来约束自己。我的意欲看来很合理,我要竭尽所能做一个最好的老师。可是时不时由于灰心与厌倦,我也会搁下我的角色而示以自己的原来面目。此时,我与学生间的关系便有所改变,变得较接近、较亲密、较真实了。这又使我担忧,因为过去人家教我跟学生保持距离,警告我"亲密产生轻蔑",倘若学生对我看得太清楚,我将无法去控制他们。然而担忧归担忧,我却发现一旦我搁下自己的角色,我便能真正地教,学生也能真正地学。而有时在这种情况下,学生有令我不快的言行,我又只得重新拾起教师角色以维持秩序,或对他表达我的不悦。若干年来,我就在这两端间游移不定:扮演教师角色时,我才能维持秩序;恢复自我时,我才能好好教书。①

教师的角色转变在当今教育的变迁中日益显得迫切与必要,如终身教育的客观要求,网络时代传统教师权威的消解以及新基础教育课程改革的深入发展等,都使得教师角色转换具有了逻辑必然性。在基础教育课程改革中,教师的角色转换不仅意味着教师的作用发生了实质性的改变,而且意味着学校功能的变化。因此,教师应站在改革的前列重新审视自己的角色,以适应教育改革的需要。

(一) 教师可以是研究者吗

长期以来,从事教学实践的中小学教师往往被排除在研究者范围之外,他们只是被动地听从教育研究者或课程专家的指导,成为专家研究成果或知识的接受者。教育研究者把研究获得的某种有关教育的理论知识或教育实践技术通过一定的手段传递给教师,然后通过教师应用于教学活动中。教师成为研究者意味着教师不再是一个旁观者,不再等待专家学者去研究与制定一套改革的方案和方法,而是自己在实践中进行研究。这样不仅可以增强教师工作的责任感,而且有利于教师形成自己对教学活动的自觉意识,不断对自己的教育行动加以反思、研究与改进,从而促进自己的专业水平的提高。

苏联著名教育家苏霍姆林斯基早就指出:"想让教师的劳动能够给教师带来一些乐趣,使天天上课不至于变成一种单调乏味的义务,就应当引导每一位教师走上从事研究这条幸福的道路上来。"①教师成为研究者也意味着改变教师的

---

① 转引自傅道春:《情境教育学》,教育科学出版社,1999年,第105页。

职业形象,使教师不仅具有崇高的社会地位,而且具有崇高的学术地位。因此,"教师即研究者"这一观念值得大力提倡,这也是提升教师专业地位、确立教师工作特性的最佳途径。在这种情况下,教师要想做好自己的工作,就不得不从"工匠型教师"角色中摆脱出来,努力成为具有研究意识和研究能力的"学者型教师",深刻理解教育情境的复杂性,寻找和创造出新的教育教学策略,推动整个教育的变革。这样,将教育科研意识和能力纳入现代教师的素质结构中就显得比以往任何时候都更加紧迫。

实际上,教师也有能力对自己的教育行动进行反思、研究与改进。教师是同学生交往的主体,教师对学生、对教学过程往往最先感受到,同时,活生生的课堂又成为教师检验教育理论的理想实验室,因而教师能够系统地解决课堂中遇到的问题,而外来的研究者对教育实际情境的了解往往比较肤浅,提出来的建议往往难以切入问题的关键。此外,任何外来研究者都会改变课堂的自然状态,而教师是最理想的观察者,因为教师本来就置身于教学情境中。

(二) 教师为什么不能是独白者

教师在传统上一直秉承着"传道、授业、解惑"这样固定的独白角色,这已经成为教师的僵化观念并深深地植根于他们的意识之中。诚然,教师的独白角色能在较短时间内使学生获得大量的知识,并极大地提高教学效率,但是,这也使得课堂教学变成一种单调乏味、机械重复的"操作活动",课堂也由此难以焕发出应有的生命活力。因此,随着世界教育改革以及我国课程改革的纵深发展,改变教师的这种传统角色定位就显得尤为迫切。

教师作为学生的真诚对话者,不只需要掌握必要而精湛的对话艺术,更为重要的还在于应具有一种对话意识。有了对话的意识与态度,对话就能互相投入,而投入的标志有时表现为激烈的争论,有时表现为内心深处的默默交流。意大利著名的瑞吉欧幼儿教育体系有一句名言是"接住孩子抛过来的球",这是对话意识的一种体现。教师与学生的对话就如同打乒乓球一样,是彼此不断轮流"抛球—接球"的过程,教师不应只是"抛球者"(言说者),学生也不应该只是"接球者"(倾听者),教师与学生作为"抛球者"与"接球者"的角色应该是不断转换的。

应当指出,课堂上教师提问、学生回答的形式不是我们这里所谈论的对话,因为在这一活动中,教师具有绝对的权威并扮演着领导角色,一切问题由教师设计和提出,其内容如果仅仅是教材知识的简单复制,诸如"是不是"、"对不对"、"怎么样"等问法,实际上是教师让学生跟随自己或教材的思路,这既没有多大价值,又难以放飞学生的思想精灵,这是教师缺乏对话意识的表现。在对话中,教师"走下神坛"作为伙伴跟学生相遇,在平等民主的氛围中体验感悟着真理的力量、对话的乐趣、人格的尊严与生活的美好,教师与学生应围绕既符合任务又为师生所共同感兴趣的话题或教学专题,展开畅所欲言的平等对话和信息交流。

(三) 教师为何是课程开发的主体

在很长时期内,我国广大中小学教师被排斥在课程开发之外,他们只是在课程目标之后亦步亦趋,被动地执行指令性的国家课程计划安排的任务。教师考虑的是如何将规定的课程内容有效地教给学生,至于为什么要教这些内容,则不是他们考虑的事。在这种忠实取向的课程实施观下,教师就是"消费者",他只是按照专家对课程的"使用说明",循规蹈矩地实施教学。在这样的课程意识支配下,广大教师不自觉地坚信:课程编制是课程专家们的事,自己只是执行者;教学是对固定文本的操作过程;学生的学习只是接受由教师复现的知识。

没有教师的发展,就没有课程的发展。当人们反思20世纪课程改革的历史进程时,发现许多国家的课程变革计划并未真正得到实施,原因是教师对课程变革的态度并不像人们想象的那样积极。任何教育改革,若得不到学校教师的支持和配合,是很难成功的,教师的参与与否和参与程度的高低是课程改革成败的关键所在。因此,教师不应再被视为课程变革计划的忠实执行者,而要成为课程开发者,并且要创造性地实施。教师参与课程发展可以促进教师的专业发展,因为介入课程发展以后,教师会面临新的教学观念、材料和策略的挑战,这有利于教师的专业进步,让教师参与课程编制、改编和评价,有利于增强他们对自己和教育的理解。因此,教师参与课程开发,不但是教师提高自身素质的要求,也是课程开发工作的必然需要。这样,教师作为课程的被动执行者、实施者的角色必须转换,教师必须主动参与课程的开发与设计。

(四) 如何理解教师是学生发展的促进者

我国的传统教育比较注重其甄别和选拔功能,教师扮演着学生课程成绩评判者的角色,这致使学生始终处于一种被测试的消极境地。新的教育评价理念要求教师从关注"人"的发展着眼,重视教育评价的教育与发展功能,这样,教师就面临着向学生学习和发展的促进者这一角色转换的任务。教师不能再把单纯的知识传递作为教学的主要任务,而应该担当起一个"促进者"的角色,促进学生的学习与成长。

教师即促进者,指教师从过去作为知识传授者这一核心角色中解放出来,促进以学习能力为重心的学生整个个性的和谐、健康发展。学生学习的促进者是教师最明显、最直接、最富有时代性的角色特征,是教师角色特征中的核心。尤其是在我国轰轰烈烈地进行新课程改革的进程中,教师作为促进者的角色就日显重要。新课程理念所倡导的教学是一个教师对学生不断提出新要求,并能够引导、帮助学生,调动学生主动性和积极性,促进学生不断成长的过程。

教师如何扮演促进者的角色？据专家指出,教师作为促进者的角色有以下几个特性:一是积极地旁观。学生在进行自主讨论、观察,或者自己阅读、思考时,教师要积极地看、积极地听,真实感受学生的所作所为、所思所想,随时掌握课堂中的各种情况,考虑下一步如何指导学生学习。二是给予学生心理上的支持。创造良好的学习氛围,给学生以心理上的安全感和精神上的鼓舞,使学生的思维更加活跃、探索热情更加高涨。三是注意帮助学生培养自律能力。教育学生从小遵守纪律,跟他人友好相处,培养合作精神,做一个对自己、对他人负责的人。也只有这样,学生才能始终保持高涨的兴趣和热情,全身心地投入到学习的建构中,实现从"学会"到"会学"再到"乐学"的一步步跃迁。

案例分析与讨论

案例一　研究生妈妈的无奈

这是一个小学生家长写的文章:

我儿子上的是省示范小学。一年级上半学期的一天,儿子回家问我:"妈妈,什么叫'有娘养无娘教'?"

我一愣:"你是从哪儿听来这句话?"

"老师说的。"

我不知道如何向一个刚迈进学校大门的孩子解释这句侮辱性的话。

因为我在家长登记栏里填的是研究生,没想到这竟成了孩子的耻辱和沉重的"十字架"。每当孩子做错了事,老师便拿他妈妈是研究生来教训他:"你妈还是研究生,怎么教育你的……"于是别的孩子就奚落他:"你妈是研究生?你妈是研究臭豆腐的吧?"我的孩子回答:"你妈才研究臭豆腐呢!"对方又说:"我妈又不是研究生。"然后双方开始互骂脏话……

一次,孩子做作业慢了一些,全班都做完了,他还没做完。老师就骂他:"你这个老黄屎。"于是这个绰号就传开了。

儿子经常被安排和一个女孩子坐在一起。这个女孩子也是班上常挨骂的。于是两个人在一起就老说话。班主任又老在我面前说他俩老不守纪律,老是说话。我小心翼翼地说:"老师,他俩都爱说话,是不是把他俩调开?""调什么调,他们既然爱说话,就让他们在一起好了,让他们俩都烂掉,免得影响其他同学!"最让人不能容忍的是,她竟然在课堂上当着全班同学的面,奚落我儿子和那个女孩子说:"看看你们俩,你摸摸我的大腿,我摸摸你的大腿,就像一对儿,多亲热呀。"①

讨论题:

1. 教师的职业素养中最重要、最基础的要素有哪些?

2. 如何对待成绩不好又不太遵守纪律的学生?

案例二 莫里(Molly)的烦恼

莫里(Molly)很久以来就盼望着这一年的到来,她终于可以自己管理班级了。能够等到今天对莫里来说太不容易了。为了成为一名教师,莫里付出了很多努力。她选了教师教育各方面的课程,通过了标准化考试并完成了实习,当了16个星期的实习教师,并且一直坚持不懈地学习。莫里的专业是科学,她学得很好。同时还学习了关于学习过程、促进学习的各种方法、青少年问题、如何进行有效教学等方面的知识。她认识到学生个性和多样性的重要性,并且掌握了最新的科技技能,理解教育的文化、历史和哲学基础。

既然她是一名教师,她开始逐渐意识到教师应该是什么样子。投入工作后,她才知道自己与学校其他教师的交流太少了。她收到各种各样的关于会议、最后期限、命令的备忘录,这极大地影响了她的工作。她认为一位她所信任的、有经验的教师的做法对学生极为有害。她还没来得及阅读自己订阅的两本专业期刊。她负责5个班级学生的科学课教学,不仅需要集体授课,还需要个别指导。根据学生的能力,莫里想使用另外一种课本,但是学校委员会拒绝了她的请求。

在这些杂乱的事情之外,莫里发现自己不能掌握学生的学习要求。简而言之,教师职业并不像莫里想象的那样,理想和现实之间是有一定差距的。莫里感到自己没有做好应付这些挑战的准备。②

讨论题:

1. 这是一名美国教师在成长中遇到的两难境地。如果你是莫里,在参加工作之初你会怎样做? 说说你对莫里苦衷的理解。

2. 作为一名未来的教师,你对这一职业性质与特点有哪些了解? 你需要为将来的教学生涯做哪些准备?

---

① 黄白兰:《盲点——中国教育危机报告》,中国城市出版社,1998 年。

② (美)Lynda Fielstein & Patricia Phelps:《教师新概念——教师教育理论与实践》,王建平,等译,中国轻工业出版社,2002 年。

专题二 教师专业发展

学习要求:知道教师职业的发展是从"教书匠"到"专业化"的历程,对照教师的专业发展内涵、专业发展阶段、专业发展途径等,思考如何指导与促进自己未来教师生涯发展。

一、从教书匠到专业工作者

社会学者根据职业的本质、特征,将职业划分为专业职业和普通职业。专业职业具有 3 个基本特征:一是需要专业技术和特殊智力,在职前必须接受过专业的教育;二是提供专业的社会服务,具有较高的职业道德和社会责任感;三是拥有专业自主权或控制权,如对从业人员聘用、解职的专业权利不受专业外因素控制,表现为专业工作者应获得本专业资格证书,专业内部有不同的职称来标志专业水平差异等。根据学术标准衡量,教师职业是一种专业职业,它需要经过专门的教育,掌握专业知识和技能,通过培养人才为社会服务。

一种职业要被认可为专业,要具备以下 4 个方面的特征:

(1)专门职业都具有不可或缺的社会功能,所以强调服务的理念和职业伦理。任何职业都具有一定的社会功能,即有社会存在的价值,对社会发展具有推动作用。其作用的重要性表现在它不但具有不可或缺的社会功能,而且其作用和贡献更是整体社会继续存在及发展所不可缺少的,倘若专业服务不足或水准低落,则会对社会构成严重的危害。所以,美国教育学家舒尔曼(L. S. Shulman)在 1998 年提出:"一个专业首要的社会目的就是服务。专业工作者应是那些接受了教育并且利用其知识和技能为不具备这些知识和技能的大众服务的人。他们内心要有为大众提供服务的倾向,有义务以道德理解为起点来运用复杂的知识与技能……并通过提供实际工作以表现出公正、责任感和美德。"

（2）专业人员应具有完善的专业理论知识与成熟的专业技能。构成专业的标准首先需要一套完善的专门知识和技能体系作为专业人员从业的依据，简称专业技能（professional expertise），其他特征都是由它派生而来的，并依赖于它而存在。在现代社会里，高等学校在发展专业方面扮演了重要的角色——专业知识技能的系统化（发展成课程）、结构化（组合专业课程计划）、合法化（课程和课程计划获得确认的过程）和传承（传授给大学生）主要是在高校完成的。一个成熟专业的科学知识技能体系已经被系统普遍地组成大学的学位课程，修完这些课程的毕业生则是该领域的"准专业人员"。

（3）专业人员应经过长期的培养与训练，并需要不断地学习进修。获得专业技能是一个长期的专业训练过程，在现代社会，高度专业化的职业如医生、律师等，他们的养成需要一个较长的时间。由于一个人的职业生涯包括了30年及其以上的生命周期，在飞速发展的现代社会，只有不断地学习进修，才能跟上时代前进的步伐。

（4）专门职业具有高度的专业自主权和权威性的专业组织。由于专业活动所依赖的专业知识是一套"高深的学术"，专业自主的成员不受外行的评判和控制，自己决定进入该职业所需的教育和培训标准，并帮助国家形成规范这一职业实践的法律。同时为了独揽业内的裁决权，专业内必须形成一个对从业人员具有制裁权力的专业组织。一个强大的专业组织常扮演三重角色：保证专业权限，保证专业水准，提升专业地位。

人类在长期的历史发展过程中，并没有把教师视为一种专业的职业，给予专业化的训练。"师范教育"代表一个使教学真正成为专业的正式过程，是培养、培训师资的专业教育。它的诞生与变革，标志着教师职业经验化、随意化的"解冻"以及教师职业专业化的发端与进展。专门的师范教育机构在注重教师的教育内容的同时，也开始注重教师教学方法的培训，除了对教师进行文化知识教育外，还开设教育学、心理学等方面的课程，开展教学实习，对教师进行专门的教育训练，并把专门的教育训练看成是提高教育质量的重要手段。

教师职业的专业性被普遍认可与自觉建设是20世纪中叶以后的事。1966年10月，国际劳工组织和联合国教科文组织通过的《关于教师地位的建设》中提出：教师工作应被视为一种专业（profession），它是一种要求教师经过严格训练而持续不断地学习研究，才能获得并保持专业知识和技能的公共业务；它还要求对其管理下的学生的教育与福利具有个人的和公共的责任感。1996 年第 45 届国际教育大会以"加强变化世界中教师的作用（Strengthening the Role of Teachers in a Changing World）"为主题，再次强调教师在社会变革中的作用，并建议从以下 4 个方面予以实施：通过给予教师更多的自主权和责任提高教师的专业地位，在教师的专业实践中运用新的信息和通讯技术；通过个人素质和在职培养提高其专业性（professionalism）；保证教师参与教育变革以及与社会各界保持合作关系。美国也在 20 世纪 80 年代中后期，掀起了"教师专业化"改革的浪潮。

> 教师职业是专业性职业，教师就是专业人员。在国际劳工组织制定的《国际标准职业分类》中，教师被列入了"专家、技术人员和有关工作者"的类别中。我国颁布的《中华人民共和国教师法》（1993 年 10 月）把"教师"界定为"履行教育教学职责的专业人员"，并相继颁布了《教师资格条例》（1995 年 12 月）和《〈教师资格条例〉实施办法》（2000 年 9 月），通过资格认定来体现教师专门职业的要求。

二、教师专业发展的相关问题

一个人取得资格证书并不意味着他是一个成熟的专业人员，当了一辈子教师也并不意味着专业都得到了发展。教师专业化过程虽然与时间有关，但不仅仅是时间的自然延续，更是教师专业素质的形成和提高，即教师的专业发展。

（一）教师专业发展包含哪些内容

教师专业发展是教师作为专业人员，从专业思想到专业知识、专业能力、专业心理品质等方面由不成熟到比较成熟的发展过程，即由一个新手发展成为专家型教师或教育家型教师的过程。这也是教师职业专业化对教师的专业素质提出的必然要求。20 世纪 80 年代以来，教师专业发展日益由关注教师群体的专业化转向关注教师个体的专业发展；由关注专业发展的"外部"环境和对社会专业的认可转向关注"内部"专业素质的提高。

一个国家对教师职业往往都有一些明确的规定，比如对学历的要求，要求具备教师资格证书等。但一名教师是否真正具备了从事教师职业的条件，能否担当教师的角色，实质上还取决于教师的内在素质。实际上，教师专业发展最终体现于个体的专业发展,依赖于教师个体对专业发展的追求,即教师追求自身专业素质的形成和提高。所谓教师专业素质,就是教师拥有和带往教学情境的知识、能力和信念的集合,它是以一种结构形态而存在的。对教师素质结构的分析、研究有很多,其中有代表性的研究见表2-2。

表2-2 对教师素质结构的代表性研究

研究者	教师素质结构
①叶澜	1. 专业理念;2. 知识结构;3. 能力结构。①
②艾伦	1. 学科知识;2. 行为技能;3. 人格技能。②
③林瑞钦	1. 所教学科的知识;2. 教育专业知能;3. 教育专业精神。③
④饶见维	1. 教师通用知能;2. 学科知能;3. 教育专业知能;4. 教育专业精神。④
⑤姚志章	1. 认知系统;2. 情意系统;3. 操作系统。⑤
⑥唐松林	1. 认知结构;2. 专业精神;3. 教育能力。⑥

上述研究表明,一个优秀或成功的教师应该具备多方面的专业素质,包括专业理想的建立、专业知识的拓展、专业能力的发展、专业自我的形成等方面。

1. 教师的专业理想

教师的专业理想是教师在对教育工作感受和理解的基础上所形成的关于教育本质、目的、价值和生活等的理想与信念。其核心是对学生的爱,包括诸如事业心、责任感和积极性等方面内容。热爱学生,热爱教育事业,有强烈而持久的教育动机、较高的工作积极性,是教师专业理想的必然要求。它为教师提供奋斗目标,是教师献身于教育工作的根本动力。

2. 教师的专业知识

教师的专业知识是教师职业区别于其他职业的理论体系与经验系统。教师的专业知识包括广博的文化知识和精深的专业知识、丰富的教育学和心理学知识。从当前一线中小学教师的知识结构来看,整体呈现出一些不足和缺陷。有的教师重视学科知识的积累和更新,忽视教育学、心理学知识的学习,导致某些

---

① 叶澜:《新世纪教师专业素养培养初探》,《教育研究与实验》,1998 年第 1 期。
② 艾伦:《教师在职培训:一项温和建议》,《教育学文集·教师》,人民教育出版社,1991 年,第494 - 512 页。
③ 林瑞钦:《师范生任教职志之理论与实证研究》,复文图书出版社,1990 年。
④ 饶见维:《教师专业发展:理论与实务》,五南图书出版公司,1996 年,第 173 页。
⑤ 姚念章:《教师专业素质结构与高师课程改革》,《河北师范大学学报(教育科学版)》,2000 年第 3 期。
⑥ 唐松林、徐厚道:《教师素质的实然分析与应然探讨》,《高等师范教育研究》,2000 年第 6 期。

教师在教学中不尊重教育规律和人的心理发展规律。我们讲学生的发展,不仅是指学生现在的、当下的发展,更是指学生未来的、终身的发展。这就需要教师不仅对学生的心理发展规律有深刻的了解,对所教学科的学科逻辑有深刻的理解,而且将这两者完美地统一于自己的教育实践之中。由此可见,要实现有效教学,必须完善教师的各方面知识来提高教师的专业素质。教师的专业知识拓展包括3个方面:首先是量的拓展,即教师要不断地更新知识,补充知识,扩大自己的知识范围。其次是知识的质的深化,即实现从知识的理解、掌握到知识的批判,再到知识的创新的深化。教师知识的质的深化体现了教师职业的学术性,教师能不能说"自己的话",能不能在自己教育教学领域有发言权,是衡量其专业化程度的标志之一。最后是知识结构的优化。以广泛的文化基础知识为背景,以精深的学科知识为主干,以相关学科知识为必要补充,以丰富的教育科学知识和心理科学知识为基本知识边界的复合性的主体知识结构,是专业性教师追求的目标。当然,知识结构的优化过程还包括教师个体独到的感悟、体验和经验总结。

3. 教师的专业能力

教师的专业能力是评价教师专业性的核心因素。教师专业能力的种类与结构如何,不同学者有不同的观点。 般说来,教师专业能力包括以下几个方面:(1)设计教学的能力,主要包括了解研究学生、钻研教材、设计教学策略等的能力。(2)表达能力,包括语言表达、板书板画、运用多种教学手段演示等的能力。教师职业专业化要求教育工作者的语言要彰显其特殊性。教育工作者的语言不同于其他行业,其不仅是传播知识的主要手段,也是影响和促进学生发展的手段。因而,专业化的教师语言应准确、明了、有逻辑性,同时应富有生动性、启发性。尤其要强调的是,在与学生对话的过程中,教师还需要掌握对话的艺术。教师要善于对学生的谈话作出迅速而有针对性的语言反应。在对话中,教师应通过自己的语言鼓励学生发表意见,鼓励学生完整、准确地表达思想,促使学生形成活泼开朗的性格。(3)教育教学组织管理能力,如班级管理能力、课堂管理能力、课外学习管理能力等。(4)教育教学交往能力,如理解他人能力、沟通能力、协调人际关系能力等。(5)教育教学机智,即处理教育教学过程中突发事件的能力。(6)反思能力,即对自己的教育教学状况作出正确评价的能力。(7)教育教学研究能力,即教师对学生、对教育教学实践和理论进行探索,发现问题,并试图解决问题的能力。重视科研的教师,才能不停留于照本宣科。比如一名语文教师指导学生写作文,分析文章的成败得失,如果自己没有一定的创作性活动,没有自己的亲身体验,就很难分析得入木三分、切中要害。当然,教师的科研是以教育科研为主,并与自己的教育实践改进密切相关的。(8)创新能力,如创新教学思想、教学内容、教学方法、教学模式等的能力。

4. 教师的专业自我

教师的专业自我是教师个体对从事教学工作的自我感受、接纳和肯定的心理倾向,是教师在职业生活中创造并体现符合自己志趣、能力与个性的独特的教育教学生活方式与教学风格的总和。具体包括:(1)自我形象的正确认知;(2)积极的自我体验;(3)正确的职业动机;(4)对职业状况的满意;(5)个体的教育哲学与教学模式等。教师的专业自我是教师职业生活个性化的过程,也是良好教师形象形成的过程。专业自我一旦形成,它不仅影响教师的工作态度和教育行为方式,而且直接影响教育教学效果。一名优秀的教师首先应该是一个有着独立人格的人,以积极的方式看待自己,能够准确地、现实地领悟到自己所处的环境,对自己具有深切的认同感、自我满足感、自我信赖感和自我价值感,从而有效地作为独特的个性"自我"来进行教育教学,提高教育效果。

(二)教师专业发展要经历哪些阶段

有关教师专业发展过程的研究表明,教师专业发展是一个持续社会化和个性化的过程,具有多阶段性特征。虽然师范教育对教师专业化发展而言不可忽视,但许多优秀教师的优秀品质主要是在实践中逐步积累和发展起来的,其成长是多阶段的连续过程。有人研究了中学优秀教师各种特殊能力形成时间的分布情况,内容如表2-3所示。[①]

表2-3 中学优秀教师各种特殊能力形成时间分布表

各种特殊能力	大学前(%)	大学期间(%)	职后(%)
对教学内容的处理能力	18.95	12.63	68.42
运用教学方法和手段的能力	21.65	12.37	65.98
教学组织和管理能力	19.58	11.34	69.08
语言表达能力	34.69	20.41	44.90
教学科研能力	18.18	11.11	70.71
教育机智	19.19	11.11	69.70
与学生交往能力	21.42	10.21	68.37
平　均	21.95	12.74	65.31

由表2-3可知,中学优秀教师的特殊能力更多的是通过职后教育和自我学

---

① 柳海民:《现代教育原理》,人民教育出版社,2006年。

习形成的。关于教师的专业发展过程,我国学者叶澜等从"自我更新"取向角度对教师专业发展阶段进行了深入研究,把它分为"非关注"阶段、"虚拟关注"阶段、"生存关注"阶段、"任务关注"阶段、"自我更新关注"阶段5个阶段(如表2-4所示)。①

表 2-4 教师专业发展的 5 个阶段

阶段名称	时限	主要特征
1. "非关注"阶段	正式教师教育之前	无意识中以非教师职业定向的形式形成了较稳固的教育信念,具备了一些"直觉式"的"前科学"知识以及与教师专业能力密切相关的一般能力。
2. "虚拟关注"阶段	师范学习阶段(包括实习期)	对合格教师的要求开始思考,在虚拟的教学环境中获得某些经验,对教育理论及教师技能进行学习和训练,有了对自我专业发展反思的萌芽。
3. "生存关注"阶段	新任教师阶段	在"现实的冲击"下,产生了强烈的自我专业发展的忧患意识,特别关注专业活动中的"生存"技能,专业发展集中在专业态度和动机方面。
4. "任务关注"阶段		随着教学基本"生存"知识、技能的掌握,自信心日益增强,由关注自我的生存转到更多地关注教学,由关注"我能行吗"转到关注"我怎样才能行"。
5. "自我更新关注"阶段		不再受外部评价或职业升迁的牵制,自觉依照教师发展的一般路线和自己目前的发展条件,有意识地自我规划,以谋求最大限度的自我发展,关注学生的整体发展,积累了比较科学的个人实践知识。

国外学者对教师专业化的发展也做了大量研究,如从教师关注角度将职前教师专业发展大致分为4个发展阶段(如表2-5所示)。②

① 全国十二所重点师范大学联合编写:《教育学基础》,教育科学出版社,2002年。
② 同①。

表 2-5 职前教师专业发展的 4 个阶段

阶段名称	时限	主要特征
1. 从教前关注阶段		职前阶段的学生只是想象中的教师,仅关注自己。
2. 早期求生阶段		学习教师主要关注的是自我胜任能力以及作为一个教师如何"幸存"下来,关注对课堂控制、是否被学生喜欢和他人对自己教学的评价。
3. 关注教学情境阶段		教师主要关心在目前教学情境对教学方法和材料等的限制条件下,如何正常地完成教学任务,以及如何掌握相应的教学技能。
4. 关注学生阶段		教师开始把学生作为关注核心,关注他们的学习、社会和情感需要,以及如何通过教学更好地影响他们的成绩和表现。

无疑,教师的专业成熟是一个长期的发展过程,需要经历一系列的发展阶段,在不同的发展阶段,要面对不同的发展问题。作为专业的教学人员,教师只有不断地充实自己,才能在发展过程中减少工作无力感和倦怠感,保持专业持续发展的势头。

(三) 教师专业发展要通过哪些途径

教师专业发展是一个终生的专业社会化过程,一般要经历从师范生到入门教师、从入门教师到合格教师、从合格教师到优秀教师的发展过程。一次性的学校教育已经不能满足人们不断更新知识的需要,职前的培养并不能保证人们能够持久胜任教育教学工作。教师的发展离不开教育教学实践的锻炼,也离不开教师在职的不断培训。当代社会进入了终身教育的时代,教师成为最先感受终身教育必要性的社会职业之一。发达国家都普遍拓宽了教师教育的范围,引进了"持续性教师教育"的理念,将"终身教育"的概念引入教师教育领域,将职前教师培养和在职教师培训终身化有机结合,使教师教育贯穿教育职业生涯的整个过程。教师专业发展途径主要有以下几种:

1. 一体化的教师教育

师范教育是教师个体专业性的起点和基础,它建立在教师的专业特性之上,为培养教师专业人才服务。为此,师范教育必须注重师范专业信念体系的形成和敬业精神的培养,建构反映教师专业所需要的知识和技能的课程体系,加强教育理论与实践的联系,制定有效的教育实习制度。但是,面对不断发展的形势,这一体系也暴露出许多弊端,其中教师的职前培养与职后培训相分离,导致有限的教育资源的浪费、低层次的重复培养和师资培养机构的办学水平倒挂等多重矛盾。针对这些缺陷,人们找到了一种解决矛盾的办法——教师教育一体化。

一体化的教师教育包括3层意思:一是职前培养、入职教育、职后提高的一体化,即学历教育与非学历教育一体化;二是中小幼教师教育一体化;三是教学研究与教学实践一体化,即师范大学与中小学建立伙伴关系。一体化的教师教育体系把职前与在职师范教育连接成一个整体,教师不断提高专业素质,为促进其专业发展提供了制度条件与物质条件。

教师教育与师范教育

我国一直把教师培养活动称之为"师范教育",把培养教师的院校分别称之为师范大学、师范专科学校、师范学校等。从词义上看,"师范"中的是"师"意为"教师"、"效法","范"意为"模子"、"榜样",合起来即为"学习的榜样",还可以表述为"可以师法的模范"。以《中国大百科全书·教育卷》为代表的各种教育工具书,大都把师范教育定义为"培养师资的专业教育","培养和提高基础教育师资的专门教育。包括职前教师培训、初任教师考核试用和在职培训"。在教育普及程度不高、教师需求量大、教师待遇比较低、教师主要是接受职前培训的情况下,"师范教育"这一概念是适用的。但随着科学技术知识更新加速,教育普及程度提高,教师地位不断提高,教师需要不断更新其知识结构和提高其教育教学水平,发达国家的教师培养出现了职前培养和在职进修并举的情况,20世纪30年代后,发达国家的"教师教育"这一概念逐步取代"师范教育"这一概念并成为世界通用的概念。这标志着教师培养进入了一个新的历史阶段。

"教师教育"的内涵丰富,从内容上看包括人文科学教育、学科教育、专业教育和教学实践;从顺序上看有职前教育和在职教育;从形式上看有正规的大学教育和非正规的校本教师教育;从层次上看有专科、本科和研究生教育。可以说教师教育是职前培养和在职进修的统一,是正规教育和非正规教育的结合,是多层次、全方位、立体式的教师终身"大"教育。教师教育的核心问题是如何促进教师专业的发展。[1]

---

[1]　黄葳:《教师教育体制》,广东高等教育出版社,2003年,第8-9页。

2. 校本教师培训

校本教师培训就是以"学校为中心"的在职培训。校本教师培训的初衷在于解决教育理论与实践之间的分离问题,强化教师专业的实践性。它主要采取"理论学习、尝试实践、反省探究"三结合的方式,引导教师掌握不断涌现的现代教育理论,培养教师研究教育对象、教育问题的意识和能力,加强教育理论与教育实践之间的联系。以校为本的教师培训要求培训的重心下移,从学校的需要出发,以学校为基地培训师资,强调教师教育机构与中小学的伙伴关系的建立。高等教育机构负责理论方面的培训,而中小学学校则提供教育实践的场所,双方合作,共同完成培训师资的任务。教师的培训包括两方面:专业理论的增长和教学实践技能的培养,也就是教育理论与实践两方面的培训。

20世纪70年代,各国开始重视中小学教师的在职培训及教师专业发展的作用,逐渐形成了以中小学学校为中心的教师在职培训模式。80年代中期以后,随着各国教师专业化运动的不断发展,英、美等国都开始大规模地实施教师的校本培训计划。教师专业化运动使教师认识到学校在教师专业发展过程中的重要地位,认识到学校不仅是培养学生的场所,更是教师专业成长的基地,因为教师的专业能力主要是在教学实践岗位中逐步形成并发展的,教师任职的学校是其专业成长的主要环境。由于校本培训能满足学校和教师发展的实际需要,教师对中小学学校或中小学与大学联合提供的校本课程及活动参与程度很高,同时辅之以有效的相关专业发展计划,教师的教育能力确实得到了提高。目前,校本教师培训计划逐渐成为国外尤其是发达国家教师在职培训的主流,成为中小学学校整个发展计划的重要组成部分。

3. 教师专业发展学校

学校在教师专业发展过程中处于极其重要的地位,它不仅是培养学生的场所,而且也是教师专业发展的基地。教师任职的学校应是其专业发展的主要环境。传统的教师教育是一种以工具理性为主导的"技能熟练"培训模式,它十分强调一套科学系统的知识技能体系的传授。但是,由于教师专业是实践性很强的专业,这种教师培训模式往往偏重于教育理论知识的传授,而很少与教育实践相联系,容易造成理论与实践相分离。因此,教师专业发展非常需要一种能结合理论与实践的教师培训模式。

目前,以教师需要为出发点又以教师的任教学校为中心的教师培训主要有两种:一种是校本培训,另一种就是教师发展培训学校,即大学与地方的中小学或学区合作成立的一种师资培训学校。这种合作是针对师范生缺乏实际教学经验和在职教师跟不上时代发展的现状,中小学与大学合作,共同负责师范生的培训及在职教师的进修提高。其主要目的在于改善师范教育的职前培训计划,使在职教师有机会参加进修,提高其素质,进而改进整个教育质量。

专业发展学校概念的提出是为了密切理论与实践在教育活动中的相互联系。协作学校的教师可以帮助师范生学习专业。反过来,师范生也可以给协作学校的课堂带来新理念、新观念和新实践。这种学校以革新的实践和研究为基础,从而促使职前、入门和在职教育的统合成为可能。专业发展学校的创设,是近年来美国教师专业化改革运动结出的一个硕果。到 2000 年,美国几乎每一个州都有 1 000 多所教师专业发展学校。

德国教师在职进修简介

德国教师在职进修分进修教育和继续教育两种:进修教育被政府规定为教师教育中不可缺少的一环,对教师来说也是一种必须履行的义务;继续教育是教师在自愿原则之下参加,以便取得其他的新资格。现在,教师进修一般称为"教师继续教育",法律规定中小学教师必须参加继续教育,以适应社会发展需要。教师的进修已改变过去自由参加的方式,规定到退休为止都要定期参加进修活动。

德国教师进修以在州立教师进修机构进行为主,形式多样。在州立教师进修机构以教授技术、教育方法和新教育内容为主,也包括情报技术教育、环境教育、外国人子弟教育。各州的教师进修机构与地方教师进修部门合作,制订和实施教师进修计划。教师进修方式各种各样,如:教师有义务参加政府教育团体或各校所兴办的讲习会、研讨会和观摩会;各州设置教师进修中心,举办各种继续教育活动;教师可以请长期公假到大学或教育学院深造,以便获得新的资格(如辅导员、校长、督学);继续教育除了有在大学或学院增加选修学分的方式,还有函授教育等在职进修的方式。教师通过函授教育也可以得到其他学科任教资格,进修的内容包括:外国留学生的教育、学校的训育活动和教育商谈、新的情报技术、通讯媒介教育、多样化教育的可能性和局限性、成绩评价的问题、职业选择准备、在自然科学教学中的实验、特殊教育、和平教育、环境教育、体育,以及帮助教师取得学科所必要的资格,等等。①

---

① 陈永明:《现代教师论》,上海教育出版社,1999 年。

教师专业发展学校在我国也有长足发展。2001 年,首都师范大学教育科学学院和北京市丰台区教委合作,率先在国内尝试这种以中小学为基地的教师培养方式,为我们找到了一种实现本土化的教师教育新模式。

4. 自我教育

教师的自我教育就是专业化的自我建构,它是教师个体专业化发展的最直接、最普遍的途径。教师自我教育的方式主要有经常性的系统的自我反思、主动收集教改信息、研究教育教学中的各种关键事件、自学现代教育教学理论、积极感受教学的成功与失败等。教师的专业发展是一种自我反思的过程。反思帮助教师把经验和理论联结起来,从而更加有效地运用自己的专业技能。反思是教师以自己的教学活动为思考对象,来对自己所作出的行为、决策以及由此所产生的结果进行审视和分析的过程,是一种通过提高参与者的自我觉察水平来促进能力发展的途径。研究证明,成功的教师倾向于主动地、创造性地反思他们教育中的重要事情,诸如对自己的教学目的、教学措施、教学环境以及教学能力等进行反思。没有反思的经验是狭隘的经验,至多只能形成肤浅的知识。如果教师仅仅满足于获得经验而不对经验进行深入思考,那么他的发展将大受限制。教师自我教育是其专业理想确立、专业情感积淀、专业技能提高、专业风格形成的关键。

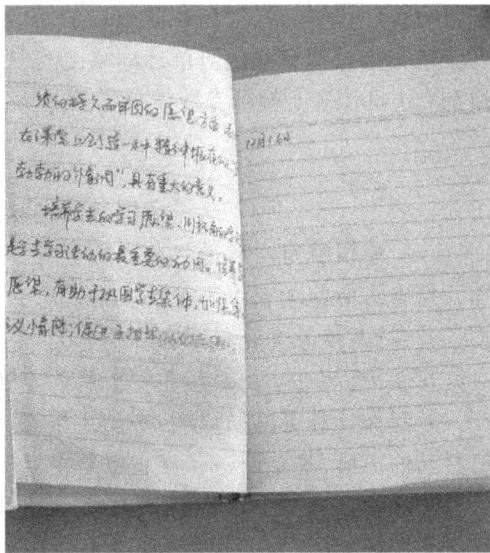

三、教师专业发展评价

有效的教师评价机制是教师专业发展的保障。自从有教师职业以来,教师就一直在接受学生、家长和社会的评价,而正式的教师评价制度却仅始于 20 世纪 50 年代的西方发达国家。直到 20 世纪 80 年代末,以奖惩为根本目的的教师评价在世界范围的教师评价领域一直处于垄断地位。这种奖惩性教师评价通过对教师工作表现的评价,作出解聘、晋升、降级、加薪、减薪、增加奖金等决定。在教育实践中,这种评价由于漠视教师在评价中的主体地位和专业成长并由此引发了许多问题而广受批评。因此,20 世纪 80 年代末以来,以英国为首的一些发达国家开始摒弃奖惩性教师评价,转而推行发展性教师评价。

从 20 世纪 90 年代初开始,新的教师评价制度——发展性教师评价在英国真正推行。发展性教师评价是指以促进教师专业发展和未来发展为目标的一种教师评价制度。发展性教师评价是一种双向的教师评价过程,建立在评价双方相互信任的基础上,和谐的气氛贯穿评价过程的始终。而且,它不是指某种单一的评价方式,而是一系列促进教师成长和发展的评价理念与评价方式的总称。发展性教师评价倡导以下 5 个基本理念:其一,着眼于教师的未来,促进教师整体素质的提高;其二,鼓励教师积极参与评价;其三,注重动态、纵向的形成性评价;其四,把交流、协商、研讨贯穿于评价的全过程;其五,重视评价的基础性。

我国的教师评价制度仍是奖惩性的,重结果而轻过程;教师评价指标单一,无法与教师劳动的复杂性、艰巨性相匹配;教师评价手段陈旧,仍采用听课、查教案等传统做法;多数评价人员还做不到深入教师工作实际,表面化、形式化严重。这一切都会在不同程度上降低教师评价的科学性、客观性,影响教师评价的合理与公正。

国外两种发展性教师评价模式

一是英国的表现管理。表现管理是英国政府于 2001 年提出的教师评价制度,其核心是通过建立教师评价的制度化和规范化的架构,为教师提供各种必要的支持和帮助,改进教师的能力和水平,以提高学校的办学效率和水平,最终达到提高学生的学业成绩的目的。

二是美国的教学档案袋评价。教学档案袋评价在最近 20 年里已从学生评价领域步入教师评价领域。在美国,很多教师教育机构正在帮助教师学习如何准备教学档案袋,许多中小学、大学也在根据教师教学档案袋开展聘用工作,校方认为它能反映教师教学水平。教学档案袋是在某一时期不同情境中产生的有关师生工作信息的系统搜集,最终目的是促进教师专业发展和学生学习进步。它含有 4 个要素:目的、读者、证据、反思,其中反思是关键要素,贯穿于档案袋创建过程的始终。它有 3 种类型:学习档案袋、评价档案袋、就职档案袋。每种档案袋都有自己的特定内容和功用。学习档案袋是教师工作的个性化搜集,强调拥有权和自我评定,主要目的是促进个人的学习和进步。评价档案袋是根据专业组织、州有关机构和学区制定的准则,对教师呈报的有关教师教学和标准化测评方面的信息所进行的选择性搜集;其内容一般包括根据特殊标准创建的教师工作的样本、教师对标准化测评的反应和其他正式评价中的信息；其目的是评定教师表现，以确定其证书或专业发展。就职档案袋用于教师的求职应聘，目的是证明教师是否适合某一职位，其内容一般包括简历、证书、推荐信、学生作业样本和教学经验总结等。

案例分析与讨论

案例一 做个"特级教师"也不难

一所乡村小学好不容易请到了一位省特级教师来上一节公开课。学校里的老师都没见识过特级教师，有的对特级教师不以为然，有的认为特级教师是凭关系、熬工龄评上的……

特级教师来了，没想到竟是一位年轻美丽的女老师。特级教师说，上课时她将随便走进一间教室上课。谁也没想到，她走进的恰恰是一个全校闻名的后进班。

讲台上乱七八糟地散落着粉笔，桌面铺着一层厚厚的粉笔灰。特级教师用目光扫视四周后，迅速收拾好桌上的粉笔，然后走下讲台，绕到前面，面对着黑板，轻轻地吹去桌上的粉笔灰。片刻鸦雀无声后，教室里响起一片掌声，所有观摩教师和学生用掌声给她的"开场白"打了最高分。

课上她出了几道题让学生做，然后讲解了这几道题的做法。讲完之后，她说了一句："请做对的同学扬一扬眉毛，暂时没做好的同学笑一笑。"

此刻，所有的老师似乎都明白了什么样的教师才是特级教师。[1]

讨论题：

1. 案例中特级教师的行为表达了什么？
2. 从教师专业发展的角度说说特级教师的发展历程。

案例二 整合校内外资源

为了有效地开展校本课程开发，促进教师的专业成长与发展，红星小学组织专家进行引领。这是源于学校课程开发的需要，由学校发起和规划的，旨在满足

---

[1] 于振波：《做个"特级教师"也不难》，《教师博览》，2006 年第 8 期。

学校每个教师参与校本课程开发的校内培训活动的需要。这种基于校本课程开发的教师培训模式具有较强的针对性和实效性,可以激活全体教师的发展潜力,充分开发学校的人力资源,是整体优化教师队伍的一块具有丰富营养的土壤和基地。因此,红星小学在进行校本课程开发过程中,积极争取各种有效的合作以促进教师在课程开发中的专业成长。

一、采取校内外结合的合作方式

(1) 在校本课程开发的过程中,教师需要专业引领,需要建立一个多种力量介入的培训共同体,需要专业研究机构和专业研究人员的支持与帮助,使基于校本课程开发的校本培训形成一个从封闭走向多元、开放的格局,因此,在校本课程开发过程中,红星小学聘请有关专家来校指导。校外力量的专业引领促进了专家与教师之间的互动交流,一方面学校为专家提供了研究的案例,另一方面专家的引领提高了教师的素质,实现了双赢。

(2) 在充分利用校外资源的基础上,红星小学清醒地看到:专业引领并不只意味着外界专业力量的支持,同时校内教师的集体作用、骨干的辐射作用也是十分必要的,教师间的专业引领、专业切磋、协调合作、互相学习、彼此支持、共同分享经验,对教师的成长是十分有益的。

二、专业引领的具体操作过程

(1) 红星小学建立了专业引领网络机构,校长亲自一把抓。确定学校专业引领人员9人,主要是教育教学骨干,在自愿参与的基础上有针对性地选择被引领人员10人,主要是近一两年参加工作的新教师。按学科学段组成引领合作小组,共包括3个学段5个学科。

(2) 引领合作小组形成后,根据发展需要共同制订有关课程开发的计划,确定自己要解决的重点问题,分析校本课程开发与实施过程中的不足,运用专业引领、互助合作、共同研讨的方式。在这个过程中先确定要解决什么具体问题,然后根据问题共同研究。引领者建议被引领者怎样做,准备怎么做,实际怎么做,是否达到设想的目标;如果达到目标,成功之处在哪里,今后如何在课程开发与实施中应用;如果没达到目标,哪个环节出了问题,如何改进……这些都是校本课程开发过程中必须解决的问题。解决这些问题需要一个过程,不可能一蹴而就。实践表明,每进行一次引领,就意味着一次提高。

(3) 为加强引领与被引领人员这两支队伍的建设,红星小学充分发挥网络、音像、图书资料的间接引领作用,加强教师对教育理论、教育经验、课程理论的学习和研究,为教师提供思想理念层面的专业支持。除了让他们参加全校性的继续教育培训外,学校还对这支队伍进行分层次培训,对引领人员的培训主要是尽可能地创造条件让其外出学习,开阔眼界,布置任务压担子,让他们在工作中起到表率和示范作用,提高引领水平。

(4) 每月由学校组织召开一次咨询会。教师的问题有的来源于课程开发中出现的两难问题(比如:如何理解《学校课程规划》,如何撰写与呈现《课程纲要》,如何成为课程的研究者等等),有的来源于实施校本课程中的困惑(比如:如何进行学科内容的改进,如何建构活动课程等等)。学校组织有关人员对问题进行答疑,同时学校提出下一步工作的建议,加强培训进程的调控,增强引领人员与被引领人员的责任感和荣誉感。

(5) 每学期期末进行一次综合性的培训活动,由专业引领教师进行活动展示,全校教师参与,现场诊断,进行平等互助式的面对面交流。

实践证明,有了专业引领,红星小学的教师少走了许多弯路,教学理论素养和教学实践能力都在专业引领中得以提高,一大批能力强、业务精的教师脱颖而出。[①]

讨论题:

1. 什么是专业引领? 专业引领是怎样促进教师专业成长的?

2. 在学校中开展专业引领的形式可以有哪些?

【扩展阅读】

1. 刘捷:《专业化:挑战 21 世纪的教师》,教育科学出版社,2002 年。

2. 叶澜:《教师角色与教师发展新探》,教育科学出版社,2001 年。

3. (美)Lynda Fielstein & Patricia Phelps:《教师新概念——教师教育理论与实践》,王建平,等译,中国轻工业出版社,2002 年。

【思考与探究】

1. 怎样才能提高教师职业的社会地位?

2. 以教师的劳动特点为出发点说说教师应具备哪些素养。

3. 现代教师扮演哪些角色?

4. 教师的专业素质有哪些? 试加以分析说明。

5. 如何根据教师的成长过程来促进教师的专业发展?

6. 访谈一下你所认识的最具专业特性的教师,并给出理由。

7. 试从教师专业素质的角度分析下列案例中的教师行为。

刚刚泛读完课文,我却发现坐在后排的一个女同学尹洋在偷偷地写什么东西。我不动声色地走过去,原来是一张小纸条! 我把它没收了,展开一看,只见

---

① 《挖掘内外资源,让教师在专业引领中不断提高——记红星小学校本培训》,http://www.asedu.corn.cn/Html/jspd/xycf/2004-11-10/12523.htm。

上面赫然写着班上一个男生的名字,还有几句稚气的话……我忍不住笑了起来,这些中学生,真是人小鬼大。我这一笑不打紧,全班同学的好奇心都被激起来了,特别是几个调皮的男生,大声地喊:"老师念出来!"我瞟了一眼尹洋,这是一个长得秀丽可人的女孩,她平时的学习成绩也不错,只见她正偷眼看着我,我想多半她已准备接受即将到来的难堪了。我转过头来,望着全班同学,追问一句:"你们真的想知道吗?"同学们一致地点头。我缓缓打开纸条,大声念道:"听毛主席的话,做个好学生。"轰的一片笑声。这堂课很顺利地上完了。下课后,尹洋又塞给我一张小纸条,展开纸条后,几行字出现在眼前:"黄老师,您是我见过的最聪明、最美丽的老师,我一定会记住您对我的期望,听毛主席的话,做个好学生。"①

8. 你如何看待表 2-6②中对教师隐喻的分析?还有哪些不同的看法与解释?请用新的说法来比喻教师的作用。

表 2-6 一位研究者对教师角色之隐喻的分析

教师是蜡烛	肯定:奉献与给予
	不足:★忽视教师的持续学习与成长 ★淡漠教师的内在尊严与劳动的欢乐
教师是园丁	肯定:★田园式的宽松环境 ★重视学生的成长历程 ★注意到了学生发展的个性差异 ★强调教师作用的发挥
	不足:★教育阶段顺序的固定性,教育欠缺的不可修复性(季节与时令) ★存在着淘汰制(间苗) ★有人为的强制性(修剪)
教师是人类 灵魂的工程师	肯定:★工程师——重要的职业 ★灵魂——关注人心灵的发展
	不足:★暗示一种固定、统一的标准,忽视了学生的差异性 ★整齐划一、批量生产,易形成新的机械运动

【附录】

国外教师职业的从业标准

尽管教师职业的从业标准很难像医生、律师职业那样严格规范,但只有建立

---

① 傅道春:《教育学——情境与原理》,教育科学出版社,1999 年,第 149－150 页。
② 新课程实践过程中培训问题研究课题组:《新课程与教师角色转变》,教育科学出版社,2001 年,第 17－18 页。

起自己职业的规范,才能显示出它独立的社会地位。在中国古代,教师职业没有确定的标准是造成教师社会地位不高的重要原因之一。日本教师的社会地位比较高,与其教师职业标准高有很大的关系。教师职业的从业标准既有软性标准,如道德要求、个性要求等,也有硬性标准,如高学历、教师资格证书等。这些标准成为教师职业学术性要求和从事专业活动的基本要求,它保证了教师队伍的专业性。美、英、法、德、日5国教师从业标准比较如表2-7[①]所示。

表2-7　国外教师从业标准比较表

	具有大学学历	完成一定的教育课程	获得相应资格证书	试用或入职的进修
美国	文理大学4-5年 综合大学4-5年	初等教师: 一般教育60学分;专业教育及教职教育69学分(教育实习9学分)。 中学教师: 一般教育60学分;专业教育及教职教育75学分以上(教育实习9学分)。 高中教师: 一般教育60学分;专业教育及教职教育69学分以上(教育实习9学分)。	初等学校教师证书 中等学校教师证书	进修一年左右;由校长、实习教师等组成的审查委员会通过授业观察对作为教师的素质能力作出评价;根据评价结果,进行指导和建议,判断能否成为正式教师。
英国	高等教育机构教师培养课程(4年),教职专门课程(学完学士课程通常3年之后1年),中小学设一年制教职专门课程	初等教师: 在学校的教育实习18周以上,学科的专业教育(全国统一课程核心学科即数学、英语、理科)各150课时以上。 中等教师: 在学校教育实习32周以上,学科的专业教育(2门学科以内)2年,学科教育1-3年。	教师合格证书	地方教育当局实施适当的"引导","引导"内容是老教师的指导、参加其他学校教学、新任教师之间交换意见等。

① 陈永明:《现代教师论》,上海教育出版社,1997年,第37-43、491-492页。

	具有大学学历	完成一定的教育课程	获得相应资格证书	试用或入职的进修
法国	教师教育大学中心（学完大学3年课程之后2年，其中1年是试用），大学教职课程（学完大学3年课程之后1年）	初等教师： 课程(2年)，总课时1 500 - 1 700课时，教育实习500课时（18 - 19周）；学科教育第一学年占教育实习以外的60%，第二学年占教育实习以外的50%教职专业教育第一学年占教育实习以外的40%，第二学年占教育实习以外的50%（包括毕业论文）。 中等教师： 课程(2年)，教育实习300课时以上，学科教育400 - 700课时，教职专业教育300 - 450课时。	初等教育教师证书 初等体育教师证书 中等教育教师证书 中等体育教育教师证书 中等技术教育教师证书 高级中等教育教师证书 职业国立中学教师第一种证书 职业国立中学教师第二种证书	以教师资格考试合格者为对象（第一次），在教师教育大学中心（IUFM）接受一年指导。
德国	大学(3 - 4年)	由教育科学(教育学、心理学等)、专业学科(至少2门学科，包括学科教育法)、教育实习3个领域组成基础学校教师资格证书：教育科学：8 - 18 SWS；专业学科：120 - 130。	基础学校教师证书 实科学校教师证书 高级中学教师证书 初等阶段教师证书 前期中等阶段教师证书 后期中等阶段教师证书	试用一年半至两年，试用结束后参加第二次国家考试。以合格者为对象办理选考手续。

续表

	具有大学学历	完成一定的教育课程	获得相应资格证书	试用或入职的进修
日本	综合性大学(4–6年) 教育大学(4–6年)	小学教师一种许可证: 基本资格:学士; 学科科目:18学分; 教职科目:41学分。 初中教师一种许可证: 基本资格:学士; 学科科目:40学分; 教职科目:19学分。 高中教师专修许可证: 基本资格:硕士; 学科科目:40学分; 教职科目:19学分; 有关的学科及教职的科目:24学分。	普通许可证: 小学教师许可证 (专修、一种、二种) 初中教师许可证 (专修、一种、二种) 高中教师许可证 (专修、一种)等 临时许可证: 小学、初中、高中临时教师(代课教师)许可证 特别许可证: 颁发给小学、初中以及高中教师特别许可证	新教师任用后第一年进行实践性进修,如接受校内指导教师的帮助和到校外教育中心听讲座等。

第三篇

学生成长与发展

专题一　学生观

学习要求：了解有关"学生"的基本观点，即学生的特征、学生的权利和义务等。学习本专题后，要树立正确的学生观，形成热爱学生、正确看待学生的基本态度。

学生观是教师在教育过程中所持的对学生的基本态度和看法，学生观的不同决定着教师对待学生方式的不同。学生是教育活动中不可或缺的要素，他既是教育的对象，又是学习和发展的主体。教师怎么看待学生，把学生看成什么样的人，即教师持有什么样的学生观一直是教育中的重要问题。教师要实现培养人的教育使命，就必须具有正确的学生观。

一、教育世界中的学生

儿童带着全部的丰富性与独特性进入教育之中以后，就成为"学生"：一个需要学习、以学习为主要活动形态的儿童。对于"学生"一词，《现代汉语词典》中解释为"在校读书的人"、"向老师或前辈学习的人"。这是对学生这一角色的基本定位和描述，也是人们对"学生"一词的基本理解。在此基础上，我们需要对学生的本质属性、一般特征以及学生在教育中所具有的基本权利作出深入描述，从而更加准确、深刻地理解"学生是谁"。

（一）学生在教育中扮演什么样的角色

1. 作为"人"的学生

学生是人，这本是毋庸置疑、人所共知的命题，然而在教育实践中，却常常出现违背这一命题、忽视甚至否定学生作为人而存在的本质属性的现象。有学者指出，教育中最大的问题就是不把学生当人看。① 这从根本上违背了教育的基本精神。教育者应当认识到，作为"人"而存在的学生是活生生的个体，是具有

① 孙云晓：《教育的最大问题是不把学生当人看》，新浪观察，http://www.sina.com.cn2003/04/18。

自觉能动性、具有思想感情、具有独特创造价值的个体,不是单纯接受教育改造的物,也不是被动接收知识的容器。

作为具体的个体,每个学生都具有自身独特的生活经验和个人体验,在接受学校教育之前,他们已经接触了多彩的社会生活,获得了不同于他人的对世界的认识。因此,每个学生都是具有独特创造价值的个体,是具有思想感情的个体,是身心完整的人。在教育中,他们不是消极被动地接受塑造和改造,而是能够积极主动甚至创造性地参与教育过程。教师不能仅仅把学生当做一种认识对象,而要与学生建立情感上的联系。学生具有自身的人格,他有自己的需要、愿望和尊严,这一切都应当得到应有的满足和尊重。

在教育过程中应当珍视学生作为人的无与伦比的价值,不能任意损伤和残害他们。教育不仅要促进人的认识的发展,也要促进人的身体、情感等因素的健康发展。总之,教育所要实现的是学生的德、智、体、美、劳等全面的发展。因此,教育必须把学生当人看,当做完整的人、全面的人、有思想感情的人、具有独特创造价值的人去看待。

2. 作为儿童的学生

说学生是儿童,是为了将儿童与成人区别开来,作为儿童的学生具有与成人不同的身心特点,有着其独特的发展价值和特点,这是教育者必须要认识到的问题。

儿童具有自身独特的身心发展特点。卢梭曾指出:"大自然希望儿童在成人以前就要像儿童的样子。如果我们打乱了这个秩序,我们就会造成一些早熟的果实,它们长得既不丰满也不甜美,而且很快就会腐烂:我们将造成一些年纪轻轻的博士和老态龙钟的儿童。儿童是有他特有的看法、想法和感情的;如果想用我们的看法、想法和感情去代替他们的看法、想法和感情,那简直是最愚蠢的事情。"[①]然而一直以来,人们总是把教育看做是儿童为未来生活做的准备,把儿童

---

① (法)卢梭:《爱弥儿》上卷,李平沤译,商务印书馆,2004年,第91页。

看做是"小大人"或者是成人的附属物,以成人的标准要求他们,不认为他们与成人有什么质的差别。在教育工作中也往往忽视儿童特有的需要和发展的特点,不顾他们的感受和需要,将成人的主观愿望和价值观强加给儿童,甚至向他们提出与成人同等的要求和行为标准,从而违背了儿童身心发展的规律。

学生作为儿童,他们有权利享受儿童特有的生活,如游戏、活动、同伴间的交往等。因此,教育要尊重儿童的天性,尊重儿童当下的生活。教师也应当以儿童的方式去理解儿童、教育儿童,把属于儿童的一切还给儿童。

3. 作为学习者的学生

学生是学习者、求教者,这是对学生角色的基本定位,也是对学生的主要职责的描述。学习是人类生活的普遍现象,是人们获得知识经验的根本途径,人的一生几乎都在学习。学生是以学习为基本任务的人,学生的学习具有特殊性,是以一种特殊身份从事的特殊的学习。学生的主要任务是学习(这种学习有别于人们在日常生活和工作中的学习),这也是学生区别于社会上其他人的特点,无视这一特点,就会从根本上取消学生这一社会角色,学校也会随之消亡。以学习为主要任务是学生质的规定性,赋予了学生认真接受教育的社会义务,以及不断促进自身发展的意愿和责任感。

学生的学习是在教师的指导下进行的,这是学生与从事学习活动的其他社会成员的又一区别。作为求教者,学生的学习主要是通过教师的直接讲授方式和教师指导下学习书本知识的间接方式而进行的,学生掌握知识、技能,发展能力,都离不开教师的指导。尤其对中小学学生而言,由于他们还缺乏一定的知识基础,也缺乏必需的自学能力和主动学习的态度,只有在教师的指导下才能使学习活动富有成效地开展。在当代社会,虽然网络技术获得极大发展,学生获取知识的渠道也随之扩展,但教师对学生学习的指导意义依然没有动摇,教师正确引导的重要意义反而得到突显。学生应保持一种谦虚的态度去学习,同时也应该保持对知识和教育者的基本尊重。

此外,作为学习者或求教者,学生的学习是具有主体性和主动性的活动,在本质上是一种学习者对于知识由内而外的渴求。教育必须发挥学生自身作为学习主体的作用,而不能将学习变为一种在教师强迫下的被动任务。学生应形成一定的独立学习能力和自我教育的意识及能力,真正使自身成为自我教育和学习的主体。

(二)学生具有哪些独特性

1. 不成熟性

人的一生都处在从不成熟到逐渐成熟的不断发展过程之中,正是人所具有的这种不成熟性,才使得人具有了接受教育的可能性。对于身心正处于快速发展阶段的学生来说,不成熟性更是其在成长过程中的重要特点。求学的儿童和青少年期,是人一生中生理、心理迅速发展的阶段,是个体从不成熟到成熟、从不定型到比较定型的发育时期。对于学生来说,他们身心的各个方面都潜藏着极大的发展可能性,在他们发展过程中所展现出来的各种特征都处于不断的变化之中,具有极大的可塑性。这种可塑性是在学生所获得的遗传素质的基础上,再经过后天的发展而转化为现实性的。这一特征说明学生在学习、思想方面存在的先进或落后的状态只是相对的、暂时的,会随着身心的不断发展而发生变化。因此,教师在教育过程中应密切关注学生的这一特征,既不能站在成人的角度把他们看成"小大人"来对待,也不能用一成不变的眼光去理解他们,而要将他们看成时刻都在从不成熟走向成熟、身心不断发展变化的个体来对待。

2. 可教育性

大教育家夸美纽斯曾说:"实际上,只有受过合适的教育之后,人才能为人。"我国学者肖川也曾在《教育的使命与责任》一书中指出:"人的可教育性,即人具有接受教育的天赋素质和潜在能力。人之所以具有可教育性,就在于人具有可塑性。而人的可塑性就表现为人的感觉器官和心理机能是'未特定化'的。"动物一出生就有天然的生存装备来应付恶劣的自然环境,人却需要很长时间去完善,自然所赋予人类的这种非特定化和不确定性恰恰蕴涵着人类进步的极大可能性,为人类智慧和能力的发展留下了空间。因此,可教育性是人类文明和智慧发展的前提,可教育性是作为整体的人类的优越性和特征;对于正在成长中的儿童和青少年而言,可教育性就是对他们进行教育的基本依据。学生进入学校接受教育的一个基本前提,就是他们需要教育,同时也是可教育的。因此,人是可教育的,即便是所谓的差生也一样。教师应当深刻认识到这一点,相信每个学生都是可教育的,都具有接受教育的潜质和能力,不放弃每一个学生,让教育中不再有"被遗忘的角落"。正是在这个意义上,人们才会说,"没有教不好的学生,只有不会教的老师"。

3. 个体差异性

每个人的发展都是存在差异性的,因为人不是以同样的速度发展的,达到成熟水平的时期也不相同。在年青一代的身心发展中,由于遗传、环境、教育和其自身主观能动性的不同,有的学生身心的某些方面在较早的年龄阶段已发展到较高的水平,有的则在较晚时期才出现相应特征。如有的儿童在 8 岁时,抽象思维已有了很好的发展,能够接受中学教育,而有的学生的抽象思维要到十四五岁时,才有显著的发展。学生之间是相通而不同的,相互的差异性是学生个体成长不可缺失的资源。在当前学校教育的背景下,教师面对的不是一个学生,不是同质的学生群体,而是丰富多样的多个学生。如何看待这种差异性? 教师所面对的学生是不同的,每个学生身上都浓缩了其全部的家庭、地区、时代的特征,有着个体独特的生命体验。因此,面对群体学生的教育实践活动,必须充分考虑到这种差异性。学生之间的差异,恰恰是学生个体成长不可缺失的资源,可以通过教育的力量转化为个体成长的现实。

二、权利与义务同等重要

学生一般是儿童和青少年,作为一个特殊的群体,学生既享有与成人一样的公民基本权利,同时也需要得到社会的特殊对待和保护。然而在当前教育中,对学生权利的忽视和践踏时常可见,学生的独立人格和独立地位经常被忽视。要改变这种状况,就必须承认与确立学生在社会中的权利和地位,维护他们在教育中的主体地位,并切实保障他们的各项合法权益。此外,学生在享受基本权利的同时,也必须履行一定的义务,他们是权利与义务的统一体。引导学生明确自身的责任和义务,学会对自己、对他人、对社会负责,学会承担责任,具有十分重要的教育意义。

(一)学生享有哪些权利

在社会生活中,学生享有与成人一样的公民基本权利,如平等权、生命健康权、人身自由权、文化教育权等。在教育中,根据《宪法》、《教育法》、《未成年人保护法》等的规定,作为权利主体的学生主要享有以下一些基本权利:

1. 受教育的权利

受教育权是公民的一项基本权利,也是学生的基本权利。我国《宪法》第46条规定:中华人民共和国公民有受教育的权利和义务。公民不分民族、种族、性别、职业、财产状况、宗教信仰等,依法享有平等的受教育的机会。《义务教育法》第2条、第4条规定:国家实行九年制义务教育,国家、社会、学校和家庭依法保障适龄儿童、少年接受义务教育的权利。《未成年人保护法》第14条规定:学校应当尊重未成年学生的受教育权,不得随意开除未成年学生。学生在学校的受教育权主要表现为:享受各种教育资源,参加教育教学计划安排的各种活动,使用教育教学设施、设备、图书资料等基本权利。

2. 被尊重的权利

人格尊严是公民的一项基本权利,《宪法》明确规定了公民的人格尊严不受侵犯。学生也是公民,其人格尊严同样受到法律的确认和保护。《义务教育法》规定,学校和教师不得对学生实施侮辱人格尊严的行为,不得歧视品行有缺陷、学习有困难的儿童及少年。《未成年人保护法》规定:"保护未成年人的工作,应遵循尊重未成年人人格尊严的原则。"同时在第 15 条中还规定:"学校、幼儿园的教职员应当尊重未成年人的人格尊严,不得对未成年学生和儿童实施体罚、变相体罚或者其他侮辱人格尊严的行为。"在教育过程中,教师不可对学生态度粗暴、随意呵斥,损害他们的自尊心,而要尊重学生,尊重他们的人格,听取他们对教育的意见和要求,把学生当做和成人一样具有平等的人格尊严及权利的个体来看待。

3. 安全与健康的权利

生命权和健康权是公民的基本权利,学生作为未成年人,更应当享有这一权利。在学校教育中,为了维护未成年学生的生命权和健康权,学校必须采取各种有效的防范措施,尽可能减少学生伤害事故的发生,加强安全教育。《未成年人保护法》第 16 条规定:"学校不得使未成年学生在危及人身安全、健康的校舍和教育教学设施中活动。"第 17 条规定:"学校和幼儿园安排未成年学生和儿童参加集会、文化娱乐、社会实践等集体活动,应当有利于未成年人的健康成长,防止发生人身安全事故。"而近些年来,因学校的教育设施缺陷、食品卫生不过关、校园暴力等方面原因而导致的中小学安全事故频发,使学生在学校的基本生存权受到了威胁。因此,作为育人机构,学校必须为学生提供安全的育人环境,防止伤害学生生命健康的事故发生。

4. 公正评价的权利

学生的公正评价权是指学生在教育教学过程中,享有要求教师、学校对自己的学业成绩、道德品质等进行公正的评价,并客观真实地记录在学生成绩档案中,在毕业时获得相应的学业成绩证明和毕业证书的权利。《教育法》第 42 条规定,受教育者享有"在学业成绩和品行上获得公正评价,完成规定的学业后获得相应的学业证书、学位证书"的权利。学业成绩评价是学校通过测验和考试对学生的学习水平、知识能力等所作的评价,品行评价是对学生在学校期间的思想品德、行为习惯、学习态度、劳动表现等所作的综合评价。在中小学教育阶段,学生的学业成绩评价和道德品质评价对学生的升学及就业具有重要的甚至是决定性的作用,也会对他们一生的健康成长产生很大影响。因此,学校和教师应当本着认真负责的精神,科学、合理、公平、公正地对学生进行学业成绩和品行的评价,并在学生完成学业后给予相应的证书。学生对评价中的失实、失真和不公正问题,有权通过正当途径,依法要求学校和教育主管部门予以改正。

(二) 学生应当履行什么义务

在社会生活中,公民既享有基本的权利,又必须履行相应的义务,权利与义务同等重要。近些年来,随着权利意识的觉醒,人们更多地热衷于追问和满足自身的权利,却将自己应当履行的义务放置一旁,造成了权利与义务的失衡。因此,在教育中,作为权利主体的学生在享有权利的同时,也应当承担一定的义务;教育在维护学生权利的同时,也必须培养学生的责任意识和义务感,使学生真正成为权利与义务的统一体。学生应当履行以下义务:

1. 接受教育的义务

接受教育的义务是指作为学生应依法接受规定年限的教育,《义务教育法》规定:"凡年满六周岁的儿童,不分性别、民族、种族,应当入学接受规定年限的义务教育。"因而,接受教育不仅是学生享有的一项权利,也是其必须履行的义务。对义务教育阶段的学生来说,这种义务是强迫的,适龄儿童必须接受教育;对非义务教育阶段的学生来说,这是在享受教育权利的同时应承担的义务。在学校教育中,学生有义务接受教师对自己的教育和引导,积极配合教师的教学工作,完成自身受教育的任务。

2. 努力学习的义务

学生进入学校就意味着承担了努力学习的义务,这也是学生取得学业证书权利的前提。具体来讲,这项义务包括:应按时到校上课,上课前准备好学习用品,不能无故迟到、早退或辍学,不能去做其他与学习无关的事情;上课时,应专心听讲,勇于提出问题,敢于发表自己的见解,积极思考和回答教师的提问;放学后,应认真复习功课,按时独立完成作业;考试不作弊;珍惜时间,科学安排课余活动;等等。在教育过程中,教师应当让学生学会自主、自愿地去学习,而不仅仅把学习当做一项被动的义务去完成。

3. 遵守学校规章制度的义务

作为社会公民,学生应当遵守各项法律法规,既包括宪法、法律、行政法规,也包括教育法律法规和有关教育的规章制度。因此,除了要遵守国家的基本法律法规外,学生还应该遵守所在学校或其他教育机构的管理制度,这是每个学生都应当履行的义务。遵守学校规章制度的义务主要包括:遵守其所在教育机构的思想政治教育管理制度;遵守其所在教育机构的教学管理制度;遵守其所在教育机构的学籍管理制度,包括入学注册,成绩考核,对升级、留级、转学、复学、休学、退学的处理,考勤记录,纪律教育,奖励处分以及对学生毕业资格的审查等管理规定;遵守其所在教育机构的体育管理、卫生管理、图书仪器管理、校园管理等方面的制度。

4. 品德养成的义务

教育的首要任务就是培养学生的道德品质。品德养成是全面发展教育的首要目标。因此,对学生而言,尊师重教、养成良好品行是他们的基本义务。中小学生应当遵守《小学生日常行为规范》、《中学生日常行为规范》、《小学生守则》、《中学生守则》等相关规范的要求,积极参与完成学校道德教育的目标与任务,自觉地形成自身的道德品质。学生应当形成尊敬师长、文明礼貌、尊重他人、热爱国家、有社会责任感、诚实、正直、积极向上、自尊自强等良好品质。

案例分析与讨论

案例一　学生是人

　　家长与老师相遇,大多数会问,孩子最近考得怎么样,在班上排名如何,很少听到家长和老师谈及孩子喜欢什么运动,有什么业余爱好。

　　既是家长又是教师的我,也常常不自觉地拿分数和排名同家长谈话。与学生谈话时,习惯问学生:"看了什么书? 每天都写笔记吗? 看英文了吗?"生活中除了看书、写文章、考试,难道就没有其他?

　　不知道为什么,也不记得从何时开始,我们已不再将学生看做一个个有着多样兴趣爱好与多种能力和潜质的人。只看见分数、绩点、排名这些数字,却看不见人。如此衡量学生,好像他们不是有血有肉的人,不是正在长身体的人,也不是心理和智力都在发育变化中的人,而是由分数、绩点、专业、学校、排名等组成的"数字人"。

　　我感到自责,感到无奈,在小学是这样,在中学是这样,到了大学还是这样。将来毕业时,学生依然如此! 作为人的学生,他的性格、爱好、健康乃至个体还有存在的空间吗?

　　为什么学生的身体健康、兴趣爱好、脾气秉性、爱心和善意、孤独和忧郁、寂寞与焦虑、悲欢离合、喜怒哀乐这些与生命同在的重要事情,都不被我们关注,而那些身外之物,那些数据指标却占据了学生生命的内涵?

　　学生是什么? 比分数和考试更重要的是什么? 学生的健康状况怎样? 学生的精神状态如何? 对作为人的学生而言,这些当然是比分数更重要的事情,我们为什么没问过学生,没有和学生交谈? 我们好像从来也没有对学生说起过!

　　作为家长和教师的我,不赞成"反智主义",也不反对"精英阶层",更不支持"白卷英雄"。我不反对考试和分数,只是希望,当我们在考虑学生的问题时,首先想到,学生是人,是正在长身体的年轻人,是心智尚在发育的缺乏社会经验的人,是需要与同龄人交流感情的人,他们需要被人关心、帮助、爱护,也需要关心、帮助和爱护别人。然后,才是考试、分数、绩点和排名。如果没有前者,单纯强调后者,便没有了意义……

对学生的评价,更重要的是学生的健康、道德、审美、热情、兴趣、爱好,如果他善良、诚实、忠厚和助人为乐,那就不要太在乎考试是不是能拿高分。家长和教师要关心学生作为人本身的问题,只有这样,我们的学生才会关心其他人以及全人类本身的问题,才能了解人类全面发展的需要,关注人类今天的生活和明天发展的问题。

家长是人,教师是人,学生是什么?学生也是人。"人"是高山大海,"分数"只是小丘小溪;"人"是蓝天苍穹,"绩点"仅是天上的一星一辰;"人"是一部伟大的史诗,"排名"不过是其中的一个标点、一个符号。①

讨论题:

1. 为什么要在教育中强调"学生是人"这一观点?
2. 在日常教学中应当如何评价一个学习成绩不好的学生?
3. 如果你是教师,你将如何践行"学生是人"的观点?

案例二 学生的权利

2006 年 8 月 20 日,是武汉市黄陂区东风中学初一新生入学报到的日子了。而东风小学的毕业生武正(化名),却因为班主任没有让他参加小升初考试而报不上名。

当天,武正的母亲查遍初一年级 10 个班的名单,都没有查到儿子的名字。东风中学有关负责人查阅档案后,告知她,其子"未参加小升初考试",所以入不了学。

小升初考试是 6 月 17 日进行的。武正的母亲 8 月 24 日向楚天都市报投诉说,她回家询问孩子后方知:6 月 17 日上午,武正到学校去考试,可考场里并没有安排他的位置。班主任称"位置不够",然后将他带到学校图书室里,没让他参加考试。

记者 8 月 24 日赶至武正家中,听孩子回忆道:考试时,包括武正在内,一共有 4 名学生被安排坐在图书室里。老师拿来了矿泉水和瓜子,让他们边吃边看书;并拿来了一个红色的圆桶,供他们大小便用。直至下午其他学生考试完毕,才把他们放回去。这 4 名学生虽出自不同的班级,但有一个共同的特点——成绩都排在班级的末位。

前两天,武正的母亲找到班主任,质问为何不让武正参加小升初考试。班主

---

① http://hi.baidu.com/songzinan1997/blog/item/95ce65b5cafc9fcf37d3ca69.html.

任提了一箱牛奶上门赔罪,并说现在当地的两所小学竞争激烈,"自己也有苦衷"。①

讨论题:

1. 案例中班主任的做法在教育中具有很强的代表性,为什么会有这种现象发生?

2. 后进生与普通学生是否应当享有同样的权利? 为什么?

3. 在教育中应当如何保护学生的权利?

【扩展阅读】

1. 南京师范大学教育系:《教育学》,人民教育出版社,1984 年。

2. 于雅风:《学生权利概论》,北京师范大学出版集团,2009 年。

3. 胡中锋:《现代教育学》,广东高等教育出版社,2007 年。

4. 孙云晓:《教育的最大问题是不把学生当人看》,新浪观察,http://www.sina. com. cn2003/04/18。

【思考与探究】

1. 学生在教育中扮演着什么样的角色? 如何才能扮演好这些角色?

2. 学生具有哪些特性? 应如何看待这些特性?

3. 学生具有哪些基本的权利和义务?

4. 哲学家康德曾提出了"人是目的"的著名论断,请结合你的理解,思考在教育中如何才能做到以学生为目的。

5. 随着新课程的实施以及新的教育理念的推行,学生的权利较以往得到了更多的关注和保障,但是在维护学生权利的同时,难免与既有的教育规则或惯例发生冲突。当学生的权利与教育的规则发生冲突时,教师应当怎么做?

_____

① 《楚天都市报》,2006 年 8 月 25 日。

专题二　学生的生活

学习要求:走进学生的世界,了解学生生活有哪些主要的形式和特点,掌握教育该如何有效地引导学生的生活。正确认识当今学生生活的新特点,全面了解学生的生活世界,以便更有效地进行教育。

人的生活是人展现其生存的基本方式,它构成了人的全部经验世界。不同职业的人有不同的生活内容和方式,这也是不同的人之间相互区别的特点。学生作为一个特殊的群体,他们的生活有着与其他人不同的内容和方式。了解学生的生活是了解他们这一群体身心特点的基本途径,同时也是对他们进行教育的前提。

一、走进学生的生活世界

学生的生活世界是一个与成人世界有交叉,却又不同于成人世界的独特世界。作为未成年人,他们正处在成长的关键期和敏感期,他们对外部世界有着自己的感受和体验,形成了自身独特的经验。尤其是处于当代多元化社会背景之下的学生,其生活更是形成了独特的方式和特点。这些都是在教育中必须予以关注和考虑的重要因素。学生的生活是有着自身规律和特点的自然成长的生活,是在教育中自然形成的,但也需要教育的适当引导。

(一)学生生活有哪些基本方式

一般来说,人们习惯于将学生的生活划分为家庭生活、学校生活和社会生活3个方面,这主要是按学生活动的不同场所或环境去进行划分的。而作为学生,无论是在家庭、学校还是社会等任何一种生活环境中,他的生活都由一些主要的活动形式构成。在此,我们将这些活动形式主要归结为3种,即:学习活动、同伴交往和社会实践,这是学生生活的几种主要表现形式,是学生的基本生活方式。

1. 学习活动

教育是人类生存和发展的重要途径,人只有通过接受教育才能成为真正意义上的人,因而接受教育就成为个体主要的生活方式,学习则是个体获得教益的基本途径。学习是人类最普遍的一种行为活动,是人在后天习得一切知识和行为的活动。学生的学习活动是学生认识世界、体验自身存在意义的过程,是学生生活的主旋律。尤其当我们处在这个终身学习的社会之中时,学习就是每个人获得进一步成长和发展的必需活动。学生作为专门接受教育的特殊群体,学习对于他们的意义更是不言而喻的。在学习活动中,学生永远是主体,学生的学习活动就是为了学生生存的生活过程。因此,学习生活是学生自身特有的生活过程,是为了学生能更好地独立生活,学习生活也只能是学生自己去经历的生活。这应该是教育者、家长和学生都必须具有的基本意识。

对学生而言,除了在家庭中的生活,他们很大一部分的时间是在学校中度过的,他们是学校教育和学习活动的主体,学习活动是学生生活最主要的形式之一。从进入小学真正获得"学生"这一称号起,每一位学生都将在学校中接受长期教育,开始集中而规范的学习活动,这是他成长的必然方式。在学习活动中,教育要引导学生解决的是个体与世界的关系问题,特别是个体对世界的认识问题以及由此导致的学生的发展问题。在这个过程中,学生的个体变化体现为从不会学习到会学习,形成了学习的情趣,学会了认识世界,增强了认识能力,产生了认识世界的动力。同时,学生通过学习,一方面形成了自己的直接经验,另一方面获得了经过自己理解的他人经验,形成了一个融自己经验与他人经验于一体的经验系统,建立起了自身的生活世界,并使身体层面和心理层面得到了发展,逐渐成为一个完整的个人。

2. 同伴交往

同伴是指儿童与之相处的具有相同社会认知能力的人,同伴交往指同伴之间运用语言和非语言符号交换意见、传达思想、表达情感和需要的交流过程。[①]学会如何与人交往是个体社会化的重要目标,而这对学生来说显得尤为重要。因为这不仅是他们社会化的需要,更是他们最主要的活动形式之一,在他们的发展中发挥着成人无法替代的独特作用。

> 同辈群体又称同龄群体,是由一些年龄、兴趣、爱好、态度、价值观、社会地位等方面较为接近的人所组成的一种非正式的初级群体。同辈群体在青少年中普遍存在,他们交往频繁,时常聚集,彼此间有着很大

---

① 朱智贤:《心理学大辞典》,北京师范大学出版社,1989年,第316页。

的影响。同辈群体是影响一个人成长和发展的一个重要的环境因素，尤其是在青少年时期，同辈群体的影响日趋重要，甚至有可能超过父母和教师的影响。青少年从家庭逐步走向社会，首先面对的就是如何进入同辈群体，并在群体生活中实现某种社会需要。同辈群体具有平等性和自发性。同辈群体亚文化，对学生社会化有重要影响。正面的影响主要是提供最初的比较正式的角色承担的机会，提供人际交往的机会，而负面的影响是背离主流文化。①

同伴也可称之为同辈群体，它在学生的成长中发挥着重要的作用。同伴交往对于过集体生活的学生而言，有着特殊的重要意义。同辈群体的成员一般在家庭背景、年龄、性格特点、兴趣爱好等方面比较接近，他们经常聚在一起，彼此间有着很大的影响。他们的交往方式往往是与成人世界相隔离的，如他们的言语方式是家长所不能理解的，他们经常使用的口头禅或流行语是老师和家长听不懂的，他们说着只有自己才懂的语言。由于和同伴之间具有诸多相似性，在同伴群体中，没有规矩和教条的约束，他们有更多的共同语言，可以尽情地张扬自己的个性，施展自己的才华，得到同伴群体的认同，获得自信。

在与同伴的交往中，个体不仅获得了来自同辈群体的友谊——在很多情况下是影响一个人一生的友谊，同时也从对同伴的依赖甚至与同伴的冲突中发现和了解了自己，获得了一种重要的社会交往的经验。因此，学生之间良好的同伴关系是他们保持心理健康和取得学业成功的必要前提，是一个人顺利适应将来社会的必备条件。积极发展学生的同伴关系，让他们与同伴主动交往，是培养学生的社会生活技能、增强他们社会适应性的可行措施。当然，不良的同伴关系及其交往不仅会影响学生当时的发展，还会影响他们后期的社会适应。有研究发现，儿童早期的同伴关系与其后来的对学校的适应相联系，如同伴关系不良与辍学、学习成绩较差等相关；儿童早期的同伴关系也与其以后的心理健康问题相联系，如儿童期的心理健康异常、成年后的心理障碍、自杀等。② 由此可见，学生的同伴交往是学生生活的基本方式，是其成长和发展的重要推动力。现代社会独生子女家庭居多，独生子女更多地是从同伴中寻找自己的价值和乐趣，他们在与同伴的交往中学会了合作与宽容、规则与纪律、竞争与忍让等品质，也体验到了同情、关心等情感。因此，教育应把学生的同伴交往作为一个重要的教育资源，

---

① http://baike.baidu.com/view/640054.htm，2010 年 6 月 1 日。

② 杨霞：《儿童同伴关系研究综述》，《中北大学学报（社会科学版）》，2005 年第 5 期：第 85－88 页。

积极鼓励学生之间正常、健康的交往,培养学生良好的交往品质。

3. 社会实践

学生的生活除了学习活动和同伴交往之外,还有一种重要的形式,就是社会实践。学生的社会实践可分为有计划、有目的的实践和无计划、无目的的实践两种。在传统的意义上,有计划、有目的、有组织的社会实践相当于学校开设的一种课外教育,是在教学计划和教学大纲范围之外,利用课余时间组织学生进行的多种多样的教育活动。这种社会实践包括学校组织的各种课外活动、学校的团队活动以及与学校教育密切相关的校外教育活动、家庭教育活动等。在实施了新课程改革之后,学生的社会实践活动又增加了一种形式,即综合实践活动课程,它是在教师的引导下,学生自主进行的综合性实践活动,是基于学生的经验、密切联系学生自身生活和社会实际、体现对知识综合应用的实践性课程。《基

础教育课程改革纲要(试行)》规定:"从小学至高中设置综合实践活动并作为必修课程,其内容主要包括:信息技术教育、研究性学习、社区服务与社会实践以及劳动与技术教育。"除此之外,还有一种社会实践不是由学校统一组织的,因而是无计划、无目的的。这种社会实践是学生在日常的社会生活中就能接触和参与的活动,如参与在社区举行的各种活动,或社会举办的各种庆典和纪念活动等,以及学生在社会生活中的助人为乐、尊老爱幼、保护环境等行为都是学生社会实践的重要组成部分。对于学校教育而言,有计划的社会实践是学生实践活动的主要内容。

总之,对学生的成长和发展来说,仅有教学及其相应的学习活动是不充分的,社会实践是促进学生全面发展的重要途径,是学生成长的砺金石。课余时间让学生参加适当的社会实践活动,并结合政治、历史、地理、语文等课程的教学,组织学生进行社会调查、参观、访问、宣传、游览以及参加公益活动等,可使学生

走出校门,直接与社会和大自然接触。这些活动有助于使学生的生活世界与教育相结合,增强学生的感悟和体验能力,增长他们的见识,开阔他们的眼界,促进他们的健康发展。青少年学生精力充沛、求知欲强、可塑性大,如果不以富有教育意义的实践活动去充实他们的课余生活,他们就有可能受到社会不良风气的影响,甚至去从事有害于自己和他人的活动,影响身心的健康发展。因此,有组织地开展丰富多彩并富有教育意义的实践活动能够适应学生的多种需要,弥补课堂教学的不足,使学生得到实际锻炼,丰富学生的精神生活。

(二) 学生生活的时代特点是什么

学生的生活是一种基于个体多样性之上的集体生活,个性不同、性格各异的学生构成一个集体后,他们的生活便具有了一定的共同性。虽然在这种共同性之下依然涌动着多样性和差异性,但集体生活的共性总是以更加明显的面貌特征标识着这一群体和其中的成员。在如今这样一个多元化、信息化的时代,学生的生活更是具有了不同于以往的新特点。

1. 行为的趋同化

从学校教育的角度讲,学生过的是一种集体生活,他们一起学习、一起生活、一起活动。在课堂上,他们在相同的时间和地点接受着同样的教育;在课外,他们也基本上按同样的作息时间安排自己的活动。相仿的年龄和相似的受教育经历,使得他们对外界的人与事物有着类似的感受和体验,他们喜欢在一起交流和分享各自的体会。因此,学生的生活在一定程度上具有趋同性。比如,有些学生在穿着打扮、语言、行为方式等方面喜欢赶时髦,以体现青春活力;对流行的东西过分好奇,甚至于亦步亦趋;对明星的集体追捧和模仿几乎成为他们生活的一部分;等等。这些特征在学生身上体现出了趋同化和相似性,他们互相模仿、互相影响,甚至互相攀比。这些特征不应该成为教师衡量学生的唯一依据,教师也不应该对此类学生抱有偏见。因为这是学生集体生活中的一种普遍现象,体现的是一种善于模仿和追逐新鲜事物的好奇心,是青少年学生具有的年龄特征。但是,教师应该对学生中流行的不正确、不健康的事物和思想加以制止及引导,将学生对新鲜事物的好奇和集体追捧引导为对健康的、积极向上的事物的好奇和模仿,在学生群体中营造一种健康、积极的教育氛围,预防和杜绝不良社会风气与流行事物对学生健康成长的消极影响。

2. 交往的虚拟化

随着互联网在社会生活中的广泛应用,学生这一群体迅速成为网络生活的重要组成部分,成为"虚拟的一代"。网络是一个虚拟空间,它的方便快捷、信息资源丰富等多种优点拓展了学生的知识面,给予了学生遨游的空间,使学生获得了更多的知识。然而,网络始终是把"双刃剑",它在带给学生便利的同时,也带来了许多隐患。据调查显示,很多中学生上网首先就是为了玩游戏,其次就是娱乐和交友,不少的小学生成了小"网虫",沉溺于网络生活中,将90%的课余时间用在玩网络游戏上,做了网络的俘虏。虚拟性是网络游戏的最大特点,很多在现实生活中得不到认同的学生往往会通过玩网络游戏的方式寻求自我认同。在网络生活中,学生所面对的是一个脱离了现实生活的虚拟世界,在这个世界,他们不必承担现实生活中的压力和责任,还能从中获得对自身的认可。虚拟世界的这些特点使得不少学生整日沉溺于虚幻的环境中,不愿面对现实生活,甚至荒废学业。教育者应当引导学生正确认识网络的两面性,将学生从虚拟的世界中唤醒,让他们学会理性地利用网络。

3. 价值的多元化

无论是处在哪个阶段的学生,他们总的来说都还是未成年的个体,在个人心智和社会经验等方面都不够成熟,处事容易冲动,难免具有一定的盲目性。尤其在价值多元的现代社会生活和网络生活背景下,学生的这种盲目性体现得更为明显。在社会文化急剧变化的时期,许多传统价值观念逐渐丧失其魅力,而新的价值观念还未完全确立。在这种新旧价值观并存且相互冲突的复杂社会环境中,学生很难根据他们原有的知识经验合理而准确地选择某种价值观念,从而陷入了无以参照、无所适从的境地。这也是很多学生不论干什么都"跟着感觉走"、"无所谓"的一个重要原因。尤其是面对纷繁复杂、眼花缭乱的网络世界,学生很难正确地区分和辨别其中的各种信息,自制力较弱的学生难以抵制网络中不良信息的诱惑,在网络生活中变得盲目、迷茫,以致丧失目标。面对多元价值的冲击,教育应当发挥应有的引导作用,培养学生正确选择的能力。从一定意义上讲,学生生活的这种盲目性就是教师对其进行教育和引导的必要性之所在。

4. 学业的高压化

知识社会的到来对人的知识、能力等提出了越来越高的要求,这种要求突出地体现在当代学生的身上。虽然基础教育一直在提倡"减负",但当前高中、初中甚至小学学生中多数学生的学习压力依然很大,因不堪压力而选择过激行为的案例也屡见报端。中国青少年研究中心《2005 年中国中小学生学习和生活状况调查报告》显示,42.4%的中小学生因"学习成绩提高"而感到快乐和幸福,57.6%的中小学生因"学习压力大"而苦恼。[①] 时至今日,这种状况有增无减。除了学校给予的学业压力外,社会竞争的影响也过早地在学生身上展示出来了,

---

① 中国青少年研究中心:《2005 年中国中小学生学习和生活状况调查报告》,搜狐教育,2005 年 10 月 25 日。

成年人所要承担的社会生活的压力无形中传递给了正在成长中的学生。同时，家庭在其中也起到了推波助澜的作用，家长对子女的高预期使子女不仅要承担繁重的课业负担，还要牺牲大量课余时间参加辅导班、兴趣班等，这无疑加重了学生的学习压力和精神压力。知识社会在给人们创造更多进一步学习、发展机会的同时，也给人们带来了更大的压力。作为知识社会新生代的学生群体，社会生存的压力正在不断地下移到他们身上，过大的压力给学生的身心发展带来了极大的负面影响，这是需要全社会共同关注的重要课题。

二、教育为学生生活导航

学生的生活不仅是学生个体的独立生活，也不仅是学生群体随机的生活，它是整个教育活动的一个重要组成部分，是教育规划和指导中必须要考虑的一个因素。无论是在家庭生活、学校生活、社会生活中，还是在学习活动、同伴交往、社会实践中，教育都对学生的生活起着至关重要的作用，它是建构和引导学生生活最主要的途径和力量。因此，学生的生活是一种教育的生活，是在教育引导下的有意义的生活。在当代社会背景下，学生、学校乃至整个社会都发生了很大的变化，学校教育应当从解答以下几方面的问题入手，对学生生活进行引导。

（一）为什么要加强价值引导

对学生进行适当的价值引导，让其学会选择对与错或该与不该，这种价值上的判断是与其生活密切关联的，是教育建构学生生活的首要内容。因为人的生活不可能是漫无目的的，它必须要有价值的导向，对于学生而言更是如此。尤其在价值多元化的今天，加强对学生的价值引导更加必要。

我们现在正处在社会变革和思想转变的过程中，人们思想中原有的价值体系跟随社会的变革日渐解构，建构新的价值体系也就成为适应社会发展、满足人们日益多样性的精神文化的必然。在破旧立新的过程中，新旧价值观念冲突在所难免，这是一个自我否定与自我超越同时并存的过程。学生的价值观原本就没有形成，不太完善，但他们在接受教育时，头脑并非一张白纸，他们有自我的独立思维，并且已经在社会生活中形成了各式各样不同程度的价值观念，当正统的代表社会主流与正面的价值观念灌输给他们时，就很有可能与他们已经形成的价值观念相冲撞，会使其更为困惑与茫然。面对新世纪价值日益多元化以及青少年自主意识日益觉醒的状况，教育如果无价值导向，就等于把有毒和无毒的苹果混在一起摆放在青少年面前，而不告诉他们识别的方法，任其随意挑选，让幸运与不幸运的几率主宰他们的命运。① 这对教育而言不仅是极不负责的,而且是可悲的,因为教育丧失了关注人的灵魂这一永恒的使命。因此,现代社会的价值多元化不仅意味着人们对事物认识的多元化,也意味着人们价值选择的多元化,而如何进行选择,则是教育的价值引导所要考虑的主要问题。

(二) 为什么要重视校外生活

教育活动不仅是文化传播和知识授受的过程,同时也是学生的一种生活经历。对学生来说,生活是一个不可分割的整体。学生的生活世界是校内生活与校外生活的有机结合,是学习、游戏、实践、日常生活、交往活动等诸多方面的交叉与互动,它们的共存共生构成了学生完整的生活。因为对学生个体而言,所有的活动都是在这两种生活中展开的,它们的结合才真正构成了一个完整的世界。因此,对学校教育来说,就必须要关注学生生活的全面性和现实性,注重学生生活及人格发展的完整性,重视校外生活。

学生生活不是在单纯的学校中进行的,也不是在虚构的社会中完成的,他们的成长与发展受制于其整体的和现实的生活环境。学校生活是学生一个最主要的生活环境,但不是唯一的生活环境。因为在学生的生活中不仅有学习,还有很多学习之外的其他活动,后者是在一个更为广阔的生活环境中进行的,如家庭、社会。因此,学校教育工作者不仅要考虑到学校环境对学生成长与发展的影响,更要考虑到宏观的社会环境和学生具体的生活环境对其成长与发展的影响;不仅要考虑学习生活在学生成长中的重要性,更要考虑校外生活的丰富性对学生成长的意义。学校生活要与学生的校外生活紧密结合,应该呈现出对学生来说是真实的、生机勃勃的生活,呈现出他生活的全部经验,就像他在家庭、在邻里、在同辈群体中那样。总之,学生的生活是一个集全面性、完整性、现实性、具体性于一体的整体。学校教育应当进一步密切学生与家庭生活、社区生活等之间的联系,重视学生在校外的生活,使学校教育真正成为对学生生活经验的继续改造,使教育的过程与教育的目的真正达到一致。

(三) 为什么要关注生活经验

以往的学校教育过度关注知识的教育而忽视了学生的生活经验,以至于培养出了很多高分低能的人。在新的社会背景下,学校教育必须作出相应的转变,弥补学校生活和学生现实社会生活之间的鸿沟,把学校生活的重心从以前的传授知识转变为培育学生的丰富人性。教育在本质上是促进学生成长与发展的活

---

① 柳海民:《现代教育原理》,中央广播电视大学出版社,2002 年,第388 页。

动,因此,学校教育活动应该贴近学生完整的、现实的生活,使学生所获得的书本知识与其个人生活经验紧密联系在一起。

学生学习书本知识是其在学校学习的基本内容和方式,学校系统地向学生传递书本知识无疑具有其重大意义,为现代社会的发展作出了巨大的贡献。可以断言,不管今后各国的基础教育将如何改革,发生怎样的变化,向年青一代传授知识和技能仍然是基础教育必须承担的一项不可推卸的责任。但是,这并不意味着书本知识的传授就是教育和教师的唯一职责或任务。对书本知识的无上崇拜,已经使个人和社会都付出了相应的代价,人类的情感、价值、精神的力量、道德的意义都在对科学知识的无限敬仰中被忽视。在这种背景下,学校教育对学生日常经验的轻视已经发展到了十分严重的地步,忽视了学生日常生活能力、动手能力、人际交往能力、自理能力、自主能力等方面的培养。对于人的完整发展来说,学生的日常生活以及生活经验都是一种重要的教育经验,这是有别于课程、学校文化影响的特殊教育经验,它透过整个教育、教学过程的人际互动以及自我教育的过程得以传递。正是在这个意义上,杜威才强调生活和经验在学生学习中的重要意义,提出教育即生活、教育即经验的不断改造的观点。

生活经验涉及一个人的全部知识,对于学生的成长有着重要的意义。因此,学校教育必须摆脱对书本知识的迷信,重新认识教育和学习的含义,将完整的教育生活还给学生。1990年召开的"世界全民教育大会"曾指出:"基本学习需要包括基本的学习手段(如读、写、口头表达、演算和问题解决)和基本的学习内容(如知识、技能、价值观念和态度)。这些内容和手段是人们为能生存下去、充分发展自己的能力、有尊严地生活和工作、充分参与发展、改善自己的生活质量、作出有见识的决策并能继续学习所需要的。"[①]由此可见,教育的过程本质上就是生活的过程,正是在这一过程中,学生获得了知识、技能,而更重要的是,他们同时获得了如何适应社会、参与生活的经验。

案例分析与讨论

案例一　美术课上的小男孩

一个小男孩上小学一年级了,今天是他上的第一堂美术课,他好兴奋,因为

---

①　联合国教科文组织著,赵中建编:《教育的使命——面向21世纪的教育宣言和行动纲领》,教育科学出版社,1996年,第15－16页。

他喜欢画画。开门进来的是一位美丽的女教师,她穿着及地的连衣裙,长长的头发披在肩上,像妈妈一样。老师开始上课,她说:"今天,我们来学画画。"小男孩想:"好哇!"他喜欢画画,他会画许多东西:狮子、老虎、小鸡、母牛、火车、小船儿等。他开始兴奋地拿出蜡笔,径自画了起来。但是,老师说:"等等,现在还不能开始。"老师停下来,直到全班都专心地看着她:"今天我们来画花儿。"小男孩心里高兴,他喜欢画花儿,他开始用粉红色、橙色、蓝色蜡笔,勾勒出他自己喜欢的花朵。但此时,老师又打断了大家:"等等,我要教你们怎么画。"于是,她在黑板上画了一朵花,花朵是红色的,花茎是绿色的。小男孩看着老师画的花儿,再看看自己的,他比较喜欢自己的花儿,但是他不能说出来,只能把老师的花儿画在纸的背面,那是一朵红色的花,带着绿色的茎。

……

很快的,小男孩学会了等,学会了看,学会了仿效老师,做相同的事。很快,他不再创造自己的东西了。

……

一天,小男孩全家搬到了另一座城市,小男孩转学到了其他学校。第一天上美术课,进来一位穿运动装的短发女教师,小男孩不怎么喜欢短头发的,因为妈妈的头发是长长的。老师微笑着对大家说:"今天,我们来画一幅你心里最美的图画。"小男孩想:"真好!"他等着老师教他怎么做,但老师什么也没说,只是在教室里来回走。老师来到小男孩身边,问:"你不想画吗?"小男孩回答:"我很喜欢啊!可您还没说画什么呢!"老师笑着说:"你不画出来,老师怎么知道你心里最美的是什么呢?"小男孩又问:"那怎么画呀?""怎么画都可以。"小男孩惊奇地问:"什么颜色都可以吗?"老师又笑笑:"如果每个人都画相同的图案,用一样的颜色,老师怎么分辨谁的最棒,你们心里最美的又是什么呢?"小男孩开心地说:"我知道了!"他开始用粉红色、橙色、蓝色的蜡笔勾勒出自己喜欢的花朵。最后,他还在花丛中画了一位穿运动服的短发女教师。[①]

讨论题:

1. 对比前后两位教师,说说她们的做法各自体现了什么样的学生观。
2. 结合自身所学专业,谈谈如何在学科教学中关注学生的生活世界。
3. 学校教育如何才能培育丰富的人性?

---

① http://blog. xxt. cn/showSingleArticle. action? artId = 1242274。

案例二 最感人的理想

有篇文章叫《最感人的理想》,写在外漂泊多年的学子回乡并探望年迈的启蒙老师,他随手翻开老师案几上的作业本,看到一个二年级学生的作文——《我的理想》。作文是这样写的:"阿爹还没走的时候,他对我说,你要好好学习,天天向上,长大做个科学家;阿妈却要我长大后做个公安,说这样啥都不怕。我不想当科学家,也不想当公安。我的理想是变成一只狗,天天夜里守在家门口。因为阿妈胆小,怕鬼,我也怕。但阿妈说,狗不怕鬼,所以我要做一只狗,这样阿妈和我就都不怕了……"

作者说自己远离贫困的家乡多年,在外也经历了各种世相人情,自觉已是刀枪不入,很难再有什么事能轻易让他感动。然而,那一天,他被这个学生的"理想"震撼了,觉得鼻子酸酸的,并说,这是世上"最感人的理想"。

但他的教师没给这个学生任何评语,只画了一个大大的红"×",批了"这也叫理想? 这也叫作文?"我们也不知道这个学生看到大大的红"×"时的心情,但可以推想,这确实是"我的"理想啊! 作文到底应该写什么呢? ……①

讨论题:

1. 案例中的教师为什么会这样评价这篇作文? 如果你是这位教师,你将如何评价?

2. 学生的生活经验在教育教学中具有什么样的意义? 如何在教育过程中恰当利用学生的生活经验?

3. 结合自己的学校生活,谈谈学校教育应当如何正确引导和建构学生的生活。

【扩展阅读】

1. 叶澜:《教育学原理》,人民教育出版社,2007 年,第三章"当代儿童成长与教育改革"。

2. 徐学莹,等:《教育学——行动与体验》,广西师范大学出版社,2008 年,第三章"学生发展"。

3. 易连云:《重建学校精神家园》,教育科学出版社,2002 年。

4. 郭元祥:《生活与教育——回归生活世界的基础教育论纲》,华中师范大学出版社,2002 年。

---

① 《中国教育报》,2004 年 2 月 20 日,第 5 版。

【思考与探究】

1. 学生生活有哪些基本方式？其时代特点是什么？

2. 学校教育为什么要加强对学生的价值引导？

3. 学校教育应当如何引导学生的生活？

4. 学生的生活是以学生的直接经验为基础的，不是知识学习的简单呈现，教师不能脱离学生的生活世界进行教学。结合你对新课程的理解，思考教育改革应当如何关注学生的生活世界。

5. 请联系自身的受教育经历，反思学校生活给自身的成长及发展带来了哪些影响。

专题三 品德发展与心理健康

学习要求：了解学生的身心发展和品德发展所具有的规律与特征，掌握学生心理健康教育的途径、学生品德教育的基本理念与途径等，形成身心和谐发展的教育理念。

从教育目的的角度讲，学生的品德发展是教育所要实现的首要目的，也是学生自身实现全面发展的首要任务。学生个性的全面发展包括身体、心理和品德的和谐统一发展，这既是教育的要求，也是学生自身成长的要求。

一、身心健康是教育的首要任务

关注学生的身心发展、保证学生身心健康是教育的首要任务。人的身心发展是指身体的发展和心理的发展，这两方面是辩证统一、相互影响的。"身"指人的自然的有机体构成，包括身体各构成部分的结构、功能以及整体的结构与功能。"心"指人的全部心理构成，包括感觉、知觉、注意、记忆、思维、想象、情感和意志等方面的特征。学生身心的发展是学生其他方面发展的基石，是教育首要关注的对象。同时，学生的身心发展经历了不同的年龄阶段，并且具有不可违背的内在规律。教育必须遵循和研究这些规律，才能推动学生身心的健康发展和完善。

（一）学生身心发展要经历哪些阶段

学生的身心发展经历了不同的年龄阶段，在一定的年龄阶段内，生理和心理发展过程中都表现出了不同的特征。学生个体普遍具有的这种年龄特征是不同阶段的教育在确定教育任务时的基本依据，也是教师在开展教育教学工作时必须把握的基础知识。

1. 小学阶段学生的身心发展

小学生正处在童年时期。6~12岁的童年时期是人生中发展最迅速、最关键的奠基时期，也是人开始接受正规学校教育的时期。这个时期儿童在身高、体重等方面的发展并不十分显著,而明显的发展主要表现在大脑和心理上。据科学证明,7 岁儿童的大脑重量已经达到成人脑重量(平均为 1 400 克)的 80%以上。儿童的生理心理状况已经为接受学校教育提供了必要的准备,他们强烈的求知欲以及对外界事物的好奇心,加之对学校生活的渴望,为接受学校教育创造了良好的条件。

进入小学对儿童来说是生活历程中的一个转折点,在这之前,儿童主要是在家庭或幼儿园接受教育,他们的活动形式是游戏,而进入小学之后,他们的活动形式主要是学习。学习不同于幼儿园的游戏,但小学教育要注意与幼儿园的衔接,尤其在小学低年级要注意学习的趣味性,使学生能集中注意力。对于刚入学的小学生更要注意他们的年龄特点,可以在学习中间掺杂游戏,使他们逐渐地适应学习,养成学习的习惯。小学阶段是一个人一生中最关键的时期,也是在德智体各方面打基础的时期。小学生的大脑重量大约为 1 280 克,大脑皮层已接近成人。因此,这个时期的儿童智力发展的潜力很大,教师既不能低估儿童的潜力,又不能要求过高过急,不能加重小学生的学习负担。由于他们具有注意力比较分散、思维能力也较弱等特点,教师在教育中应注意内容的形象生动和直观,使小学生在原有的思维水平上逐步向前发展。

此外,小学生的自觉性、自制力还比较弱,通常要靠外部的影响或干预才能坚持完成一件事情,这就需要教育者的悉心指导和帮助。同时,小学生善于模仿,喜欢模仿成人的一举一动,特别是喜欢模仿他们崇拜和尊敬的老师或家长,因而教师和家长在教育中一定要注意言传身教、为人师表,切忌要求过高、方法简单粗暴、抑制学生学习的积极性。教师要与学生建立亲密的关系,不能伤害他们的自尊心,要用爱心去与他们进行交流。

2. 初中阶段学生的身心发展

初级中学的教育对象是 11~15 岁的学生,他们正处在人生的少年期。处于这一阶段的初中生正经历着人生中重大的生理和心理的变化,急剧的生理发展带来了个体生理、心理的躁动,个体的内心世界及其与外界的冲突都在加剧。在这一时期,生理上的逐渐成熟使他们产生成人感,开始意识到自己精神和人格上的独立需要,进而逐渐摆脱了对成人的心理依赖,表现出追求独立的倾向。身心状态的剧变,内心世界的发现,自我意识的突出,独立精神的加强,都是进入少年期的初中生所具有的阶段特征。这些特征改变着初中生自身的内心世界,也改变了学生与外界的关系,尤其是他们与成人的关系。他们不愿再做被动的服从者、模仿者和执行者,而是力求成为生活中主动的探险者、发现者与选择者;他们对外界事物有了自己的独立判断和思考,不再单纯听从教师、家长等成年人的观点,并在发生冲突时坚持自己的立场。初中生虽然有了这种独立的意识,但由于知识和经验的局限,他们缺乏相应的独立判断能力和处理相关关系的能力,他们的思想往往过于简单化,行动也具有盲目性和冲动性。

初中生所具有的这种独立性是这一时期教育所要面对的重要挑战。一方面,教育者应当支持和尊重学生的这种独立要求,帮助初中生丰富内心世界,形成正确的自我认识和理想人格,养成良好的个性品质;另一方面,这一时期的学生交往面有了扩大,但他们明辨是非的能力还不够成熟,往往容易沾染不良的行为习惯。教师要和家长密切配合,注意他们的活动。教育要引导初中生树立正确的人生价值观,摆脱各种社会诱惑和刺激对他们的冲击,远离易引起青少年犯罪的各种诱因。

3. 高中阶段学生的身心发展

高中生大约年龄为 14~18 岁的,处于青年初期。在此期间,他们的生理、心理已基本成熟,因而这一时期是他们准备走向独立生活的时期。与初中生相比,高中生身体外形发生巨变,逐渐具有了成人模样,从而在心理上更加萌生了成人感、独立感,他们越来越多地希望摆脱家长的支配,并主动减少了对父母的依赖。高中生的生长和发育虽然日趋完善,但高中阶段仍然是一个人发育的关键期,发育较晚的青年更需要特别的关怀和照顾。因此,学校要合理安排作息时间,开展文体活动,防止学生学习负担过重,以保证青年身心健康成长。

与初中生相比,高中生除了在生理发育上比前者更为成熟之外,在认知能力、记忆、思维等心理方面的发展也比初中生更为深入。他们思维的独立性与批判性明显提高,已不能满足于简单地听从成人的意见,他们喜欢探求事物的根源,喜欢怀疑和争论,不轻易相信现成的结论,不盲从别人的观点。由于他们思想逐渐成熟,行动的盲目性和冲动性也相对减少了。在自我意识方面,高中生有了更进一步的发展。他们自我评价的独立性有所增强,特别重视同龄人的意见,相互之间的评价趋于增多。但由于自我意识发展的不平衡性,有些高中生对自己估计过高,看不到自己的缺点。因此,教师要帮助这一阶段的学生客观地了解自己、评价自己,启发他们进行自我教育,加强自我监督,严格要求自己。另外,对高中生来说,如何处理同伴关系是一个重要的问题。高中阶段的学生极易形成一些小团体,并与社会上的不良人员结成关系,容易为了朋友义气或其他纠纷而发生冲突,甚至走上犯罪的道路。教师必须对这种集团化的学生同伴关系有一定的了解和把握,全面了解他们的思想,并对其作出正确的引导。男女生之间的交往,更是一个需要教师正确应对的问题。高中的男女生之间已有了相互的爱慕之情,这是一种正常的情感,对此不能简单地去压制或用行政手段去处理,而是要及时进行正面教育,帮助他们正确认识和处理同异性之间的关系,将其情感引导至健康、积极的方向上来。

（二）教育如何适应学生身心发展的规律

学生的身心发展是有规律的,这些规律是学生在一定年龄阶段身心两方面发展的稳定的、典型的本质特征,教育应当遵循这些规律来开展。

1. 学生身心发展具有顺序性,教育要循序渐进

学生个体的身心发展是按照一定的顺序进行的,即由低级到高级、由量变到质变的过程。如身体的发展是从头部、躯干向四肢,从中心部位向全身的边缘发展的;行为的发展是先爬后行再跑;记忆的发展是从机械记忆到意义记忆;思维的发展是从具体思维到抽象思维;情感的发展是先有喜、怒、惧等一般情感,而后出现道德感、理智感等高级情感。身心发展的顺序性决定了我们的教育工作必须连贯地、循序渐进地进行,无论是知识技能的学习还是思想品德的发展,都应当由浅到深、由简到繁、由具体到抽象地进行。

2. 学生身心发展具有阶段性,教育要区别对待

学生个体身心发展也有一定的阶段性,它反映了量变和质变的统一。它表现为学生身心发展的年龄特征,即在发展的不同年龄阶段中形成的一般的、典型的、本质的身心特征,如在童年期、少年期和青年期等不同阶段所表现出的不同年龄特征。前后相邻的阶段是有规律地更替的,在前一阶段内准备了向后一阶段的过渡。每一发展阶段经历着一定的时间,在一定时间内,发展主要表现为量的变化,经过一段时间,发展就由量变变为质变,从而使发展推进到一个新的阶段。学生身心发展的阶段性决定了教育和教学工作的阶段性,各个年龄阶段的发展具有不同的本质特征,在教育措施上不能同等对待、搞“一刀切”。既不能把小学生当做中学生看待,同样也不能把中学生当做小学生看待。当然,根据学生身心发展的阶段性进行教育,绝不意味着要迁就学生的现有水平,而是要向学生不断提出高于其原有水平而又是他们力所能及的要求,以促进他们的发展。

3. 学生身心发展具有不平衡性,教育要抓住关键期

学生的身心发展是不平衡的,表现在不同的年龄阶段的身心发展甚至同一方面的身心发展是不平衡的。如个体的身高、体重有两个发展的高峰;第一高峰出现在出生后的第一年(从出生时的50cm增长到75cm),第二阶段在青春发育期。这两个高峰期,个体的身高、体重的发展较之其他年龄阶段更迅速。有人对人的智力发展进行研究,发现人的感知、思维、记忆、想象等都存在不同的关键期。所谓关键期,是指身体或心理的某一方面机能和能力最适宜于形成的时期。个体身心发展的不平衡性要求教师要把握其发展的关键期,不失时机地采取教育措施,使其获得最佳发展。

什么是关键期

"认母关键期"：刚获得生命不久的小动物追逐他们最初看到的能活动的生物，并对其产生依恋之情。1873年，一个英国自然学家首先在雏鸡身上发现这种反应；1937年，奥地利动物学家劳伦兹验证了这一事实，认为这是一种天生的、本能的、快速的学习方式，一旦错过时间，这种能力就将永远消失。

人类发展的关键期：指身体和心理的某一方面机能和能力最适于形成的时期，是人最容易学习某种知识、技能或者形成某种心理特征的时期。如：2~4岁是儿童口语发展的关键期，0~4岁是儿童形成知觉的关键期，5岁左右是儿童整体记忆能力开始形成的关键期，也是综合数学能力形成的关键期。

4. 学生身心发展具有个体差异性，教育要因材施教

由于人的发展的主客观条件不一样，其发展的过程与结果也有差异。研究者估计：一年级的教师遇到的差不多都是6岁的孩子，但他事实上面临着一群能力不同的儿童，从他们准备状态的差异来说，实际上是5岁到11岁的程度。个体的差异不仅表现为同一年龄阶段的儿童在不同时期的发展速度和水平有个体差异，而且表现为同一年龄阶段的儿童在相同方面的发展速度水平也有个体差异。这就要求我们深入了解每个个体的身心发展状况和水平，有的放矢，因材施教。

如前所述，人的身心发展是一个循序渐进、有章可循的过程，教育只有关注和遵循学生身心发展的这种规律性，才能促进学生身心的健康发展。学生的学习活动随着年龄的增长和年级的上升而不断深化，强度和难度都逐渐加强，这是遵循学生身心发展规律的一个循序渐进的过程。教育不能过早地或者不合时宜地给学生强加各种知识，不能违背学生的身心发展规律。如：幼儿园的儿童适合活动和游戏，而不适合知识性较强的抽象教育；对小学生和中学生可逐步提供认知性较强的知识内容。前后的教育内容应该是层层推进、相互衔接的。围绕学生发展的顺序性、阶段性、不平衡性、个体差异性等特点组织学生的学习活动，这是学校教育必须把握的教育规律。

二、重视学生心理健康教育

心理学家曾预言：21世纪，心理疾患将成为人类一大祸害。国内有关机构

对青少年心理健康状况所作的调查研究结果表明,有10%~30%的青少年存在着心理问题。因此,在学校教育中开展心理健康教育是现代学校的一项新任务。而只有摸清学生的心理问题,才能有针对性地开展心理健康教育,从本质上促进学生的身心健康发展。

(一)当代学生有哪些心理问题

1. 学习问题

由于受根深蒂固的应试教育思想、现代信息社会的高负荷生活特征以及父母望子成龙思想等诸多因素的影响,当代学生学习方面的心理压力越来越大,常常导致一些心理问题的发生,具体表现为精神萎靡、食欲不振、失眠、神经衰弱、记忆效果下降、思维迟缓等一系列症状。厌学也是学习活动中比较突出的问题,不仅是学习成绩差的学生不愿意学习,一些成绩较好的学生亦出现厌学情绪。另外,不少学生还存在考试焦虑问题,特别是遇到较为重要的考试时焦虑更为严重,甚至出现焦虑泛化现象。除此之外,学生的学习问题还有学习焦虑、多动注意障碍、学习习惯不良、学习能力低下等。

2. 人际关系问题

人际交往是青少年学生认识自我、认识他人、认识世界的一个重要途径。良好的人际关系有利于他们形成正确的自我评价,加速社会化进程,增强社会适应能力。亲子关系、师生关系、同伴关系是对中小学生而言最重要的人际关系。随着年龄的增长,青少年学生往往容易与父母之间、与老师之间以及与同伴之间发生人际关系上的障碍。尤其对中学生而言,他们与父母、老师之间的关系发生了微妙的关系,交往频率逐渐下降,冲突逐渐增加。研究表明,青少年围绕学业、日常生活安排和家务与父母发生冲突的频率最高、强度最大。他们不会轻易地接纳任何一位老师,他们已学会评价老师,甚至和一些老师发生激烈的冲突。此外,青少年学生自尊心很强,情感易冲动,社会经验相对匮乏,因此,相当一部分学生在日常生活中不善于处理与同学之间的关系,导致人际关系紧张,甚至发生人际冲突。研究表明,同伴关系不良的学生更容易出现逃学、孤僻、退缩、冷漠、压抑、暴力甚至犯罪行为及其他心理行为障碍。

3. 情绪问题

青春期青少年生理的快速发展、自我意识的高涨及心理断乳的出现,使得青少年的情绪既具有易激动、易兴奋等特点,又具有心境化的特征。青少年心理发展的矛盾性及不平衡性使其容易出现消极心境,表现为烦恼增多,产生疏离感,常常感到孤独和压抑,这些问题如果得不到及时的解决,就会产生焦虑和抑郁。焦虑是由于情境或外界阻碍而威胁到个人的自我概念,产生冲突、挫折的内在感受,是一种消极的情绪体验。常见的焦虑有学习焦虑、考试焦虑、社交焦虑等。抑郁在情绪上最明显的症状就是压抑、沮丧，对任何活动都不感兴趣，有愤怒或负罪感。

4. 人格问题

青少年学生正值人格形成和发展的关键时期，这一时期，青少年的性格即将定型，人生观和世界观也在逐步形成和发展。但长期以来，教育对学生人格的形成与发展重视不够，甚至忽视学生健全人格的培养，对学生也缺少心理健康方面的教育，加之家庭、社会诸因素的作用，致使广大中小学生人格发展出现迷茫和冲突，严重的会发展为人格障碍。当代学生在人格方面存在的主要问题如嫉妒、自卑、逆反、虚荣等，都是有害于自己的身心健康的。

5. 其他心理问题

除了上述这些常见的心理问题外，当代学生还存在着其他一些特殊的心理问题，如早恋、自杀、网络成瘾等。

近些年来中学生早恋成为普遍存在的问题，这引起了社会的广泛关注。处于青春期的中学生，基本上还不懂得什么是真正的爱情，对爱情也缺乏理智的考虑，自控力差，往往突发奇想，莽撞行事。对于失恋不能正确对待，一旦失恋，就会受到极大的心理伤害，容易产生偏激行为，如殉情、抑郁、自暴自弃甚至自杀。青春期自杀的特征主要包括以下几点：（1）由升学、就业、人际关系方面问题诱发；（2）心理上有对死的肯定；（3）一般有给特定对象的遗书；（4）心存妄想。自杀一般是由对家长的反抗和不满、学习成绩差、失恋等原因引起，自杀对青少年的严重危害应该引起社会足够的重视。此外，网络成瘾成为当代学生一大心理疾患。中国青少年网络协会 2005 年发布的《中国青少年网瘾数据报告》显示，目前我国网瘾青少年约占青少年网民总数的 13.2%，在非网瘾用户中，另有约 13% 的青少年存在网瘾倾向。这说明，青少年网瘾现象在我国已经不容忽视，需要引起多方关注。

（二）如何开展心理健康教育

中小学心理健康教育是指具有心理学专业知识的人员根据中小学生生理、心理发展特点和心理健康规律，运用有关心理教育方法和手段，培养学生良好的心理素质和健全的人格，促进学生身心全面和谐发展与综合素质全面提高的教育活动。心理教育是现代学校教育的重要内容，也是学生个性健康发展的内在需要。学校教育要给予不同年龄阶段的学生相应的心理辅导与教育，培养他们作为现代人的心理品质。总的来说，可以通过以下一些渠道开展心理健康教育。

1. 教会学生自我调节和疏导

中小学生心理问题的解决，需要他们通过自身的努力来完成。教师应引导学生主动学习心理学方面的知识,适当地进行自我教育与心理训练,培养良好个性品质,锻炼心理能力,逐渐掌握自我心理调适的方法,并在生活、学习实践中灵活运用,不断总结提高。学生要善于管理自己的情绪,当出现负面情绪时,要通过正确、合理的途径释放,避免出现情绪失控。在日常生活中,学生要逐步养成良好的心理品质,增强自信心,既不自满,也不自卑,以积极、健康的心态去学习和生活;同时也要敞开心扉,拒绝孤僻,扩大交往范围。

2. 组建强有力的师资队伍

教师是中小学推进心理健康教育的主导力量,组建高水平的师资队伍是保证心理健康教育正常开展的重要条件。每个教师都应拥有心理卫生保健知识,掌握一定的心理辅导技巧,熟悉青少年学生常见的心理问题及疏导策略,并能解决学生的实际心理问题。现在中小学的教师,大多数都没有接受过正规的心理健康教育培训。一些教师虽然学习过教育学、心理学,但这些知识对于解决学生的心理问题还显得有些不足。因此,建立专职的心理健康教育教师队伍势在必行。在教师的素质要求上,逐步推行心理健康教师资格审查制度,开展国家和地方的学校心理健康教育工作者的资格审查制度,使得专职的学校心理健康教育工作者逐步职业化,持证上岗。

3. 开设心理健康教育课

课堂教学是教育教学的主渠道,因此,学校应开设专门的心理健康教育课,系统地对学生讲解心理健康方面的知识,培训其自我心理调试的技能,使他们掌握维护心理健康和提高心理素质的方法。心理健康教育课应该是融知识性、趣味性、参与性和操作性于一体的,这样才能学以致用,真正提高学生抗挫折能力和自我心理调节能力,减少心理障碍及其他心理问题。在进行各学科教学中,教师都应当注重对学生进行心理健康教育。除此之外,在课外活动、班会、团组织活动等各项活动中也要渗透心理健康教育。只有各科教师全员参与,将心理健康教育渗透到教育的每个阶段,才能最大限度地保证学生形成良好的心理素质。

4. 建立学校心理健康服务机构

学校可以通过建立学生心理档案和开展心理咨询活动的方式建立健全学校心理健康服务体系。学生心理档案的建立旨在对每一位学生的基本情况和心理状况有全面、细致的了解,尽可能全面地反映学生的心理特点,从而为学校教育提供准确可靠的信息。学生心理档案一般包括两大方面:一是影响学生心理发展的基本资料,即学生基本情况,主要包括个人基本情况、家庭生活情况、学校学习生活情况及对个人生活有影响的重大社会生活事件等;二是反映学生心理状况和心理特点的资料,主要包括智力水平、个性特征、心理健康状况、学习心理特征、职业能力倾向类型等。

心理咨询是由专业人员即心理咨询师运用心理学以及相关知识,遵循心理学原则,利用各种技术和方法,帮助求助者解决心理问题。高度重视心理咨询的重要性,正确认识心理咨询的作用,熟练掌握心理咨询的相关知识,准确把握学校心理咨询的范围和重点,对于明确学校心理咨询的作用、保障学校心理咨询工作的顺利开展及有效解决学生的心理问题都有着不可替代的作用。

5. 重视家庭与社会力量的参与

学生的成长和发展离不开家庭、学校和社会环境的影响,是三者共同作用、共同影响的结果。所以,仅仅在学校的范围内对学生进行心理健康教育是不够的。应该建立学校、家庭、社会协同一体的全方位教育网络,通过资源整合,从多个方面和角度,以多种形式和手段共同加强对学生的心理健康教育,引导其心理朝健康的方向发展。要开展对家庭教育的指导,改变家长陈旧的教育观念,改进其教育方法,从而改善家庭教育环境;要注重社会的力量,充分利用社区、青少年组织、医疗机构等社会各种有利资源,开展多形式、多渠道的心理辅导。中小学的心理健康教育是一个系统工程,只有将这三者的力量结合起来,对学生进行全方位教育,才会更加有力地促进学生身心的健康发展。

三、教育伴随学生道德成长

从学生心理发展的特点和规律中不难看出,个体心理品质的发展是与其自身的道德品质密切相关的,因为良好的品德需要以良好的品德心理素质为基础。因此,加强学生的个性心理品质教育不仅是学生心理健康教育的需要,更是个体品德发展的内在要求。学生品德的养成是教育的首要目标,正如法国教育家赫尔巴特所说,"道德普遍地被认为是人类的最高目的。因此,也是教育的最高目的"。由于学生的思想品德不是天生的,也不是自发形成的,而是在后天的环境中通过教育而形成的,因此,学生品德的养成和发展就成为学校教育的首要任务。

(一) 当今德育提倡哪些新理念①

1. 人本化

长期以来,学校道德教育在人的发展这一本位价值取向上是迷失的,导致了德育的实效性非常低下,这主要表现在以下几个方面:在培养目标上,强调人对道德规则的无条件顺从,以听话和服从为目的,无视人的主体性和创造性;在德

---

① 几种德育理念参考了 http://www.jky.sdnu.edu.cn/jpkc/thw/skja_list.asp? id=13 的介绍。

育内容上，多是一些脱离人的实际生活的呆板教条，造成学生德育兴趣与热情的丧失；在德育方式上，缺乏对学生人格尊严的尊重及对身心发展规律、特点的遵循，以灌输和说教为主要方法，缺乏道德体验和内化，束缚了学生个体道德和人格的发展；在德育组织上，大多采用集体统一和单调划一的管理及育人模式，过分强调共性制约，缺乏对学生个体道德成长的关照与关怀。

这种"目中无人"的德育模式必须要改变，德育的出发点是人，落脚点还是人。在德育工作中，教育者要守住的"根本"就是"以人为本"，维护人权、尊崇人性、完善人格，要做到尊重人、关心人、理解人、宽容人。要使学校德育的目标和重心从单纯的树立共产主义理想的德育向注重人的发展、注重人格塑造的德育转变，从"人的缺位"的"无人"德育向"以学生为本"、"以学生为目的"的人本德育转变；要使学校的德育目标从培养"高大全"的"圣人"向培养有"完全人格"的"常人"转变；要使学校的德育方法从学生单纯接受教师训诫的"被动式"指导向师生平等交流、双向沟通的"互动式"交往转变。

2. 主体性

人是道德的主体，人的主体性是道德发展的根本动因，因而必须反对道德上的强制性。学生是自身品德形成和构建的组织者，外在的道德规范体系和道德需要只有通过学生自愿（进而是自觉）的实践，取得认同，内化为他自身的道德需要，才能真正起到外化指导道德行为的作用。忽视学生内心的需要，忽视学生自觉参与道德实践活动的意愿的论理、奖罚、榜样都是无法达到理想教育效果的。而传统的学校德育往往忽略了这一点，蔑视受教育者的道德主体性，采用单向灌输的方法进行道德教育。在师生关系上过多强调教育者的主导作用，无视学生的主体地位，忽视了受教育者的心理需要。这种道德教育把个体品德的形成与发展看做是道德教育"外烁"的成果，忽视了受教育者自身的实践活动及其积极主动的道德修养的巨大作用。

因此，学校德育要以主体性教育思想为指导，强调学生的主体地位，充分尊重学生，尊重学生的个体差异，发展学生的道德主体意识。正确树立学生"主体"与教师"主导"的意识，建立良好的师生关系，改变空洞的说教和粗暴的灌输。在教育过程中，学校要给学生设置真实的德育情境，鼓励学生参与体验，建立道德教育与社会生活之间的联系，将学生从"净化"的环境和"永远正确"的观念中拉出来，通过主体性的参与和体验，培养其道德判断的能力。同时学校要采用多种德育评价方式，注重个性化评价和主体自我评价，尊重学生的选择，使其个性得到发展。通过让学生展开自我评价，能够促使其形成自律的道德行为习惯。

3. 生活化

在以往的学校教育中，道德教育是脱离学生生活的教育，往往过于强调德育的科学化、理想化、成人化、泛政治化等,而忽视了学生的生活背景和基础。

道德存在于学生的生活中,寓于学生生活的方方面面,没有与生活分离的"纯道德的生活"。道德教育的基础是学生的生活,学生品德的形成源于他对生活的认识和感悟。只有源于学生生活的教育活动,才能引发他们内心的而非表面的道德情感、真实的而非虚假的道德体验和道德认知。学校德育要凸显学生生活的真实性,通过实际的、取材于现实生活的事例来教育儿童,让其实践道德生活。在师生关系中,要注意强调师生主体间的对话,从学生的角度去理解和实践道德观念,而非单纯地用教条加以约束。具体而言,生活化的学校德育要做到以下几方面的变革:首先,教育者要以学生的生活世界为教育的出发点,以学生个体品德和群体价值观的培养为目标,培养学生在做人方面的基本要求,如善良、关爱、乐观、勤奋等品质,以及作为群体中一员的基本的为人处世之道,例如责任感、诚实、尊重、公民身份认同、对集体责任的承担精神等群体价值观。其次,学校德育要将学生在个人成长、家庭生活、学校生活以及社会生活中所经历的事件纳入教育之中,有指向、有计划地开展德育工作。学校要结合学生日常发生的事情,开展学习、讨论、体验反思,引导学生树立明确的价值观,使得道德教育工作源于学生的日常生活,探寻生活意义,从而使学生形成积极的生活态度。最后,在实施方式上,学校德育要以体验、参与、践行等实践学习活动为道德教育的主要方式,以使学生过有道德的生活为目标,加强德育的现实性和实效性。

4. 民主化

民主化是人类社会生活的必然趋势,也是世界教育改革的基本走向。民主化的道德教育理念,也是符合道德教育自身的发展趋势以及学生道德发展机制的必然选择。它要求教师以民主的方式对待学生,在道德教育中贯彻平等、自主、宽容的原则,鼓励学生参与,使学生享受民主的教育权利。

在传统的道德教育体系中,德育以灌输道德教条的形式而进行着,教师代表着唯一正确的文化权威,学生是在被动和服从中接受道德教育的。在这种教育模式下,学生在长期的道德灌输和教师权威之下形成了奴化的人格以及对道德律令阳奉阴违的伪善人格,这就极大地削弱了道德教育的价值以及学生自身道德品质的养成。因此,在现代教育背景下,我们必须以开放、宽容的态度来看待多元文化,看待学生群体自身的文化,反对文化权威主义。同时要清除学校生活中的各种专制、霸权和歧视现象,以公平、公正、友爱、尊重等民主意识来对待学生。倡导师生共同参与、共同发展、平等交流,建立师生间民主平等的对话关系,加强师生在思想和情感上的交流,营造平等和谐的教育氛围,为学生参与道德实践、过道德的生活创造物质上和精神上的条件。

（二）学校德育的目标与任务是什么

总的说来,德育的目的在于完善德性、健全人格,努力促进社会个体成为有道德的人,成为在道德上尽可能完善的人。在具体的学校实践中,德育的目标表现为:教育者通过有目的的、系统而持续的努力,引导学习者进行自我教育、群体认同、社会参与,化道德规范为个人品德,从而不断地完善德行、健全人格,由此增进个体幸福,促进社会进步。

1. 学校德育目标

（1）培养学生的基本道德品质。提高人的基本品德素质已成为全世界广泛关注的重要课题。在基础教育阶段,道德教育的目标就是培养学生基本的道德品质,使其形成作为一个人所必须具备的基本素养。那种缺乏道德意识的教育及其相关行为,是与现代社会根本不相容的。早在20世纪80年代,日本就已提出,21世纪的整个教育目标将是提高一代人的素质。我国的《小学德育纲要》和《中学德育纲要》都分别规定了小学阶段和中学阶段的主要道德目标,其中首要的目标就是培养学生的道德素质。因此,培养学生的基本道德品质是进行道德教育乃至整个教育的前提和基础,是中小学教育的重要目标。

（2）培养学生自我教育的能力。自我教育的能力是指学生在满足社会要求的前提下,能进行自我认识、自我监督、自我调节和自我改正的能力。培养学生的自我教育能力,是日趋复杂的信息社会对教育的要求,同时也是个体不断的自我发展所必需的。培养学生的自我教育能力,首先要加强道德修养。道德修养是道德活动的一种形式,是品德方面的自我锻炼和自我改造。其次,要帮助学生通过各种社会实践进行自我锻炼。再次,要教育学生学会调节和克服个体品德与社会要求的矛盾,主动适应周围环境。最后,教师要激发学生自我教育的愿望,培养学生"慎独"的品质,增强自我监督、自我控制、自我管理的能力。

（3）培养学生的道德思维和道德判断能力。道德思维能力的培养主要是使学生能运用道德概念,对日常生活中的道德现象进行一定的比较、分析、综合和概括,逐步学会透过某些表面现象去认识事物的本质,并根据各种条件和因素,得出符合事物发展规律的准确结论。道德判断能力是以道德思维为基础,运用一定的道德准则,对人们的道德行为的是非、善恶、美丑作出准确判断的能力。这就要求学校德育引导学生正确运用道德概念和准则,去分析评价社会生活中各种人的行为,逐步学会正确区别和评价真与假、善与恶、美与丑,使学生树立正确的内心品德信念,形成正确的自我评价能力和道德判断能力。

2. 学校德育任务

在德育目标的指引下,学校德育要完成以下教育任务:

（1）品格教育和基本的社会公德教育。品格教育主要是指良好的人格品质以及其他个性心理品质的教育，要求个体具有基本的道德品质，包括诚实、正直、守信、勤俭、节制、勇敢、宽容、自尊、自爱、有同情心、有责任心等。社会公德教育是使学生懂得并遵守社会公共道德、形成良好的道德行为习惯的教育。日常的文明行为、家庭美德和基本的社会公德是个体品德的主要表现。学校德育要对学生普及基本的社会道德规范，让学生懂得为人处事的基本道理，使他们形成文明的言谈举止，尊重父母和他人，遵守基本的社会公德，养成良好的行为习惯。

（2）集体主义和公共精神的教育。集体主义教育是使学生掌握正确处理个人与集体、集体与集体之间关系准则的教育。要培养学生的集体意识和观念，使学生认识到个人是集体的一员，养成在集体中应有的习惯，自觉遵守集体纪律和行为准则，同时形成对所属集体的责任感和荣誉感，关心、热爱集体，学会尊重每个集体成员以及他们的意见和观点，学会与人合作、分享。在集体中的生活就是公共生活，这是社会人的必然存在方式。道德教育要培养学生公共生活的能力和公共精神，公共生活需要个体具有民主精神、平等意识和积极参与的精神，正确行使自己的责任和权利，认同和支持公共价值与公共利益，自觉关心公共生活秩序和公共空间的纯洁，抵制和批判损害公共价值的行为。这是公共生活中的个体必须要关注的生活内容，也是学校德育要使学生养成的基本公共品质。

（3）爱国主义和民族精神教育。爱国主义教育是通过国家观念教育、民族精神教育、民族情感教育、国情教育、国防教育等，培养学生热爱祖国、热爱民族的思想和感情，并使学生形成和具备相应的爱国行为能力。要教学生热爱祖国的版图河山、悠久历史、灿烂文化、语言文字、民族英雄、爱国志士、革命先驱等；要积极开展尊重和了解国家的历史，尊重国家标志，维护国家尊严和荣誉，维护祖国统一和国防安全，加强民族团结、反对民族分裂，维护国家主权、反对霸权主义，热爱和平、发展同其他国家的友好关系等方面的教育。

（4）民主、法治观念的教育。民主、法治教育是指学校德育要给学生传授有关公民的基本知识，培养其法律和法治意识、民主意识与遵纪守法的行为和习惯。具体而言，就是要培养学生辨别是非的能力、初步的民主思想和参与意识，培养学生学习宪法和有关法律法规的知识，知法守法，运用法律武器保护自己的意识和能力，促进他们形成初步的公民意识和民主、法治观念。

（5）劳动教育。劳动教育是指劳动、生产、技术和劳动素养方面的教育。劳动教育要教育学生热爱劳动，尊重劳动人民；勤劳俭朴，珍惜劳动成果；培养正确的劳动观念、劳动态度和习惯；参加力所能及的自我服务劳动、家务劳动、公益劳动和简单的生产劳动；获得工、农、商业的基本知识，掌握简单的劳动技能；养成吃苦耐劳、勤俭节约的品质和作风。以校内服务和生产劳动及校外公益劳动为主,进行劳动实践和劳动习惯的培养,让学生懂得要用诚实劳动来争取美好生活。

(三)怎样实现学校德育的目标与任务

1. 德育课教学

德育课是学校德育工作的主渠道,应主要讲授行为规范、道德法则、公德品质和做人的道理等。德育课教学应贴近学生、贴近生活、贴近社会,注重实践教育、体验教育、养成教育,做到知识学习、能力培养和行为养成相统一,切实增强针对性、实效性和时代感,充分发挥德育课在促进学生全面发展中的重要作用。德育课要以课堂教学为主,采用讲授、讨论、交流、视听等教学方法,以培养学生的"道德实践能力"为主要目标,根据学生年龄和年级的不同给予不同内容的知、情、意、行的教育。目前的"品德与生活"、"品德与社会"课程已经在学生品德养成方面做了重要尝试,但不少学校依然还存在占用德育课教学时间、脱离实际等不尽如人意的做法。

2. 各学科德育渗透

德育任务的实现不单要靠德育课的教学,而是要依靠学校的整体教育来实现。其他学科教学应结合各自的课程特点,充分发掘德育因素,有机地渗透德育内容,承担起道德教育的任务:例如,通过语文课可以培养学生对母语、对祖国的尊重和热爱的态度,同时培养学生礼貌、团结、谦逊、助人为乐、爱劳动、有同情心等品德;数理学科则通过归纳推理等数学能力的培养,使学生形成合理的生活态度;通过音、体、美等教学,可以培养学生快乐活泼的生活态度和欣赏美及创造美的高雅情操。总之,各学科的教学应注意到根据不同教学内容特点,有意识地进行道德渗透,发挥综合教育的作用。

3. 社会实践活动

社会实践活动是培养学生实践能力、提高其全面素质和综合能力的重要教学环节,也是对学生进行劳动观念、公共意识、敬业精神、社会责任感教育和学生道德行为习惯养成的重要途径。学校要把社会实践活动纳入教学计划,定期组织学生参观爱国主义教育基地,瞻仰革命圣地和遗址,祭扫烈士墓,参观城市、农村和名胜古迹等活动;组织学生参加社区公益活动、社会调查、志愿服务、勤工助学等社会实践活动。通过实践活动,使学生了解国情、了解社会、了解自身,认识自身生存与发展的主客观条件,培养学生自主的、实践的态度,提高学生的自我教育能力和实践能力,促进学生完善自我、全面发展。

4. 班主任工作

班主任是学生健康成长的指导者和引路人,肩负班级日常管理和德育的重要职责。班主任应结合学生的实际和专业特点,遵循德育规律,组织建设好班集体,做好个别教育工作,培养好的班风学风;开展形式多样的教育活动,促进学生全面发展;发挥学生的主动性、创造性,培养学生的自我教育、自我管理能力;密切联系家长,充分利用家长及社区等各种资源对学生进行道德教育。此外,除了班主任,做好德育工作也是学校全体教职工的共同责任,教师都应当热爱学生、言传身教、为人师表、教书育人,要从关心学生发展的需要出发,着眼品德教育,促进学生良好行为习惯的养成,实现管理育人。

5. 团、队工作及社团活动

共青团、少先队以及学生社团是学生进行自我教育的重要组织形式。共青团、少先队以及学生社团应根据各自的任务和工作特点,积极开展适合学生特点、学生喜闻乐见的健康、有益的活动,充分发挥学生自我教育、自我管理、自我服务的作用。学校要通过党团组织、学生会、班集体、学生社团等,有组织地开展科技、文艺、体育活动,学校要鼓励、指导学生建立各种课外兴趣小组和社团,因地制宜地开辟活动场所,建设活动设施,使学生在寓教于乐的活动中培养健康的情趣,发展个性特长,提高审美能力,锤炼意志。

6. 校园文化建设

学校要加强校园文化建设,优化育人环境。要建设体现学生特点、时代特点和学校特色的校园文化,形成良好的校风、教风和学风。开展生动有效的校园文化活动,大力加强学生的文化素质教育。学校要结合民族传统节日、重大事件和开学典礼、毕业典礼等,开展特色鲜明、吸引力强的主题教育活动;重视校园人文环境和自然环境建设,完善校园文化活动设施;加强校报、校刊、校内广播电视、校园网络等的建设;发挥黑板报、橱窗、图书馆、陈列室等的宣传作用,以及校训、校歌及学校发展历史等的激励作用,从而实现文化环境对学生品质形成的促进作用。

7. 家庭和社区的参与

家庭和社会对学生行为习惯的培养、品德的形成、个性的发展有着重要的影响。学校要通过家访、开家长会、设立家长接待日、举办家长学校、开展家庭教育咨询、建立家长委员会等多种方式,密切与家长的联系,指导家庭教育,使家长了解并配合学校贯彻实施好道德教育,改进家庭教育的方法。此外,社区的参与、社会力量的介入以及整个社会的关注都是学校德育工作应当联合的重要力量。

案例分析与讨论

案例一 学生的年龄特征与教育

德国某校有两个调皮学生内尔和桑克曼,他俩常给生物老师柳芭出难题。上细胞课时,内尔问:"人体内到底有多少个细胞?"柳芭老师说:"大约有50万亿个细胞。"桑克曼帮腔:"老师,那您怎么知道的? 数过吗?"柳芭老师严肃起来,板着脸说:"这是科学家经过实验计算出来的。"内尔又问:"那么,一个细胞由多少个分子组成呢?"柳芭老师窘住了,她确实不知道,不由得又羞又恼,认为这两个小捣蛋鬼故意刁难,气得一句话也说不出来。

10年后,内尔和桑克曼分别从化工学院与医学院毕业,然后又考取了硕士、博士。20年后,他们勤奋工作,先后进了普朗克研究所,成为著名的细胞研究专家。两人合作创造出了一种全新的测量细胞的尖端仪器,从而荣获1991年的诺贝尔医学奖。

柳芭老师60岁大寿那天,他俩送去了生日蛋糕,柳芭老师感动得眼睛湿润了,柳芭老师在生日烛光中含着泪花对内尔和桑克曼说:"过去,我误解了你们,正是由于你们从小钻研和善问,今天才闪现出智慧之光。"

应该承认,柳芭老师说得对。她过去确实误解了学生。误解之一就是把"调皮"当做坏事,认为只有驯服、温顺的孩子才能成为好学生。这也是我国当前许多中小学教师的认识误区之一。误解之二是把"调皮"与"捣蛋"混淆在一起。事实上,如果说"捣蛋"带有点破坏性,那么"调皮"却不尽然,反而可能是学生机智和灵活的智慧的闪光。而这说不定又恰恰是他们将来有所发明、有所创造的萌芽呢![1]

讨论题:

1. 如何正确认识学生的年龄特征与教育之间的关系?
2. 作为教师,该如何正确区分和对待学生的"调皮"与"智慧"?

案例二 德育的生活化

原国家教委孙学策处长曾经讲了这样一个故事。

---

[1] 潘洪亮:《情境·教育·启迪:教育学教学例话集锦》,大象出版社,1999年,第85页。

　　一次乘班车回家,一位同事给我看她刚上小学一年级的儿子的寒假作业。一看,作业是由区里统一印制的,其中有3道思想品德题。我就按题问孩子:"我们国家的全称是什么?"他不假思索地答:"中国。"过了一会儿,孩子又补充道:"中华人民共和国。"第二题:"我们国家是由谁领导的?"孩子答不出,他妈妈着急了,在旁边提示:"共产党啊!"孩子跟着重复了一遍。我追问:"你知道共产党是干什么的吗?"孩子想了会儿,忽然大悟,并且很自信地说:"是打仗的!"(显然百部爱国主义影片在他思想上起了作用)接着我又问:"共产党在哪儿啊,哪儿有啊?"孩子低头想了想,忽然一脸严肃地说:"死了!"怎么给孩子判分? 这样的答案当然不对。但我给了他满分。因为处在这个年龄阶段的孩子,其思维方式是形象思维,是由形象到抽象。面对一个抽象的问题,他只能在生活中找形象,终于他在屏幕中找到了——是"打仗的"。

　　他再一幕幕地寻下去,就"牺牲了"。孩子的回答是合乎逻辑的。第三题:"我们的社会是什么性质的社会?"孩子愣住了。他妈妈又不断提醒:"社会主义,社会主义呀!"孩子看了妈妈一眼,没重复。这时,该怎么评价孩子的表现? 我认为不回答是正确的。因为如果说第二个问题,孩子还能在电影中找到形象的话,那么在这儿,社会主义是人,还是物? 他找不着形象,当然就无从回答。换句话说,什么是社会主义? 大人就都能回答得清楚吗? 所以这不是孩子的问题,而是出题者的问题。显然出题者还是区里的教研员,那么教研员研究过自己的教育对象吗?

　　讨论题:
　　1. 案例中的孩子所接受的道德教育有什么特点? 有何弊端?
　　2. 为什么要倡导道德教育的生活化?
　　3. 学校德育如何才能贴近学生的真实生活?

【扩展阅读】
　　1. 檀传宝:《学校道德教育原理》,教育科学出版社,2006年。
　　2. 郑航:《学校德育概论》,高等教育出版社,2007年。
　　3. 中国德育教育网,http://www.chinadyjy.cn。
　　4. 品德教育资源网,http://ce.naer.edu.tw。

【思考与探究】
　　1. 学生的身心发展有哪些基本规律? 教育应当如何遵循这些规律?
　　2. 当代学生具有哪些主要的心理问题? 学校教育应当如何应对?
　　3. 当今德育有哪些新理念? 如何理解?
　　4. 以往"高、大、全"的道德教育在当今的学校教育中已逐渐被淡化,代之以

"品德与生活"、"品德与社会"等贴近学生生活的课程内容,结合所学内容,思考这种转变的深层原因。

5. 请回忆自己在中小学阶段所接受的学校道德教育,反思学校德育对自己的主要影响和作用。

第四篇

课程原理与开发

专题一　课程的概念与类型

学习要求：掌握课程的基本含义；了解课程的主要类型，联系我国基础教育改革实际，正确认识各课程类型之间的关系。

一、课程：学生成长的重要资源

（一）课程是什么

伴随学校教育的发展，课程概念也在不断地演变。南宋朱熹在《朱子全书·论学》中说过"宽著期限，紧著课程"，"小立课程，大作工夫"等，这里的"课程"含有所学范围、进程的意思。近代兴办学校以来，人们一般把课程理解为学生在学校学习的教学内容的科目及其进程、安排。

在西方，课程（curriculum）一词源于拉丁语（Race-Course），本义为跑马道，转义为学习之道，含有学业进程的意思。随着课程认识的深化，近年来，有学者认为对"跑道"理解的重点应放在"跑"上，强调把课程理解为学生积极主动的认识经验，而不仅仅是学业进程。1859年，英国教育家斯宾塞在《什么知识最有价值》一文中把课程定义为"教育内容的系统组织"。20世纪60年代以后，国外越来越重视潜在课程的研究，学校中学科教学之外的一切非计划化的教育因素亦被纳入课程范畴，课程概念得到了进一步的拓展。

课程概念可以从多个层次来理解。有人认为，课程概念就是指某门学科，或某门学科的教材，如小学语文、中学物理。这个概念太狭隘，遭到指摘，于是人们把课程定义为各级各类学校为了实现培养目标而规定的教学科目及其目的任务、内容范围，即将课程理解为人才培养的计划、方案。后来，由于隐性课程（又称潜在课程）的兴起，课程的概念进一步拓展。课程不仅指在课程计划、课程标准、教材中规定的、计划实施的显性信息，同时还包含由学校生活质量、教师态度、教学活动的道德背景等所传递的隐性内容，这些内容虽未经计划，但潜移默化地影响学生的发展。今天，随着终身教育思潮的传播，课程概念除了包含校内正规教育内容,也包含校外非正式的教育内容,如通过大众传播媒体获得的知识信息,在家庭生活、社区的有关文化教育机构获得的培训内容等。总之,凡是对学生发展产生影响的活动都可纳入课程的范畴,课程被理解为经历、经验。

我们认为,课程主要指学校所开设的供学生学习的种种科目,它表现为课程计划、课程标准与教学材料。同时,课程还包括学生参与校内外教育活动所获得的教育经验。

(二)影响课程的因素有哪些

学校究竟应该设置哪些课程,这不是随心所欲的事,必须考虑多方面的因素。概括地讲,影响课程发展的因素可分为外部因素与内部因素。

1. 源于教育外部因素的影响

社会经济发展和文化传统是制约课程发展的基本因素,社会因素包括经济因素、政治因素、民族文化传统和意识形态等。在这些因素中,政治因素决定课程的性质与方向,它表现为国家颁布的教育方针、政策法规规定的教育任务和培养目标。经济因素影响着课程的内容的选择。如今天学校开设的计算机、生物工程、航天技术、激光技术等方面的课程反映了经济发展对课程的需求。民族文化传统使学校课程带有一定的民族色彩,如有宗教传统的国家往往开设宗教课程。

科学的发展、知识的积累影响着课程的设置、选择与组织。古代自然科学的发展处于朦胧时期,学校课程设置以古典人文学科为主;文艺复兴后自然科学的革命引发了学校课程的变革,学校出现了自然、物理、地理等新学科;17—18 世纪,学校课程又分化为地理学、植物学、动物学、物理、化学等;19 世纪以来,自然科学发展的新成果不断地走进学校课程,课程内容日益丰富、多姿多彩。

除了社会发展、知识进化对课程演进的影响,课程发展还受到来自学生身心发展需要的制约及其他可能的制约。课程设置必须满足学生共同的发展需要,设置统一的必修课程,同时要注意适应学生的个性差异,设置符合不同学生个性发展所需的选修课程。此外,学生身心发展的需要和可能,制约着课程开设的顺序。课程设置应根据学生身心发展水平,为不同学段的学生安排不同层次的课程,以增强课程对学生的适应性。

2. 源于教育内部因素的影响

不同国家的课程存在一定的差异,体现为课程的多样性,它反映了不同国家不同的课程传统。因为课程设计总是植根于一定的历史传统与文化土壤,一国的课程改革应是在原有课程基础上的发展与创新,不能操之过急、全盘否定,更不能推倒重来、另起炉灶,否则欲速则不达,将会给课程的健康发展带来不必要的损失。

课程是人为的,是人们对教育目标、教育内容所作的规划,课程工作者特别是课程学者对课程内部基本关系的看法,诸如直接经验与间接经验、科学主义和人文主义、社会本位和个人本位、知识本位与能力本位、分科与综合等,往往会影响具体的课程设计,形成不同的课程形态和面貌。我国今天中小学课程教材之所以"大变脸",背后的缘由便是学者们对课程概念的理解发生了很大的变化。

(三) 课程扮演怎样的角色

课程是学校教育的心脏,体现着国家的教育目的、学校的培养目标,也影响着教育的水平和质量。在学校教育的广阔的舞台上,课程扮演着十分重要的角色,具体表现为以下几方面:

1. 师生互动的中介

教学过程是师生互动的过程,教学关系实际上是课程内容的传递与转化关系。一方面,在这一过程中,课程成为联结师生活动的纽带。没有课程,师生的教学活动便失去了共同的话语,教和学双方也就互不相干。另一方面,课程也是学生与客观世界联结的纽带,通过课程,丰富多样的世界呈现在学生面前,借助课程这一中介,学生可以超越个体认识的时空限制,简捷、有效地认识客观世界。通过多门课程的学习,学生可以多角度、多方位地认识客观世界,从而提高认识世界的起点,缩短认识过程,将认识水平迅速提升到当今社会所要求的发展水平,这是其他活动所无法比拟的。

2. 学生和谐发展的基础

课程凝聚着人类的经验和文明成就,为学生和谐发展提供了基础。当今社会"知识爆炸",知识传播的途径也日益多样化,特别是电视、电影、报刊、网络等大众传媒的影响越来越显著,但学生和谐发展所需知识信息主要靠课程提供。我国中小学课程设置内容主要包括 3 个方面的知识经验:关于自然、社会和人的发展的基础知识;关于一般智力技能和操作技能的知识经验;关于对待自然、社会和自我的态度的知识经验。我们相应地设置语文、数学、外语、历史、地理、物理、化学、生物等分科课程,品德与社会(生活)、科学、艺术、体育保健等综合课程以及综合实践活动课程。通过这些课程的学习,学生可以获得智力、体力、创造力、思想品德、审美情趣、健康人格的发展。丰富的课程、生动的内容为学生精神世界的完美和健全人格的生成提供不竭的源泉和动力。

3. 教师教学设计的依据

学生学什么、怎么学? 教师教什么、怎样教? 设计教学的根据何在? 这些问题的答案大多可以在学科课程标准、教材之中寻找到。首先,教学目标体现在学校的课程标准之中,教师必须根据课程目标,考虑学生的特点,设计具体的、合理的教学目标。其次,教师必须钻研课程标准及教材,从整体上把握本门学科的教学内容在整个课程中的地位和作用,以及本门课程内容与其他课程内容的关系,在此基础上确定教学内容的广度和深度、教学内容体系和进度。最后,教师要研究课程标准中关于"教学建议"、"课程资源开发与利用的建议",根据教学目标与内容,选择教学方法、手段和形式。如要求学生掌握一定的概念、原理,教师更多地选择讲授、讨论等方法,如果欲培养学生的技能、技巧,则可能更多地采用练习法、实验法,使教学方法适应教学内容,达成教学目标。

二、多样化的课程世界

(一)显性课程和隐性课程是怎样划分的

以课程的外在表现形式或影响学生的方式为标准,可将课程的类型划分为显性课程和隐性课程。

显性课程指一整套以教学计划、课程标准和教材的形式存在的知识技能、价值观念和行为规范,这是一种以直接的、明显的方式呈现的课程,它包括教师必须有目的、有计划地组织实施的那些学科和活动。学校课程表给我们呈现的一门一门的课程就是显性课程。

隐性课程也称为潜在课程、隐蔽课程。一般认为,隐性课程以潜在性和非预期性为主要特征,它不是通过课程表直接表现出来,而是通过学校教育环境(物质环境、文化环境、人际环境)无声地作用于学生,对学生的态度、情感、价值观产生潜移默化的影响。

关于隐性课程的代表性说法

1. 隐性课程是"非计划的学习活动","是学生在教学计划所规定的课程外所受的教育"。

2. 隐性课程是"学生在学校教学情境中无意识获得的经验"。西方也有人认为隐性课程之所以为隐性课程,就是因其常常是以学生没有意识到的方式来施教的。

3. 隐性课程是课内外间接的、内隐的,通过受教育者无意识的、非特定的心理反应发生作用的教育影响因素,指对学生在学校情境中无意识地获得的经验间接地起着影响作用的那些隐蔽的、无意识的、非正式的因素。

4. 隐性课程是指学校(含班级)社会关系结构以及学校正规课程有意或无意地传递给学生的价值、态度、信仰等非学术性的知识。

5. 隐性课程是指学校通过教育环境(包括物质的、文化的和社会关系结构的)有意或无意地传递给学生的非公开性的教育经验(包括学术的和非学术的)。[①]

隐性课程可以辅佐显性课程,通过隐性课程培养学生的价值、情感、态度等,对显性课程中学生掌握知识技能和发展智力、创造力有着一定的促进作用,并使学生的学习突破课堂教学的限制,扩大到学校生活的全方面,对学生人生观、价值观等的形成起到潜移默化的作用。我国一些中小学已经把潜在课程作为一项重要内容来抓。如:有的注重建立学校的各项规章制度,形成良好的校风、学风;有的注重学校中各种人际关系特别是良好的师生关系、学生与学生关系的建立,给学生营造宽松和谐的心理环境;有的注重校园的美化、绿化、艺术设计,陶冶学生的情操;等等。这些都是试图通过各种潜在课程的建设形成良好的物质、文化、心理环境,来促进学生的身心发展,全面提高教育质量。

(二)学科课程、活动课程、综合课程如何结合

以课程内容及组织形式为标准,可将课程类型划分为学科课程、活动课程、综合课程等。

1. 学科课程

学科课程是一种古老的课程类型。我国西周时期学校设置"六艺"(礼、乐、射、御、书、数),伟大的教育家孔子用诗、书、礼、乐教学生就是我国学科课程的雏形。古希腊学校的"七艺"(文法、修辞、辩证法、算术、几何、天文、音乐)可看成是西方学科课程的原始形态。时至今日,学科课程在各国学校仍占据绝对优势。它是一种以人类各门科学的知识体系为基础、以学科为中心的课程设计类型。

学科课程始终受人们重视,主要原因是学科课程具有很多的优点:一是在指导思想上重视成人生活的分析与准备,为学生提供的每一学科都是从人类文化遗产中提炼出来的精华,学生学习这些学科能为将来生活作准备。二是学科课程编订能依照学科本身固有的内在联系,把学科的基本概念、基本原理有序地统合起来,最大限度地保持知识的系统性和连贯性,使学生通过分科学习掌握不同事物的运动规律。三是学科课程具有简约性特征。学科课程以间接经验概括千

---

① 郑金洲:《教育通论》,华东师范大学出版社,2000年,第277页。

百年的文化精华,高效率地传递文化,引导和创新文化,学科课程形式是人类有意识地传递文化与文明的最优化、最有效的形式,这正是学科课程在当代依然处在课程体系中的主导地位的原因。

但学科课程有其明显的不足之处:一是学科课程过多注重于间接经验的学习,让知识凌驾于学生之上,容易脱离学生的生活实际,不利于培养学生的社会生活的能力。二是学科课程分科过细,割裂了知识的内在联系,导致学科间相互隔离、相互封闭,往往造成知识学习的片面、孤立、呆板,缺少开放性、发散性;此外,还可能造成并进课程过多,加重学生的学业负担。

2. 活动课程

活动课程是相对于学科课程而言的,它有时又被称为经验课程,是从儿童的兴趣和需要出发,以学习者为中心,按照各种实践活动类型和特定活动方式而设计的课程类型。其主要倡导者是美国实用主义教育家杜威和克伯屈。他们认为按学科分科教学忽视儿童的兴趣需要,要求课程要重视儿童的兴趣和需要,要求学习计划由师生共同设计。活动课程打破了分科界限,根据学生所需要的经验和感兴趣的问题构成学习单元,让学生"从做中学",帮助学生解决当前主要的问题。活动课程能较好地照顾学生的兴趣和爱好,密切联系生活实际,丰富学生的学习经验,调动学生学习的主动性,培养学生的实践能力。但它过分夸大了儿童的经验,忽视知识本身的逻辑顺序,忽视教育中关键性的社会目标,不利于传授人类文化遗产,难以使学生获得系统的科学文化知识,导致教学质量下降。

新中国成立后,我国一直重视课外活动的开展,视其为课堂活动的补充和延伸。1992 年的"九年义务教育初级中学、小学计划"将中小学的课程分为学科课程和活动课程两部分,把一部分课外活动上升为活动课,纳入到课程计划中,如晨会、班团队活动、体育锻炼、科技文体活动、社会实践活动和校传统活动等。2001 年开始的新一轮基础教育课程改革专门设计了"综合实践活动"课程,要求从小学至初中皆要实施,并要把它作为必修课。综合实践活动课程每周 3 节,主要领域包括信息技术教育、研究性学习、社区服务与社会实践以及劳动与技术教育。其根本目标是培养学生的综合实践能力、探究与创新精神、社会责任感,并为学生确立正确的价值观、形成良好的情感和态度奠定基础。

综合实践活动课程的设置是对我国基础教育课程体系的结构性突破。它以学生的直接经验和体验为基础,体现学科知识的综合运用,由学校自主开发。这是与各学科课程领域有着本质区别的新的课程领域,这一课程的设置体现了我国课程改革的趋势是倡导课程向儿童经验和生活回归,它反映了课程价值观的深层变革。综合实践活动课程的开设,把学生的兴趣、需要置于核心地位,重视学生的自主选择,为学生个性的发展开拓了广阔的空间,也使学生获得亲身参与实践的机会,它必将丰富学生的生活经验和人生体验,促进其关注社会,关注生活现实,主动地发现问题、探究问题,促进分析问题及解决问题能力的形成、创新意识的萌发、创新能力的形成。另外,这样的课程设置,拆除了学生的学习与社会、与他的生活世界之间的人为的屏障,使它们融为一体,形成了一个自然、社会、自我内在联系的整体,使课程与儿童的生活经验和当代社会的发展以及科学技术的进步结合在一起。

学科课程、活动课程、综合课程各有优点与局限,因此,在实际的课程规划与设计中,他们常常相互结合、彼此渗透,保持着一定的比例。

湖州市综合实践活动课程开发

浙江湖州市经过探索,逐步完善综合实践活动课程,形成了5种操作模型:(1)课题研究型。具体包括教师指导模式、学生自主研究模式以及师生合作研究模式。(2)学科结合型。即结合学科内容,将活动内容与学科教学结合起来,从学科学习中寻找活动内容,如安吉高级中学将语文综合实践活动分为语言学习专题(包括春联、婚联、丧联等楹联的收集整理;现代流行语、网络语的收集整理;广告语言与现代流行语的收集整理;安吉方言土语研究)、文化研究专题(包括民间故事、民间传说的收集;民间谚语、俚语、俗语等的收集;孝文化的民间传说的收集;"孝丰"古地名由来的研究;安吉文化名人研究;安吉地方民俗文化研究)、社会实践专题(包括安吉生态旅游的文化内涵研究;黄浦江源——安吉龙王山生态考察;"中国竹乡"竹文化研究;"竹产品开发现状"调查研究;安吉茶文化研究)。(3)创意实践型。如每年举办中小学创新大赛。(4)社团活动型。即根据学生的个人爱好和个性特长,自主组合成各种学生社团,并自主地开展活动。(5)社区服务型。即根据社会生活中的实际问题或配合社会各部门的中心工作所展开的活动。市教育局每年组织全市中小学生开展寒暑假"五个一"活动,各校开展了社区环境保洁工作、绿化维护、敬老活动、居民消费趋势调查、与孤寡老人结对献真情、社区青少年假期课业辅导等活动。①

3. 综合课程

综合课程采用合并相邻学科的方法,把几门学科的教学内容组织在一门综

---

① 全国基础教育课程改革经验交流会会议材料(二),2009年10月,第42页。

合学科之中以减少教学科目而编订,如将物理、化学、生物合并为科学,将音乐、美术合并为艺术课等。学校设置综合课程,一方面是科学发展的结果。科学本来就是一个统一体,在科学研究中,许多科学家解决难题,获得重大突破,在多数情况下,都是不同学科的科学家协同作战的结果。分科过于精细,妨碍科学研究的视野与合作,限制了科学发展。另一方面,学校设置综合课程也是对学校学科课程局限性的克服。综合课程不仅仅在课程内容上,而且在课程目标的追求上皆与学科课程不同。学科课程追求系统理论知识,让学生掌握各部分。综合课程强化了学科间的联系,帮助学生从整体上掌握知识、认识世界,使学生形成合理的知识结构,发展学生的创造力和思维能力。

当代各国的教育实践已为课程综合提供了多种形态:有的在一学科中借用另一学科的思想和概念,有的学科利用另一学科领域的方法,也有的在已有的知识领域交叉处形成新的边缘学科。综合课程具体有以下几种形式:

综合课程的表现形式

1. 相关课程,仍采取分科形式,确定科际联系点,加强学科之间的联系。如:在语文与历史或数学与物理等相邻学科之间确立科际联系点,使学科之间保持横向联系。

2. 融合课程,将相邻学科合并在一起,构成一种新学科。如:中国历史、世界历史合并为历史,或历史、地理、政治科目融合为"社会学科课程"。建立融合课程的目的在于尽量保持知识完整性,以保证满足人类适应实际社会生活的需要。

3. 广域课程,又称合科课程,它是突破了原有的学科界限,合并数门相邻学科的教学内容,形成范围更广的课程。如:将学校课程分为普通社会科、普通理科、普通技能等。它突破了原有的学科界限,比融合课程更具有综合性。采用广域课程可减少分科数目,增加课程间的内在联系,克服知识的零碎性,使教学内容更加贴近生活。但要把不同学科的知识综合在一起有困难,教材编写有一定困难,师资方面也存在一定的困难。

4. 核心课程,也称问题中心课程或轮形课程,它是以个人或社会生活的现实问题为核心将其他学科组织起来的课程设计类型。如社会健康、人口控制、能源保护、贫困等课程。核心课程完全打破了学科的界限,以解决实际问题的逻辑顺序为主线来组织教学内容,利用一定知识和技术去解决问题。这样的课程具有明显的跨学科性,可以随时充分吸收科学发展的新成果,并密切联系社会和学生生活的实际,中小学开展的研究性学习就属于这类课程。在理论上,核心课程可以避免分科课程脱离生活实际、活动课程过分迁就学生直接兴趣的偏向,它以社会为中心,通过跨学科的由近及远,然后逐步扩展的设计,使学校课程同社会生活联系起来,并调动学生解决问题的积极性,但对教师要求高,社会问题难以确定,编制出的课程单元缺乏整合性、连续性。

(三)国家课程、地方课程、学校课程如何分配

按照课程开发与管理主体的不同,课程可分为国家课程、地方课程、学校或校本课程。

国家课程也称"国家统一课程",是由国家教育部门总体规划确定的课程门类和课时,具体指通过课程计划颁布,并依据未来公民接受教育之后所要达到的共同素质而开发的课程。它集中体现了国家的意志,具有权威性、强制性。这是一个国家基础教育课程设计中的主体部分,是衡量一个国家基础教育质量的重要标志。

地方课程是在国家规定的各级各类学校的课程计划内,由国家授权的教育部门依据当地的政治、经济、文化、民族等发展需要而开发的课程。我国幅员辽阔,多人口、多民族,各地经济发展不平衡,国家课程必须根据地方的情况和需要加以实施,开发出适应当地政治、经济、文化、民族等发展需要的课程,以落实国家课程,促进国家课程更好地实施。

校本课程也称学校课程,它是学校根据国家的教育目的,在对学校自身条件和本校学生需求加以评估的基础上,充分利用社区和学校的课程资源而开发的多样性的、可供学生选择的课程。校本课程的开发使学校和教师、学生改变以往被动的课程执行者、实施者、消费者角色,一跃而为积极、主动的课程开发者、创造者,使教师拥有了更多的专业自主权,有利于开发符合独特的地方环境和学校特色的课程,也有利于学校形成各自的特色。校本课程的开发过程中,课程编制、实施、评价皆由学校本身负责承担。校本课程一般由某一学校个别教师、部分教师或全体教师承担,有时也可由不同学校、地区的教师合作开发。

国家课程、地方课程、校本课程反映了不同权利主体在课程领域中的诉求,既是多方课程权力博弈的结果,也是课程适应不同地方、学校、学生需要的内在必然,它们之间应保持适当的平衡。

农村学校校本课程的开发

四川省 C 县 H 小学作为一所农村小学,无论是硬件设施还是其他各方面条件都比较差,但是其坚定不移地走富有农村特色的办学道路,在良好地完成常规教育教学任务的前提下,长年坚持校本课程的开发。在剪纸、刺绣、纸扎、泥塑、根雕等方面的教学实践中取得了骄人的成绩,使 H 镇先后被文化部命名为全国"剪纸艺术之乡",被四川省政府命名为"四川省文化特色之乡"。在其校本课程的开发中,剪纸教学是最系统、最完整的。H 小学校本课程开发的成功经验对广大农村学校最重要的指导意义在于:办学条件和课程开发未必是一种正相关的关系,相反,办学条件不理想的学校完全有可能在校本课程开发上创造出惊人的业绩。①

(四)必修课程、选修课程怎样平衡

根据课程计划对实施的要求,可将学校课程划分为必修课程与选修课程两种类型。必修课是保证学生获得基本技能和终身发展能力的课程,通过必修课的学习,学生可以获得终身发展的知识和能力。② 选修课的设置与实验是新一轮高中课程改革的一个亮点,它的设置有助于拓展学生的知识与技能、发展学生的特长兴趣、培养学生的个性、促进教师的专业成长、促进学校特色的形成与办学模式的多样化。③ 选修课不是必修课的陪衬,更不是必修课的附庸,它是一个独立的课程领域,有其独特的目标、任务、优势和作用,是现代学校课程制度的重要支柱,不可或缺。我们必须彻底打破中学课程结构封闭、僵化、萎缩的状态,重构高中课程结构,使必修课与选修课优势互补、动态平衡,充分释放各种课程的潜在功能,发挥每一个学生的聪明才智,为现代社会输送各级各类高素质人才。选修课可分为侧重于基础知识和基本技能拓宽的学术性选修课与为就业做一定准备的职业性(或技术性)选修课,也可分为限定选修课和任意选修课。为了促进学生全面而有个性地发展,必修课程与选修课程应保持适当的比例,坚持以必修课程为主、选修课程为辅的原则。

---

① 刘世民、王义宝:《鲜活的生命力——从四川省 C 县 H 小学的剪纸教学实践看农村学校校本课程的开发》,《教育理论与实践》,2003 年第 8 期。
② 《走进高中新课程》编写组:《走进高中新课程》,华中师范大学出版社,2004 年,第 102 页。
③ 潘洪建、曹汉斌:《高中选修课开设的几个问题的探讨》,《课程教材教法》,2005 年第 7 期。

选修课程的实施

　　天津市借助网络优势,狠抓虚拟课堂建设,立项开通了"普通高中选修课程虚拟课堂",为全市学生提供了 64 门精品选修课程,实现了较高层次的优质资源共享,许多教师上网学习借鉴,形成了选修课程开发的热潮。同时,从制定标准入手,采取"以奖代投"方式,鼓励区县"因地制宜,共建共享,各展其长",创造性地建设通用技术实验室,涌现出力量中心辐射、区域共享、依托高校、统筹自建等模式,突破了通用技术课程基础建设的瓶颈,实现了天津市高中通用技术课程开课的全覆盖。

　　深圳中学大力整合学校各类教育资源,开展丰富多彩的选修课程,建立学生选修指导制度,积极开展课堂教学改革,努力转变人才培养模式,大力实施综合实践活动课程,坚持推行综合素质评价,在推进普通高中课程改革中取得了丰硕的成果。①

案例分析与讨论

案例一　××小学校本课程开发课表

表 4-1　限选课程

类别	科目	年级	教师	教材	课时	具体负责人
品德教育类	感动中国人物故事	1—6	班主任	自编	每月 1 课时从班队课或品德生活课中调剂	
	心理健康教育	1—6	班主任	自编		
	综合实践活动	1—6	全体教师		集中时间	
学科知识延伸类	经典阅读	1—6	语文教师	引进	每周 1 课时	
	看图写故事	1—2	语文教师	改编	每两周 1 课时	
	计算能力训练	1—6	数学教师	自编	每天 10 分钟(托管时间调剂)	
体育活动类	跳绳、踢毽、校操	1—6	体育教师	自编	每天 1 小时	

---

① 全国基础教育课程改革经验交流会会议材料(一),2009 年 10 月,第 7 页。

表 4-2　自选课程

类别	科目	年级	教师	教材	课时	具体负责人
学科知识 延伸类	北大数学少年	1		引进	每周 2 课时	
	朗文英语	1		引进		
	神奇奥妙的自然界	3—6		改编	每周 1 课时	
	英语会话与情境表演	3—6		自编	每周 1 课时	
技艺 特长类	军乐表演	3—6		改编	每周 1 课时 周六半天	
	口琴演奏	1—6		改编	每周 1 课时	
	童声合唱	1—6		引进	每周 1 课时	
	舞蹈	1—6		自编	每周 1 课时	
	橡皮篆刻	1—6		自编	每周 1 课时	
	田径训练	1—6		自编	每天 1 小时	
	棋类基础训练	1—6		改编	每周 1 课时	
	计算机基础	2—4		改编	每周 2 课时	
	绘画与书法	1—6			每周 1 课时	
	采访与编辑	3—6		自编	每周 1 课时	
	主持与演讲	3—6		自编	每周 1 课时	
生活技艺类	十字绣	1—6		引进	每周 1 课时	
	装饰折纸	1—6		自编	每周 1 课时	
	布贴画	1—6		自编	每周 1 课时	
	装饰编织	1—6		自编	每周 1 课时	

讨论题：

1. 该校本课程表将校本课程分为限选与自选两类是否合理？

2. 如何结合当地实际开发校本课程？该校校本课程开发还有哪些地方尚待改进？

【扩展阅读】

1. 施良方：《课程理论》,人民教育出版社,1996 年。

2. 廖哲勋、田慧生：《课程论新编》,教育科学出版社,2002 年。

3. 钟启泉：《课程论》,教育科学出版社,2007 年。

【思考与探究】

1. 如何理解课程的内涵？
2. 谈谈影响课程发展的基本因素。
3. 课程的类型有哪些？如何处理不同课程类型之间的关系？
4. 试以某一小学或中学的课程表为例,分析其课程类型及其构成比例。

专题二　课程开发

学习要求：理解课程开发目标模式即泰勒原理的基本内容；知道中小学课程开发的基本程序；根据附录表格及内容，初步分析义务教育课程方案、高中课程方案的基本精神与主要特点。

一、中小学课程开发的经典模式——泰勒原理

课程开发也称课程编制，是完成一项课程计划的整个过程，即课程开发是一个不断改进、不断完善的过程。课程开发涉及的主要工作包括课程方案的拟订、课程实施与课程评价等内容。课程编制是一个复杂的系统研究过程，需要教育行政部门、课程专家、教师、学生等的协同参与，同时还必须在课程理论指导下进行，这样才能保证课程编制的合理性、科学性。有关课程编制的理论很多，许多理论对课程编制都产生了重要的影响。现代课程理论的重要代表是美国课程论专家泰勒的泰勒原理或目标模式。泰勒原理是泰勒在1949年出版的《课程与教学的基本原理》一书中提出的系统的、完整的课程编制理论。

泰勒（Ralph W. Tyler）简介

关注学校和大学教学内容以及学生学习情况的人会对泰勒（Ralph W. Tyler）的回忆录感兴趣。泰勒是美国教育最有影响力的人物之一。泰勒1902年出生于芝加哥，在内布拉斯加州成长并接受教育。19岁大学毕业后，在南达科他州教自然科学的时候，泰勒迷上了教学，后来便将他的专业从医学转向了教育。在芝加哥大学读研究生期间，他认识了受人敬仰的教育家Charles Judd和W. W. Charters。两位教育家关于教育和考试的思想对他后来的工作颇有影响。1927年，他成为了俄亥俄州立大学的老师，在那里他进一步研发了一种新的考试方法。1938年泰勒开始闻名全国，受Robert Hutchins之邀，他带着他8年来的工作成果从俄亥俄州立大学来到芝加哥大学。泰勒是斯坦福行为科学

高等研究中心的第一任主任,在职 14 年。他坚信为了获得研究上的独立精神,研究人员应该有充分的自由。虽然泰勒在 1967 年正式退休了,但他实际上一刻也不曾退休过。他工作于国内外的许多教育组织,甚至在 80 岁的时候,游历全国,就如何在各自学校确立开展最佳教学的目标问题给教师们和管理人员们提供建议。①

(一) 泰勒原理说了些什么

泰勒认为一般课程编制必须回答以下 4 个基本问题:②

1. 学校应达到哪些教育目标

泰勒认为课程设计的首要任务就是确定所要达到的目标。首先,他提出了目标的 3 个来源,即对学生的研究、对当代社会生活的研究、学科专家对目标的建议。他认为,任何单一的信息来源都不足以明智而全面地确定教育目标,必须在 3 个来源的基础上收集信息。其次,泰勒提出了教育目标筛选的原则,以剔除那些不重要的和相互矛盾的目标:一是"学校信奉的教育和社会的哲学",二是"学习心理学所提示的选择教育目标的准则",即教育目标只有接受哲学和心理学的甄选,才能获得恰当的教育目标。最后,泰勒还规定了有效陈述目标的形式:"既指出要使学生养成的那种行为,又言明这种行为能在其中运用的生活领域或内容。"只有这样,教育目标的表述才能有助于选择学习经验,有助于指导教学过程。

2. 提供哪些教育经验才能实现这些目标

这里的教育经验与学习经验同义,不仅包括课程所涉及的内容、教师所从事的活动,而且还包括学习者与学习对象及环境的相互作用。泰勒制定了选择经验的 5 条原则:一是为学生提供的学习经验必须既能使学生有机会实践这个目标所隐含的行为,又能使学生有机会处理该目标所隐含的内容。二是学习经验必须使学生在从事实践目标所隐含的那种行为中获得满足。三是学习经验所期望的反应,是在学生力所能及的范围之内的。四是有许多特定的经验可以用来达到同样的教育目标。五是同样的学习经验往往会产生几种结果。

3. 怎样为有效的教学而组织学习经验

泰勒提出学习经验的组织有两种:一是纵向组织,指出不同阶段学习经验之

---

① http://blog.csdn.net/vagabond1/archive/2010/04/15/5489001.aspx。
② 张华,等:《课程流派研究》,山东教育出版社,2000 年,第 197 - 232 页。

间的联系；二是横向组织，是指不同领域的学习经验之间的联系。学习经验有效组织的标准主要包括连续性、顺序性和整合性。连续性是"直线式地重申主要的课程要素"。对主要内容要让学生有机会反复涉及它，以便于理解和掌握。顺序性强调后续经验建立在先前经验的基础上，同时对有关问题进行更广泛、更深入的探讨，也就是说有关内容不能停留在同一种水平上简单重复，其难度、深度要在各种练习中不断增加。整合性是指课程经验之间的横向联系，即学习经验的组织应有助于学生获得统一的观点，并把自己的行为与学习过程的要素统一起来。

4. 怎样才能确定这些目标正在得以实现

泰勒第一个将评价引入课程编制过程，泰勒认为评价就是要找出课程实际教育效果与教育目标之间的差距。他给出评价的基本程序：一是界说教育目标，二是确认评价情境，三是编制评价工具，四是利用评价效果。在此基础上获得的评价结果是对现行教育计划实现预定教育目标程度的基本判断，因而是修正或改善教学计划的基本前提。正因为有评价环节的存在，才使得整个课程开发过程不断地反馈调节，成为一个不断往复提升、不断完善的动态系统。

由上可见，这4个问题实际上是课程编制的4个阶段或步骤：确定目标、选择经验、组织经验、评价结果。其中，确定目标是课程编制诸问题中最主要的、最关键的问题，其他问题都围绕着目标确定来分析和解决，因此，泰勒原理又被称为"目标模式"。

（二）泰勒原理有何影响

泰勒原理的4个问题基本上涵盖了课程研究的基本范围，是对课程现象合乎规律的认识，是任何人思考和研究课程所不可回避的问题。泰勒原理对课程理论的贡献主要有以下几方面：一是以目标为课程编制的出发点和工作中心，明确了课程编制的方向，提高了课程编制的效率。二是首次将评价引入课程编制的过程。将评价引入课程编制大大提高了课程编制的科学性，加强了课程编制的反馈、调节，使课程编制过程成为动态开放的过程。三是将目标贯穿课程编写的全过程，并将学生、社会生活、学科专家3方面共同作为目标的来源，使目标模式获得了合理的基础。总之，它是一种明晰的、连贯的、便于操作的课程编制模式，在课程领域产生了广泛而巨大的影响，直到今天，它依然在课程理论与实践领域占主导地位。

当然，泰勒原理也存在一些不足之处，受到多方面的批评。英国著名的课程论专家斯滕豪斯在反思和批判泰勒的目标模式的基础上提出了"过程模式"。

斯滕豪斯认为，知识只能作为思考的材料，教育是为了使人获得理性，发展人的批判能力。课程编制是一个过程,不以事先确定的、仔细分解的行为目标作为课程编制的依据,应关注整个展开过程的基本规范,使之与宽泛的目标保持一致。在他看来,编制课程不是为生产出一套"计划"、"处方",然后予以实施和评价效果,编制课程是一种研究的过程,其中贯穿着对整个过程所涉及的变量、要素及其相互关系的不断评价和修正。这个过程将研究、编制和评价合而为一,是个连续不断的过程,整个过程没有确定不变的、必须实施的东西。教师是整个过程中的中心人物,课程的研究和变革应依赖教师,为此,必须增强教师的专业自主性,让教师参与确定研究任务,探索课程和教学中许多重要的实践问题,把教学与研究结合起来。他据此提出,"教师即研究者","学校是课程编制的中心"。该模式仅仅是一个思路,不够清晰,还有待完善。

二、课程开发的主要环节

(一) 课程是如何设计的

课程开发首先需要设计、规划,课程设计涉及目标、内容、经验组织、评价等要素安排,但重点是目标制定与内容的选择和组织。课程设计主要包括学校课程计划(或教学计划)的制订、课程标准(或教学大纲)的研制、教材的编写。其中,教材编写包含各种文字教材的编写和音像教材、电脑软件的制作。

课程设计涉及的基本工作

课程设计的任务是编写3种课程文本:(1)制订课程计划(宏观)。确定课程的总体设计,包括课程宗旨、培养目标、课程结构、学科介绍、学年安排等。(2)研制课程的标准。学科课程的具体设计,包括确定课程的性质、地位、设计理念与设计思路、课程学习目标、课程内容的范围、实施与评价建议等。(3)编写教材。包括课本、教学辅导材料、学习辅导材料。

1. 制订课程计划

课程计划就是我们以往十分熟悉的教学计划,它是对学校课程的总体规划与结构框架,是学校教育工作的基本蓝图。它是根据教育目的和不同层次、类型学校的培养目标,由教育主管部门制定的有关学校教学教育工作的指导性文件。教学计划体现了国家对学校的统一要求,是办学的基本纲领和重要依据。课程

计划的内容有:学科设置、学科顺序、课时分配、学年编制和学周安排。课程计划的具体内容一般包括以下几个方面:

（1）指导思想与培养目标。我国当前的课程计划是在素质教育的背景下,以促进学生全面发展、培养创新精神和实践能力为根本目标,增强课程设置的灵活性、多样性,给学生更多的时间和空间,让他们自主地参与学习。

（2）课程设置。根据各级各类学校的任务、培养目标和修业年限,学校设置学科、活动。开设哪些学科是课程计划的中心问题。针对以往课程结构的弊端,新的课程改革对课程结构进行了重大调整。新课程结构的主要特点如下:一是分科课程与综合课程并存。在小学以综合课程为主,初中分科和综合并重,高中以分科为主;语、数、外等课程保持分科教学特色,占有一定地位;小学品德课程与生活、社会综合,初中理、化、生等综合为科学课程。二是设置了综合实践活动课程,从小学到高中均开设。三是国家课程、地方课程、学校课程并举。新的课程结构不但规定了作为必修课程的国家课程,以保证国民素养的共同标准,还留有一定余地开设地方课程和学校课程作为选修课程,以适应不同地区经济与文化的发展。

（3）课程开设顺序。各门课程的安排要保证一定的顺序性,以保证课程系统地、循序渐进地进行;保证课程前后连贯、相互衔接,不同阶段学生的学习科目多种多样。在安排顺序时,各门学科不能齐头并进,也不能单科独进,要根据学校学习年限、各门学科内容及相互间关系、学生心理特点等,由易到难、由浅入深、由简到繁地合理安排。

（4）各门学科和活动的课时数分配。根据学校培养目标,各门课程的教学任务及其在课程体系中的地位、教材的分量、难度及教学法上的要求确定课时数,包括每门课程的总时数和每学年、每周的授课时数。课程计划要在确保主要课程的教学时数的前提下恰当地分配各门学科的学时数,并使每门课程的课时比例有一定的弹性。

（5）地方与学校安排的课程。为适应不同地区文化、经济和学生发展的不同特点,地区课程由各省、自治区、直辖市教育厅(局)根据本地区实际情况制定不同的课程纲要,学校针对学生的学习需求设置的课程在总的课程计划中占有一定的课时比例。

（6）学年编制与学周安排。学年编制包括学年的阶段划分、各学期的教学周数(包括上课、复习、考试时间等)、校传统活动、社会实践活动、节假日的时间规定等。学周安排是在学年编制基础上的具体安排,如每周上课总时数、活动时数等。课程计划应在突出教学活动时间的同时,对学校的各种活动作出合理安排。

2. 制定学科课程标准

课程计划确定后,接下来的工作是制定课程标准,确定学科教学工作的基本框架。课程标准在新中国成立后一度叫做教学大纲,2001 年改称课程标准。课程标准是根据课程计划,以纲要形式规定的有关学科教学内容的指导性文件,是对单科课程的总体设计。它反映某一学科课程的性质、理念、设计思路,提出课程目标、课程内容标准与实施建议(教学、评价、教材编写、课程资源的利用与开发等)。课程标准是国家对各门课程提出的要求和建议,是编写教材的直接依据,是检查、衡量教学质量的重要标准,是教师教学的主要依据,对教师的教学有直接的指导意义。

学科课程标准具有以下特点:

(1)学科课程标准只是对学生在经过某一学段之后的学习结果的描述,而不是对教学内容的具体规定。

(2)它是国家(地方)制定的某一学段的共同的、统一的基本要求,而不是对教学内容的最高要求。

(3)它是对学生学习结果的描述,应该尽可能是可理解的、可达到的、可评估的,而不是模糊不清、可望而不可即的。

(4)它隐含着教师不是教科书的执行者,而是教学方案(课程)的开发者,即教师是"用教科书教,而不是教教科书"。

(5)学科课程标准的范围应涉及学生作为一个完整的个体发展的 3 个领域——认知、情感与技能,而不仅仅是知识方面的要求。

课程标准的大致框架

1. 前言。结合本门课程的特点,阐述课程改革的背景、课程性质、基本理念和设计思路。

2. 课程目标。按照国家的教育方针以及素质教育的要求,从知识与技能、过程与方法、情感态度与价值观 3 方面阐述本门课程的总体目标和学段目标,学段的划分大致规定是 1~2 年级、3~4 年级、5~6 年级、7~9 年级,有些课程只限在一个学段,有些课程兼两个或两个以上学段。

3. 内容标准。根据上述课程目标,结合具体的课程内容,用尽可能清晰的行为动词阐述目标。

4. 实施建议。主要包括教与学的建议、评价建议、课程资源的开发与利用建议、教材编写建议等。同时要求在易误解的地方或出现新的重要内容的地方,提供适当的典型性的案例,以便于教师理解,这同时也是引导教师接受一种新观念的有效方法。

5. 术语解释。对标准中出现的有些重要术语进行解释与说明,以便使用者更好地理解与实施。

学科课程标准的研制要注意以下问题:

(1) 研究本学科在课程体系中的性质、意义、功能,掌握本课程的发展变化趋势,由此确定本课程的知识体系与结构内容范围。

(2) 研究学生的认知水平、认知方式及本课程的知识基础,按学科的逻辑顺序与学生的认知特点和顺序,科学地设计某门课程的逻辑结构和难易程度。特别是高中阶段针对某学科的课程标准还应具有多样性、多层次性,为学生提供选择和发展的空间,由此促进学生个性发展。

(3) 要考虑本学科知识内容之间的衔接关系,还要研究本学科与相应学科之间的横向关系。

(4) 根据课程计划的有关规定,科学地确定本课程教学的内容分量、教学时间和教学要求,并注意设计好本学科参与实践、自主探索、阅读目标及活动、访问、调查、实验、实习等项目的时间。

3. 编写教材

教材是根据课程标准编写的教学用书。它以准确的语言和鲜明的图表等,明晰而系统地阐述课程标准规定的教学内容。教材是知识授受活动中的主要信息媒介,是学科课程标准的进一步展开和具体化。教材是学生在学校获得系统知识、进行学习的主要材料,也是教师进行教学的主要依据。

教材的形式主要有两种:一种是印刷品,主要包括教科书(又称课本)、教学指导书、补充读物、图表等;另一种是音像制品,包括幻灯片、电影片、录音带、磁盘、光盘等。其中,教科书是教师教与学生学的主要材料,教科书一般包括目录、课文、练习题、实验、图表、注释、附录、索引,课文是教科书的基本部分。

编写教材是一项科学研究工作,是一项创造性的劳动。编写教材要注意以下方面:

(1) 教材要体现科学性与思想性的统一。根据课程标准编选进教材中的知识,应当是经过实践检验的准确无误的科学知识,在中小学教材中,科学上尚未定论的东西不应当包括在教材内容之中。同时,各学科教材的编写要寓思想政治教育于学科教学内容之中,把科学性与思想性结合起来。

(2) 教材内容具联系社会生活与学生经验实际。教材内容要处理好基础知识与时代发展特征之间的关系,中小学学生主要学习的是基础知识,教材也应及时补充科学研究的最新成果,体现现代社会的思想、观念,反映人类关注的重大问题,使教材内容具有时代性。同时,教材内容要联系学生的生活经验,适应学生的兴趣与需要。

（3）教材编排要做到知识内在逻辑与学生认知发展相统一。教材内容的编排既应考虑知识的系统性,反映知识的内在逻辑结构,又要注意学生的认知发展的水平,符合人类认识发展的规律,循序渐进,由感性到理性、由一般到具体、由具体到抽象地安排知识。按此要求,学科课程标准和教材的编排通常采取直线式和螺旋式两种或将二者有机结合起来。

（4）教材的编排形式既要注重结论,又要注重过程与方法。教材既要关注知识体系,向学生呈现系统的科学文化知识,又要注重过程与方法,引导学生学会学习。教材编写要重视从学生的生活经验和需要出发,注意设计问题,体现内容和要求的弹性,给学生留有思考的空间。教材的呈现方式不应仅仅是告诉式,还可以让学生去猜测,鼓励学生想象,促进学生思考和探究知识。此外,教材的文字表达要简明扼要、条理清楚,不加过分雕琢,以便为学生所容易理解,有些抽象的、较难的知识可以用举例、对比分析、逻辑演绎、图文并茂等手段和方式深入浅出地表现出来,让学生通过自学也能获得知识与能力。

（二）课程怎样实施

1. 课程实施:从理想到现实

课程实施是将课程计划（方案）付诸实践的过程,是实现预期理想、达到预期效果的过程。课程实施研究有助于分析制约课程实施的因素,提高实施质量;有助于发现课程方案的优缺点,对课程方案进行改进,完善课程方案;有助于丰富课程理论。

教学是课程实施的基本方式。教学设计是从计划到实施的最重要的环节。教学设计包括教学目标设计,教学内容的处理、取舍、加工,教学方法、策略、模式的选择与运用等等。除了教学,课程实施的其他方式有课程实验、变革、自习、社会实践等。

课程实施的基本取向有:

（1）忠实或精确取向。即课程实施准确理解设计者的意图,按部就班,不折不扣地操作,以便达到预期目标。

（2）相互适应取向。即课程方案与学校情境相互适应,课程计划（方案）为适应学校情境和学生特点而进行调整,实际情境为适应课程计划而发生改变。师生伴随新课程的实施共同成长、共同发展。

（3）创生或缔造取向。课程实施是教师与学生的创造,已设计好了的教材仅仅是一种资源或背景,还需要教师与学生在具体情境中不断地生成、丰富,联合缔造新的教育经验。3 种取向也反映了课程实施的不同水平。

2. 课程资源的开发利用:课程实施视野的拓展

广义的课程资源指有利于实现课程目标的各种因素、条件、手段。狭义的课程资源指形成课程要素的来源以及实施课程的必要而直接的条件。课程资源可理解为课程设计、实施和评价整个课程编制过程中可资利用的一切人、物、信息以及文化资源的总和,包括教材以及学校、家庭和社区中有利于课程编制、提高学生素质的各种资源。课程资源的合理开发与有效利用是课程目标顺利达成的必要条件,也是课程改革顺利进行的有力保障。课程资源的开发利用有助于扩大课程实施的范围,提高课程实施的水平;有助于教师拓展教育视野,转变教育观念;有助于转变学生的学习方式。

课程资源多种多样,从不同角度可分为:素材性资源与条件性资源;校内资源与校外资源;自然资源、社会资源与文化资源;文字资源、实物资源、活动资源和信息化资源;有形资源与无形资源。有形课程资源包括教材、教具、图书、仪器、设备、场地等有形的、占有一定空间的物质资源。无形课程资源则是指那些不具实物形态,但又具有巨大教育价值和教育意义的精神存在物,它主要包括人文环境、教育主体内在特质以及学校声誉等资源。

课程资源的开发与利用是课程实施中的一项基本工作。课程资源的开发是探寻一切有可能进入课程实施领域的因素,使之与教育教学活动发生联系;课程资源的利用则是充分挖掘被开发出来的课程资源的教育教学价值。课程资源的开发与利用的深度和广度对课程实施的质量具有重要影响。教师要树立课程资源意识,自主开发与利用课程资源,提高实施效果。

(三) 课程评价模式有哪些

1. 课程评价的内涵

课程评价是根据一定的标准、运用科学的方法收集课程系统的信息,并对课程产生的效果作出价值判断的过程。它既包括对课程设计过程及其结果的评价,也包括对实施过程和结果的评价,同时还包括对整个课程管理系统的评价。课程评价包括:课程计划评价、课程标准与教材评价、教学工作评价。它既是课程编制中的一个环节,也是整个课程系统持续不断地进行的工作,贯穿于课程系统的全过程。课程评价具有优化课程设计、选择课程方案、促进课程实施等功能。

新课程改革特别强调发展性课程评价,重视课程评价对课程改革和教学的导向、调控和促进作用。新课程改革明确提出要建立促进学生、教师和课程不断发展的评价体系。发展性评价的基本理念是：评价不是一种任务，而是一个持续的过程；评价是为了促进学生的表现，为学生学习服务；评价要关注学生的个体差异等。发展性课程评价形式多样，如成长记录袋评价、真实性评定、动态评价、多元评价等。

2. 课程评价的主要模式

（1）泰勒的目标模式。该模式主要有 7 个步骤：确定目标、界定目标、确定情境、呈现、记录、记分、样本。它以目标为中心，以克服常模参照的不足，用明确、具体的行为方式来陈述目标，把教育目标用学生行为化的成就来加以表达。教育评价就是找出实际活动与教育目标的差距，并据此修订计划或修改目标本身。该模式明确、清晰、逻辑性强，便于操作，但忽视了预期目标之外的东西。

（2）目标游离模式。该模式由斯克里文（M. Scriven）提出。它是针对目标模式忽视非预期效应的弊端提出来的。他说："对目的的考虑和评价是一个不必要的，而且很可能是有害的步骤。"因为目标评价很容易使评价人受方案既定目的的约束，限制了评价的范围，削弱了评价的意义。他建议把评价的重点由"方案想干什么"转移到"方案实际干了什么"上来，全面收集关于方案实际结果的各种信息，不管这些结果是预期的还是非预期的、是积极的还是消极的，以便对方案作出正确的评价。它主要是一种关于评价的思想，有待完善。

（3）CSE 评价模式。该模式与 CIPP 模式的思想最接近。CSE 是美国洛杉矶加利福尼亚大学评价研究中心开发的一种评价模式。CSE 评价的步骤包括：① 需求评定。调查人们有何需要，以确定教育目标。② 方案计划。对各种备择方案的达到目标可能性作出评判，包括教学内容与教育目标的一致性的分析以及设备、资金和人员配置情况的研究。③ 形成性评价。发现实施过程中的成功与不足，以修正教学活动中某些偏离预期目标的地方，从而保证教育目标的实现。④ 总结性评价。即对教育质量作全面调查和判断。该模式是一种综合性的评价，旨在为教育改革提供服务，它将评价形成性功能与总结性功能有机统一起来，将评价活动贯穿于教育改革的全过程，因而在课程评价中得到了广泛运用。

案例分析与讨论

案例一 校本课程开发方案

一、情景分析

我校在全面实施素质教育的过程中，充分发挥校内外资源优势，经过探索实践,形成了"以学科课堂为主渠道,以校内外文体活动、兴趣培养和校本少年宫特长发展为补充,以优雅的校园文化环境教育为辅助"的四大板块式课程结构体系,形成了鲜明的办学特色。现根据《基础教育课程改革纲要》和《义务教育课程设置实施方案》的要求,发挥学校已有的兴趣培养课的优势,从学生的兴趣、需要、情感和个性出发,选定以手工制作类为校本课程,通过学生亲身体验参与活动、自主学习,促进学生个性发展。

二、总体目标

通过校本课程的开发、设置、实施,使学生学会做人、学会求知、学会劳动、学会生存、学会健体、学会审美、学会创造、学会合作、学会探究、学会自信,为培养具有现代意识的小学生奠定坚实基础。

三、课程结构

手工课程结构为:

低年段:点染、浸染;

中年段:扎染、蜡染;

高年段:手绘、印花。

四、实施步骤

1. 培训教师

通过开展多种形式的培训,让承担校本课程开发的教师明确课程的目标、意义。

2. 编写教材

在培训的基础上,组织教师编写教材。

3. 组织实施

校本课程的实施要以活动为主,避免采用学科课程的形式,要以学生自主参与、动手完成为主,尽量淡化纸笔形式的活动。在实施中尽量满足学生的个性化要求。

五、评价办法

在评价上要改变以往学科课程那种只关注学生成绩的评价方式,要着眼于学生的发展,承认差异,帮助学生认识自我,了解学生发展中的需要,构建合理的评价方式。在评价的形式上以表演式、竞赛式、汇报式为主要形式,在评价方法上以鼓励、激励为主,注重发展与发现。

六、保障措施

1. 人员保障

我校有一支素质过硬的教师队伍,上岗培训能够保障校本课程的顺利实施。

2. 组织保障

学校成立以校长为首的学校校本课程管理委员会,设立专门的组织机构加强各项工作的管理。

3. 设施与经费保障

学校在校本课程的开发实施上提供尽可能的物质保障,确保其顺利开发。

4. 管理制度保障

我校校本课程的开发已有 3 年的实践历史,并形成了一套实践管理经验。[①]

讨论题:

1. 根据课程开发的一般原理和基本环节,谈谈该方案的基本结构是否合理。

2. 该校本课程开发方案还有哪些值得改进与完善的地方?

案例二　课程资源开发

重庆市江津区因地制宜,开发课程资源。

（1）创造性地使用教材资源。首先,要求并指导农村小学教师根据自身情况和学校差异的课程需要,创造性地使用教材。比如,教材要求孩子逛商场,老师就带领孩子赶场;城镇孩子统计车流量,老师就带领农村孩子统计农户家的家禽。其次,根据农村学生的学习起点,创造性地使用教材。比如,在学习“分类”时,用农村学生熟悉的玉米、小麦等农作物让学生分一分,让学生理解哪些农作物属于同一类,在此基础上进行分类教学。最后,注意挖掘农村学生学习中生成的学习资源。比如,有个学生的题为《小鸡》的作文写得有特点,教师用他的作文作为教学素材,让这个学生介绍自己是怎样观察小鸡的,让其他同学来评一评。用学生的优秀作文作为乡土“教材”,不仅让学生感到亲切,而且有利于培养学生的成功体验,让农村学生对自己的学习充满自信。

（2）开发和利用农村自然资源,丰富课程资源。在农村小学教学实践中,力求从学生熟悉的生活情境出发,将学生身边的、学生自己感兴趣的素材引入教学,让学生感受书本知识与日常生活的紧密联系,激发学生学习的兴趣,充分调动学生学习的积极性。例如,在语文教学中,教师带领学生细致观察乡村景观,让他们学会如何生动地描写景物。在数学教学中,教师带领学生数池塘里的鹅、塑料大棚里的菜、山坡上的野花、树上的果子;在计算土地面积的教学中,教师带领学生到山坡上测量土地、计算面积、估计产量……让学生在现实情境中开展观

---

① http://jlmm615.blog.163.com/bloy/static/3209660520093144024792/。

察、操作、比较、猜想、交流和反思等一系列学习活动。乡土化的生活情境,身边的课程资源,有效地发展了农村学生的学习能力。

针对农村小学教具和学具严重缺乏的现实情况,充分利用当地资源,发动师生自制教具、学具。例如:让学生用沙石、草茎、泥土、鲜花等做美术作品素材;用收获的玉米秆或竹棍制作小棒;用泥土、泡沫塑料、萝卜等做成长方体的底座,再插上筷子、穿上算珠、标上数位就制成了计数器;用废旧纸盒作长方形、三角形、梯形等图形模型;用废旧纸板自制口算卡片⋯⋯

(3) 开发和利用农村人文资源,培育学生感情。一是培养学生在课余注意收集素材的习惯。如收集农村家庭置办年货的计划、端午节划龙舟的具体安排计划、三峡移民的安置情况等,这些资源成为农村学生作文的鲜活题材。二是将乡土人文资源引入教学。例如,结合年、月、日的教学,让学生了解本村的历史和今后 10 年的发展规划,把对学生进行热爱家乡的情感培养渗透于知识教学的过程中。在此基础上,引导学生对家乡发展中的一些问题进行调查研究,如人口发展问题、土地利用问题、资金投入问题、村镇规划问题等。通过具体生动的现实情景,提高了学生分析问题和解决问题的能力。[1]

讨论题:

1. 课程资源开发与利用对于课程实施有哪些意义?

2. 有人抱怨农村学校缺乏课程资源,真的如此吗? 请结合上述案例中重庆市江津区的探索,说说如何充分挖掘地方资源,拓展课程资源开发的视野与途径。

【扩展阅读】

1. 施良方:《课程理论》,人民教育出版社,1996 年。

2. 朱慕菊主编、教育部基教司组织编写:《走进新课程》,北京师范大学出版社,2003 年。

3. 《走进新课程》编写组:《走进高中新课程》,华中师范大学出版社,2006 年。

4. 人民教育出版社、课程教材研究所网站,http://www.pep.com.cn。

【思考与探究】

1. 简述课程开发的目标模式(泰勒原理)的基本内容。

2. 谈谈我国新世纪基础教育课程改革的亮点和特色。

3. 比较新的课程结构与以往课程结构的差异,分析课程结构调整的意义。

---

[1] 全国基础教育课程改革经验交流会会议材料(二),2009 年 10 月,第 78 页。

4. 对一所中学或小学进行课程调查,了解他们的课程构成特别是校本课程的主要内容及其特点。

【附录一】

基础教育课程改革纲要(试行)(摘要)

一、课程改革目标

改变课程过于注重知识传授的倾向,强调形成积极主动的学习态度,使获得基础知识与基本技能的过程同时成为学会学习和形成正确价值观的过程。

改变课程结构过于强调学科本位、科目过多和缺乏整合的现状,整体设置9年一贯的课程门类和课时比例,并设置综合课程,以适应不同地区和学生发展的需求,体现课程结构的均衡性、综合性和选择性。

改变课程内容"难、繁、偏、旧"和过于注重书本知识的现状,加强课程内容与学生生活以及现代社会和科技发展的联系,关注学生的学习兴趣和经验,精选终身学习必备的基础知识和技能。

改变课程实施过于强调接受学习、死记硬背、机械训练的现状,倡导学生主动参与、乐于探究、勤于动手,培养学生搜集和处理信息的能力、获取新知识的能力、分析和解决问题的能力以及交流与合作的能力。

改变课程评价过分强调甄别与选拔的功能,发挥评价促进学生发展、教师提高和改进教学实践的功能。

改变课程管理过于集中的状况,实行国家、地方、学校三级课程管理,增强课程对地方、学校及学生的适应性。

二、课程结构

整体设置9年一贯的义务教育课程。

小学阶段以综合课程为主。小学低年级开设品德与生活、语文、数学、体育、艺术(或音乐、美术)等课程;小学中高年级开设品德与社会、语文、数学、科学、外语、综合实践活动、体育、艺术(或音乐、美术)等课程。

初中阶段设置分科与综合相结合的课程,主要包括思想品德、语文、数学、外语、科学(或物理、化学、生物)、历史与社会(或历史、地理)、体育与健康、艺术(或音乐、美术)以及综合实践活动。积极倡导各地选择综合课程。学校应努力创造条件开设选修课程。在义务教育阶段的语文、艺术、美术课中要加强写字教学。

高中以分科课程为主。为使学生在普遍达到基本要求的前提下实现有个性的发展,课程标准应有不同水平的要求,在开设必修课的同时,设置丰富多样的选修课程,开设技术类课程。积极试行学分制管理。

从小学至高中设置综合实践活动并作为必修课程,其内容主要包括:信息技术教育、研究性学习、社区服务与社会实践以及劳动与技术教育。强调学生通过实践,增强探究和创新意识,学习科学研究的方法,发展综合运用知识的能力。增进学校与社会的密切联系,培养学生的社会责任感。在课程的实施过程中,加强信息技术教育,培养学生利用信息技术的意识和能力。了解必要的通用技术和职业分工,形成初步技术能力。

农村中学课程要为当地社会经济发展服务,在达到国家课程基本要求的同时,可根据现代农业发展和农村产业结构的调整因地制宜地设置符合当地需要的课程,深化"农科教相结合"和"三教统筹"等项改革,试行通过"绿色证书"教育及其他技术培训获得"双证"的做法。城市普通中学也要逐步开设职业技术课程。

(课程标准、教学过程、教材开发与管理、课程评价、课程管理、教师的培养和培训、课程改革的组织与实施等从略。)①

【附录二】
义务教育课程设置实验方案(摘要)

一、课程设置的原则

1. 均衡设置课程

根据德智体美等方面全面发展的要求,均衡设置课程,各门课程比例适当,并可按照地方、学校实际和学生的不同需求进行适度调整,保证学生和谐、全面发展;依据学生身心发展的规律和学科知识的内在逻辑,义务教育阶段九年一贯整体设置课程;根据不同年龄段儿童成长的需要和认知规律,根据时代发展和社会发展对人才的要求,课程门类由低年级到高年级逐渐增加。

2. 加强课程的综合性

注重学生经验,加强学科渗透。各门课程都应重视学科知识、社会生活和学生经验的整合,改变课程过于强调学科本位的现象。

设置综合课程。一至二年级设品德与生活课,三至六年级设品德与社会课,旨在适应儿童生活范围逐步从家庭扩展到学校、社会,经验不断丰富以及社会性逐步发展;六至九年级设科学课,旨在从生活经验出发,让学生体验探究过程,学习科学方法,形成科学精神;一至九年级设艺术课,旨在丰富学生的艺术经验,发展感受美、创造美、鉴赏美的能力,提高审美情趣。

增设综合实践活动,内容主要包括:信息技术教育、研究性学习、社区服务与

---

① 《中国教育报》,2001 年 7 月 27 日,第 2 版。

社会实践以及劳动与技术教育等。使学生通过亲身实践,发展收集与处理信息的能力、综合运用知识解决问题的能力以及交流与合作的能力,增强社会责任感,并逐步形成创新精神与实践能力。

　　3. 加强课程的选择性

　　国家通过设置供选择的分科或综合课程,提供各门课程课时的弹性比例和地方、学校自主开发或选用课程的空间,增强课程对地方、学校、学生的适应性,鼓励各地发挥创造性,办出有特色的学校。

　　在达到九年义务教育基本要求的前提下,农村普通中学试行"绿色证书"教育,形成有农村特点的学校课程结构。城市普通中学也要逐步开设职业技术课程。

　　二、课程设置

表4-3　义务教育课程设置表

课程门类	年级								
	一	二	三	四	五	六	七	八	九
	品德与生活		品德与社会				思想品德	思想品德	思想品德
							历史与社会(或选用历史、地理)		
			科学				科学(或选用生物、物理、化学)		
	语文	语文	语文	语文	语文	语文	语文	语文	语文
	数学	数学	数学	数学	数学	数学	数学	数学	数学
			外语	外语	外语	外语	外语	外语	外语
	体育	体育	体育	体育	体育	体育	体育与健康	体育与健康	体育与健康
	艺术(或选择:音乐、美术)								
	综合实践活动								
	地方与学校课程								

表4-4 义务教育课程设置及比例

课程门类	年级									九年课时总计(比例)
	一	二	三	四	五	六	七	八	九	
	品德与生活	品德与生活	品德与社会	品德与社会	品德与社会	品德与社会	思想品德	思想品德	思想品德	7%~9%
							历史与社会(或选择历史、地理)			3%~4%
			科学	科学	科学	科学	科学(或选择生物、地理、化学)			7%~9%
	语文	语文	语文	语文	语文	语文	语文	语文	语文	20%~22%
	数学	数学	数学	数学	数学	数学	数学	数学	数学	13%~15%
			外语	外语	外语	外语	外语	外语	外语	6%~8%
	体育	体育	体育	体育	体育	体育	体育与健康	体育与健康	体育与健康	10%~11%
	艺术(或选择音乐、美术)									9%~11%
	综合实践活动									16%~20%
	地方与学校课程									
周总课数(节)	26	26	30	30	30	30	34	34	34	274
学年总时(节)	910	910	1 050	1 050	1 050	1 050	1 190	1 190	1 122	9 522

【附录三】

普通高中课程方案(实验)(摘要)

一、课程结构

1. 课程结构

普通高中课程由学习领域、科目、模块3个层次构成。

(1)学习领域

高中课程设置了语言与文学、数学、人文与社会、科学、技术、艺术、体育与健康和综合实践活动8个学习领域。

设置学习领域能更好地反映现代科学综合化的趋势,有利于在学习领域的视野下研制各科课程标准,指导教师教学;有利于整体规划课程内容,提高学生的综合素养,体现对高中学生全面发展的要求;同时,要求学生每一学年在所有学习领域都获得一定学分,以防止学生过早偏科,避免并学科目过多,有利于学生全面发展。

(2)科目

每一领域由课程价值相近的若干科目组成。8个学习领域共包括语文、数学、外语(英语、日语、俄语等)、思想政治、历史、地理、物理、化学、生物、艺术(或音乐、美术)、体育与健康、技术等12~13个科目。其中技术、艺术是新增设的科目,艺术与音乐、美术并行设置,供学校选择。鼓励有条件的学校开设两种或多种外语。

(3)模块

每一科目由若干模块组成。模块之间既相互独立,又反映学科内容的逻辑联系。每一模块都有明确的教育目标,并围绕某一特定内容,整合学生经验和相关内容,构成相对完整的学习单元;每一模块都对教师教学行为和学生学习方式提出要求与建议。

模块的设置有利于解决学校科目设置相对稳定与现代科学迅猛发展的矛盾,并便于适时调整课程内容;有利于学校充分利用场地、设备等资源,提供丰富多样的课程,为学校有特色的发展创造条件;有利于学校灵活安排课程,学生自主选择并及时调整课程,形成有个性的课程修习计划。

2. 课程设置及其说明

普通高中学制为3年。课程由必修和选修两部分构成,并通过学分描述学生的课程修习状况。具体设置如表4-5所示。

表 4-5　普通高中课程及学分设置

学习领域	科目	必修学分 （共计 116 学分）	选修学分Ⅰ	选修学分Ⅱ
语言与文学	语文	10	根据社会对人才多样化的需求，适应学生不同潜能和发展的需要，在共同必修的基础上，各科课程标准分类别、分层次设置若干选修模块，供学生选择。	学校根据当地社会、经济、科技、文化发展的需要和学生的兴趣，开设若干选修模块，供学生选择。
语言与文学	外语	10		
数学	数学	10		
人文与社会	思想政治	8		
人文与社会	历史	6		
科学	地理	6		
科学	物理	6		
科学	化学	6		
科学	生物	6		
技术	技术（含信息技术和通用技术）	8		
艺术	艺术或音乐、美术	6		
体育与健康	体育与健康	11		
综合实践活动	研究性学习活动	15		
综合实践活动	社区服务	2		
综合实践活动	社会实践	6		

说明：

（1）每学年 52 周，其中教学时间 40 周，社会实践 1 周，假期（包括寒暑假、节假日和农忙假）11 周。

（2）每学期分两段安排课程，每段 10 周，其中 9 周授课，1 周复习考试。每个模块通常为 36 学时，一般按周 4 学时安排，可在一个学段内完成。

（3）学生学习一个模块并通过考核，可获得 2 学分（其中体育与健康、艺术、音乐、美术每个模块原则上为 18 学时，相当于 1 学分），学分由学校认定。技术的 8 个必修学分中，信息技术和通用技术各 4 学分。

（4）研究性学习活动是每个学生的必修课程，3 年共计 15 学分。设置研究性学习活动旨在引导学生关注社会、经济、科技和生活中的问题，通过自主探究、亲身实践的过程综合地运用已有知识和经验解决问题，学会学习，培养学生的人文精神和科学素养。

此外，学生每学年必须参加 1 周的社会实践，获得 2 学分。3 年中学生必须参加不少于 10 个工作日的社区服务，获得 2 学分。

（5）学生毕业的学分要求：学生每学年在每个学习领域都必须获得一定学分，3 年中获得 116 个必修学分（包括研究性学习活动 15 学分，社区服务 2 学分，社会实践 6 学分），在选修Ⅱ中至少获得 6 学分，总学分达到 144 方可毕业。

二、课程内容

高中课程内容的选择遵循如下基本原则：

（1）时代性。课程内容的选择体现当代社会进步和科技发展，反映各学科的发展趋势，关注学生的经验，增强课程内容与社会生活的联系。同时，根据时代发展需要及时调整、更新。

（2）基础性。强调掌握必需的经典知识及灵活运用的能力；注重培养学生浓厚的学习兴趣、旺盛的求知欲、积极的探索精神、坚持真理的态度；注重培养学生搜集和处理信息的能力、获取新知识的能力、分析和解决问题的能力、交流与合作的能力。高中课程内容既进一步提升所有学生的共同基础，同时更为每一位学生的发展奠定不同基础。

（3）选择性。为适应社会对多样化人才的需求，满足不同学生的发展需要，在保证每个学生达到共同基础的前提下，各学科分类别、分层次设计了多样的、可供不同发展潜能学生选择的课程内容，以满足学生对课程的不同需求。

国家通过制订各科目课程标准规定高中课程的主要内容和要求。

【附录四】

中外课程改革掠影

一、发达国家课程改革领先一步

当代世界教育改革发展趋势主要首先体现在较发达、较有代表性的国家中，凡一些新的教育举措大多是发达国家先行，发展中国家后行，课程改革也不例外，发达国家在课程改革方面的主要特点如下：

1. 强调基础学力的提高

学力不是一般的能力，它是在学校中，在教师的指导下，学生通过有意识、有计划、有组织的教育内容及教材的掌握过程而获得的。它不是知识的累积，而是通过学生能动的、自主的和创造性的学习活动，在学习主体内部形成的能力。形成学力的基础部分称之为"基础学力"，它受社会、时代对教育的要求所制约，既具有稳定性，又具有变化性。传统的基础学力主要包含读、写、算的能力。在信息技术发达，人们进入终身学习的社会的时期，基础学力的涵义正在发生着深刻的变化。国外基础学力的说法不一，但大多包含着知识因素、技能因素、态度、价值观等因素。在知识方面，主要反映并特别强调态度与价值观是构成基础学力的核心因素、灵魂，这就超越了传统的读、写、算。基础学力是学生适应发展社会发展的需要，终身不断地自我完善、自我提升的基础。所以各国虽然课程改革举措不同，但最终皆把发展儿童的基础学力作为课程改革的目标与追求。

2. 重视信息技术教育

现代信息技术发展的核心是计算机技术的不断更新,无论是现在还是将来,计算机都将起到重要的作用。计算机技术改变了人们的知识基础和认识基础,可以帮助学习者高效、便捷地掌握知识。1966 年,计算机教育的著名学者 J. Kulik教授指出:利用计算机教育学生,学生学得的知识可以更多更广;利用计算机,学生掌握同一知识,可节省 30% 左右的学习时间,且学生的学习兴趣明显提高。信息技术教育还有助于学习者把通过计算机获得的知识与从书本、本人实践中获取的知识进行互补,模拟真实情境或虚拟真实情境,直接培养学生的主动探索能力。现代社会计算机应用已进入网络时代,而网络技术的发展为人们之间的沟通、知识的共享与共创营造了一个互动的、逼真的模拟环境,人们的学习方式乃至生活方式都发生了深刻的革命,懂得计算机的使用技术,具有利用计算机获取分析和加工信息的能力、交流信息的能力成为现代人的最基本的能力。因此,主要发达国家在课程改革中特别重视把信息技术教育作为课程的重要组成部分,而不仅仅是改进教学的手段和工具。

3. 强调培养学生的创造性

如前所述,当今时代是知识经济的时代,知识经济的主题是创造,学校承担着为知识经济培养创造性人才的任务。主要发达国家的课程改革密切关注社会变革发展,重视使每个学生发展自己的才能和创造潜力,要求学生既要学会书本上的知识,又要学会运用书本知识提高分析问题、创造性解决问题的能力。日本在 2000 年 3 月召开教育改革国民大会,会议提出日本需要教育培养拥有以丰富的想象力、预见力为基础的创造新思想、新方法的能力的人。英国基础教育阶段的理科的各个领域中都设置了"科学探索",以加强对学生探求技能的指导。法国 20 世纪 90 年代末的中小学课程改革,特别强调高中应该教会学生正直和探求真理的态度,发展他们的批判精神和警醒的知觉。要进行创造性培养,仅靠本国文化传统或一国文化是不能做到的,必须利用多元文化,在这方面各国普遍加强外语教学,提供学生了解各国先进文化的工具,在培养学生创造性思维的同时,使学生拥有开放的意识、开放的胸怀和开放的思维。

4. 重视发展学生个性

从世界各国课程改革特点看,不再把学生看成是课程的被执行者,而是把学生看成是课程实施的参与者、积极活动者。各国课程改革皆重视发展学生的个性,课程开发都要尊重学生的经验,在学生经验的基础上开发为学生所需要、理解和接受的课程。在课程内容上,将学生的兴趣、需要、个性差异放在重要地位上,并努力创造各种机会让学生受到与其个性成长相适应的教育,使每个学生在课程教学中都能充分发挥其潜力,学会学习,尽快缩短自己与社会文化发展水平之间的差距。为此,在基础教育阶段开设选修课,并正确处理好选修与必修课程之间的关系成为世界各国课程改革的重要课题。

5. 关注价值观、道德观教育

近些年来,社会科学技术的迅速发展,给人们的价值观念、道德观念以及生活方式等带来了多方面的变化,其中包括许多负面的影响,个人主义、享乐主义、拜金主义等消极错误的价值取向淡化了人们的社会责任感、义务感、理想、信念、公民意识等,在有些发达国家,社会的暴力事件、校园的流血事件等呈上升趋势。因此,各国课程改革都十分重视道德文化层面,重视属于全人类的永恒的精神价值,重视课程的人文精神教育,以培养学生正确的价值观,对学生进行道德教育,陶冶学生的人格。

以上世界主要发达国家课程改革特点体现着人们对传统课程、教育的革新,对新世纪新教育目标的追求,对人的价值、人的素质的新认识和对更高境界的追求。

二、我国课程改革紧随其后

我国新世纪基础教育课程改革是我国教育应对新的社会挑战的一项重要措施,它受世界性的课程改革潮流的推动。教育部在大量的调查分析、总结经验并借鉴主要发达国家课程改革经验的基础上制定、颁布了我国 2000—2010 年《基础教育课程改革纲要(试行)》,明确了基础教育要使每一个学生都得到发展的素质教育理念,建立了一个开放的、有活力的基础教育课程新体系。它将带来教育过程培养人才理念、方式的新转变,使教育必将对我国未来社会的人才供给与经济发展发挥更大、更积极的作用。这次改革也成为世界课程改革的一部分,将为一些发展中国家的课程改革提供参考。

我国课程改革的特点如下:

1. 倡导全面、和谐发展的教育

我国新的课程改革倡导"全面、和谐发展教育"的理念,课程设置主要是促进培养德、智、体、美各方面全面、均衡、和谐发展的"全人"或"完人",而不是培养单方面发展的人。课程改变了过去仅仅注重知识传授的倾向,强调形成学生积极主动的学习态度,使其获得基础知识与基本技能的过程同时成为学会学习和形成正确价值观的过程,所以全面、和谐发展的理念渗透在课程设置的各个方面。

2. 课程改革的心理学理论基础是建构主义

建构主义是当代西方新的学习理论思潮,建构主义的知识观、学习观、学生观对新一轮课程改革有着重要的指导意义。在知识观方面,传统的知识观认为知识是客观真理,建构主义认为知识不是对现实的准确表征,而是一种解释或假设,它随着社会的进步不断革新,而且知识不能拿来就用,而应根据客观情境进行再创造。按照建构主义的知识观,新的课程设计致力于建设一种开放的、积极互动的学习文化,强调知识不是绝对正确的答案,不能把它作为预先决定了的东西教给学生,同时学生不能简单地套用知识,不能满足于教条式的掌握,而要把握知识在具体情境中的复杂变化,并促进知识的迁移。在学习观方面,建构主义者强调学生对知识的学习只能根据自己独特的经验和信念背景分析知识的合理性,主动地建构知识,既有对新知识的理解同化,也有对新知识的检验和批判,所以,学习过程中学生不是被动等待知识的传递,而是要对各种知识信息进行主动的加工、选择,新旧的知识经验相互作用、重新组合。据此,新的课程设计强调学生对课程实施过程的积极参与,强调为学生学习营造问题情境,让其在具体情境中启动思维、探究知识,在思考问题与解决问题的过程中,活化知识、提高能力,并在原有的知识中生长出新的知识。所以新的课程开拓了学生思维、创新与实践的课外校外广阔的社会空间,使学生融入到社会中去。

3. 课程类型的多样化

以往的课程结构只有单一学科课程,缺少活动课程,只有单一的必修课程,几乎没有选修课程。单一的课程类型和结构,造成了学生在知识、能力方面的片面发展。语文、数学等课程所占课时比例过重,加重了学生学习负担,而且只有分科教学,没有综合教学,学科体系相对封闭,部分课程内容陈旧、偏难等,带来了学生知识学习上的机械孤立、空白,一定程度上制约了学生的发展。克服以往课程结构的弊端,新的课程结构具有以下主要特点:(1)分科课程与综合课程并存。小学以综合课程为主,初中分科和综合并重,高中以分科为主;语、数、外等课程保持分科教学特色,占有一定地位;小学"品德"课程与"生活"、"社会"课程综合,初中理、化、生等课程综合为"科学"课程。综合实践活动课程作为新的课程形态在课程结构体系中成为重要组成部分,从小学到高中都设置。(2)国家课程、地方课程、学校课程并举,以利于不同地区经济与文化的发展。尤其是学校课程的受重视使学校和学生成为学校课程改革的主体,有利于课程适应不同学校的特殊性,体现不同学校的文化特色。这样的课程调整可大大激发地方和学校参与课程开发及实施的积极性,使课程内容更多姿多彩。

4. 增设了综合实践活动课程

综合实践活动是国外中小学普遍开设的一门课程,我国的新课程体系要求从小学至高中综合实践活动课程都要作为必修课设置。课程以学生的直接经验和体验为基础,是对学科知识的综合运用,由学校自主开发。这是与各学科课程领域有着本质区别的新的课程领域,这一课程的设置体现了我国课程改革的趋势是倡导课程向儿童经验和生活回归,它反映了课程价值观的深层变革。以往课程与社会文化、学生的经验缺乏交流与融合,致使不同学科知识之间、新旧知识之间出现了分裂现象,课程与社会文化、儿童经验之间缺乏亲和力,因此,打破原来的课程结构,增加综合实践活动这一新的课程类型,是一种课程进步。综合实践活动课程与其他课程具有互补性、等价性。通过这一课程的开设,把学生的兴趣、需要置于核心地位,重视学生的自主选择,为学生个性的发展创造了另一条途径,开创了课堂外的广阔的空间;同时也使学生获得亲身参与实践的机会,必将丰富他们的生活经验和人生体验,促进其关注社会,关注生活现实,主动地发现问题、探究问题,促进其分析问题、解决问题能力的形成以及创新意识的萌发和创新能力的形成。

5. 加强信息技术的教育

21 世纪是知识与信息的时代,这已成为人们的共识,对知识信息的获取、交流与创新能力成为各国在 21 世纪的国际生存力与竞争力。面对新世纪的挑战,我们必须重视提高青少年的信息素养,将信息素养培育融入到课程、教材、认知工具以及各种其他教育资源的开发中。这就需要学校既要开设相应的信息技术课程,也要在语文、数学、科学等学科的教学中,根据学科内容特点,指导学生使用现代信息技术学习这类课程。

新课程改革加强了信息技术的教育:(1)课程设置上,从小学至高中开设的综合实践活动课程中都包含了信息技术教育,培养学生对信息的需求和利用信息技术的意识,培养学生利用信息技术进行信息的检索、利用的技能,培养学生利用计算机网络技术进行交流的能力。(2)大力推进信息技术在教学过程中的普遍运用,促进信息技术与学科的整合,实现教学中教学内容呈现方式、学生学习方式、师生互动方式等的根本性变革,利用信息技术为学生营造一个丰富多彩的教育环境,提供有力的教育工具。

6. 强调发展性课程评价

课程评价对课程改革和教学起着导向与调控的作用。新课程改革明确提出要建立促进学生、教师和课程不断发展的评价体系,即建立发展性课程评价体系。这一评价的提出既体现了当前先进的课程评价思想,也是针对以往课程评价仅注重学生的评价、忽视促进教师发展和学校发展的评价的弊端。发展性评价的基本理念如下:评价不是一项任务,而是一个持续的过程;评价是为了促进学生的表现,为学生学习服务,提高学习效率;评价要关注学生的个体差异等。评价内容包括了教师、学生和学校的 3 类发展性评价体系。评价不仅有基本的选拔、筛选功能,而且有对学生的发展导向、记录成长过程及反思等功能。总之,发展性评价体系在很多方面是对旧有评价体系的打破和挑战,反映的是当前最新的教育理念,体现了课程评价发展的新趋势。

新的课程评价不仅重视学生智能素质的评价,而且关注学生综合素质的考察;不仅关注学生的学业成绩,而且关注学生的创造精神、创造能力,关注学生的学习兴趣、态度、情感体验等良好心理素质的发展,尊重学生的个别差异,注重用多元化标准与方法认可学生的独特性;既注重教师评价,也注重学生的自评、互评,使评价多元化;不仅注重结果评价,也关注学生日常的表现,即形成性评价,提供学生多次评价的机会。这样,新的课程评价成为课程实施的一个重要环节,其功能开始由选拔、甄别功能转向教育、促进功能。

第五篇

教学原理与策略

专题一 教学原理

学习要求: 掌握教学的概念,理解教学的本质,把握教学过程的规律,能从不同角度观察和思考教学现象,尝试用教学理论分析实际问题。

一、对教学的理解

(一) 教学的内涵是什么

从古至今,教学情况变化很大,教学活动的重心并非始终如一,因而在对教学概念的广狭和侧重点的理解问题上,不同的人有不同的见解。教学既可以作为日常普遍使用的名词,也可指作为专业术语使用的科学概念。我们这里所要探讨的是作为专业术语的"教学"概念,它是教学理论中的一个基本概念。对于学校工作来说,教学是学校的中心工作,是促进学生全面发展的基本途径。

在我国,"教学"一词最早见于《尚书》,但只是将教学看成是教者先学后教、通过教人而学的单向活动。19 世纪末 20 世纪初,清朝政府废除科举制,兴办新式学校,学校大量增加,班级授课制兴起,加上留学日本回国的学生对赫尔巴特的"五段教学法"的介绍,"怎样教"的问题成了当时的热门话题,与之对应的"教授"一词被人们所接受,教学在近代演变为"教授",各种教学法一般解释为教授法。1917 年,我国著名的教育家陶行知从美国学成回国,他考察了许多学校后对当时国内学校"先生只管教,学生只管受教"的状况极为不满,认为"重教太过",他极力主张"教的法子必须根据学的法子……先生的责任不在教,而在教学,教学生学"。[①] 于是在我国,"教授"变为"教学"。新中国成立后,受苏联教育学家凯洛夫的影响,教学一直被理解为"教与学的统一活动"。

在西方,教(teach)和学(learn)最早也是同义的,可以通用,是由同一词源派

---

① 罗民:《陶行知文集》,江苏教育出版社,1997 年,第 37-38 页。

生出来的,learn 与所教的内容相联系,teach 与教学得以进行的媒介相联系。[①]后来,语义的发展不是两者兼取而是两者择一,因此,learn 与 teach 常指的是两种不同的活动、两个不同的概念,与汉语中教学涵盖教、学两方面的概念有区别。不过西方文献中也有用 teaching-learning 这一合成词,这一概念既包括教,又包括学,与我国理解的教学可以等同。

目前我国的教育学、教学论论著以及教育方面的辞典对教学内涵的表述大多不一样。前苏联教育家斯卡特金认为:"教与学的统一是教学过程的客观特征,是在教与学的相互作用的联系中实现的,教与学相互作用的联系是符合客观规律,不依我们的主观意志为转移的,教离不开学,而学如果离开教也会从教学论关系系统中消失,从而退出教学过程。"[②]我们也主张从教与学的矛盾统一性入手探讨教学概念,教学不是教师施教的代名词,没有学生的学,教师的教就失去了目的性和存在的意义。实际上教学中教师的教是为了学生的学,学生的学又影响着教师的教,任何一方的活动都以另一方为条件。两者之间是共存一体、交往、互动,既相互矛盾,又相互统一,以学生的身心发展为出发点和归宿。既然教与学是教学过程不可分割的有机整体,不是教与学的简单相加,那么,我们动态地理解教学活动过程时就要看到:教学是师生双方完成一定教学任务的共同活动,在活动中通过对话、沟通和多种合作产生交互影响,以动态生成的方式推动教学过程向前发展。因此,可以将教学的内涵理解为:教学是教师教和学生学的交互作用过程,是学生在教师的帮助促进下主动获得知识基础上的身心发展活动。

我国学者关于教学的代表性观点

1. 所谓教学,乃是教师教、学生学的统一活动;在这个活动中,学生掌握一定的知识和技能,同时身心获得一定的发展,形成一定的思想品德。[③]

2. 教学是教育目的规范下的,教师的教和学生的学共同组成的一种教育活动。[④]

---

① 施良方、崔允漷:《教学理论:课堂教学的原理、策略与研究》,华东师范大学出版社,1999 年,第 7-8 页。

② (苏)斯卡特金:《中学教学论——当代教学论的几个问题》,赵维贤、丁酉成,等译,人民教育出版社,1985 年,第 157 页。

③ 王策三:《教学论稿》,人民教育出版社,1985 年,第 2 页。

④ 王道俊、王汉澜:《教育学》,人民教育出版社,1989 年,第 181 页。

3. 教学是以课程内容为中介的师生双方教和学的共同活动。①

4. 教学就是指教的人指导学的人进行学习的活动。进一步说，指的是教和学相结合或相统一的活动。②

5. 教学即引起、维持、促进学生学习的所有行为方式。③

6. 教学是师生间特殊的交往，是一种有目的、有组织、有计划的师生交往活动。④

7. 以师生之间、生生之间的多向互动、动态生成这一基本方式，教师引导学生实现个人的经验世界与社会共有的精神文化世界的沟通和富有创造性的转换，逐渐完成个人精神世界对社会共有的精神文化财富具有个性化和创造性占有的过程。⑤

（二）教学过程仅仅是传授知识吗

任何教学总是通过一定的过程而展开，都有其外在形式、内在结构与具体属性而表现为一定的存在状态，这是影响教学的一切内外因素综合作用的结果。教育促进人的发展，使人聪明，使人变成"人才"，教育的这些功能都是通过教学过程逐步实现的。

关于教学过程本质的争论

如何理解教学过程？我国教学理论界在 20 世纪 80 年代初期对教学过程本质进行了许多有益的探讨，其中具有代表性的观点有特殊认识说、认识—实践说、认识—发展说、多本质说等。特殊认识说是一种关于教学过程本质的经典性学说，源于前苏联教育家凯洛夫关于教学过程本质的认识。此观点认为，教学过程是学生理解与掌握人类积累起来的科学文化基础知识和基本技能的认识过程，学生的智力、体力发展和品德形成皆离不开知识掌握，都要受认识规律制约。但教学过程

---

① 顾明远：《教育大词典》，上海教育出版社，1990 年，第 178 页。
② 李秉德：《教学论》，人民教育出版社，1991 年，第 2 页。
③ 袁振国：《当代教育学》，教育科学出版社，2000 年，第 160 页。
④ 陈时见：《课程与教学》，广西师范大学出版社，2002 年，第 14 页。
⑤ 叶澜：《教育学原理》，人民教育出版社，2007 年。

不同于一般的认识过程,它具有自身的特殊性。认识—实践说、认识—发展说、多本质说都是20世纪80年代初期至中期具有较大影响力且存在许多争议的教学本质观。20世纪70年代联邦德国出现的交往教学论主张教学过程是一种交往过程,交往包括师生之间、学生个体之间、学生个体与团体之间、学生团体之间立体的、全方位的交往活动。此观点侧重于从师生关系的角度来观察教学活动,重视在教学过程中通过师生间的交往活动,促进学生掌握知识、技能,提高能力和形成良好的品德。近几年我国许多学者受此启发,也认同并极力提倡此观点。

以上这些观点对教学的多样联系作了一定的阐述,观点之间有差异,主要是考察问题的视角不同,因而每一种观点偏重一个侧面,从而得出不同的结论。特殊认识说、认识—实践说等侧重于教学过程,认识—发展说侧重于教学价值和功能,交往说侧重于教学关系。这些观点能否成立,关键在于这些观点是否合理阐明了教学的特殊性。

对教学过程的理解本质上受教育观的影响,传统教育信仰的是"容器理论",认为教学过程的本质是传授知识。现代新的教学过程观认为,教学过程不是一种单纯的传授知识的过程,而是对生命意义的实现过程,在这一过程中,不仅要实现知识与技能的习得,而且更为重要的是理解生命的意义,使教学活动成为一种"人对人的教育",而不是人对"物"的塑造和训练。据此,我们认为:教学活动是人类实践活动的一个特殊领域,教学本质上是一种教师与学生之间的特殊的交往实践过程,不是一种单纯的认知过程;教师与学生之间不是施教与受教、改造与被改造的单一对象关系,而是一种"人与人"、"我与你"的意义存在关系;教师与学生是教学过程共同的主体,以课程与教材为中介,借助于语言与非语言符号系统交往实践,相互作用、相互交流和沟通,实现两个主体之间全面的心灵对话,建构学生完满的精神世界。把教学过程理解为一种特殊的交往实践过程,并以此构建共同主体的师生关系,将会把传统的教学改造为平等、民主的教学,沟通合作的教学,互动创生的教学,促进学生全面和谐发展的教学。当代教学正向多媒体、网络技术教学发展,多媒体与网络技术介入教学,直接改变了教学手段,同时也改变了传统的教学观念、模式、内容、方法、评价等,使教学向着新的方向发展,教学呈现了一些新特点。如果我们仅仅将教学过程概括为传授知识的过程,尚不足以揭示教学过程的丰富的内涵。因此,从特殊的交往实践观看,教学过程本质上是以师生交往为基础,学生在教师有目的、有计划的引导下借助于多种教学媒体自主活动,主动地建构知识、获得多方面发展的过程。

二、当代教学理念的转变

与传统教学相比,当代教学在理论与实践两个层面上均已发生了很大变化,了解与认识当代教学的新变化和新理念,对于我们有效开展教学活动具有重要意义。

(一)是关注知识还是关注生命

传统教学中,把学生的培养仅仅局限在知识的传授上,教学的目的是使学生掌握知识,因而,教师是知识的占有者和传授者,是知识的供应商,学生成了盛装知识的容器。轻视学生心理世界的丰富性和差异性等观念,使师生的生命力在教学中得不到充分发挥,使教学从根本上失去了对人的生命存在及其发展的整体关怀,这便是传统教学的根本缺陷。当代教学提倡把教学看成是师生人生中一段重要的生命经历,教学中的生命意义在于使每一个生命得到新的成长和发展,把精神生命发展主动权还给学生,使他们拥有自我选择和自我决定的权利,使教学凸显生命的灵动,使课堂充满成长的气息。当我们的教学关注学生在课堂上的学习过程、生存状态时,就会进入学生的生命领域、精神世界,让学生的身心作为生命体参与其中,课堂就会凸显生命关怀,充满人文关怀,成为人性养育的殿堂,教学效率也会得到最大限度的提高。用知识养育、滋润生命,让生命变得丰富、厚重,生命因为知识、教学而美丽。

(二)是遵从教师的意愿还是服从学生的需要

我们经常看到这样的课堂情景:学生们被要求身正形定,不能乱说乱动,教师用各种方法精心导入新课,或展示许多与新课相关的实物和图片,或提出与新课相关的问题,然后充满激情地启发学生:想不想知道其中的奥秘?当学生也兴奋地回应教师"想知道"时,教师似乎就觉得已成功地激发起学生的兴趣了。但其中学生真实的需要教师未必了解,所有的"兴奋"不过是迎合教师的需要,按教师的意愿来表现。这种做法完全是遵从教师的意愿,这是对学生的主体意识和自主精神的一种伤害。其实所有的学生都希望在课堂学习中得到充分尊重,"让我按我的需要来学"已成为大多数学生的心声,每个学生只有在满足个人和心理需要的环境中才能更有效地学习。教师让学生按照他们的需要来学,主要表现在给予他们应有的自主权和选择权,使学生"让我用我的方式成功"。这并不是放任自流,也不意味着不需要对学生提出明确的学习要求,而是指在实践中应特别注意切实理解学生个体心理和学习需要,接纳学生。教学的任务是组织学生学习,教学设计要从学生的真实问题出发,而非从教师或是教师假想的问题出发。教师面对的是一个个鲜活的个体,不能满足学生需要的教学便失去了教学应有的价值与意义。

(三) 是未来生活的准备还是生活本身

英国教育家斯宾塞认为,课堂教学追求的是"为未来生活作准备",为我们的完满生活作准备是教育应尽的职责,而评判一门教学科目的唯一合理办法就是看它对这个职责尽到什么程度。斯宾塞是在以一种成人化、社会化的生活模式试图来预定、规划并使学生接受这种属于未来的生活模式。而这样的生活对于学生而言是虚无缥缈的、虚拟的"成人生活",是一个遥远的世界,与自己当下的现实生活有着较大的时空距离。在上述思想指导下的课堂教学难以使学生体验与享受到自己本来的童年生活和乐趣。学生的现实生活世界是课堂教学的根基,学生生活着走进课堂,又在课堂中开始了一种新的特殊的生活。课堂教学作为一种以提升学生的生活质量和生命价值与意义为目的的特殊的生活实践过程,必须首先着眼于学生的现实生活世界。失去了学生生活世界的支撑,学生们获得的间接经验和书本知识就只能是一堆"没有活力的死知识",容易导致本应生动活泼、充满生命活力的课堂教学变得枯燥无味。因此,课堂教学必须以学生的现实生活世界为基础,以直接经验来丰富、扩展和提升学生的个体认识,打通书本与生活之间的界限,把生活中的教育资源与书本知识融会贯通,从而发挥直接经验和现实生活对于学生身心发展的积极而又独特的作用。正如前苏联教育家赞科夫所说过的,如果真正的、广阔的生活冲进教室的门而来到课堂上,教室的天地就广阔了。

(四) 是传授还是亲历体验

以往教学过程总是被仅仅视作是知识的传授过程,其实,学生体验发现知识的"过程"比记住知识的"结论"更有意义,它能唤起学生探索与创造的愿望,教会学生怎样学习。体验是一种由诸多心理因素共同参与的活动,体验活动是与主体的情感、态度、想象、直觉、理解、感悟等心理功能密切结合在一起的。体验中不仅有认知的参与,还有情感和态度的参与。体验的过程是主体获得新的自我认识和自我建构、提升其主体性的过程,是学生心灵的感悟、经验的升华、生命力量的显现。因此,多种注重学生体验的教学方式正在各种课程的教学改革中得以推行。通过各种活动和创设情境使学生身临其境,教学内容中所包含的各种知识,通过个体自身的体验真正走进个体内在的精神世界而生成素质,可以使知识学习的过程成为素质生成的过程。可以说,没有个体对知识的内在体验,知识就很难被内化,个体的素质也就很难生成。体验教学主张学生以积极的心态参与到教学过程中去询问、去探究、去发现,还可以使学生在学习知识的同时发展其创造性。当然,在这一过程中,教师的指导也是十分重要的。

（五）是独白还是对话

历史上许多先哲推崇和主张通过"对话"来探究知识。《论语》就是孔子与其弟子对话的实录,孔子与学生通过展开立足于现实生活的、真诚的对话,使师生形成对社会、人生等方面的理解,在彼此启迪的过程中,完成对学生道德的培养和知识的传播。古希腊哲学家苏格拉底同样推崇对话,他将"对话的艺术"作为推理的一种方法,广泛地运用在教学当中。而在我国传统的应试教育思想影响下,教学注重知识的单向传递,成为灌输或教师的"独白"过程。巴西著名教育思想家保罗·弗莱雷把这种教育称为"存储行为",即将知识和真理"储存"进学习者的头脑中。保罗·弗莱雷认为教育应当基于对话的理念,以培养学生探究所生存的现实世界、培养学生成为批判的思考者为目标。对话就是在实现一定教学目标的过程中将教师和学生密切联系在一起的共同活动,充满对话的教学旨在改善师生对共享探究的理解,而不只是将真理从一位知识专家传播到一位被动的接收者身上。对话使教师和学生相互理解并集体创造着学科与生活,教师和学生的角色得以重建,"学生的教师"与"教师的学生"两种角色不复存在,教师和学生成为同一个过程的共同负责者,在此过程中,他们共同成长,由此不断生成自由思想、独立人格。

三、教学过程存在的多种关系

教学过程是由多个成分相互联系、相互作用而展开的动态运行过程,教师、学生、教学内容、教学方法和手段组成了教学过程的基本要素。如果课程是乐曲,教学过程是一首歌,那么这首"歌"就是有教师、学生、教学内容以及教学手段与方法的四重唱。这一过程纷繁复杂,存在多种关系的相互联系与作用,而其中教师教与学生学的关系、掌握知识与发展智力的关系、认知与情感的关系等构成了教学过程中的几种主要关系。主要关系反映着教学过程的规律。正确理解几种主要关系,有助于教师形成正确的教学理念,科学地进行教学实践。

(一)教与学是什么样的关系

教与学的关系是教学过程中的核心关系,集中体现着教学过程的结构特征和功能机制。教与学的关系问题也是教学理论研究中的热点问题,对教与学关系的不同理解,形成了不同的教学理论体系。对教与学的关系主要有以下几种具有代表性的认识:

1. "非指导性"关系

这一观点是由美国著名的人本主义心理学家罗杰斯提出来的。罗杰斯认为,每个人都具有求成长、求健康和求适应的冲动,有自动发展的潜能,有自我认识、自我指导和自我评价的能力。因此,教师不是直接地教学生,而仅仅是促进他们学习。所以,教学中教师的任务不再是教,而是要努力地创造和谐、融洽、宽松的课堂气氛,让学生自主学习,充分发挥自己的潜能,朝向自我实现。因此,这种模式也称为"学习者中心"模式,人际关系是其核心与关键。在这里,"非指导"是罗杰斯针对传统教学的"指导"提出来的。"非指导"并不是不指导,而是一种完全不同于传统教学的指导。传统的教学是明示式的指导,"非指导"更多采用间接的、不明示的、不作详细指导的方法,教学活动的重心在学生的学上,弘扬学生的尊严和价值,充分相信学生的潜力,重视学生的人格因素对个人生活的意义,主张让学生独立、充分、自由地发展。罗杰斯的这一观点对传统的教与学的关系及教师与学生的关系是一种极大的冲击。

2. 合作关系

这一观点是以前苏联教育家阿莫纳什维利为代表的合作教育学者提出的。他们认为,教学是由教师的活动和由教师所激起的学生的学习活动所组成的一个完整的活动状态的统一,他们主张用社会主义的人道主义精神和个性民主化的原则改造教学,使教师乐教、学生乐学。合作教育学在教与学关系问题上的观点主要是要使学习成为儿童生活的需要,相信儿童,以人道和乐观的态度对待儿童,建立和谐民主的师生关系,同时排除师生关系中一切有损儿童自尊心和压抑儿童个性发展的消极因素。总之,合作教育学者以促进儿童的个性的和谐、整体发展为目标,倡导建立一种人道的、民主的、合作的新型师生关系。这种新型师生关系充分肯定了学生在教学过程中的主体地位,克服了传统教学理论在教与学关系问题上的偏差,较好地实现了教与学的有机结合和辩证统一。

3. 交往关系

这一观点是德国交往教学论流派以交往理论为基础,对教与学关系作出的一种全新的解释。教学是教师的教与学生的学的统一,这种统一的实质是交往、互动。这是教师主体与学生主体相互作用、相互沟通、相互理解合作、共同发展的过程。交往意味着教师角色定位的转换,教师由教学中的主角转向"平等中的首席",由传统的知识传授者转向现代的学生发展的促进者。因此,交往昭示着教学不是教师教、学生学的机械相加;传统的严格意义上的教师教和学生学,将不断让位于师生互教互学,师生将形成一个真正的"学习共同体"。教学中的师生交往目的不是一般的交往,而是为了促进学生掌握人类积累起来的文明经验,促进学生发展,交往要服务于学生掌握人类文明经验的需要和学生身心发展的需要。现代教学是为了学生的发展,师生间在认识上、伦理上、情感上进行着多层次的综合交往,现代教学是师生智慧、人格的碰撞与融合的过程。无论在班级授课还是在分组教学、合作学习等侧重于师生群体合作的教学模式中,没有教师与学生多种多样的交往,教学认识活动就无法有效进行。从此意义上说,交往是教学认识的前提和条件,教学认识成为交往的内在成分和结果,因此,没有交往就没有教学。

(二)知识掌握与能力发展如何统一

知识与能力既相联系又有区别:知识是能力发展的基础,是思维的依据和源泉,如果没有充实的知识做基础,能力也很难获得发展;能力是掌握知识的武器,能力发展水平的高低影响着对知识的掌握。教学过程中知识掌握与能力发展都是重中之重的任务,如何处理好这两者的关系是各派教学理论争论的焦点。近代教育史上形式教育论和实质教育论针对此问题曾经有过长期的争论:形式教育论主张教育应训练学生的思维形式,知识掌握是次要的,重要的是能力发展;而实质教育论认为教育的主要任务是使学生获得丰富的对实际生活有用的知识,至于能力是不需专门训练的。这两派理论都有其合理性,也有其片面性。正确认识与处理好知识掌握和能力发展的关系,是有效教学的前提。

1. 知识掌握是能力发展的基础

当前的课程与教学改革中,有一些学者认为随着知识爆炸时代的来临,掌握知识已经不重要了,重要的是掌握获取知识的方法,所谓"授人以鱼,不如授人以渔"。有人甚至提出,当前的基础教育要完全从"知识中心"转向"能力中心",从"学会知识"转向"学会学习"等等。表面上看,这些观点似乎很有道理,但其中也有值得商榷之处。难道知识掌握和能力发展是水火不相容的吗?就知识掌握与能力发展的关系而言,知识掌握应该是能力发展的基础,掌握知识可以促进学生对人类社会文化的了解,为能力发展奠定基础。人们常说"无知必无能",这说明了知识掌握对学生能力发展的基础作用,离开了知识掌握,能力发展就成为无源之水、无本之木。所谓能力,无非是运用知识解决理论和实践问题的熟练程度。虽然不能说能力和知识绝对成正比例,但这种熟练程度的高低从根本上取决于问题解决者对与问题相关的知识的熟悉程度,对解决问题的各种方法的掌握程度。在某一问题上知识缺乏或知识结构不合理的人,必然缺乏解决此类问题的能力。因此,在教学中,我们在强调方法和能力目标重要性的同时,不应该忽视和弱化知识掌握的目标,否则就会阻碍学生的能力发展。

2. 在知识掌握中培养能力

我国 2001 年制定和实施的《基础教育课程改革纲要》中明确提出,新课程实施过程中应倡导"学生主动参与、乐于探究、勤于动手",以实现"培养学生搜索和处理信息能力、获取新知识的能力、分析和解决问题的能力以及交流合作的能力"的目的。为达到这些能力培养的目的,我们在教学中必须要注意知识与知识、知识与生活、知识与实践、教师与学生之间关系的协调,实际上是让学生在获得知识的同时发展与提高能力,在能力得到提高的同时又提高对知识的理解的深度和广度。前苏联教育家苏霍姆林斯基告诫教师,教学中不要让知识和能力关系失调。他认为能力和知识之间的关系失调,表现为学生还没有具备作为掌握知识的工具的那些能力,可是教师已经把源源不断的新知识硬塞给他:快点掌握,别偷懒!这样的学生就好比没有牙齿的人,他被迫地把没有咀嚼的整块食物囫囵吞咽下去,开始时感到胃里不舒服,后来就生起病来,以至无论什么也不能吃了。这一形象的比喻会给我们带来思考和启示。

教学的目标是要让学生在知识掌握和能力发展上双赢,但知识掌握与能力发展之间不是自然而然的生成关系,如何在知识掌握的过程中发展学生的能力呢?关键是不要让知识变成不动的、死的"行装",而要使它们在学生学习和交流的过程中活起来。因此,一要注重科学、合理、高效的结构化知识的教学,帮助学生建立良好的认知结构。但在知识的掌握中,要实现结论与过程的统一。传统教育的最大特点是,学生所接触的只是一些看似确定无疑的、不存在任何对立与冲突的"客观真理",学生经过学习只是熟悉了一些现成的结论并形成对这些结论确信无疑的态度。这种重结论轻过程的教学只是一种走捷径的教学,它把形成结论的生动过程变成了单调、枯燥的条文背诵,从源头上割裂了知识与能力的关系。二要实现教学方式、方法的转变。不是任何一种知识的教学都能有效地发展学生能力的。学生能力的发展不仅与掌握的知识特点有关,而且与他们掌握知识的方式、方法、态度紧密相关。从培养学生能力出发,教师要转变观念,加强教法研究,注重对各种知识信息的分析、加工与综合,要着力促进学生学习方式的转变,教会学生思考、探索。传统的接受学习要改进,更要倡导学生的自主学习、合作探究性学习,并通过科学正确的评价来引导、激发学生不断地探索、创新,使其掌握的知识有效地转化为能力。

（三）认知与情感如何兼顾

认知因素和情感因素在教学过程中是同时存在、交互作用的。教学过程如果没有学生认知因素的参与,教学任务是不可能有效地完成的;同样,如果没有情感因素的参与,教学活动也是不能发生、不能维持的。如果教学中忽视学生的情感发展,便会把生动、复杂的教学活动囿于固定、狭窄的框框之中,产生"教师无激情,学生无热情"的现象,这是"丢掉了一半的教育"(日本教育家井深大语),最后只能导致"学生知识虽然丰富,但缺乏真正的感动之心和体谅"(日本学者丸山敏秋语)。面对当今和未来社会,我们要培养全面发展的"完人",帮助学生创造完满的人生,必须使教学改变单一的认知,促进认知与情感兼顾,实现学生情感与认知的协调发展。

1. 教学既是一个认知过程，又是一个情感过程

所谓认知，是指人们认识事物的整个心理过程，包括了观察、记忆、思维、想象等一系列具体活动过程。教学过程首先是一个认知过程，教与学的内容无论是知识性的，还是技能性的、思想性的，都可归结为认知信息，教学过程也可以归结为认知信息的传递与转化，最后产生各种认知结果。教学过程中存在两大认知系统，即教师教的认知系统和学生学的认知系统。教师教的活动与学生学的活动构成了一个动态的统一体。情感是人对客观事物的态度体验。它往往作为感情需要、内心体验需要、愿望价值追求等一系列心理现象的统称。它的核心意义是作为一种心理过程，主要反映客观事物与人自己的需要之间的关系，个体通过这种关系，通过一系列的态度体验，形成各种性格特征，如态度、价值观、意志品质等。组成教学过程的教师、学生、教材内容都存在着情感因素，这些构成了教学中丰富而复杂的情感现象的 3 个源点。教学过程也是教师与学生交流情感的过程，其交流主要通过两条途径进行：一是通过学生的认知活动过程形成情感的交流；二是通过教学中的人际交往进行情感交流。课堂教学中教师全身心投入、充满激情地教，学生主动参与、充满感情地学，使认知活动与情感交流活动相伴而行。

2. 教学既要注重认知发展，又要注重情感发展

认知活动过程与情感活动过程存在统一性。有学者认为认知活动与情感活动过程有机组合，可以产生"总体大于部分"的系统效率。学生每天保持好心情，是其认知发展的基础保证。有学者研究发现，中学生的情绪对其创造性的发挥影响很大，愉快的相对于难过的、平静的相对于焦虑的创造性更多，这就是说好心情可以提高学生的创造性，好心情可以提高学生的记忆力，好心情可以提高学生的智商。在所有非智力因素中，只有情感能够直接影响智力因素，直接影响个体的认知活动。因此，我国基础教育课程改革强调"知识与技能"、"过程与方法"、"情感、态度和价值观"的三维目标，强调关注"情感、态度和价值观"，在教学中具体表现为在掌握知识和发展能力的同时，要关注学生的情绪生活和情感体验，关注学生的道德生活和人格养成。教师要努力使教学过程成为学生的高尚的道德生活和丰富的人生体验，这样，学科知识增长的过程同时也就成为了学生人格的健全与发展过程。

教学中促进认知过程与情感过程的融合，才能实现学生情感与认知的协调发展。可以采取以下策略：一是引导学生主动积极地领悟和体验教学内容。教学内容是学生认知的对象，教师引导学生把已有的知识与书本知识相联系，理解知识的本意，明确基本的概念、原则和方法。同时，教师还要引导学生去感悟教学内容的情感特征，引导学生用全部身心去拥抱知识，与知识融为一体，与教学

内容中蕴藏的情感产生共鸣。这种学习知识不再是一种外在的要求,而是一种自由、快乐和幸福,创造的智慧幼芽也会在教学过程中悄悄萌发,学生进而进入乐学的境界。二是创设认知过程与情感过程统一发展的教学物质环境和心理氛围。教学要设置优美宜人的物质环境,为学生的认知和情感发展创设良好的外在条件。尤其要注重的是创设美好的、充满情趣的、令人愉快的教学气氛。三是采用既能使学生认知得到发展又能使师生情感获得交流的教学方式。许多学者都提倡教学中师生的对话和沟通,认为人类正步入对话的时代,对话正逐渐成为人们的生存状态。教学实际上是进行着最广义的对话,对话意味着教学从知识的接受走向学生知识的自主建构,教学双方走向积极的沟通与合作。教学是合作的艺术,不是教师单方面的表演,成功的教学中教师与学生总是在进行着情感和思维的对话,这种对话的发生和存在都依赖于情感合作的持续发展。只有在对话中,师生双方才能以教学内容和情境为中介,在融洽的气氛中实现信息的交流、情感的交流和人格的认同。这时的师生关系是同伴关系、合作关系,这时的教学才真正实现人性化。四是利用现代教学技术创造教学内容与主体心灵产生情感联系的条件。现代教学技术手段介入课堂教学,教学由"人—人"系统变为"人—机—人"系统,为学生的自主学习和个别化教学提供了可能,同时也为师生的情感交流提供了更便利的条件。对学生来说,利用教学技术手段使教学内容变得更生动、更形象,开阔了学生的视野,学习过程也因此而充满乐趣。另外,教师还可以利用各种教学软件、教学网络系统更好地对学生进行个别差异的教学。现代教学技术带来了课堂的活力和创造力,师生的平等、融洽的关系和情感交流将会进入更高的阶段与层次。

案例分析与讨论

案例一 减负咋就成了"差班"

辽宁省沈阳市皇姑区某小学的沈老师是一位优秀的班主任。从 2002 年 1 月开始,她按照规定减轻学生们的课业负担,并拿出较多的时间培养学生的创新能力;但使她感到意外的是,班级的综合成绩下降到年级组的倒数第二名,她所带领的班级被称为"差班"。在寒假前的家长会上,沈老师哭着向家长们鞠躬道歉,并表示今后将加大作业量。

对于沈阳市皇姑区的这所小学来说,沈老师应该算作"名人"了:2001 年她组织开展的"我给鸡蛋当妈妈"活动课,被共青团辽宁省委评为"优秀创新奖",

她的数学课还多次在市区获奖。可看到家长们焦急的目光,沈老师怎么也高兴不起来。她疑惑:增负,违背素质教育的宗旨;减负,学生成绩下降明显。到底该迈哪条腿? 在教室的黑板上,沈老师痛下决心留下已经一年未留的作业:每天至少阅读1篇课文;每天做50道口算题;每天至少背一首古诗……①

讨论题:

1. 案例中沈老师的困惑在哪里? 分析一下造成沈老师困惑的原因。
2. 你认为沈老师的"减负行动"是否合适,有更好的方式吗?
3. 如果你是老师,你将怎样做?

案例二 没劲的语文课

上课铃响了。"又是语文课啊! 真没劲。"一个学生边嘀咕边拿出语文书随手扔在桌上。"老师怎么还不来啊? 已经过了3分钟了。"另一个学生说。"不来不好啊? 今天可以自习了!"不知是谁尖声细气地说。"就是嘛……"另一些学生随声附和着。门开了,老师慢吞吞地走了进来。从门口到讲台不到2米,她一共走了7步! 讲台上堆着备课手册、教科书、参考书、新华字典等。老师好不容易开始讲课了,声音很轻,但我还是听得清楚,因为这时教室变得很安静了。我听见老师在问:"谁愿意把课文读一下?"我不想读,所以没动。出乎意料,竟然没有人举手。最后,老师自己开始读了。读得很慢,声音拉得很长,好容易我听老师读完了第一段,好在第一段只有4句话。文章进入高潮,老师还是那么不紧不慢……我抬头转向窗外,看见远处天空中飘着朵朵白云,我不禁想起下午要看的电影《云飘飘》,这部片子是讲什么的呢? 侦探片? 武打片? 不像。嗯,那大概是文艺片了。不知不觉,老师已读完了课文。这时,我不禁脸红,旁边的一位同学一声不吭地伏在桌上认真地听着,可我刚才在想什么? 我怀着敬意地看了看这位同学。天哪! 这位同学正专心致志地在课本上画幽默画。我抬起头,这才明白,为什么教室里静得出奇。邻座的一个学生在做数学,一个学生在修钢笔,我呢,则在胡思乱想……下课铃终于响了,大家都抬起了头,开始收拾书包。②

讨论题:

1. 根据你对教学概念的理解分析这堂课是否是"教学",并说明为什么。

---

① 范春生、谭晓刚:《减负咋就成了"差班"——一位优秀教师的困惑》,《教育文摘周报》,2002年2月27日。

② 摘自上海一名小学毕业生写的一篇记述一堂语文课教学的作文。

2. 根据案例谈谈有效的教学应该具有哪些特征。

【扩展阅读】

1. 傅道春:《新课程中课堂行为的变化》,首都师范大学出版社,2002 年。

2. 周小山:《教师教学究竟靠什么——谈新课程的教学观》,北京大学出版社,2002 年。

3. 王本陆:《课程与教学论》,高等教育出版社,2006 年。

4. 裴娣娜:《教学论》第二卷,教育科学出版社,2007 年。

5. 丁谷怡、孙双金:《重建课堂文化》,教育科学出版社,2009 年。

【思考与探究】

1. 你对教学概念是如何理解的? 当代教学提倡哪些新理念?

2. 在教学过程本质问题上存在哪些不同的观点? 你是如何理解教学过程的本质的?

3. 你是如何理解教学过程中教师与学生的主客体关系的?

4. 你如何理解教学中掌握知识与发展智力的关系?

5. 教学过程如何实现学生情感发展与认知发展的统一?

6. 参观一所学校,了解其教学改革情况,谈谈中小学教学存在哪些问题、应如何解决。

专题二　教学设计

学习要求：理解教学设计的概念，掌握教学设计的程序及方法，理解中小学常用的教学方法和组织形式，学会编写教案，掌握说课的技能。

一、教学设计不等于备课

设计就是为创造某种具有实际效用的新事物而进行的探究，一般具有超前性、不确定性、创造性等特征。教学设计具有一般设计的特征，同时，它又有着自己特殊的内涵与特征。教学设计也称为教学系统设计，指教师应用学习理论、教学理论、系统科学理论、传播理论及其他相关学科的理论与技术，分析教学问题和教学需求，确定教学目标，有效组织各种教学资源，建立解决教学问题的方案，试行并评价教学方案，并对教学方案进行修改的一系列科学化的操作过程。教学活动不能完全凭借经验来实施，必须依据一定的理论和规律对教学活动作出有利于学生学习成功的科学规划和安排，"功在课下，果在课上"，教学设计的成败直接影响着教学效果。

教学设计不等于备课。传统的备课即备教材、备学生、备方法，由于教学大纲和教材、考试的统一，教师不可能有很大的突破和创新，只能理解大纲和教材，上课"教教材"。因此，教师备教材主要是找出重点和难点，抄教科书、教学参考资料；备学生不能面对活生生的人，心中无学生；备方法主要是模仿他人或搬用流行的教学方法。所以，传统的"三备"将教师局限在一个操作工的定位上。教学设计的基本理念是：要以学生发展为本，适应所有学生发展的不同需要，为学生的学习而设计教学；体现教学目标的多元整合即知识技能、过程方法、情感态度价值观的整合；为学生营造基于多种资源的学习氛围；注重学生多样化的学习经历、有效的学习方法的综合，促进问题生成与探究意识的形成，提高学习能力；体现适应教学实际状态变化的教学机制。教学设计的本质是创新而不是预设，教学设计既是教学中一个重要的环节，也是一项建立在理论基础之上的教学技术。教师应明确自己的主体地位与职责，认识到自己不仅是教学的组织者、领导者，更是教学的决策者、设计者、创造者,不是教书匠,而是具有教育教学智慧与技能的专业人员。

二、教学设计应该考虑的诸多因素

(一) 教学目标有哪些

教学目标是学生经历和参与教学活动后产生的多方面变化的预期结果,即通过教学活动,学生应该掌握哪些知识或技能,形成怎样的态度和认识。教学目标是教学活动的出发点和归宿,是教师选择教学内容,运用教学方法、教学策略、教学媒体,调控教学环境的基本依据。教学目标是评价教学效果的基本依据。在教学设计中科学、合理地确定好具体的教学目标,对于保证教学活动的顺利进行具有十分重要的作用。所以,确定教学目标是教学设计的首要环节。

关于教学目标的分类,国内外有多种理论,它们提出的基本假设不同,出发点和着眼点也不尽相同,所以,在理论体系的建构上有一定的差异,但这些理论在很大程度上往往具有一致性。美国学者布鲁姆(B. S. Bloom)及其同事们对教学目标的分类作了系统研究,认为完整的教学目标体系应包括认知领域、情感领域、动作技能领域三大目标领域。他们将每一个领域的目标又由低级到高级分成若干层次,每一个层次代表着学生的不同学习水平。日本教育专家梶田睿一提出的目标体系包含三大类:一是基础目标(达成目标)。基础目标是指要求学生必须掌握的具体知识和能力。二是提高目标(向上目标)。提高目标是指要求学生向某种方向不断深化、不断提高、不断发展。三是体验目标。体验目标是指通过学生的某种行为变化,使学生从中产生特定的内在体验和感受。基础目标、提高目标、体验目标中都包含着认知、情感、动作技能领域的一系列小目标,而且每一个小目标都有着具体的要求。

我国 2001 年开始的新一轮课程改革更加关注学生的全面和谐的终身发展,提出了教学的"三维目标",即:知识与技能;过程与方法;情感、态度和价值观。知识与技能目标指传统的"双基"目标,是有关学生对知识的掌握和能力提高的目标,是最基本的目标,主要包括人类生存所不可或缺的核心知识和学科基本知识。所谓技能是指通过练习而形成的、完成某种任务所必需的活动方式。技能目标可分为 4 种:一是基本技能。如读、写、算的技能。二是智力技能。如感知、记忆、想象和思维、推理等技能。三是动作技能。如绘画、做操、打球等。四是自我认知技能,即认知活动的自我调节和监控技能。如自己会制订计划,会核对自己的成绩,会检查自己解题方法是否合理、有效,会评价自己的作业水平等等。过程与方法目标也就是学生获取知识与掌握技能的程序、途径、措施等。"过程"是指让学生经历知识与技能的形成过程,在体验、活动、探究中进行学习;"方法"是指学生掌握各类知识与技能的学习方式和策略,学会学习,学会反思,学会创造,能对自己的学习过程及其结果进行有效监控。很多过程和方法具有一定的规范性与模式化的成分,学生只要掌握了,就能举一反三、触类旁通、受益终生。情感、态度不仅指学习兴趣、学习责任,更重要的是指乐观的生活态度、求实的科学态度、宽容的人生态度,这一目标是做人、做事的目标。三维的课程目标应是一个整体,知识与技能、过程与方法、情感态度与价值观3个方面互相联系、融为一体。在教学中,知识与技能目标是要让学生学会,过程与方法目标是要让学生会学,情感、态度与价值观目标是要让学生乐学。

教学目标只有落实到课堂上才能将预期变为现实,这就需要教师正确表述教学目标。一个好的教学目标的表述,是要将一般性的目标具体化为可观察、可测量的行为目标,要说明学生在教学后能学会什么、学到什么程度,要说明教师预期学生行为改变的结果,这样才有利于教师在教学时对目标的把握与评定。通常我们用 ABCD 表述法表述行为目标。有些作为目标的心理过程难以采用表示外显动作的术语来描述,如情感领域的目标只有少数能用可以观察和可以测量的术语来描述,有些目标不可能用行为动词描述。在这些情况下,教师应当根据特定的教学任务和教学情境的需要,灵活对待教学目标的表述,可以使用一些定性的术语和概括性的描述来陈述教学目标,而不是机械地套用一些具体的行为动词,以免出现常识性错误。

(二) 如何确定教学起点

为了使教学有的放矢,课前教师们应该先弄清楚一些问题:学生是否已掌握了目标中要求学会的知识与技能,学生在学习内容前的起点能力是什么,哪些需传授及点拨,等等。这就是说教学设计要准确把握教学起点。把握教学的起点必须首先了解学生的现实发展水平,主要指学生已有的知识准备、能力水平、身心成熟程度和学习动力状态等。可以从以下3个方面进行:一是认知因素。主要包括学生已有的智力发展水平、学习的技能技巧、知识储备、认知结构和认知风格(不同的学习方式)。二是非认知因素。主要包括学生的一般生理发展水平和成熟程度,学生的学习动机状态如学习兴趣、态度、需要、意向以及情绪情感状态等。三是社会因素。主要包括学生家庭的文化背景和职业背景,学生间的社会交往、相互关系以及师生间的人际关系等。在全面了解学生上述各方面情况的基础上,教师需要对学生已有的知识准备状况和学习动机状态给予特别关注、认真分析,因为这两方面因素是构成学生现实学习水平的主要方面。在如何准确设计教学起点以促进学习任务的完成方面,奥苏贝尔提出的"先行组织者"

(advanced organizer)学说具有重要借鉴意义。所谓"先行组织者",实际上就是在正式的学习开始之前以学习者易懂的通俗语言呈现给学习者的一个引导性或背景性知识材料。"先行组织者"的主要作用是为教学提供一个适当的起点,充当新旧知识联系的桥梁。在充分了解学生学习状况的基础上合理设计教学起点,安排教学进程,使教学循序渐进,避免学生"吃不了"或者"吃不饱",只有这样才能保证教学的有效性。

(三) 开发和利用哪些教学资源

对于教师的成功教学来说,多种教学资源的开发和利用是保障。教学资源是指一切对课程和教学有用的物质条件、文化资源和人力。教学资源的概念有广义与狭义之分。广义的教学资源指有利于实现课程和教学目标的各种要素;狭义的教学资源仅指形成课程与教学的直接因素来源。

要正确理解教学资源,必须对教学资源有清晰的分类。第一种是直截了当地将教学资源分为有形资源和无形资源。有形资源包括教材、教具、仪器设备等有形的物质资源;无形资源的范围更广,可以包括学生已有的知识和经验、家长的支持态度和能力等。第二种是将教学资源按照功能分为素材性资源和条件性资源。素材性资源包括知识、技能、经验、活动方式与方法、情感态度和价值观以及培养目标等方面的因素;条件性资源包括直接决定课程实施范围和水平的人力、物力和财力,如时间、场地、媒介、设备、设施和环境等因素。第三种是按照空间分布和支配权将教学资源分为校内资源、校外资源和网络化资源。校内资源主要包括本校教师、学生、学校图书馆、实验室及其他各种教学的硬件和软件;校外资源主要指校外各种文化设施、大众传媒、研究机构、校外学科专家、有关政府部门、家长等广泛的社会资源及丰富的自然资源;网络化资源主要指多媒体化、网络化、交互化的以网络技术为载体开发的校内外资源。这几种分类大多是学校在新课程的实践中摸索总结出来的。

教学资源丰富多样,教学设计要考虑如何有效开发和利用各种资源。首先,最重要的是分析和处理教材。因为教材是教师教和学生学的主要依据,分析处理教材就是要能"活化"教材。分析和处理教材的基本依据是课程计划、课程标准。教师要理解课程的基本理念和总目标,把握本学科或本课程的教育目标及各单元、课题的具体目标,领会教材编写意图,分析教材的系统体系,明确各部分在整个教材中的地位与前后联系,分析教材的重点和难点及其内容的组织结构,根据学生的认知特点和教学条件等灵活处理教材。新课程理念强调,教学过程是教师"用教科书教"的过程,而不是"教教科书"的过程。一方面,教师是教材的理解者、参与者、实践者。作教学设计时,教师要钻进教材之中,有自己的钻研、解读和思考,否则一味地接受和照搬,教师就只是充当教科书的"传声筒"、知识的"贩卖者",而没有自己的思考,很难在课上出新意和深意。另一方面,教师要跳出教材、超越教材。"教材无非是个例子。"(叶圣陶语)既然是例子,说明教材并非是教学的全部。教师要广泛阅读教学参考资料,选取合适的材料以充实教学内容;要吸收生活中鲜活的素材,把它及时地整理、融合到自己的教学中。总之,教师作教学设计时,既要钻进教材之中仰视解读,又要高居教材之上,审视并超越教材。只有这样,把自己变成教材的主人,教师才能充分发挥教材的功能,使学生得到充分的发展。其次,要科学地选择各种条件性资源。目前多种媒体资源无疑是为学习者提供学习支持服务的必要的物质基础。当代教学强调现代化的多媒体技术的使用,提高教学的生动性与有效性,但要注意科学、最优化地使用。"教学媒体的现代化不等于教学最优化",使用了最现代化的媒体,并不一定能提高教学质量,不一定能使教学达到最优化的境界,要综合运用多种媒体资源组织教学,做好教学一体化设计。目前我们强调教学的开放性,教师还要合理利用社区各种文化资源,要树立全新的课程资源观,改变长期以来把教科书当成唯一的教学资源的倾向。

(四)好的教学需要什么样的策略

学生喜欢某一教师上课,不仅仅是因为该教师的教学内容有吸引力,更重要的是因为该教师的教学策略能调动学生的积极性,创造一个积极的课堂环境,使学习更有效。好的教学需要有创意的、行之有效的策略,所谓教学策略,是为完成特定教学目标而采取的一系列可施行的对策、方略,也就是依据学习任务分析的结果确定"如何教"及"如何教最好"。教学策略的制定是教学设计的主要环节,其目标就是依据前期分析结果,有针对性地确定采用什么样的教学操作程序、组织形式、方法、媒体等,给学生构建出有效促进教学任务完成的教学环境。因此,教学策略本质上是为了有效展开教学活动而建立的一套方法论体系。具体地说,教学策略的制定要注意以下几方面:

1. 仅有班级教学是不够的

班级教学是教学发展到一定阶段的产物。人类最初的教学组织形式是个别教学,它是古代社会教育教学的基本组织形式。16世纪,班级教学随着资本主义生产方式的兴起而诞生,并成为延续至今的学校教学的主要组织形式,它由捷克教育家夸美纽斯创立。班级教学也称集体授课,是根据学生年龄、知识水平或能力大小把学生编成固定的班级,每班有固定的学生人数,有统一的教学进度、教学内容,有指定的教师同时面向全班学生展开教学活动。班级教学是学校实施教学活动的主要形式,该形式的优点是能在规定的时间内向学生简约化地系统传递较多的教学内容,扩大了教学规模,提高了教学效率,能发挥教师的主导作用和班级集体的作用。但其也有固有的缺点,主要表现为学生的主体性或独立性将受到限制,不易发挥其创造性,客观上不能适应学生的个别差异,学生只能在统一的教学进度中整齐划一地接受循序渐进的教学活动。

因此,人们一直在尝试对它进行改革。19 世纪末 20 世纪初,为适应现代生产和科技的发展,出现了以改革班级授课、适应学生个别差异为特点的新的教学组织形式,如道尔顿制、文纳特卡制。20 世纪 50 年代以来所涌现的当代教学组织形式有分组教学制、特朗普制和开放课堂等,它们与个别教学都成为班级授课的辅助形式。20 世纪 80 年代中期,随着信息技术的发展,出现了以现代信息网络和电化光声等技术为主要媒体进行教学的远程授课形式,这种形式突破了时空限制,是教学组织形式的一场新的革命。以上各种教学组织形式具有不同的作用,仅用班级教学是不够的,现代教学需要在各种组织形式之间找到最佳的结合方式,这也是教学组织形式改革的一个中心问题。

2. 教学有法,但无定法

做什么事情都要讲究方法,一旦目标、任务确定了,方法就成了关键。方法得当则事半功倍,方法不当则事倍功半。教学总是要依靠适当的教学方法来完成相应的任务。教学方法是为了完成一定的教学任务,教师和学生共同采用的教与学的行为方式,既包括教师教的方法,也包括学生学的方法,是教法与学法的统一。据不完全统计,目前在教学实践中积累的有效教学方法达 700 余种。面对如此众多的教学方法,我们要做到"教学有法,但无定法",这是教学法理论的一项重要内容,也是教学法的一个重要特点。目前特别要改变教师在讲台上滔滔不绝、"我讲你听",学生在下面目不斜视、"你问我答"的陈旧教学方法。这里介绍我国中小学常用的几种教学方法。

(1) 以语言传递信息为主的方法。这是一类以通过教师应用口头语言向学生传授知识、技能以及学生独立阅读书面语言为主的教学方法。主要有下列几种:

① 讲授法。讲授法是指教师通过口头语言向学生系统地传授知识的方法。讲授法是教育史上最悠久、最有效、最简捷的一种方法,教师从事教学离不开讲授法。讲授法具体可包括讲述、讲解、讲演 3 种方式。它的优点是教师可以由易到难、由浅入深地传递信息,可以进行科学分析、论证、描绘、陈述,能够向学生提供简约化的学习内容,使学生获得知识,发展学生的认知能力和接受学习能力。它的缺点是教师讲,学生听,学生处于被动的学习过程中,不利于学生主动性的发挥。因此,在教师使用讲授法时,要注意讲授内容的科学性、系统性和逻辑性,要进行启发式讲授,特别要讲究语言艺术的运用。

讲授法主要适用的情况

- 当目标是呈现信息的时候;
- 当信息不容易获得的时候;
- 当学习材料需要以特殊的方式进行组织的时候;
- 当有必要唤起学生对某一学科的兴趣的时候;
- 当学生自己阅读前需要先介绍有关主题的时候;
- 当不同来源的信息必须被加以综合的时候;
- 当讨论后需要总结的时候;
- 当教材内容过时需要更新的时候;
- 当教师需要在讨论前向学生提供多种可供选择的观点或者明确要讨论的各种问题的时候;
- 当学生自己学习可能会遇到困难,需要教师对学习材料提供必要的解释和说明的时候。

② 问答法。问答法又称谈话法,它是教师通过连贯的设问方式提出问题,激励与引导学生思考、回答问题,以此来引导学生获取或巩固知识、发展能力的方法。问答法与讲授法不同,讲授法是一种单向交流行为,而问答法是一种双向交流行为,它的特点在于设问、诱答、评价 3 个阶段。

③ 讨论法。讨论法是在教师的指导下,由学生围绕某一学习主题发表意见、阐述看法、表明观点的一种方法。问答法注重教师与学生之间的双向交流活动,而讨论法注重学生与学生之间的双向交流活动,提倡全体学生围绕某一主题积极参与、自由发言、自由提问、发表看法、互相补充、互相修改,使讨论进一步深入。教师的职责主要是指导、组织和总结。这是一种能有效培养学生批判性思维能力的方法。

④ 读书指导法。读书指导法是教师指导学生通过阅读教科书、参考书及其他书籍以获取知识的教学方法。它的特点是学生通过独立阅读来理解教学材料，教师主要指导学生的阅读行为，帮助学生掌握一般阅读方法和阅读策略。所以，读书指导法是教学当中最有价值的一种方法。

（2）以直接感知为主的方法。这是教师通过实物或直观教具的演示和组织教学性参观等，使学生利用各种感官直接感知客观事物或现象而获得知识、形成技能和发展能力的一类方法。

① 演示法。这是教师通过实物、直观教具展示或实验演示，让学生观察和模仿的一种直观性教学方法。这种方法适于给学生传递形象性、动态性的教学内容，帮助学生在学习上积累一定的感性认识经验，并为其形成理性认识打下基础。演示法是一种辅助性的教学方法，一般常与讲授法、谈话法、问答法结合起来使用。

② 参观法。参观法是教师根据教学目标和内容的要求，组织学生通过对实物和现象的观察与研究而获得、巩固和应用知识的方法。

（3）以实际训练为主的方法。这是在教师指导下，学生通过练习、实验和实习等实际活动，学习、巩固和完善知识、技能与技巧的一类方法。这类方法以学生的实践活动为基本特征，主要包括练习法、实验法和实习作业法。

① 练习法。练习法是在教师的指导下，学生运用所学知识、技能解决问题的一种方法。它的运用有利于学生巩固与运用知识，熟练掌握技能、技巧，提升能力。它是以学生自主学习活动为特征的教学方法，它既强调学生在练习活动中的独立性，又强调教师在练习活动中的指导性。这种活动一般要在学生掌握了特定知识和技能的基础上进行，运用已掌握的知识和技能于实际活动中，以期达到对所学知识的更深刻理解和巩固及对技能的熟练掌握。此法有助于培养学生分析问题、解决问题的能力以及发展创新能力。

② 实验法。实验法是学生在教师的指导下，运用实验仪器进行观察、验证，探究事物发展规律及其变化过程的一种方法。实验法是一

种很有价值的方法。让学生亲自动手完成实验过程,有利于培养学生严谨的科学态度和求实精神,有利于培养学生的操作技能。它广泛地运用于自然科学学科的教学中。

③ 实习作业法。实习作业法是教师组织学生在课堂外进行实习的一种方法。实习作业法是把课堂上学到的知识、技能运用于具体实践中,它有利于加深和巩固所学过的知识,是理论联系实际的有效方法之一。实习作业法的本质在于实践应用,因此,此方法运用的关键是给学生提供现实的实践基地,另外,教师也要做好实践指导工作。

(4) 以情感体验为主的教学方法。这是指创设一定的教学情境,或利用特殊内容和艺术形式,使学生通过体验事物的真、善、美,陶冶性情和培养正确的态度、兴趣、理想和审美能力的方法。这类方法主要包括欣赏法、情境教学法等。

① 欣赏法。以欣赏活动为主的方法又简称为欣赏法,其主要特点是,通过各种欣赏活动,使学生在认识了所学习的事物的价值以后产生出积极的情感反应。

② 情境教学法。情境教学法是指在教学过程中,教师有目的地引入或创设具有一定情绪色彩的、以形象为主体的生动具体的场景,以引起学生一定的态度体验,从而帮助学生理解教材,并使学生的心理机能得到发展的教学方法。情境教学十分讲究直观手段与语言描绘的结合。在情境呈现时,教师伴以语言描绘,这对学生的认知活动起着一定的导向性作用。语言描绘提高了感知的效应,情境会更加鲜明,并且带着感情色彩作用于学生的感官。学生因感官的兴奋,主观感受得到强化,从而激起情感,促进自己进入特定的情境之中,以情促知,实现知情统一。

6 种创设情境的途径

1. 生活展现情境。即把学生带入社会,带入大自然,从生活中选取某一典型场景作为学生观察的客体,并借助于教师语言的描绘,把它鲜明地展现在学生眼前。

2. 实物演示情境。即以实物为中心,略设必要背景,构成一个整体,以演示某一特定情境。以实物演示情境时,应考虑到相应的背景,如"大海上的鲸"、"蓝天上的燕子"、"藤上的葫芦"等,都可通过背景激起学生广远的联想。

3. 图画再现情境。图画是展示形象的主要手段,用图画再现课文情境,实际上就是把课文内容形象化。课文插图、特意绘制的挂图、剪贴画、简笔画等都可以用来再现课文情境。

4. 音乐渲染情境。音乐的语言是微妙的，也是强烈的，给人以丰富的美感，往往使人心驰神往。它以特有的旋律、节奏，塑造出音乐形象，把听者带到特有的意境中。用音乐渲染情境，并不局限于播放现成的乐曲、歌曲，教师自己的弹奏、轻唱以及学生的演唱、哼唱都是行之有效的办法。关键是选取的乐曲与教材的基调、意境以及情境的发展要对应、协调。

5. 表演体会情境。情境教学中的表演有两种，一是进入角色，二是扮演角色。"进入角色"即"假如我是课文中的××"；扮演角色，则是担当课文中的某一角色进行表演。由于学生自己进入、扮演角色，课文中的角色不再是在书本上，而就是自己或自己班集体中的同学，这样，学生对课文中的角色必然产生亲切感，很自然地加深了内心体验。

6. 语言描述情境。以上所述创设情境的 5 种途径，都是运用了直观手段。情境教学十分讲究直观手段与语言描绘的结合。在情境出现时，教师伴以语言描绘，这对学生的认知活动起着一定的导向性作用。语言描绘提高了感知的效应，情境会更加鲜明，并且带着感情色彩作用于学生的感官。学生因感官的兴奋，主观感受得到强化，从而激起情感，促进自己进入特定的情境之中。①

（5）以引导探究为主的方法。这是指教师组织和引导学生通过独立的探究或研究活动而学习知识、形成技能和发展能力的方法。其主要特点在于，在探索完成学习任务的途径的过程中，使学生的独立性得到高度发挥，进而学习和巩固知识，培养技能技巧，发展探索和创新的意识与能力。这类方法主要有发现法。

发现法，又称探索法、研究法，是指教学过程中，教师只给学生一些事例、课题和问题，指导学生通过独立阅读、观察、实验、调查、思考、讨论、听报告等途径，创造性地解决问题、获取知识、形成技能和发展能力的方法。发现法改变了"教师占中心地位，学生处于被动地位"，即"教师讲，学生听"的传统教学方式，鼓励学生探索和发现，注重激发学生的学习兴趣，使学生的独立性得以发挥，从而培养和发展学生的创造能力、思维能力等。

3. 选择合适的教学媒体

在教学过程中用到的媒体很多，人们对媒体进行了诸多分类，主要是为了能

---

① http://wenku.baidu.com/view/5c04650203d8ce2f0066，2010-03-27。

从不同角度认识媒体教学特性。按照教学媒体出现的时间先后,可将媒体分为传统教学媒体和现代教学媒体。传统教学媒体主要包括教学过程中应用的教科书、图书资料、报刊、挂图、黑板、实物、模型、标本、教具等。现代教学媒体主要包括幻灯、投影、录音、录像、电视、计算机等。现代教学媒体又可以按照作用于人的感官的方式分为视觉型媒体、听觉型媒体、视听型媒体、计算机媒体。不同的教学媒体具有不同的作用,我们在教学设计中,到底应该选择哪些媒体才最适合、最有效呢? 一般情况下,选择教学媒体应该考虑这样几个方面的因素,即教学任务和目标、教学内容、学生的年龄特征、教学媒体的经济特性等。选择教学媒体是为了在教学过程中有效促进学生对知识、技能的理解和掌握,激发学生的兴趣、情感,使学生形成良好的个性品质。可是,选择了教学媒体,并不一定就能达到这个目的,因为还存在一个如何运用媒体的问题。由于教学过程是一个复杂的动态过程,教学对象、教学内容、教学方法、教学环境等不同,教学媒体所起的作用也是不同的,而且同一媒体随着使用方法的不同,其所起的作用也不同。所以,教学媒体的运用是一个相对复杂但却灵活的问题。

常言说,"教学有法,教无定法,贵在得法"。教学组织形式、教学方式方法与媒体的运用关键在于是否掌握了它们的使用规律,只有掌握了规律,才能娴熟地、灵活地、创造性地、艺术性地运用于具体的教学过程中。运用时要做到"无意于法则,而自合于法则",不能囿于某个程式,要做到求"活"、求"新"、求"实"、求"优",这样教学组织形式、方法与媒体的运用就会达到出神入化的艺术化境界,这是运用它们的最终价值所在。

4. 科学设计教学程序

课堂教学要有序,安排什么样的步骤,选择什么样的环节,都必须做到合情合理、有条不紊。培养学生也要有序,不仅要训练有术,而且要训练有序。教学活动程序的设计就是为了保障教学有序。教学是一个非常复杂的过程,它受到相关教学理论、教学思想的影响,又与教学目标、教学任务、教师的教学风格、教学环境等因素密切相关。因此,关于教学活动程序的研究一直是国内外教学实践研究的重要内容。历史上已有许多教育家归纳、总结了许多教学活动程序,如影响深远的赫尔巴特学派的 5 段教学程序、凯洛夫的 6 环节教学活动程序、杜威的活动式教学程序、加涅的 9 阶段教学活动程序、罗杰斯的"非指导性"教学模式等。这些活动程序都有一定的理论基础,已在教学实践中形成了比较稳固的教学模式,对教学活动程序的设计具有现实的指导意义。教学活动程序设计要遵循以下 3 个步骤:

(1) 确定教学阶段。教学阶段的确定要根据教学活动的性质和教学任务来完成,比如实施一个陈述性知识(言语信息)的教学活动一般需要 3 个阶段,即知识的获得阶段、保持和巩固阶段、再现或运用阶段。

（2）安排教学活动的操作程序。这一步主要是确定在一定的阶段通过哪些步骤来达到本阶段教学目的。比如什么时候明确教学目标，什么时候设定教学情境，什么时候讲授，什么时候讨论问题等，对在各阶段教学过程中实施相应的讲授、指导、演练、示范、练习、总结等的步骤必须作出安排。事实上，在一定阶段既要确定教学活动步骤，又要确定教学活动的先后顺序。

（3）统整教学环节，使之形成一个适于特定教学任务的有机教学整体。这个统整的过程实质上是教学活动程序的协调优化的过程，应做到重点突出、结构合理，以保证教学过程的有序和完整。

5. 合理设计效果检测的方式

这是教师教得怎样和学生学得怎样的效果检测设计。如果说教学策略的设计回答了"如何教学"的问题，那么在教学设计中，最后一个问题是"教学得怎么样"。它要求了解某一阶段的或最终的教学结果是否已经达到预期的目标，为教学的反馈调控获取翔实的信息。因此，教学评价是教学设计中一个重要的、不可或缺的部分。通过客观、科学的评价，教学设计工作将得到不断反馈、矫正而更趋完善。这部分工作主要由形成性评价和一定阶段的总结性评价组成。

我们认为当代教学设计不应该是对课堂情境进行面面俱到的预设，它需要明确努力实现的三维目标；它要给课堂教学活动留下足够的创生空间，它是教师生命力的载体和再现，它是教师构思教学的过程，凝聚着教师对教学的理解、感悟和对教育的理想、追求，闪烁着教师的教学智慧之光与创新精神，它是教师教学过程中的创造性劳动。它不是一部已经定稿的剧本，而像是一部不能画上句号的手稿，它一直处于自我矫正、自我完善、自我否定的动态发展之中。它是课前的构思与实际教学之间的反复对话，是一次次实践之后的对比、反思和提升；至少，它的重要意义并不体现在课前的详细教案之中，而是展现于具体的教学过程、情境和环节之中，完成于教学之后。

三、教学设计的产物——教案

课堂教学设计的具体产物是经过验证的最优化教学方案，也就是我们常说的"教案"。教案是教师经过备课，以课时为单位设计的具体教学计划或方案。它是教师实施课堂教学所遵循的蓝本，它将为教师理顺教学思路，进行合理化、最优化的教学设计提供指导性的框架。教案的建立可能由于教师的习惯不同而具有明显的个性化倾向，但是教案的建立具有一定的规范性。

教案类型多种多样，按形式分为条目式教案和表格式教案，按篇幅分为详细教案和简要教案。这里主要介绍常见的条目式教案和表格式教案。下面就常见的条目式教案和表格式教案的一般规范化格式进行介绍,以便教师在作教学设计时参考。

(一)条目式教案如何编写

条目式教案是以顺序排列的条目为结构形式的教案类型,有大致固定的条目及其结构顺序,在每一个条目之下研究、设计和安排相关内容。它的主要特点是,每一个条目的容量具有伸缩性,可因人因材因校制宜,是一种常用的教案。

条目式教案包括背景记载,有学校、班级、科目、课本、教师和日期等项目;然后一般由课题名称、教学目标、教学内容、重点难点、课的类型、教学方法、教材教具准备、教学时间、教学过程设计和板书设计等十大条目组成。下面是条目式教案设计的范例。①

What is He/She Doing?

学校:×××小学;班级:二年级一班;科目:英语;教师:×××;时间:1998 年 3 月 18 日上午第 2 节课。

一、课题名称:What is he/she doing ?

二、教学目标:

通过本节课的教学,学生能做到以下几点:

1. 应用进行时形式的动词造基本句子结构及简单句型;

2. 朗读进行时形式的句子读音清楚、语调适当;

3. 用所学的句型进行简单的对话。

三、教学内容:

1. 复习几个动词;

2. 学习"What is he/she doing?"中的动词替换练习。

3. 就"What is he/she doing?"进行问答对话。

四、重点难点:动词进行时形式的正确读音;就"What is he/she doing"问答对话。

五、课的类型:综合课。

六、教学方法:指导阅读法、讲解法、谈话法、练习法、活动作业法。

七、教材教具准备:课本、练习册、图片、词卡、图卡、句式卡。

---

① 黄埔全、王本陆:《现代教学论学程》,教育科学出版社,2005 年,第383 页。

八、教学时间:35 分钟。

九、教学过程设计:

（一）复习引入(5 分钟):利用词卡贴上黑/白板,组织学生朗读重温已学习过的进行时形式的动词。

（二）教学新课(25 分钟):

1. 问答教学(6 分钟)。出示 10 幅图卡并将它们贴在黑/白板上,以"What is he/she doing?"作为问句形式,教导学生回答"He is _____ ing or she is _____ ing."先由老师问、学生答,答对后由教师或学生将正确的句式卡贴到相应的图卡右方,然后学生之间互相练习。完成后,组织全班学生阅读这些句子一次。

2. 戏剧式演习对话(5 分钟)。分别抽派数位学生自由做其中一个进行时形式的动作,老师再以"What is he/she doing?"这一问句,请其余学生自由举手回答问题。

3. 问答对话教学(6 分钟)。出示数幅图片,并把图片贴在黑/白板上,以"Is he _____ ing?"或"Is she _____ ing?"作为问句形式,教导学生回答"Yes, he's/she's _____ ing."或"No, he/she isn't _____ ing."先由老师问,学生答;再请个别学生答;然后组织学生之间互问互答,反复练习。

4. 情景式教学(6 分钟)。分别抽两位学生上台在黑/白板上画出一个人物正在进行某个动作,然后以"What is he doing?"提问全班学生。学生可自由举手作答,作答后以"Is he _____ ing?"句式问及作画同学,而作画同学应视情况回答"Yes, he's _____ ing."或"No, he isn't _____ ing."

（三）小结(2 分钟)。以师生问答的形式归纳出"What is he/she doing?""Is he/she doing?"问题句式及其"He/she is _____ ing.""Yes, he/she is _____ ing.""No, he/she isn't _____ ing."等回答句式。

（四）布置作业(5 分钟)。分发并讲解作业纸,在学生作业期间进行个别辅导。

十、板书设计。（本教案免用板书）

（二）表格式教案如何设计

表格式教案是以特制的有专门栏目的表格为结构形式的教案类型,有特定的栏目及其结构,教师在每一个栏目之中研究、设计和安排相关内容。它的主要特点是具有提示特性,适合新教师使用。表格式教案是在条目式教案的基础上,把必需的条目、教学过程的环节以及教与学的相互关系,设计为具有相对固定格式的表格。表格式教案有各种类型,有的仅仅是表格化的条目,而有的则突出了表格的直观和结构模式化的特点。下面是表格式教案设计范例(见表5-1)。①

表5-1 "中国地理"教案设计

科目	"中国地理"	年级	初中二年级	任课教师		日期	
课题	中国"地形特点"						
教学目标	1. 能用自己的话说出中国地形三大特点及其影响。 ① 地势由西向东变化的特点及其对河流的影响。 ② 沿海大陆架分布的特点及其对经济的影响。 ③ 地形类型分布的特点及其对经济的影响。 2. 对给予的某一纬度地形剖面图,能填写不同剖面所代表的地形类型。 3. 能说明"山地"和"山区"两个术语的核心异同。						
教学任务分析	1. 起点能力。 ① 知识准备:学生已具备地形、地势和5类地型等概念。 ② 技能准备:能运用分层设色图、地形剖面图和景观图识别地形类型与地势变化。 2. 知识类型及其习得条件。 中国地形、地势是一般地形、地势概念的特例,全课基本上是下位概念和具体事实性知识学习,原有上位概念是其学习的必要条件,阅读技能是其支持性条件。						
教学重难点	记住并能有效地提取这些特例及其特点。如地势分3级阶梯,每级阶梯的海拔高度以及具体山脉、高原、盆地的名称和位置等。						
课的类型	新知识习得与巩固并重			课时	1课时		
教学媒体 (材料与设备)	景观图、地形图和剖面图						
教学活动过程设计	(一)告知教学目标,明确学习任务。 　师:我们学习过《中国地理》中"位置、疆域和政区"、"人口和民族"两章,今天学习第三章"地形"中的第一节(板书:地形特点)。 　请看这节课的教学目标:(见上,略) (二)提示学生回忆原有知识,找到新知识同化点。 　师:为了学好本课知识,我们来回忆我们以前学过的相关知识。						

① 蔡澄:《基础教育学》,江苏人民出版社,2006年,第397页。

续表

教学活动过程设计	师利用投影媒体呈现景观图。 生看图。 (以下4种景观图让学生——识别并回答) 师:景观图表示哪类地形? 生答。 师:地形和地势两个概念如何区别? 生答。 师小结。 (三)呈现新教材,促进新知识理解。 1.新授中国地势由西向东变化特点。 师利用投影媒体呈现"中国地势阶梯状分布示意图",提示学生观图。 生观图,读高度表。 师:从图上可以看出中国地势由西向东变化有哪些特点?(教师从海拔、地形类型、分界线3方面启发学习作出判断)生看书回答。 师:边讲边板书30°N地势剖面图(图略)。 师:归纳并板书(地势西高东低,呈阶梯状下降)。 2.新授大陆架分布特点。 师:我们完成了目标①。现在看沿海大陆架特点(目标②),请同学们看书、观图。 师:我国近海大陆架特点是什么? 生答。 师板书(沿海大陆架广阔)。 师:这样的大陆架对经济发展有什么好处? 生答。 师补充(略)。 3.新授中国地形类型分布特点。 师:请同学们在中国地形图上找一找,我国有哪几种地形。 生答。 师:地形类型分布有什么特点? 生答。 师归纳并板书(地形类型多样,山区面积广大)。 师:山区和山地两个概念有什么不同? 生答。 师补充说明1/3山地和2/3山区所指的地域差异。 师小结并指导学生记忆3个特点和3级阶梯的海拔高度。 (四)知识巩固与目标检测阶段。 1.投影呈现30°N地形剖面图和这个地势阶梯状分布示意图,让学生观察,回顾刚学过的知识。 2.检查知识理解和巩固情况。(把书合上)公布练习,学生当堂完成,教师指正。

续表

教学活动过程设计	(1) 读36°N地形剖面图,写出各地形名称(图略)。 (2) 填写中国地形三大特点: ① 地势由西向东变化特点 _____。 ② 大陆架特点 _____。 ③ 地形类型分布特点 _____。 (3) 请说说中国山地只占全国总面积1/3,而山区面积占2/3的原因。

四、教学设计的反思与研究——说课

(一) 说课是什么

说课是顺应教改潮流而推出的有别于备课、讲课的新生事物,是基础教育课程改革后普通中小学教师对课堂教学研究活动进行研究、交流的一种形式。说课主要是教师在个体钻研的基础上写成说课讲稿面对同教研组或同学科的同行说出自己教什么、如何教和为什么这样教的设想。它是授课前的实践演练,也是一种探究式的教学研究过程,是教师取长补短、相得益彰的一种手段。它有利于提高教学设计质量,使教师逐步成长为科研型教师。

说课有多种类型,根据开展的说课活动目的的不同,说课可以分为以下几种:(1) 检查性的说课。旨在了解、检查说课者的说课水平。(2) 研讨性的说课。侧重于改进说课中存在的问题,帮助教师进一步认识和掌握说课的方法与规律,以期不断提高说课的水平与质量。(3) 评比性的说课。目的在于考查说课者的理论素养、知识水平和说课能力等。说课的类型很多,根据不同的标准,有不同的分法。按学科分有语文说课、数学说课、音体美说课等;按用途分有示范说课、教研说课、考核说课等。但我们从整体来分,说课可以分成两大类:一类是实践型说课,一类是理论型说课。实践型说课就是指针对某一具体课题的说课。理论型说课是指针对某一理论观点的说课。

(二) 说课说什么

1. 说教材分析

首先教师要说明自己对教材的理解,因为只有对教材理解透彻,才能制订出较完满的教学方案。教材分析主要分析本节课内容在教材中的地位和作用,分析本节课的知识结构、特点及教师打算如何进行科学处理,分析本节课内容与学生已学知识的内在联系,分析本节课的重点、难点,分析本节课在培养学生的知识、能力方面有哪些重要作用,分析本节课对学生将来的学习会有什么影响,分析教师对教材作了哪些处理和加工。

2. 说学生情况分析

正确说明学生已有认知结构与新内容之间的关系,明确学生可能遇到的难点。

3. 说教学目标

按照新课程的三维教学目标分类,教师要明确提出通过本节课的教学,学生要掌握哪些知识,在本节课上哪些能力要得到培养和训练,怎样培养学生的情感、道德等非智力因素。说课时要避免千篇一律的套话,要从识记、理解、掌握、应用4个层次上分析教学目标。

4. 说教学策略

既要说出如何教学,又要说出如何教学更好及其原因。

(1)说教学选择的组织形式。如采用班级授课、小组讨论等。

(2)说教法与学法。要注意说明这节课的教学内容应以哪种教学方法为主,采用哪些教学手段。无论以哪种教法为主,都是根据教学任务结合学校的设备条件以及教师本人的特长而定的,并注意实效、多种方法的有机结合。说学法主要说出准备教给学生什么学习方法、培养哪些能力和学习习惯,要把主要精力放在解说如何实施学法指导上。

(3)说教学媒体的运用。有些教师为上课制作了教具、多媒体课件等辅助手段,在说课过程中,可以向大家简明扼要地说清它们的作用和使用目的。必要时要演示这些教具、多媒体课件等,翔实的情景材料展示与案例呈现,可以让说课"丰满"起来。说教学媒体要说清楚什么时候用、什么地方用、为什么使用。

(4)说教学程序。教学程序的基本内涵是课堂结构,说课的核心是课堂教学程序和设计。要说清楚教师突破难点教学的主要环节设计、化解教学难点的具体步骤,说清楚师生双边活动的具体安排及学情依据,说清楚课题的板书设计和设计意图,说清楚课后作业的布置和训练意图。应注意说教学程序不是宣读教案,不能像按教案给学生上课那样讲,更不应把说教学程序变为课堂教学的浓缩,应省略具体的细节而着重说清楚教学过程的基本思路及理论依据。要讲清"为什么这样教"的理论依据,包括大纲依据、课程标准依据、教学法依据、教育学和心理学依据等。通过教学过程的分析说明说课者独具匠心的教学安排,它反映着教师的教学思想、教学个性与风格。也只有通过对教学过程设计的阐述,才能看到其教学安排是否合理、科学,是否具有艺术性。

(5)说时间安排与板书设计。说板书设计,包括说清楚板书设计的思路、依据和板书的具体内容,板书在教学过程中的展开程序、板书与教学内容的关系等等,从中展示说课者的教学思路及教学技巧。

一般说课要让教学理念和教学思想贯穿说课的始终,总体要求是:说"准"教材;说"明"教法;说"会"学法;说"清"教学意图和练习层次。

案例分析与讨论

案例一 讲授法是否过时

我在《每周文摘》第 1 942 期上看到某地教育行政部门制定了这样的优质评选标准:课堂教学,教师讲解时间超过 25 分钟的,一票否决。看到这则消息,当时我着实感到诧异。那我校的老师如果参加这项活动岂不是统统都得被枪毙。鉴于这种情况,我又查阅了一些资料(《中国教师》,2006 年第 1 期),资料显示:近年来关于教育改革、教育创新的各种形式的文字中,已经很难看到涉及"讲授法"的正面论述了,而在"新课改"中,"讲授法"更是遭到前所未有的质疑和挑战,某些场合甚至谈"讲"色变,"讲授法"如今颇有些众矢之的的味道。尖锐的批评、痛切的斥责、激烈的抨击,凡此等等,往往成为改革的宣言。然而像我们一直在"讲授法"灌溉下长大的所谓"知识分子",不由得会生出这样一些困惑:究竟应当怎样看待这样一种教学方法? 它是不是已经如一些专家学者所说的已经到了可以寿终正寝的时候? 我们是否已经准备了足够成熟的其他方法取而代之?[①]

讨论题:
1. 根据案例内容谈谈你对"课堂教学教师讲解时间不超过 25 分钟"的看法。
2. 怎样运用讲授法才能达到有效教学?

案例二 以平等、宽容的态度激起学生的探究热情

一次,上海特级教师于漪上公开课,学习《宇宙里有些什么》。她让学生看书、提问题。一个学生站起来问:"课文中有这样一句话,'这些恒星系大都有一千万万颗以上的恒星',这里的'万万'是多少?"话音刚落,全班学生都笑了。提问题的学生很后悔,责怪自己怎么问了一个这么愚蠢的问题,谁不知道"万万"

---

① www.2008red.com/member_pic_401/files/html/article – 50951. shtml,2010 – 03 – 21。

是"亿"呢? 没等老师让他坐下,他就灰溜溜地坐了下去,并深深地埋下了头,懊悔自己不应该给老师的公开课添这样的麻烦。

于老师笑着说:"这个问题不用回答,可能大家都知道了,可是我要问,既然'万万'是'亿',作者为什么不用一个字的'亿',反而要用两个字的'万万'呢? 谁能解释一下?"教室里静了下来,学生们都在思考。

于老师的学生毕竟是养之有素的,随即便有人举手,于老师叫了一个学生起来回答,学生说:"我也不太懂,不过我想说点我的看法,我觉得用'万万'读着顺口,还有好像'万万'比'亿'多。"于老师说:"讲得非常好,别的同学还有不同的意见吗?"于老师在确定没有了不同的说法后便总结说:"通过对'万万'的讨论,我们了解到汉字重叠的修辞作用,它不但读起来响亮,而且还增强了表现力。那么,同学们想一想,我们今天的这个知识是怎么获得的呢?"全班同学不约而同地将视线集中到刚才发问的学生身上。这时,这个学生才如释重负,先前的那种羞愧、自责心理一扫而光,仿佛自己一下子又聪明了许多。①

讨论题:

1. 案例中哪些体现了于漪老师引导学生探究的艺术?
2. 该案例对你进行教学设计有何启发?

【扩展阅读】

1. 李晓文、王莹:《教学策略》,高等教育出版社,2000 年。
2. 王本陆:《课程与教学论》,高等教育出版社,2006 年。
3. 徐英俊:《教学设计》,教育科学出版社,2002 年。
4. 杨九俊:《说课、听课与评课》,教育科学出版社,2004 年。

【思考与探究】

1. 什么是教学设计? 为什么要进行教学设计?
2. 如何确定一节课的教学目标?
3. 试评析班级授课制。
4. 教学的常用方法有哪些? 如何选择教学方法?
5. 什么是说课? 说课应该说哪些内容?
6. 选择自己未来所教学科的某一内容,练习设计教学方案,并写出说课稿,尝试说课。

---

① 周小川:《教师教学究竟靠什么——谈新课程的教学观》,北京大学出版社,2002 年,第 56 页。

专题三　教学模式

学习要求：掌握教学模式的概念，了解教学模式的组成要素，掌握当前几种比较重要的教学模式的主要内容和特点，形成既重视教学模式又努力超越教学模式的态度。

一、教学模式是教学理论与实践的中介

教学模式是当代教学研究中的一个综合性课题，国外一般认为教学模式研究始于美国乔伊斯和威尔的《教学模式》（1972年）一书的出版。该书提供了20多种教学模式，并认为师范生必须掌握其中的7~8种模式。我国教育界在20世纪80年代译介此书，从此逐渐形成了教学模式的研究热点，特别是在现代教育技术尤其是网络技术发展的影响下，教学模式作为一个重要的研究领域越来越被人们所关注。

教学模式是教学过程理论的具体化，对教育工作者设计和组织各种具体的教学活动具有多方面的借鉴意义。国内外众多风格的教学模式都值得我们学习，因为很多教学模式都具有一定的科学性和先进性，是对大量的教学实践活动进行的抽象和提炼。教学模式可以帮助教师加强对教学规律的认识，在实践中遵循规律，少走弯路。还有些教学模式对教师进行规范教学起着重要的指导作用。特别是对于新教师来说，在尚未较好地把握教学过程的规律，缺乏实践经验的情况下，学习现有模式可缩短反复摸索的过程，使自己尽快进入教师角色，迅速成长为一个熟练型教师，并向创新型教师发展。因此，学习各种教学模式，透彻地了解其理论原理，切实掌握其方式、方法，从整体上把握各种教学模式的实质，可以为超越一般教学模式奠定基础。

（一）怎样理解教学模式

"模式"一词在汉语中指"标准的形式或样式"。在英语中，"模式"与"模型"是一个词，即model。对于教学模式的概念，人们存在着多种看法。

国外有影响的定义是乔伊斯和威尔在《教学模式》一书中的定义,他们认为教学模式是构成课程和课业、选择教材、提示教师活动的一种范型或计划。

国内学者提出了关于教学模式的多种理解:有人认为教学模式是教学活动的运行程序和操作步骤;有人认为教学模式是教学方法或多种教学方法的综合;有人认为教学模式是包括教师、学生、教学内容、教学方法在内的教学诸要素的联结组合方式等。不同观点分别从不同的角度定义,虽然各有各的道理,但把教学模式等同于教学程序或教学方法是不恰当的,缺乏对事物本质全面的考察。

用综合系统的观点考察教学模式,我们认为:教学模式是在一定教育思想、教学理论指导下,为实现特定的教学目标而设计的较为稳定的教学活动结构框架以及具体可操作的教学实践活动程序和方式。它既是教学理论的具体化,又是教学实践经验的一种系统概括,可以理解为整体、稳定的教学实体模型或教学实践的范型。

(二)教学模式由哪些要素构成

教学模式是由多种教学要素所构成的一个综合体。虽然不同教学模式有不同的结构特点,但教学模式一般都由以下几部分组成:

1. 理论依据

教学模式总是建立在一定的理论基础上,教学模式中的结构、程序和方法的确定,教学模式运动的方向的控制总是具有一定的理论依据。它是教学模式深层内隐的灵魂和精髓,反映对教学目标、教学与发展、师生关系等问题的基本主张,是保证教学模式具有科学性、普遍性的重要因素。它既自成独立,又渗透或蕴涵在其他各因素之中。

2. 主题

在一定教学理论基础上设计的教学模式都有一个鲜明的主题,它是教学模式中的核心因素,像一根主线贯穿整个教学过程,主导和制约着该种模式的其他要素。例如:掌握学习的教学模式主题是掌握;范例教学模式主题是范例。

3. 教学目标

每一种教学模式都是针对特有的教学目标而设计的,它包含着教学期望,即教育者对教学效果的预期和对学生行为的一般要求,也包含着教育者对教学模式运行结果的预测,反映了模式设计者的价值取向。例如:"发现教学"模式的教学目标是激发学生求知欲,调动学生的学习积极性,培养学生的探究精神和创造力;而"非指导性教学"模式的教学目标则是挖掘学生潜能,促进学生自我认识、自我实现。

4．教学操作程序

教学操作程序是对教学模式运行过程的设计，主要包括教学的阶段顺序、教学步骤，是情境、内容、方式等在一定时空中的优化组合。它提供的是教师或学生在整个教学过程中的系列活动安排。由于教学中有教学内容的展开程序，又有教学方法交替运用的顺序，还有学生不同的心理发展顺序，教学模式都具有独特的操作程序和步骤，其程序和步骤只能是相对稳定的，不可能是一成不变的。

5．支持系统

支持系统是指促使教学模式发挥效力的各种条件的最佳组合，包括教学所需的物质条件，如教室、教学技术设备、教材、场地等因素，还包括教学中的人际关系、课堂的气氛等因素。不同教学模式对教学支持系统因素的要求不同，主要是物质条件、教师的作用、学生的参与程度等要求不同。有的模式以教师为中心，教师主要承担更多的责任；有的模式以学生为中心，决定了学生要承担更多的责任；有的模式对设备要求高而有的要求低。总之，不同的模式，需要有相应的支持系统与之相适应。

6．评价的方法、标准

由于各个教学模式有着不同的理论依据和教学价值追求，有着不同的操作程序和策略方法，因而评价的方法和标准也不一样，每种教学模式都有适合自己特点的评价方法和标准。但目前，只有少数的教学模式形成了自己的评价方法和标准，许多模式至今尚未形成自己独特的评价体系，这是需要我们今后不断努力研究的一个方面。

以上因素既相互联系又相互制约，完整地构成了一定的教学模式。目前国内外对教学模式的研究已取得了一定成果，出现了多种多样、丰富多彩的教学模式。它们的着重点和侧重点皆有一些不同，但它们都有完整性、简略性、针对性、可操作性、发展性的共同特点。

二、当前值得关注的几种教学模式

20 世纪 50 年代以来，随着教学改革的日益深入和教学理论研究水平的不断提高，世界各国涌现出了一大批各具特色的教学模式，每一种教学模式都对我国教学或多或少地产生影响。目前，随着课程与教学改革的深入，出现了一些值得关注的、有特色的教学新模式。

（一）自主探究教学模式有哪些形式①

自主探究教学模式是指学生在教师的指导下，通过自己的试探与求索、总结与概括，获得一定经验，发展智慧与能力，形成积极的情感、态度和价值观的教学实践活动。

这一教学模式以发展学生的自主性，培养学生的探究意识，提高学生分析问题和解决问题的能力，使学生养成探究习惯，最终提高学生的发展创造性为目标，强调学生的自主建构，强调教学过程的开放性、动态性和生成性。这一模式的实施过程有多种变式。有学者根据探究水平的不同将这一模式划分为 3 种形式：

1. 有结构的探究

指探究时给学生提供探究的问题及解决问题所需的方法与材料，学生自己要根据搜集的数据或资料进行概括，发现某种联系，找出问题的答案。研究者将这种有结构的探究和相应的证实活动探究称为一级水平的探究。

2. 指导型探究

指只给学生提供探究的问题，有时也提供材料，学生必须自己对搜集到的材料进行概括，弄清楚如何回答和探究问题。这种探究为二级水平的探究。

3. 自由探究

指探究活动时学生必须自己独立完成探究任务，也包括自己提出调查研究的问题，类似科学探究。研究者将这种水平的探究称为三级水平的探究。

（二）体验教学模式重视什么

20 世纪 80 年代，美国人大卫·库伯完整提出了体验式学习理论。他提出有效的学习应是：从体验开始，进而发表看法，然后进行反思，再总结形成理论，最后将理论应用于实践。在这个过程中，他强调共享与应用。他认为这种强调"做中学"的体验式学习，能够使学习者将掌握的知识充分利用起来，将潜能真正发挥出来，使语言学习的过程转变成一种创造运用语言的体验过程，且使这种体验成为一种栩栩如生的互动体验。体验式学习是提高学习效率的有效学习模式。

近年来我国学者运用体验教学模式，旨在改变传统的教学过程过于注重书本知识传授的被动局面，促进学生直接经验与间接经验的交融。这种模式的内涵主要指教师以一定的理论为指导，让学生亲身去感知、领悟知识，体验"生

---

① 王本陆：《课程与教学论》，高等教育出版社，2006 年，第 208 页。

活"、体验自主、体验过程、体验创新、体验成功,从而培养学生的学习情感、创新精神和实践能力。其具体方法大致分为3步。第一步:创境引题,即通过教师创设的一种教学情境,引出本节课要学习的课题。创设情境的方法多种多样,如教师使用简洁的语言、播放音像资源、出示实物资源、展示文本资源、学生表演等。无论哪种创设情境方法,所选择的内容一定要与本节课要学习的内容直接相关,从而导入本节课要学习的主题。第二步:活动体验,即所要学习的内容不是老师"告诉"的,而是学生在活动中通过体验得出的。"活动体验"可以是在"活动中体验",也可以是在"体验中活动"。但"活动"强调,学生的参与绝不仅仅是学生的表演,也包括学生的"说"、"讲"等。第三步:情感升华,即通过本节课的学习,使学生在情感方面上升到一个新的高度。学生在情感上对某一问题有了更深的认识,才有利于他们在今后的生活中作出正确的行为选择。

体验式教学的各环节都突出了学生"体验"的地位和作用。在体验式教学过程中,教师尽可能为学生提供可听、可看、可触摸、可经历、可操作的机会,可以运用情境式、换位式、多媒体法、实践法等体验教学方式尽可能把抽象的知识还原成事实,让学生面对需要去思考、讨论、合作,让学生去体验事实、体验问题、体验过程、体验结论,使学生在教师引导下真正感受到感情与思想的萌生、形成和交流的过程,感受到引人入胜的探究过程。

(三)自学指导教学模式如何运用

自学指导教学模式又叫"学导式",主要针对传授—接受模式的弊端而提出来。教学活动以学生自学为主,教师的指导贯穿于学生自学始终。近年来这种教学模式在我国中小学应用得比较广泛,其中最典型的是中学数学辅导教学和中学语文自学辅导教学。上海育才中学的"读读、议议、练练、讲讲"8字教学模式、辽宁语文特级教师魏书生提出的"定向、自学、讨论、答疑、自测和自结"的6环教学模式、湖北大学黎世法的"6课型(自学课—启发课—复习课—作业课—改错课—小结课)单元教学法"模式等都是此种教学模式的运用。

这一模式以主体教育教学理论为指导,强调在教学中激发学生强烈的自学兴趣和良好的学习态度,使学生主动参与学习,独立地掌握系统的知识技能,让学生掌握学习方法,形成良好的学习习惯,培养独立学习能力。该模式的基本操作程序为:第一,教师提出自学的任务、要求,使学生明确自学的方向和目标。第二,学生自学。这是最核心的阶段,学生独立阅读教材并完成作业,教师根据学生的具体情况予以分别指导。自学的顺序是基础阅读阶段—逻辑整理阶段—结构迁移阶段。第三,讨论交流。在这一阶段,学生集思广益,通过讨论相互启发、取长补短。第四,启发指导。教师针对学生的讨论情况和教学内容的重点、难点进行启发、讲解，解决学生自学中的疑难问题。第五，练习运用。学生通过自学和教师的启发指导，理解了知识内容，并在此基础上开始各种练习，消化、巩固和运用知识。第六，评价小结。教师引导学生对学习结果和学习过程进行小结评价，总结得失，以便展开后续学习。

自学指导教学模式改变了过去教师讲、学生听、学生被动学习的局面，学生的学习过程由通过单一的听觉通道输入信息改变为视听结合、手脑并用；教师与学生、学生与学生多向交流，发挥了学生学习的主动性，有利于培养学生的自学习惯和能力，有利于适应学生的个别差异，便于对学生实施创造性培养。但在此模式之下，如果教师缺乏相应的引导，就不能保证学习的效果，同时此模式较少系统的讲授，不适合在低年级使用。

（四）合作教学模式有何特色

合作教学模式由前苏联教育理论工作者和实践者在20世纪80年代中期创立。该模式以社会主义的人道主义精神和个性民主化为理论基础，针对传统教学中不平等、专制的师生关系以及强迫儿童学习、压制学生创造才能、造成教育的悲剧——师生冲突的弊端进行了批判，主张用社会主义的人道主义精神和个性民主化的原则改造教学，使教学过程中教师乐教、学生乐学。它的教学目标是通过教学建立民主合作的师生关系，培养学生的独特性、创造性才能、责任感、自尊心和自我调节能力，使他们学会学习，成为个性和谐发展的人。该模式符合当代教育教学发展的大趋势，因而具有极强的生命力，成为对我国今天的教学改革有较大影响的教学模式。

合作教学模式尚在发展之中，其实施过程的基本程序尚待概括成型，其基本的操作要点是：第一，在课堂教学中教师要为学生创造一个良好的心理环境，使每一个学生体会到自己既是一个劳动者，也是一个收获者，减轻学生的心理负担，使学生产生学习的高度主动性、积极性。第二，教师在检查提问时，要创造条件，消除学生的种种顾虑，使其勇于回答问题、乐于回答问题，学生回答有误时，教师没有任何伤害学生自尊心的言语表情。良好的氛围可以使差生也能回答出以往优等生才能回答的问题。第三，教师在布置作业时，不应强制学生定时、定量完成同等的作业，要针对学生的具体情况区别对待，并用"推荐"代替"布置"作业，让学生有自主选择的余地。第四，教师在评分中要让学生看到前景，让学生了解评分标准，对优生、差生的评分应公平、公正，并帮助学生做好复习巩固工作，防止出现2分，争取所有学生得5分。

合作教学的顺利进行要贯彻"三不"原则：无论所教的班级多差，也不在课堂上指责学生；不给学生打坏分数；不向家长告状。为此，首先要求教师站在与学生平等的位置上尊重、爱护、信任学生,建立师生之间民主合作的关系。师生关系只有建立在合作的基础上,才能对学生的个性发展和认识发展发挥积极的作用。其次,教师还要有改革探索精神,每天、每节课都应有创新之处,能冲破以往教学的束缚,大胆地探索,不断获取新信息、思考新问题。最后,从大环境来说,合作教学的顺利进行还需要民主、自由的社会大环境。

多种多样的教学模式为我们未来的教学实践提供了"工具库",使我们能借鉴别人的成功经验,迅速成熟起来,形成自己的教学风格。我们要树立正确的模式观,但不能过分地强调学习、模仿现有的模式,唯模式是从,最终会导致"模式化",会进入教学误区。因为"模式化"就是固定化、定势化、僵化,它意味着没有生命力。教学如果陷入"模式化",那么教学中教师根据固定、机械的模式框框来教学,教学就成为"演戏",教师是"主角",课本是"剧本",教学模式就是"套路",这又成为一个教学的大模式。如果所有教学均如此,其教学的创造性、实效性就会受到影响。只讲"模式",不讲创新,就没有出路;只讲"模式",不讲发展,就没有前途;学习教学模式,但囿于现成的模式,就是教条主义、不思进取。我们要发挥自身的创造性,标新立异,力求创建自己的风格,创造教学上的独特个性。

案例分析与讨论

案例一 杜郎口中学"三、三、六"自主学习模式

杜郎口中学是一所地处鲁西南平原上的农村初中,曾经连续10年考试成绩在县里居倒数之列。如今,杜郎口中学用了8年的时间,探索出了一条既能保持升学率,又能提高学生自我学习能力和综合素质的新的教学模式。"三、三、六"自主学习模式,以学生在课堂上的自主参与为特色,课堂的绝大部分时间留给学生,老师用极少的时间进行点拨。这种模式被称为"10 + 35"(教师讲解少于10分钟,学生活动大于35分钟)或者"0 + 45"(教师基本不讲)模式。杜郎口中学经过长期的艰难探索,教改之路逐步明晰,教改经验逐步成"熟",教学模式逐渐成"型"。杜郎口中学因此被推崇为全国农村教育的样板,成为新课程改革的实践支撑和素质教育的核心突破示范基地。杜郎口中学把旨在体现"教为主导、学为主体、师生互动、共同发展"的教改套路概括为"三、三、六"自主学习模式。该模式的具体内容如下:

1. 三个特点:立体式、大容量、快节奏

立体式——目标任务三维立体式,任务落实到人、组,学生主体作用充分发

挥,集体智慧充分展示;

大容量——以教材为基础,拓展、演绎、提升,课堂活动多元,全体参与体验;

快节奏——单位时间内,紧扣目标任务,周密安排,师生互动,生生互动,达到预期效果。

2. 三大模块:预习—展示—反馈

预习——明确学习目标、生成本课题的重、难点并初步达成目标;

展示——展示、交流预习模块的学习成果,进行知识的迁移运用和对感悟进行提炼提升;

反馈——反思和总结,对预设的学习目标进行回归性的检测,突出"弱势群体",让他们说、谈、演、写。"兵教兵"、"兵练兵"、"兵强兵"。

3. 课堂展示6环节:预习交流、明确目标、分组合作、展现提升、穿插巩固、达标测评

预习交流、明确目标——通过学生交流预习情况,明确本节课的学习目标;

分组合作——教师口述将任务平均分配到小组,一般每组完成一项即可;

展现提升——各小组根据组内讨论情况,对本组的学习任务进行讲解、分析;

穿插巩固——各小组结合组别展示情况,对本组未能展现的学习任务进行巩固练习;

达标测评——教师以试卷、纸条的形式检查学生对学习任务的掌握情况。①

讨论题:

1. 你认为杜郎口中学这种模式反映了什么样的教学观?

2. 你认为在这种模式中教师和学生应发挥怎样的作用?

3. 你认为这种模式是否有需要改进之处?

案例二 洋思中学"先学后教,当堂训练"课堂教学模式

洋思中学是一所农村寄宿学校,学生学业水平与基础较差。然而凡是在洋思中学经过3年自学训练的学生,学业水平都提高得很快,平均每年80%学生升入省级重点高中,其中包括一部分中、差生。记者跟踪调查发现,升入高中的洋思学生后劲很大,他们自学能力比别人强,自主能力比别人好。洋思学生课堂特别紧张,课下很宽松,每天6:00起床,晨练30分钟,早上7:00~7:30看新闻,课后没有作业,中午休息1小时,晚上9:30熄灯。下午无作业,自习时间复习与

---

① http://wenwen.soso.com/z/9126246396.htm,2010年7月15日。

预习,预习到位,课堂效率高,作业当堂完成,形成良性循环。"先学后教,当堂训练"模式具体内容如下:

1. "先学"

教师简明扼要地出示学习目标;提出自学要求,进行学前指导;提出思考题,规定自学内容;确定自学时间;完成自测题目。

2. "后教"

在自学的基础上,教师与学生、学生与学生之间开展互动式的学习,教师对学生解决不了的疑难问题,进行通俗有效的解释。

3. 当堂训练

在"先学后教"之后,让学生通过一定时间和一定量的训练,应用所学过的知识解决实际问题,加深理解课堂所学的重点、难点。

课堂的主要活动形式为:学生自学—学生独立思考—学生之间讨论—学生交流经验。

这种教学模式下,教师不再留作业,学生在课堂上完全自我解决,当堂消化。①

讨论题:

1. 洋思中学的教学模式反映了什么样的教学理念?
2. 比较这种教学模式与杜郎口中学教学模式的异同。

【扩展阅读】

1. 李定仁、徐继存:《教学论研究二十年》,人民教育出版社,2001 年,第九章。
2. 王本陆:《课程与教学论》,高等教育出版社,2006 年。
3. 高文:《教学模式论》,上海教育出版社,2002 年。
4. (美)Bruce Joyce,等:《教学模式》,荆建华、宋富钢,等译,中国轻工业出版社,2002 年。

【思考与探究】

1. 什么是教学模式,它有哪些组成要素?
2. 目前的中小学教学改革中主要倡导哪些教学模式?
3. 学习教学模式是否就是提倡教学模式化?
4. 查阅有关资料,就当前我国中小学教学模式改革问题进行专题研讨。

---

① http://www.docin.com/p-35130988.html。

专题四　课堂管理

学习要求：理解课堂管理的概念和意义，掌握课堂管理的有关理论和方法要点，学习课堂沟通技巧，能用有关的理论分析课堂实践中的问题，评价有关现象。

一、不可忽视的课堂管理

课堂管理不同于具体的教学过程，不是课堂教学本身，但与课堂教学同处于一个时空中，两者紧密结合。课堂管理是有效教学的先决条件，对教学活动过程和结果具有十分显著的影响。好的教师也是好的课堂管理者，课堂管理的效果好坏也是衡量课堂教学成功与否的重要方面。

(一) 课堂管理是什么

课堂管理是教师根据教育目的和教学过程的规律，有意识地协调课堂内的各种教学要素，最大限度地利用各种教学资源，达到预定的课堂教学目标的过程。

从课堂管理的这一定义看，它包含了以下几层意思：一是指明了课堂管理的依据是教育目的和教学过程的规律。二是指明了课堂管理的任务和内容是有意识地协调课堂内的教学要素，有效利用各种资源。具体地说，可包括两方面的管理：课堂教学管理，如控制课堂教学的节奏与段落、指导学生学习；课堂纪律管理，如学生问题行为的矫正、课堂秩序的维护、人际交往的引导等。概括地说，包括教师试图鼓励学生积极参与教学过程、进行教学合作的一系列行为和活动的组织技术。三是指明了课堂管理的结果是构建良好的课堂秩序，促进学生学习和发展，不断地促成教学目标的实现。

(二) 课堂管理为了什么

课堂管理是一项融科学和艺术于一体的创造性的工作，是教师的教育理念、教育教学技能、人格修养水平和教育智慧的综合反映,科学、有效的课堂管理是确保课堂井然有序地进行运作的基础,也是改革课堂教学模式、增强课堂效益的前提条件。

课堂管理首先是为了营造"生态课堂"。"生态课堂"是以生命教育与教育生态观的理念为基础,以实现学生生命发展为价值追求,让师生在本真、自然、和谐的生态环境里,富有个性地、自主地进行课程、知识、社会多元多层次的互动,不断地开发潜能、开启智慧、改善和发展生命、取得文化素养和生命质量的整体提升的课堂。"生态课堂"的基本特征是平等、互动、开放及具有多样性和鲜明个性。生态课堂的起点不是知识,其最终目标瞄准的不是学生的考试成绩,而是学生的健康发展和幸福成长。生态课堂的主体和主人都是学生,因而课堂是学生学习的场所,不是老师展示演讲的大讲堂;课堂精彩的是学生,不是老师。所以,生态课堂特别重视学生主体。生态课堂是我们追求的理想课堂,也是一种全新的教育追求。

其次,课堂管理是为了提高课堂教学效率。课堂是由教师、学生、教学时间、教学物质环境、教学氛围、教学信息等多种因素组成的系统,教师和学生是在这样错综复杂的系统中共同完成教学任务的,课堂里任何与教学需要不一致的小动作、喧闹和情绪波动等,都会消极地影响师生活动的持续性、有效性。课堂管理通过采取一定措施,协调课堂各要素和谐发展,能有效地防止学生课堂问题行为,充分利用课堂的每一分钟,能构建一个既稳定有序、又活泼愉快的课堂环境,让师生在课堂中充分发挥各自的主动性、创造性,高效率地完成教学任务。

最后,课堂管理可以促进学生课堂自律,促进最佳学习。课堂管理总是要制定课堂规则,规定学生在课堂中的角色行为要求,对学生的课堂行为与课堂学习具有导向和激励作用,使学生可以明确应该做什么、不应该做什么。课堂规则同时也提供了学生判断课堂行为对错的价值标准,符合课堂规则的行为会受到教师、学生的认可、肯定和赞扬,违反课堂规则的行为会受到大家的批评、处理。学生通过学习课堂规则并体验其实施过程,认同课堂规则并逐渐内化为自觉行为,时刻以规则暗示或提醒、约束和控制有碍学习的不良行为,从而形成自律的品质,养成良好的课堂行为习惯。

(三)课堂管理管什么

课堂教学管理主要包括教学节奏处理和教学段落管理。课堂教学管理的主要目的是通过对具体教学情境中教学活动本身的节奏快慢、段落衔接及学生注意力等的不断调控,为教学方案的顺利实施创造条件,为预定教学目标的达成提供保障。课堂教学管理是课堂管理的核心。

1. 合理把握教学节奏

课堂教学节奏指教学过程中各种可比成分连续不断地交替,在时间上以一定的次序有规律地重复出现的形式。这些可比成分主要有课堂教学密度、速度、难度、重点度、强度、激情度。

如何把握课堂教学节奏的处理策略?

首先,可以根据教学节奏的变化规律灵活地确定教学节奏。以上 6 种可比成分都可按照"弱—强—弱"或"强—弱—强"的节奏多次循环,形成起伏有致的教学节奏。此外,"弱—渐强—强"和"强—渐弱—弱"的变化模式也可在一定情况下产生好的节奏效果。如将多种可比成分放在一起考虑,有的可以重叠进行,有的只能交叉进行,要做到疏密有间、起伏有致。

其次,可根据学生在课堂中脑力兴奋状态的变化规律调整教学节奏。在课堂时间里,如果是 45 分钟,学生的脑力不可能保持在一种状态,有时情绪高涨、精力充沛,而有时又疲倦、松懈。教师的课堂管理需要把握这种高低起伏的规律。有学者研究发现,学生在听课过程中,随时间的推进,兴奋中心呈这样的规律变化:在课堂的前 15 分钟和第 25 ~ 40 分钟,学生脑力处于最佳状态,这段时间是教师传授知识技能的最佳时间,课堂内容的重点应放在这一段时间内解决。第 15 ~ 25 分钟这段时间是学生课堂疲劳的波谷期,是学生情绪上相对平衡的时段,以处理学生一般性问题、练习或学生自学为好。如课堂教学内容需要,也可在这段时间形成一个教学的小高潮,使学生既可在精神上放松,又可促进对教学内容的顺利吸收。[①]

最后,教师应控制好自身的教学行为。教师要防止因行为过敏、喧宾夺主而造成枝节过敏,或者对学生期望过敏等。教师要想科学而艺术地把握好教学节奏,一方面要努力提高自己的业务素质,另一方面,也要加强自身的个性修养,控制好自己的课堂情绪、教学行为,以免在课堂管理中"自找麻烦",影响自己的威信。

2. 科学管理教学段落

课堂教学的段落指的是教师课堂推进中的几个活动阶段,它是对课堂教学外在活动阶段的划分,不同于课堂教学环节。课堂教学环节是对课堂内容学习内在联系的划分,它与学生内在的认识过程相一致。加强课堂段落的管理,使之相互衔接,对提高教学质量具有重要的意义。一般地说,一堂课的课堂段落大致可分为导入、课中、结束几部分。

课堂教学的导入是指教师在上课之始或刚进入一个新的单元和段落时,利

---

① 傅道春:《教学行为的原理与技术》,教育科学出版社,2001 年,第 56 - 57 页。

用2~5分钟左右的时间,采用一定的方式方法将学生的注意力吸引到完成教学任务的程序中来。正确而艺术的导入起着稳定学生情绪、吸引学生注意、激发学生求知欲、将学生带入情境中的作用。课堂教学的导入有多种类型,如直接导入、复习导入、观察导入、学生的兴趣导致、悬念导入、实践导入、事例或故事导入等。

课中是课堂教学的主体段落,从导入到课堂的结束前都属于这一阶段。课堂教学的计划主要通过这一阶段的活动落实,教学的目标也主要通过这一阶段完成,所以,管理好这一阶段对整个课堂教学的质量和效益都具有重要意义。教师要管理好这一段落,除了要设计好教学的程序,努力使学生积极参与教学活动外,尤其重要的是要做好充分的心理准备,随时应对各种可能出现的问题行为和偶发事件。学生问题行为和偶发事件处理不当会引起课堂秩序混乱,严重干扰正常教学活动。因此,恰当处理各种学生的问题行为和偶发事件是课堂管理的重要任务,需要教师具备良好的教育机智和素养。如何艺术而有效地处理学生的问题行为,请参看本专题其他有关内容。

结束是课堂教学的最后一个段落。经过前面几十分钟的教学,学生产生了一定程度的学习疲劳,教师本身的控制力也在下降,这时的课堂秩序最难维持。有调查表明,学生不守纪律的行为在课程结束时发生频率最高。因此,教师要充分注意课堂最后几分钟的教学效果,精心设计和管理好课堂的结束。结束部分的管理的主要目的是让学生"有序解散",即随着课堂教学任务的圆满完成,课堂教学正常而有秩序地结束。为此,教师总是在课前精心准备,设计课堂结尾的方式。一般来说,课堂结尾的方式有归纳式、回应式、集中小结式、练习式等。课堂结束方式可多种多样,不管采用何种方式,在知识内容上都要紧扣教学内容的目的、重点和知识结构,要有利于学生回忆、检索和运用。封闭型的结尾有明确的结论,开放型的结尾鼓励学生发挥丰富的想象力继续探索。课堂结束要自然、熨帖、水到渠成,使学生有秩序地解散。

(四) 如何处理课堂问题行为

课堂中的问题行为是指学生在课堂中发生的违反课堂规则、不正常交往、不参与学习、防碍教学或学习过程的不良行为。课堂问题行为一般具有消极性,学生由于问题行为而偏离正常的学习行为、纪律行为,导致听课效率差、学习兴趣下降,最终导致学习不良和品德不良,个别学生的问题行为还会影响周围甚至整个班级的学习秩序、学习效果。问题行为具有普遍性,课堂中,各种不同类型的学生都可能发生问题行为。一般而言,"差生"或后进生的问题行为更多、发生频率更高,有时程度较严重,而优秀生的问题行为较少一点或程度较轻。问题行为一般以轻度为主,如上课迟到或不做作业、随便走动等,其他严重的问题行为只占极少数。课堂问题行为虽然以轻度为主,但教师仍不可轻视。

学生课堂问题行为主要有以下两大类:违纪行为和心理问题行为。违纪行为有轻度的矛盾冲突、不遵守作息制度、恶作剧行为等。心理问题行为主要表现为学生在课堂中表现出来的一些心理障碍。如:有些学生在课堂上表现自卑,不相信自己的能力,对学习缺乏信心和兴趣,担心教师提问或批评,常常手足无措、心神不定,回答问题时答非所问;还有的学生神经过敏、无端猜疑、烦躁不安、沉默寡言、做白日梦等,这些行为往往带有神经质的特征;还有学生有情绪问题行为等。引发学生课堂问题行为的因素多种多样,有的是学生本身的问题导致的,有的来自于课堂上的教师影响,有的来自于同伴的影响,也有的来自于家庭、校外社会环境等的影响。学生问题行为是多种因素综合影响的结果。

1. 课堂中教师处理学生问题行为的必备素质——教学机智

课堂教学机智是指教师针对课堂上学生听课情绪的变化、突然发生的不良行为或出乎意料的偶发事件,能迅速、恰当、巧妙地加以处理。这是教师的一种随机应变能力,是教师的创造性的表现。俄国教育家乌申斯基曾说过,不论教育者怎样地研究了教育理论,如果他没有教育机智,他就不可能成为一个优秀的教育实践者。

教学中的事件突然发生时,教师事先没有准备,但又必须以最快的速度,迅速、机敏地采取恰当的措施,容不得慢慢琢磨与思考,有时哪怕是迟疑片刻,也可能丧失某些机遇,也可能导致课堂秩序混乱,因此快速性是教学机智的灵魂。教学机智不仅表现为教师的快速应变能力,而且还表现为能够准确地、恰到好处地处理好事情,就是要能够对症下药,抓住问题的症结与教学目标之间的偏离度予以解决。如果偏离了方向,解决问题发生了错误,就会产生许多负效应,影响教学秩序和效率。教学机智还表明教师处理问题策略的巧妙,它包括方法巧妙、捕捉时机巧妙,能利用突然发生的情景,把教学活动引向深入,化消极因素为积极因素,做到适时、适情、巧中见奇、奇中见力。教师教学机智的形成需要教师掌握教育科学理论,经常观察和了解学生,懂得教育规律和学生身心发展规律,善于动脑、灵活多变,具有直觉思维能力,在复杂多变的教育情境中采取教育措施。丰富的教学实践经验是教学机智产生的源泉。

2. 处理课堂问题行为的主要策略

青少年学生可塑性强,做好事先的预防工作,可以减少学生问题行为发生的机会与可能。处理课堂问题行为应以预防为主,而问题行为本身可以运用多种方法进行艺术处理。

(1)提问法。教师上课时,发现有学生在看课外书、与邻座讲话、做小动作或睡觉的,可以向不听讲的学生提问,也可向其旁边的同学提问。这样学生就会感觉到老师在注意他,于是放弃非学习的行为,转向教学活动的目标。

（2）信号暗示法。教师用眼神、手势、表情、身体姿势等向发生问题行为的学生发出信号,让学生终止问题行为。例如:教师一边讲课,一边用眼睛盯着有问题行为的学生,也可用摇头示意或走近学生等办法。又如:一位老师上英语课时,发觉后排有一位学生伏在桌上睡觉,但这位老师并没有马上叫醒他,而是借朗读课文之际,边读边走近他身边,轻轻将其拍醒,然后回到讲台上。当时,班上其他学生都在集中注意力听老师读课文,竟然没有发觉刚才发生的"插曲"。利用信号暗示法,既可以终止学生的问题行为,又可以不让其他学生察觉,这样可不分散其他学生的注意力,保障教学活动的正常进行。

（3）幽默法。教师用幽默手段化解课堂矛盾,活跃课堂气氛,使学生在轻松、愉快的气氛中接受教育。例如:一位教师上课时,看到一位学生在打瞌睡,不停地点头,便对全班同学说:"有位同学很喜欢听老师的课,不停地点头同意,可惜的是他的眼睛总是闭着的。"其他学生听了大笑起来,那位学生的瞌睡虫也被吓跑了。这种幽默既调节了气氛,恰如其分地批评了学生,又不伤害学生的自尊心。这种委婉、温和的批评,也易于被学生接受。

（4）有意忽视。对学生问题行为有意忽视有以下两种情况:一种是有些学生故意用问题行为引起教师的注意,如果教师理睬,正好迎合他的目的。对这些学生,教师可以暂时不予理睬,让其自讨没趣,自动停止问题行为。还有一种学生处在中性状态,其问题行为不影响其他人,但对教师讲课情绪有影响。教师可以在不扰乱教学秩序的前提下,让这些学生照常进行,如中断教学、逐个处理会引起分心,可在课后逐个处理。

（5）安排任务法。教师可帮助并指导学生安排好课堂中的余暇时间,使学生觉得有事可做。如教师布置学生课堂练习题之后,再吩咐清楚,先做好练习的学生,可以自己看课外书、预习或做家庭作业等,避免这部分学生的问题行为的发生。

（6）行为协议法。对于经常违反课堂规则的学生,教师可与学生订立希望目标协议或合同。协议可以是口头的,也可是书面的,但必须是教师和学生共同认可的,一旦认可就必须执行。订立协议,必须注明,学生遵守协议将得到何种奖励,违反协议将受到何种惩罚。各种条款要书写清楚,并且协议规定的各种奖惩措施都要及时执行,不宜拖延。

这几种课堂管理策略可以作为基础性策略,同时应激励学生,让他们感受到学习的乐趣,创造有生气和充满智慧与活力的课堂,形成高效率的课堂。由于教师的个性和类型不同,教师有效的课堂管理行为并非只能遵从同一种模式,教师可以根据自身的特点和具体的课堂情境建立个人课堂管理系统。这种个人管理系统的建立需要一个过程,需要不断地反思自我、总结案例、制定管理系统模式。

二、课堂中的沟通艺术

著名教育家苏霍姆林斯基认为,课堂困惑和失败的根源就在于教师忘了上课是师生的共同劳动。课堂中的师生是"学习共同体",教师以"平等中的首席"的身份来引领学生,需要通过沟通如提问讨论、合作学习等方式,让学生有充分的思维空间、充足的活动时间,敞开心扉,与教师相互交流。有效的师生交流可增进师生间的了解、配合,避免课堂问题行为和突发事件的发生,促进课堂教学活动的成功。

(一) 主要的沟通方式有哪些

1. 言语交流

言语交流(包括口头言语和书面言语)是师生沟通的主渠道,是师生进行教学交流的最主要的方式。师生间良好的言语交流具有4个方面的特征:一是可接受性。言语交流的主角是教师,教师言语的可接受性直接影响学生对知识内容理解的质量。二是合作性。师生用言语进行交流时,实际上是互为听众,互为发言者,师生要相互尊重,注意自己的言语态度,讲心里话,讲真话,保障交流畅通。三是广泛性。教师对学生的言语交流要面向全体学生,对学生的言语交流要具有广泛性、普遍性,要针对全体学生传送知识信息,要让所有学生都感觉到老师在对他讲课。四是情境性。教师在与学生进行言语交流时,要根据一定的教学情境,充分利用表情、动作、声调或上下文关系来表达自己的意思。

2. 体态语交流

课堂中师生的体态语交流也可称为非言语交流,主要通过面部表情、眼神、动作姿态、手势、外表修饰等交流。在课堂上,非言语交流常伴随师生言语活动,或代替言语交流。非言语交流的基本特征如下:一是辅助性。在师生交流中,体态语总是伴随着言语发挥着不可或缺的作用。在教学中,言语起着主导、决定的作用,体态语起着次要和辅助的作用。这是因为言语的适用范围比体态语更为广泛,表情达意更为确切,而体态语适用范围相对狭窄,而且由于每个人的心理特点及当时情景条件的制约,相同的体态语还会蕴含不同的思想内容,容易产生误解或使人理解不充分、不全面。尽管如此,体态语在教学交流中起的辅助作用仍具有不可替代性。二是直观性。教材中的知识内容具有抽象性,需要教师加以具体化、形象化,才能为学生所接受。要把抽象的东西具体化,除了利用直观教具以外,最便利的就是教师人体本身的动态、静态形象。体态语专家研究表明,人的体态语传示出人内心世界的效果是言语的5倍,特别是当两者不一致时,往往是体态语能够反映人的真实情感,人们可以从他人的表情、眼神、姿态等体态语中觉察出其言不由衷的情况。因此,课堂上教师要注意自己言语信息与体态语的一致性,同时,在接受学生反馈信息时,要听其言,同时也要观察他的面色、眼神、动作等,以获得真实的情况,制订教育措施,对症下药。

(二)我们应该注意什么样的沟通技巧

1. 表达的技巧

表达的技巧是偏重于言语交流方面的技巧。教师一是要学会多种方式表达。如述义:听学生讲过话以后,教师再按自己的理解把学生的话重复一遍,可以帮助了解学生真实的意图,也可使学生知道教师对他的话感兴趣,从而更愿意与教师交流。又如情感描述:教师清楚而具体地描述自己的感情,让学生了解自己的内心感受,避免与学生交流时不被学生理解或被学生误解。二是要注意表达的及时性。学生有了某些不适应或问题行为时,教师应及时处理,直接指出学生的问题,表明教师的态度和情感。教师在作言语表达时,可辅之以体态语,使自己对学生行为的反应更准确、清楚,迅速地减轻学生心理负担,改善师生关系。三是要多采用积极的表达方式。积极的表达方式是指通过赞扬的方式对学生予以肯定。可通过言语表达,也可通过微笑、首肯等体态语表达。教师对学生的赞扬要及时,同时还要注意赞扬的合适性,应采用赏识性赞扬,即描述学生的努力和成就以及自己对其努力和成就的感受。

2. 倾听的技巧

倾听是一项技术,也是一项艺术。在学生表达自己的思想、情感或陈述某些事情时,教师认真倾听,能使学生感受到自己的表达是有意义的,能被教师所接受、受到教师的尊重,进而产生良好的心理体验。教师有效地运用倾听的技巧,也可以帮助学生澄清他们的问题。倾听的过程可以分为3个部分:第一是注意过程,即教师注意学生和学生所表达的内容是否适当、正确。第二是理解过程,即教师对所听取的内容进行心智加工,对学生表达的意见进行分析、判断,选择重要内容并进行组织。第三是评价过程,即教师对学生表达的内容进行权衡,对学生表达内容的可信度、动机、有效性以及学生的主要思想等作出归纳、评价,从而对学生的表达作出反馈。教师经常使用的倾听方式有静状倾听、酬答的反应、助长提示等。总之,在倾听学生陈述时,教师要有接纳他人的态度,做到不否定,不排斥,不嘲弄,不抹杀他人的意见,不损伤他人的个性,不贬抑他人的人格,不先入为主,不只听自己想听的,不诱导学生说一些自己想听的话。

3. 观察的技巧

观察主要用于对学生体态语反馈信息的获取上。教师上课时要想及时获取教学反馈信息,最适当、最便捷、最有效的方式就是观察学生的面部表情、眼神、手势等体态语动作。教育家赞科夫曾说过,对一个有观察力的教师来说,学生的欢乐、惊奇、疑惑、受窘和其他内心活动最细致的表现都逃不过他的眼睛。课堂中教师对学生的观察主要应抓住以下几方面:一是观察学生的坐姿。学生在课堂中不同的坐姿,反应了学生不同的课堂情绪状态,这也是教学效果的反馈信息。二是观察学生的课堂情绪。主要是看学生精神的专注、神态的兴奋是否都集中于教学活动之中。三是观察学生的眼神。课堂中,学生的眼神是心理状态的"寒暑表",教师要观察学生的眼神,还要认真研究学生的眼神,搞清楚不同眼神所反馈的信息。教师必须有一双善于捕捉学生眼神的慧眼,凭直觉快速洞察知识传授中的正误、深浅、快慢、疏密,从而迅速作出相应的反应,及时进行教学调控。

近年来,世界范围内的课程与教学改革深入开展,有效教学运动广泛兴起,课堂管理研究格外受到重视,产生了许多新的理论主张、模式和实践操作方法,从而使课堂管理在价值取向、管理理念、行动策略等方面呈现出鲜明的时代特征和变革走向。课堂管理理念由注重教师中心向以学生发展为本转变,课堂控制方式由注重外在控制向注重内在控制发展,课堂管理策略由注重行为控制向注重满足学生需要发展,课堂管理内容由注重纪律管理向注重改进教学策略发展。认真分析和把握当代课堂管理的这些变革走向,对于构建理想的课堂具有重要意义。

案例分析与讨论

案例一　张老师这样惩罚林小虎

张老师是化学老师。有一天,当他在指导一项没有危险的实验时,有人叫他到办公室接一个有关他孩子的加急电话。考虑到实验没有什么危险,而且所有有危险的材料都锁在柜子里,所以他就让全班学生继续做实验,自己出去接电话了。

后来发生的事让张老师既宽心又惊慌:当他发现"急电"不急时,是多么宽心;而当他听到化学实验室里的爆炸声时,又是多么惊慌。当时他以最快的速度赶回实验室,进去一看,屋子里烟雾弥漫。他首先关心的是有没有人受伤,幸好没人受伤。看上去学生们觉得这很好玩。爆炸是在一只金属做的废品篓里发生的,所以不大可能伤着谁。张老师接着注意到,上了锁的橱柜被人打开了,他肯定自己上了锁,所以他推断有人有钥匙,或者有人撬了锁。

引起爆炸的学生可能并不清楚自己干的蠢事会铸成大错。于是,张老师开始盘问全班学生,以查出应对爆炸负责的人,但没有结果。许多学生说当时在做自己的实验,并不知道是谁干的。其实许多学生知道是谁干的,可没有一个愿意揭发肇事者。于是,张老师决定惩罚全班学生,他宣布:一个月之内,每天放学后全体学生都要留下来,另外,每人就爆炸事件写一篇30页的文章。谁完不成任务,谁的化学就不及格。如果查出是谁干的,就取消这项惩罚措施。

第二天早上,张老师发现桌子上有一张匿名的纸条,指控一名叫林小虎的学生引起了爆炸。指控合乎情理——林小虎很聪明,他知道怎么干;况且,林小虎爱搞恶作剧在学校里是出了名的。林小虎的名声及他的个头、力气和攻击性,很容易说明当时为什么没有人告发他。而且林小虎的父亲是一名锁匠。这样看来,桩桩对得上号。

林小虎面对指控矢口否认。这使张老师感到很为难,他只有间接证据,且不足为证。不过,张老师还是决定惩罚林小虎。第二天,他宣布,由于肇事者已经查到,所以取消对全班学生的处罚,但是,林小虎在当年余下的时间里要继续接受放学后留在学校的惩罚,并且,他的化学成绩不及格。张老师的意图在于以林小虎为戒,他必须对学生安全负责,他要让林小虎明白,引起爆炸是一起严重的事件。严惩林小虎是为了杜绝再次发生严重事故。

讨论题:

1. 张老师在对学生的管理上具有哪些合理性?
2. 张老师在处理方式上存在哪些不妥当之处?
3. 如果是你,将如何管理好这堂课?

案例二 "画饼充饥"

一次数学课上,老师讲完课后,布置了几道课堂作业,让学生独立完成。当他巡视到坐在最后排的几位学生身边时,发现有3位学生在抄课外辅导书上的答案。老师当时火气直升,但当他看看几张天真活泼、充满稚气的脸时,他压住了心头的火,转身走向黑板,用粉笔在黑板上画了两个圈,并写上"烧饼"二字。学生们迷惑不解地发愣,还悄声议论:"老师在黑板上画烧饼干什么呀?"老师说:"大家上了一上午的课了,肚子都饿了吧?""饿了。"同学们异口同声地回答。老师笑了笑说:"你们看着黑板上这两块烧饼就不饿了吧?"一时间学生哄笑起来,并反驳老师荒唐。老师制止住议论,用和蔼的口气说:"大家再想想,假如饿了不吃饭,只看画饼,这个人会怎样?""那是自己欺骗自己"。老师见时机已成熟,忙高声说道:"同学们,大家说得很对,可有些同学做作业遇到困难时,不自己动脑筋,也不问老师,只是一味取巧,抄书、抄别人的,这样做的同学像不像一个'画饼充饥'的小傻瓜呢?这样抄来的分数不就是一张'画饼'吗?"老师的一席话使几个抄作业的学生低下头沉思,有的满脸羞色,课后老师又进行了一番教育,使几个爱抄作业的学生改掉了不良的作为。

讨论题:

1. 该案例反映了老师怎样的教学机智?

2. 如果你在课堂上遇到此类情况,你将如何处理?

【扩展阅读】

1. 傅道春:《新课程中课堂行为的变化》,首都师范大学出版社,2002年。

2. 周小山:《教师教学究竟靠什么——谈新课程的教学观》,北京大学出版社,2002年。

3. 王本陆:《课程与教学论》,高等教育出版社,2006年,第十二章、第十三章。

4.(美)F·戴维:《课堂管理技巧》,李彦译,华东师范大学出版社,2002年。

5.(美)Raymond M. Nakamura:《健康课堂管理》,王建平,等译,中国轻工业出版社,2002年。

【思考与探究】

1. 谈谈你对课堂管理本质的理解。

2. 课堂管理的意义是什么?

3. 如何把握课堂教学的节奏?

4. 如何管理教学段落?

5. 教师如何处理课堂中学生的问题行为?

6. 去中小学听一节课,了解中小学的课堂状况,学习中小学教师的课堂管理艺术。

专题五　学生学业成就评价

学习要求：理解学生学业成就评价的概念及意义，掌握当代学生学业成就评价的新理念，学会学生学业成就评价的多种方法。

一、评价理念的发展

正确地评价学生是教师应具备的基本技能。学生学业成就评价是根据教学目标，采用可行的评价标准与工具，对学生的学习结果所作的测量、分析与价值判断。它与考试、教育测验、教育测量、教学评价等概念既相区别又密切联系。学生学业成就评价内在地包含着一定的标准，这个标准就是课程标准。课程标准是对学生学业成就进行价值判断的依据和尺度。教师对学生的评价本质上是一种学生研究和教学研究，其目的在于发现学生学习上的问题和自己教学上的问题，获得改善教和学的依据。

所有的教师都在教学中对学生进行评价，但是许多教师由于缺乏相应的评价技能，仅凭习惯或者经验评价，不仅缺乏命题技能，而且也不能适当地选择评价内容，不能运用适当的检测方法。学生是学习的主体，教学的着眼点和出发点都是为了学生的发展，学生既是教学活动的参与者，又是教学效果的承载者。因此，一个教师能否正确地评价学生影响着课堂教学的效率，同时，作为管理教学手段和方法的评价，对学生知识的学习、能力的形成、意志品质的锤炼更有着导向作用。在课堂中，恰如其分的、准确的评价语能最大限度地调动学生的学习热情，拉近师生距离，创造出课堂教学艺术的佳境；在各种测验或考试中，教师对学生的正确鼓励和赞赏使学生的自尊心得以满足，能激发学生学习的积极性，促进学生的发展；正确评价还对学生的学习具有诊断和调控作用，也有助于教师及时调整和改进自己的教学，提高教学效率，同时为家长更好地配合学校的教育提供了依据。因此，具有正确的评价理念、运用正确的方法评价学生是教师的基本素质，有助于教师不断地反思教学过程，促进学生发展。2001 年我国基础教育新课程实施以后，国家所颁布的所有学科的课程标准中都提出，教师对学生的评价要注意教师评价、学生自我评价的有机结合，使评价真正成为促进学生勤奋学习、有效提高学习效果的有力手段。而要正确评价学生，必须具备正确的评价理念。

（一）选拔功能与发展功能如何区分

传统的评价是"为了选拔适合于教育的儿童"，把评价的着眼点放在甄别、鉴定和选拔的功能上，其目的是筛选适合于接受高一级教育的学生，淘汰另一部分学生。当代教育强调的学生评价是发展性评价，是要满足学生发展的需要而创造适合学生的教育。因此，评价要从单一的"判别式"走向多元的"鼓励式"。这样的评价不是一般的测量，更注重评价的价值判断，即重视人的意义世界和精神生活，回答有关生命成长、精神发展、道德完善等价值领域的问题，把关注教学结果以外的意义和价值作为学生评价的根本。我们应力求通过评价让每一个学生张扬个性，生动、活泼、全面发展，通过恰到好处的鼓励、激发，不断地点燃学生心中求知的火焰，使学生在成功的快乐中不断前进、不断求索。也力求通过客观、公正的学生评价，帮助教师诊断和发现教学工作中存在的问题，为教师自身发展和改进教学工作、更好地提高教学质量提供具体的反馈信息。

（二）统一要求与尊重个别差异如何统一

传统教育评价标准单一，教师看待学生、评价学生往往遵循一个统一的标准，即以学业成绩为基准，把学生分为三六九等，使评价学生之间的差异明确化、凝固化，而忽视学生的全面发展和个体差异。这种统一化的评价标准，忽视了学生之间的个体差异，对于不同智力水平和不同智力特征的学生来说非常不公平。心理学研究表明，人的发展存在很大的差异，尤其是在智能上存在的差异更为明显。美国著名心理学家加德纳提出的多元智能理论认为，人类至少存在 7 种以上的思维方式，构成了人的语言、逻辑—数学、空间、音乐、身体—动力、人际关系、自我认识等 7 种智能。不同的人，会有不同的智能优势和发展潜力。而传统的教育评价更多的是注重人的语言和逻辑数学智能，对不同学生智能差异的关注是不够的。后现代主义给我们课堂教学评价提供的新视野是：每个学习者都是独一无二的个体，教学不能以绝对统一的尺度去度量学生的学习水平和发展程度。就拿教师眼中"最一般的同学"来说，看学业成绩，教师也许会觉得他们一无是处，但如果关注学生的各种智能表现，教师也许就会发现他们其实各有所长。因此发展性评价理念认为，学生学习评价要做到正确认识和尊重学生间的个体差异，建立"因材施评"的评价体系。要注重多元化、情景化的评价方式，避免只以学生某一方面的表现来作为评价的依据。在评价结果的处理上，应承认学生之间的智能差异,尊重学生的个体需要,利用评价识别和培养学生区别于他人的智能与兴趣,帮助学生实现富有个性特色的发展。

(三)结果评价和过程评价如何结合

促进学生发展的评价应该着眼于学生的成长和未来发展,建立、健全促进学生学业成就不断提高的评价体系,从而达到调动学生积极性、改进学习方法、提高学习效果的目的。教师要明确考试只是学生学业成就评价的一种方式,要将考试与其他评价手段结合起来获得关于学生学业成就的完整图景。我们期望的学生学业成就表现在多个领域,考试只能评价学生在知识领域的表现,对于问题解决、批判性思考之类的高层次技能的评价作用有限。教师需要综合运用考试以及表现性评价之类的多种评价方式,获得关于学生学习的充分证据。所以,"评价不是为了证明,而是为了改进"。在评价的方法论方面,传统的教学评价崇尚以客观、量化为标志,在方法论上倾向于"实证—量化";当前,质性评价逐步兴起,确立了研究者主体价值参与的合理性,充分尊重了评价对象的个别性和独特性。注重过程评价可以同时考虑实际发生过程及其情景条件,而结果评价通常难以再现学习活动、研究活动发生的情景,因此过程评价可以更好地帮助研究者和教师了解学习的真实过程与条件,这在建构主义教学理论中是极受关注的一个方面。

二、学生学业成就评价的主要类型

(一)诊断性评价、形成性评价和终结性评价有何不同的作用

1. 诊断性评价

诊断性评价是为了使教学适应于学习者的需要和背景而在一门课程或一个学习单元开始之前对学习者所具有的认知、情感和技能方面的条件进行的评估。如入学时的摸底测验就属于诊断性评价,它实质上是一种查明存在的问题进而分析问题、为后续教学活动针对性地开展提供依据的活动。

2. 形成性评价

形成性评价也叫过程评价,采用特定的测量程序和方法对学生的学习过程、使用的学习策略以及学习各阶段的成效进行评价。将过程评价用在教学设计和教学产品开发上,则可以看成是设计者和开发者为控制产品质量与分析设计开发过程而进行的评价活动。过程评价可以由教师进行,也可以由学生自己进行,它经常表现为一种自我评价和自我反馈活动。通过形成性评价,教师和研究人

员就可以有效地把握每一个阶段的学习成效或者研究成果,了解存在的问题和不足,以便能够及时地调整和改进教学。形成性评价的目的是及时了解活动进程的效果,及时反馈信息,以便及时修正、及时调节、及时强化。这种评价的结果主要用于改进工作,不注重区分等级。从教育的本质来看,学生的学习过程也许更为重要,一切教育活动和教学产品的使用,最终的目的必然落实到学生的发展上。因此必须重视学生学习过程的评价,这种评价更为重要,也更为本质。

3. 终结性评价

终结性评价是在教学活动、某个计划和产品设计完成之后对其最终的活动成果进行的评价,它主要关心和检查教学活动或项目实施之后的结果、产品使用之后的效果等。如期末考试、毕业会考、产品鉴定会就是这种评价。它可能会直接与事先确定的教学目标进行对照,从而判断教学过程的价值或学生学习的效果。由于总结性评价总是在活动完成之后进行的,所以它也常常被称为事后评价。

由于3种评价的目的不同,它们所使用的评价技术也有很大的差异。尤其是形成性评价,由于它强调对学习过程的测量,所以就必须使用一些反映过程特征的测量手段,如作业分析法、观察法等。而总结性评价一般以测验、考试的方式进行。另外,从评价的执行者来说,总结性评价工作主要由教学或设计活动以外的人来承担,而形成性评价则是由承担活动的人自己来进行。终结性评价是在教学活动告一段落时,为了解并确定其成果而进行的评价。

(二)相对评价与绝对评价如何区分

1. 相对评价

相对性评价是一种依据评价对象的集合来确定评价标准,然后利用这个标准来评定每个评价对象在集合中的相对位置的评价类型。它的基本特点是:由评价对象组成的群体的整体状况决定着每个群体成员的相对水平,标准源于该群体,也只适用于该群体,标准根据群体变化而变化。相对性评价的标准常常以群体的平均水平为基点。

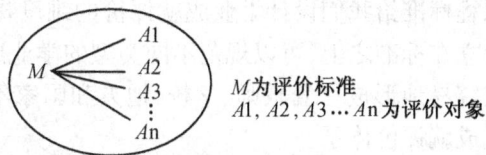

M为评价标准
A1, A2, A3…An为评价对象

2. 绝对评价

绝对评价是一种在评价对

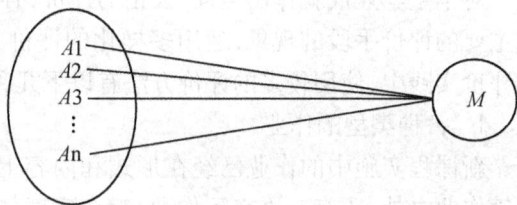

象群体之外,预定一个客观的或理想的标准,并运用这个固定的标准去评价每个对象的评价类型。其标准不受评价对象群体状况的影响,评价结果的好坏只与对象自身的水平相关,而和其所处的群体无关。

绝对评价的标准比较客观、公正、稳定,反映国家对教学的基本要求,能使被评价者明确自己与客观标准的差距。但如果标准定得过高,则会使被评价者丧失努力的信心。

三、学生学业成就评价的标准与主要方法

学生学业成就评价是教学评价中最核心的、最基本的活动。为了全面而准确地评价学生的学业成就,需要确立明确的评价标准,灵活运用各种方法。

(一)评价标准是什么

学生学业成就评价的标准是课程标准。课程标准所蕴涵的"为了每一位儿童发展"的理念,旨在促进学生全面、持续、和谐的发展,它相信每一个儿童的可塑性和巨大潜力。课程标准从本质上说就是设立全国学生要知道些什么、做些什么的底线。它不仅划定了学习的领域和疆界,还给出学到何种程度的描述,即内容标准和表现标准。前者划定了学习的领域,保证学生学到、考到的内容是全面而均衡的;后者回答"很好是多好"、"怎样好才是足够好"等问题,促进学生在不同程度上的学习。课程标准也是对学习结果的界定。它对学习结果的理解并不像一般人的理解那样,只是学习成绩,它包括多种学习结果。以数学课程标准为例,就从知识与技能、思考与解决问题、情感与态度 3 个方面作出限定。总之,课程标准给我们设计学业成就评价的维度提供参照,通过将学生学业成就评价设立在标准之上,可以规范不同类型的学业成就评价,减少偏题、怪题,也可以比较容易地形成一套教师、学校、地方和国家不同层级协调一致的、综合的学生学业成就评价体系。

(二)评价的主要方法有哪些

对学生学业成就作出全面、公正的评价,必须改变以往将纸笔测验作为唯一或主要的评价手段的现象,运用多样化的评价方法对学生进行评价。在学生日常评价实践中,使用较多的评价方法有以下几种:

1. 各种类型的作业

新课程实施中的作业已经在形式和内容上发生了很大的变化,除了传统的纸笔作业之外,还有口语交际作业、综合实践作业、实验操作作业等。有的作业

注重知识的理解与巩固;有的作业注重技能的熟练;有的注重模仿,有的注重创造;有的注重真实情境中的实际表现能力等。作业类型的丰富多样有助于提高学生的作业兴趣,给学生合理的作业负担,促进学生多种素质的提高。

2. 多样化的测验

测验有多种类型。按照测验的时间分,可以有随堂测验、单元测验或阶段性测验;依据测验形式的不同分,有口头测验、纸笔测验、操作测验等;根据施测对象的多少,还可以分为个别化测验和团体测验。一般学生学业成就以集体性的纸笔测验为主,为此,关键的是要做好测验题目的选择,编制一份高质量的试卷。

测验题目的选择应以课程标准为依据,全面考查学生在知识与技能、过程与方法、情感态度与价值观方面达到课程目标所规定要求的程度,根据课标的培养目标从多方面考查学生,根据课标确定考查内容与要求,注重试题素材的时代性,加强试题素材与生产、生活的联系,发挥不同类型试题的功能,注重提高命题水平,为检验学生是否达到一定阶段学科学业水平提供客观、公正的依据;还要坚持以学生为本,促进教师教学方式的改进和完善,引导日常教学摆脱应试教育的模式。

测验题目的类型一般分为客观性试题和主观性试题。客观性试题主要包括选择题和填空题,主观性试题主要包括简答题、论述题、计算题和综合题等。通过不同类型的试题,从不同方面考查学生,发挥主、客观试题的功能,适当增加开放性试题。试题的题型应合理,试题的语言要简明易懂,符合学生的阅读习惯,有利于学生发挥真实水平。赋分、评分标准科学合理,试题所涉及的知识内容无科学性错误,杜绝"繁、难、偏、旧"的试题。对学生科学探究能力的考查应从实际问题出发,重点关注学生的探究能力,应避免将科学探究分解为生搬硬套的知识和按部就班的程序进行测验。

3. 档案袋评价

档案袋主要是学生作品的系统收集,它作为"等级化"、"分数化"评价的一种替代,是基础教育新课程实践中涌现出来的一种新的学生评价方式。它的优势在于,为学生提供了一个学习的机会,使学生能够认识自己,判断自己的进步情况。这种评价方式着力于收集显示某学习领域里学习者的努力与进步的作品,调查每一个学习者获得的经验及其疑问和兴趣,探究各个时段的学习过程,通过编制"成长档案"来把握每一个学习者的学习轨迹。

学生档案可以分为3类。一是学习者用档案。它可以明示每一个学习者的内在的脉络和学习的轨迹,是学习者自身的东西,构成自我评价与相互评价的资料。二是教师用档案。它记载教师培育学习者的目标,教学过程中所用的教材、素材以及班级学生的资料与摘录、自我评价的资料。三是共同档案。它记载与每一个学习者有关的老师、同学伙伴、社区人士、家长等的思考与愿望。相关人员共同制作的共同档案将成为激励学习的场所、信息交换的场所，进而成为维护和推进学习网络的媒介。

档案袋评价的实施主要有以下几个主要成分：确立明确的评价目的、内容、主题，保障每一个学生有自己的成长记录袋；有清晰明确的说明或是使用指南，选择广泛多样的不同类型的作品样本；师生合作，明确评判作品质量的标准；在教师指导下总体地或是分项目地评价作品；举办作品交流会；鼓励家长参与评价的过程。学习档案记录了每一个学习者学习的轨迹，例如，从单元初到单元结束，该学习者的疑问、兴趣爱好、所想所感、体验与活动、观察调查的结果、访谈录、剪报和互联网信息的汇总、老师与同学的忠告、自己的学习总结、作品等等。学习者在这里是名副其实地作为"学习的建构者"、"活动的探究者"来描绘学习的过程与轨迹的。档案袋评价是培养和把握学习者自身实力的评价，是把握学习者在"现实脉络"和实际生活情境中的学习过程的评价，也是描绘学习者"真实的学习过程"的评价，有助于培养每一个学习者的自我评价能力。总的看来，档案袋评价着眼于学生的整体发展，兼顾认知、情意、技能的整体的学习评价，适应学生的个别差异，肯定个人的努力进步与整体成就，呈现个别化的学习进程。

案例分析与讨论

案例一　崭新的会考方式

2006 年某省高中政治会考试卷最后 20 分的大题需要回答的字数不多，但是批阅速度比以前要慢多了，阅卷老师的普遍感受是"考生的答案各不相同，批每个人的卷子都要费点儿脑筋"。

虽然已经做了很长时间的准备，但是见到真正的考题，考生和教师还是颇感意外。最后这道大题分为 6 小题，原来想好的结论性答案根本派不上用场，大多考题考查的是调查过程，只有那些真正搞调查研究的学生才能把题答好。例如，其中一道题是："对你的研究最有启示的一个人是谁？请简要概述他（她）的生活经历。"又如："简要说明你选择这一问题作为研究对象的原因。"

记者随手翻开几本卷子，发现每份卷子答案相差甚多，有的只答了一两句话，有的却辅以图表说明，与过去的条目清楚的答案不大一样。一些评卷老师对考生回答的评价是"鲜活"。一些政治老师甚至有些兴奋："我们看到了真正的学生。"

虽然无论是出题者还是老师和考生，都认为这道题难度不大，但从评卷的情况看,能够得满分的学生并不多,更多的学生只得了 15 分、16 分。该省普考办的负责人认为:"考试的传统功能是评价学生,但是更重要的功能应是促使应试者继续学习。"

讨论题:

1. 该省高中政治会考试题的变化反映在哪些方面?
2. 你认为这种新的评价方式有效吗? 会给学生带来什么影响?
3. 结合你身边的实际,例举出一些促进学生发展的有效的评价方式。

案例二　一堂美国的自然课

曾有一个中国教育考察团到美国的一所小学听课。老师讲的是"蚯蚓"。老师将课前准备的一包蚯蚓放在讲台上,要求孩子们每人捉一条放在课桌上。由于孩子们都很小,有的还从来没有捉过蚯蚓,教室里乱作一团,不时还传出孩子惊恐的尖叫声。老师站在一旁一直不做声。这一过程一直持续了 15 分钟。终于,每个孩子都捉了一条蚯蚓放在课桌上了。

这时,老师才开始"上课"。老师要求孩子们仔细观察,看课桌上的蚯蚓有什么特点,然后发表自己的看法。

有孩子说:"蚯蚓身上一环一环的。"

有孩子说:"蚯蚓贴地的一面毛茸茸的。"

老师对每一个孩子的回答都给予鼓励。

有孩子说:"我做了一个实验。我把蚯蚓切成两段,结果两段都还不停地动,说明蚯蚓生命力很旺盛。"

老师对此更是大加赞赏。

又一个孩子说:"我也做了一个实验。我用一根线拴在蚯蚓的身上,然后吞进喉咙里,过了一会儿再拉出来看,结果蚯蚓仍然是活的。这进一步证明蚯蚓生命力很强。"

老师异常激动地说:"你太了不起了! 你为了科学实验大胆尝试的精神,值得老师和每一个同学学习。"于是全班同学为他热烈鼓掌。

这堂课就这样热热闹闹地结束了。课后,考察团与这位老师座谈。问这位老师:"学生捉蚯蚓的过程持续了 15 分钟,你为什么一言不发? 为什么不让课堂尽快安静下来呢?"这位年轻的女老师只回答了一句话:"假如这些孩子连一条蚯蚓都捉不住,那我今天的课还有什么价值呢?"[1]

---

[1]　周小川:《教师教学靠什么——谈新课程的教学观》,北京大学出版社,2002 年,第 135 页。

讨论题：

1. 这堂课中教师对学生的评价有何特点？

2. 你对中国代表团成员问美国教师"学生捉蚯蚓的过程持续了 15 分钟，你为什么一言不发？为什么不让课堂尽快安静下来呢？"的问题有何评价？

【扩展阅读】

1. 陈玉琨：《教育评价学》，人民教育出版社，1999 年。

2. 马永霞：《教育评价》，当代知识出版社，2001 年。

3. 黄光扬：《教育测量与评价》，华东师范大学出版社，2002 年。

4. （美）高尔，等：《教育研究方法导论》，许庆豫，等译，江苏教育出版社，2002 年。

【思考与探究】

1. 什么是学生学业成就评价？评价的主要理念有哪些？

2. 学生学业成就评价的类型有哪些？

3. 你如何评价新课程倡导的档案袋评价？

4. 试就本专题的内容设计一个测验或评价任务，评价自己学习的效果。

第 六 篇

班级建设与发展

专题一 班主任

学习要求:认识班主任的角色地位和工作职责,了解现代教育对班主任的素质和专业要求,掌握班主任工作的各种策略与艺术,为将来成为一位既努力工作又能享受工作乐趣的现代班主任做好准备。

一、我们眼中的班主任

教师是"人类灵魂的工程师"。当我们用这句早在20世纪50年代就为世人所熟悉的话来诠释新时期的班主任时,我们会感到其内涵更加丰富、深刻,班主任肩上的担子更重。当代班主任正处在一个新的时期,现代社会的特征和发生的种种变化,使班主任面临着教育上的许多崭新课题。要完成"人类灵魂工程师"的使命,难度将会更大。

(一)"班主任"与一般教师有何不同

对学生来说,"班主任"3个字听起来是那么严肃,又是那么亲切。它是近现代随着班级授课制的出现而产生的一种教育者的角色。我国2009年8月颁布的《中小学班主任工作规定》指出:班主任是中小学日常思想道德教育和学生管理工作的主要实施者,是中小学生健康成长的引领者,班主任要努力成为中小学生的人生导师。

班主任是教师,但与一般教师相比,又具有其特殊性。促进学生德、智、体全面发展,是所有教师包括班主任教师和非班主任教师的共同职责,但班主任作为班级教育的主任教师,他的角色地位决定了他的工作有着与一般教师教学工作不同的方面:第一,从工作性质来说,任课教师从事的是教学工作,而班主任负责班级组织、管理工作及教育工作。第二,从工作目标来说,任课教师的主要劳动目标是促进学生学科素养的形成,而班主任要全面关心学生的学业进步、身体成长和品德发展。第三,从工作内容来说,任课教师主要从事备课、上课、学生评价等教学环节的工作,而班主任的工作还包括班级组织、管理等班务工作,组织、管理班级具有教育性,但不是直接的教育活动或教育过程本身。因此,班主任是特殊类型的教师。

(二) 班主任的工作职责是什么

根据国家《中小学班主任工作规定》,我们可以将班主任的工作职责归纳为以下内容:

1. 组建优良的班级集体

班级是学生在校接受教育的基本单位。班级管理是班主任的基本职责。班主任要通过组织各种教育活动、制定与执行各项规章制度、发挥学生的积极性和主动性等,来全面关心、教育和管理学生,指导班委会和团、队工作,培养学生干部,提高学生的自理能力,维护班级正常的教育、教学秩序,把班级建设成为奋发向上、团结友爱的集体,使学生的身心得到全面健康的发展。

2. 全面关心学生的成长

班主任要教育学生明确学习目的,端正学习态度,改进学习方法,要求学生认真预习、上课、复习、做作业,指导学生参加课外兴趣活动,并注意学生学科成绩的平衡发展;要保护学生的学习积极性,表扬先进、激励后进,对学困生应满腔热情、真情关爱、悉心指导。班主任还应主动积极地从事学校的德育工作,在日常教育中注重对学生进行思想品德教育和良好的心理素质、行为习惯的培养,教育学生热爱祖国、热爱集体、热爱社会主义,树立正确的世界观、人生观、价值观和社会主义荣辱观,培养学生优秀的道德品质;关心学生的心理状况,指导学生形成积极向上的健康心理,及时发现并帮助学生纠正心理偏差。班主任还应关心学生的身体健康,组织学生开展体育、卫生、文娱活动;要求学生积极参加体育锻炼,教育学生养成良好的卫生习惯,教育学生注意保持校园清洁卫生,组织学生搞好教室以及保洁区的清洁卫生。

3. 整合校内外各种教育力量

学生在校受到的教育是由所有的教师共同提供的,每个教师在其文化知识传授的过程中、在与学生的交往中都在向学生施加一定的影响,而班主任有义务将这些力量凝聚起来,使它们共同发挥育人的作用。班主任不仅在学校内部要起到纽带作用,而且要善于协调学校、家庭与社会的关系,同时把学生有目的、有组织地放到社会大平台上接受教育,使学生将来更好地适应社会。例如某班主任莫老师邀请了学校当地的合资企业的外籍员工来校与学生交流。外籍员工用英语夹杂着半生不熟的汉语讲述他们的工作、生活。同学们争相用英语夹杂着手势,向他们发问或与他们讨论问题。这次活动使同学们对社会形势、职业需求和人际关系等有了进一步了解。班上的英语尖子原以为自己英语很好,通过与外籍人员的接触,深感必须更加努力地学习。

从上面的介绍中可以看出,班主任的工作既繁重又琐碎,但只要班主任怀着一颗爱学生的心,积极调动自己的智慧与创造力,就一定能做好,并能从中找到工作的快乐。

二、班主任的专业化之路

(一)为何要提出班主任的专业化

班主任是教师团队中的特殊角色和骨干力量,其职业素养要远远高于我们对教师的基本要求。尤其是随着时代的进步和人们对人才要求的提升,我们应该用更高、更专业的标准来要求与评价作为学生的精神关怀者和成长领路人的班主任。

班主任专业化是广西柳州市教育界人士于2003年3月首先提出的,之后部分学校的校门口也挂出了"班主任专业化实验学校"的牌匾。随后,全国第十二届班集体建设理论研讨会在柳州召开,会议的主题是"现代班集体建设与班主任专业化发展的研究"。后来,中国教育学会德育专业委员会班集体研究中心又在柳州市柳江县召开了"全国班主任专业化建设经验交流会","班主任专业化"这个提法开始引起更多人的关注。目前,由于多种形式的班主任在职培训逐年升温及班主任学习积极性不断提高,班主任专业成熟速度正在加快,但从总体上看,班主任队伍的专业水平仍然不能满足素质教育不断深化的需要和社会对他们的要求。

(二)班主任专业化的特殊内涵是什么

要理解班主任专业化,首先要理解班主任工作具有的专业化属性。有学者这样说:班队工作是一项严肃的、科学的工作。它有自己的工作对象,有特定的工作性质、工作任务和工作特点,有自身的系统知识和理论体系,有专门人员从事这方面的理论研究,有自己的专门刊物,有专门的领导机构,可以说,它是一种专业性很强的工作。班主任是教师中的骨干力量,所以教师专业化的内涵和标准基本上适用于班主任专业化。"一个优秀的班主任,首先应该是一个优秀的教师。"但是,由于班主任还要履行班主任工作职责,其工作又与一般教师的工作有不同之处,因此,班主任专业化又有其特殊性。班主任专业化不是一般教师的专业化问题,而是一种特殊的教师专业化问题,它有特定的目标要求和内容,也是班主任持续发展的过程。

因此,我们可以这样理解班主任专业化的特殊内涵:它是班主任作为一个组织、教育、管理班级的专业人员,以教师专业化标准为基础,通过实践、学习、培训,逐步掌握德育与班主任工作的理论知识,形成班级德育和班集体建设与管理的能力和技巧,发挥越来越成熟的作用,达到班主任专业水平的过程。也有学者说,把班主任由教书的"副业"变为育人的"主业"的必由之路,那就是班主任专业化。

总之,班主任要想走向专业化,自身必须不断增强专业意识,发扬专业精神,信守专业操守,实现专业自律,加强专业学习,实现专业发展,不断提高专业实践水平和教育服务质量。

班主任专业化的标准

1. 达到国家规定的学历标准。

2. 能在学习与实践中更新观念,逐步树立以素质教育观为核心的现代教育观念。

3. 深刻理解并掌握教师的职业道德规范,负起班主任应该负起的班主任职责。具有崇高的人格,把职业道德规范真正变成自觉的行动。

4. 树立终身学习的观念,坚持经常性的在职进修,具有合理的知识结构,具有深厚的专业知识和专业技能,能广泛地吸纳班主任工作的最新理论,并运用到实践中。

5. 能够坚持以实践为基础,以先进的德育理论和班级管理理论为指导,对班集体的功能、运行机制等班集体建设中的诸多问题进行理论联系实际的研究,逐步成为发展教育文化的生力军。

6. 具有较强的专业能力,这不仅包括课堂教学能力,还包括学习能力、获取信息能力、研究学生家庭和社会的能力、交往能力、班集体的组织管理能力、组织班集体活动的能力和教育科研能力等等。

7. 使自己的专业具有较强的自主性和权威性。

8. 学术地位和社会地位不断提高。

（三）班主任专业化的未来方向在哪里

对于班主任的专业化来说，转变观念是非常重要的前提。班主任的思想要从"一次教育"向"终身学习"转变，要真正做到"给学生一碗水，自己要有长流水"；要不断钻研，将经验上升为理论，从"经验型"工作者向"研究型"教育家转变；要从"台上"走到"台下"，由"领导者"向"服务者"转变，以平等的态度、服务者的意识为促进学生的全面发展而工作；要主动从盲目服从与束缚的学校管理中走出来，使工作风格从"被动型"向"自主型"转变，要走上自主和自律的专业化道路。

为了达到这一目标，班主任自身要树立专业化的意识，以"专业化"的视角，审视自己的工作角色，不断提高自己的专业素质，只有这样才能赢得在社会中应有的地位，感受到工作的乐趣和职业自豪感。同时，学校也要为班主任的专业化发展提供帮助和支持。这样，才能使每位班主任将专业化由无意识行为转化为有意识行为，使班主任专业化由个体行为变为群体行为。

对于班主任来说，专业化既是机遇，又是挑战，超越自我的境界是十分重要的。从某种意义上说，班主任的主体意识是专业化的重要元素。班主任必须具有开放的心态与自我反省的能力，能及时调整、修正个人的专业理念，以补充专业知识及技能上的不足；同时，要将已掌握的知识与教育实践的结果，作为自我反省和再学习的基础，进而能对复杂的教育现象进行深层的理解和诠释，以提高自我的专业敏感度，成为能进行自我更新的"教育者"。

三、多样化的工作策略

班主任工作是一项艰苦而富有创造性的劳动，涉及面广、任务繁重。要想使工作卓有成效，班主任必须灵活运用多种有效的工作策略。

（一）开启心灵之门的钥匙在哪里

俗话说，知己知彼，百战不殆。班主任只有全面了解学生，走进学生的心灵，才能找到适合不同学生的教育方法，使学生在各自不同的基础上得到发展与提高。

1. 认识学生是起点

班主任对学生的了解和研究应该是多方面的，既要有广度，也要有深度。那么，有哪些有效的方法能够使班主任更快、更准确地了解学生呢？

班主任可以借助有关班级学生的各种书面材料，如入学登记表、作业、日记、答卷、笔记、班级日志、健康检查表、成绩通知单以及记载学生情况的各种其他表格等等,对学生的思想、学习、生活态度、个人爱好及班级基本状况进行间接的了解。这是班主任初步认识班级和学生,了解学生基本情况的最简易的方法。我们称之为"书面资料分析法"。

在和学生接触时,班主任可以带着一定的目的和任务去观察学生。班主任可以在课堂上了解学生的学习态度、情绪、口头表达能力、听课注意力,还可以弄清学生对各科学习的兴趣,弄清学生对待分数及学习中成功与失败的态度等。班主任也可以在课外活动中观察每个学生的个性特征、爱好、特长、友谊、情感等,发现一些在校内和课堂上难以发现的问题。比如有的学生在老师面前显得很拘谨,在另外的场合却十分活跃;有的学生在老师身边不露锋芒,离开老师却能表现出十分惊人的组织能力和号召力。班主任还可以把学生放在某些特定的环境里进行观察。如让学生完成一项工作,观察他对指定的任务是否有独立完成的能力;让学生负责旅游、义务劳动,观察学生是否有组织能力;让学生出一期黑板报或办一期小刊物,观察学生是否有责任感,是否具有美学观念和文字方面的能力;等等。我们将这种方法称之为"观察法"。

此外,班主任还可以通过谈话(谈话法)、调查(相关人员访谈法、问卷法)等方法来了解学生的思想活动、道德观念、理想信念、性格特长等。

2. 关爱学生是核心

现在的中小学生思想开阔、视野宽广,对问题想得深,对未来看得远。他们要求自理、自立,有明显的参与意识,有积极进取精神,希望班主任是导师,不喜欢班主任当"保姆"。但由于他们思想认识水平有限、文化水平不够等局限,他们对千万条渠道涌来的东西常常缺乏识别能力。班主任在了解他们、对他们作出判断的时候,要满怀感情、积极引导。

在分析、研究学生时,班主任要坚持全面的观点,要一分为二地看待他们,要看到学生的本质,不能被一时一事的表面现象所迷惑。比如,有的学生对待一个同学或处理某一个问题时,表现得自私自利,但常常在另外的场合或在处理另外的问题时,又能团结人,帮助人;有许多后进学生也非常热爱集体、关心同学,甚至比老师想得还要周到。对于这样的学生,一要耐心,二要反复调查、了解情况、核实材料,具体问题具体分析,切忌只计一点、不计其余。

　　分析、研究学生还要坚持发展的观点。既要看到学生的过去,也要看到现在,还要看到将来。中小学生的世界观尚未形成,可塑性很大。班主任应看到后进学生和优秀学生都是会发生变化的,如果看不到这一点,就不能及时地帮助和鼓励后进生上进,也不能及时发现优秀学生的问题、防患于未然。

　　在了解学生的基础上,班主任更要理解学生、关心学生、尊重学生、欣赏学生。只有这样,才能走进学生的心灵,唤醒埋藏在他们心底的良知和潜能,促进其自主地成长和发展。

(二)促进学生全面成长的关键是什么

　　班主任面对的教育对象是青少年学生,他们正处于一生中成长发育的关键时期,他们会面临许多的问题,而班主任应该帮助他们解决这些问题,做学生学习、生活、心灵的导师,做学生全面发展的领路人,做学生健康发展的守护神。

　　1.关注学生的身体健康

　　身体健康是人生幸福的重要基石。作为班主任,要组织学生开展有益于健康的各种体育活动和游戏,要指导学生注意卫生、学会保健、认真做好早操或课间操,使身体健康、体型健美、生活充满乐趣。

　　积极开展安全教育也是班主任的重要职责。学生最容易发生安全问题的时间是活动时和无成人在场时,如体育课或运动会上、课间活动时、全校集体活动时、实验课或劳动课上、上学和放学的路上等。因此,我们的安全教育要做到及时、有针对性,真正起到预防的作用。在安全教育中,班主任要善于学习,善于思考,掌握教育的主动权,有效地消除不安全的隐患,让学生们都能安全、健康、茁壮地成长。

　　2.指导学生学会学习

　　21世纪的四大支柱是学会学习、学会生存、学会做事、学会合作。引导学生学会学习是班主任的重要工作。班主任要唤起学生的学习兴趣和信心,要培养学生良好的学习习惯和学习方法。陶行知先生说过:"处处是创造之地,天天是创造之时,人人是创造之人。"班主任要特别关心学生创新意识的培养和创造性思维的锤炼,给学生创设一个能够展示自我的空间,使他们从小就有强烈的创新意识,逐渐培养他们的创新品质。

清华大学附中有位班主任给学生布置了一个假期作业:找教科书中的错误。老师刚布置完作业,学生们立即就说:"教科书哪会有错误?!"老师说:"这就看你们有没有火眼金睛了。"于是学生们开始在他们的教科书中找错误,他们每找到一个错误时都非常兴奋,相互打电话报喜。学生们把教科书中的错误找完了,又去书店找辅导书中的错误……通过找错误,一方面,学生们变得不盲从了;另一方面,学生们获得了成就感,他们对学习产生了浓厚的兴趣。[1]

3. 培养学生良好的道德

班主任要教育学生认识自我、珍爱生命、调整心态、完善人格。班主任要用爱心鼓励学生勇敢自信、走向成功;要教育学生充满爱心,时时怀有感恩之情、事事出于感恩之心,做有道德的现代人;要增强学生的责任感,鼓励学生自己的事情自己做,让学生体验助人的快乐,使他们能够对自己的过失负责;要让学生明礼诚信、勇于知难而进,并培养他们的合作精神。

我在班级开展了"学生誓言"的征集活动,然后由全班同学讨论制定了全班统一的"学生誓言"。每个周一,升旗仪式结束后我们一起宣誓,洪亮的声音极大地振奋了学生的精神。

最后,我把学生们制定的誓言送给大家:

我是一个有良知的人,

我将无愧于父母的养育之恩和老师的良苦用心!

我是一个有骨气的人,

我不会甘于平庸、碌碌无为,我将通过百倍的努力改变人生、创造辉煌!

我是一个意志坚强的人,

我决不会言苦言累,在最苦最累就要坚持不住的时候,我会再咬牙坚持一步!

我是一个惜时如金的人,

我决不会荒废分秒宝贵的时间,我的实力将与时俱进!

我是一个潜力无穷的人,

---

[1] 摘自央视《实话实说》栏目。

我的潜力在于我始终不渝、坚持不懈的努力中。

我是嘉汇三年二班最重要的一员，

我坚信，多一份努力，就会多一份希望，多一份拼搏，就会多一份成功！

天道酬勤，功到自然成！①

4. 提升学生的审美能力

审美能力是现代公民不可缺少的重要素质之一。审美教育就是要培养和提高学生对美的感受力、鉴别力、欣赏力和创造力，帮助学生树立正确的审美观念和健康的审美情趣，以促进学生身心的全面发展和健康成长。班主任要引导学生感受美、体验美，让学生在真切的感受和体验中练就一双发现美的眼睛，还要通过各种活动陶冶学生的情操，提高学生对美的鉴赏能力、创造能力，并使学生在创造美的过程中塑造美的心灵。

5. 维护学生的心理健康

近距离地观察学生、了解学生，是班主任得天独厚的优势。班主任只要做个有心人，就能从学生的一举一动、一颦一笑中，把握好他们心灵跳动的脉搏，从而及时、准确、有效地指导学生进行心理调节，优化他们的心理品质，促进他们的心理健康成长。在充分了解学生的基础之上，班主任应从青春期心理、学习心理、情感调控、人际适应、审美心理、现代生活等方面对学生进行科学、及时的指导，帮助学生打开幸福人生的大门。

（三）评价学生的原则有哪些

正确地评价学生是班主任工作中的一个重要任务，它是保证班主任工作顺利开展的关键。每一个班主任都希望能够正确地评价自己班里的每一个学生。有的班主任认为，我只要抱着一颗公正的心去处理班级事务，就可以做到正确地评价自己的学生。其实，仅仅如此还远远不够。班主任要建立一种以促进学生的全面协调发展、激发学生内在发展动力为宗旨的全新的评价体系。为此，以下的一些原则是班主任应该坚持遵循的：

1. 人人都是"裁判员"

评价的主体包括教师、学生、家长以及其他有关人员，尤其是要让每个学生都参与评价。学生是学习的主人，也是评价的主人。在班级中，班主任要相信学

---

① http://www.dljhzx.com/MANAGE/NEWS/INFO_C.ASP? NEWS_ID=709。

生,大胆地让学生参与评价。学生在评价中,能够互相影响、互相欣赏,从而激活他们创新思维的灵感,达成共识、共享共进。

2. 用多把"尺子"衡量学生

我们评价学生不仅要关注他们的学习成绩,更要关注他们的学习态度、创新精神、分析解决问题的能力,以及正确的人生观、价值观、道德观等等。要从德、智、体、美、劳各个方面,全面地评价每一个学生。有时,在一个领域表现得"力不从心"的学生,有可能是另一个领域里的"佼佼者"。只用一把"尺子"定优劣,只能对学生作出片面的评价,这往往会伤害学生的自尊,阻碍学生的全面发展。

> 每一个学生都值得班主任去"敬重"。李辰应该说是一个在外校无法"混"下去的学生,他的家长找到我在瓦房店的亲戚,请我帮忙让学校收下他。这个后来的学生有着与班上其他学生不一样的做派,让我无法忍受,给我们的科任老师也添了许多的麻烦,我甚至用"回你原校去吧"这样的话来伤害他。他坐在第一排座位,老师们批作业经常借用他的红笔。去年圣诞节,李辰送给每一位老师一盒礼物,我打开一看,是满满一盒精制的红笔。"真是太实用了!"我们每位老师都发出了感慨:原来这样的学生也这么有心,而且还挺细心!确实,仅仅用学习这把尺子来衡量,许多学生是不优秀的,但在学习之外,每个学生都有他独特优秀的一面,班主任不能用学习这同一把尺子去衡量所有学生。多一把尺子,就多一批令我们欣慰的学生,我们班主任的心里就多一份幸福感。[1]

3. 评价不是挑选的"筛子"

在教育中,对学生的评价不是分出等级的"筛子",而是激励学生发展的"引擎"。教育评价的目的应是促进学生的发展。因此,我们要淡化结果,更多地关注学生在受教育过程中的变化和发展,根据他们的表现,及时给予必要的、适当的鼓励和指导,并作出及时的评价,将结果反馈给学生,使每一次评价都成为学生发展的一个新起点,激励其不断攀登新的高峰。

---

[1] http://www.dljhzx.com/MANAGE/NEWS/INFO_C. ASP? NEWS_ID = 709。

班主任的评语

"机灵、聪明的你,反应总是那么快,让所有的同学都羡慕不已;热情勤劳的你,总是在班里抢着干活,这一点老师不知夸奖了你多少次,让同学们都嫉妒不已;如果你能把身上的'小傲气'和'小聪明'去掉,你一定会学有所成的!"

"人美在心灵而不在外表。你是一个可爱的小男子汉,可爱的你上课总是认真听讲,做作业也很认真,虽然在语文方面曾出现过一点退步,但你及时地在老师的帮助下赶上来了。你对老师有礼貌更让老师喜欢。老师相信你经得住夸奖,今后要加倍努力哟!"

"……如果你能够抓紧时间,集中精力,踏实认真,那么,我想你的成绩不会如此不如人意的。因为你有一定的基础。所剩的学习时间不多了,衷心希望你在下一学年能够往前赶,别让今天的失误变为永久的懊悔。"①

(四) 如何处理偶发事件

班级管理中的偶发事件是指突然发生在教育教学活动或学生的日常生活当中,严重影响学生个体或班集体的利益与形象,扰乱正常秩序或危及学生安全的事件。如学生的出走、打架、意外伤亡等。班上发生事先难以预料的偶发事件是一种正常的现象,关键在于班主任要掌握高超的教育机智,正确处理偶发事件。处理得好不仅可以化险为夷,而且还能锦上添花、加深教育。在处理偶发事件时,必须注意以下几点:

1. 冷静

偶发事件形式多样,事先又难以预料,因此发生时常常令班主任措手不及,甚至产生恼怒、委屈、急躁等情绪。但即使是这样,我们也一定不能失去自制力和理智,因为处理偶发事件的大忌就是不冷静。班主任如能遵循冷静沉着的原则,则不仅能够稳定事态,同时也是对学生的一种教育和示范,能使学生的情绪趋于平静,这就为处理偶发事件确立了一个良好的开端。因此,班主任要注意控制住自己的感情,坚持冷处理的办法,不要急于求成。要给学生自我反省的时间,使学生火热的心冷静下来,要采取等一等、看一看的办法,根据事情的大小性质、严重程度以及当事人的个性特点,相应地采取不同的处理方式和方法,力求取得最佳的教育效果。

---

① 薛忠英、马凌涛:《小学班主任工作》,开明出版社,2006 年,第 188 页。

2. 公正

苏霍姆林斯基说过："所谓公正，就是尊重与严格要求相结合，在学校生活中，没有也不可能有什么抽象的公正。教育上的公正，意味着班主任要有足够的精神力量去关心每一个儿童。"可以说，公正是班主任职业道德水平的标志。偶发事件由于事发突然，其发生和发展的过程往往是不为班主任所知的；因此，班主任首先要弄清偶发事件的来龙去脉，认真调查研究，掌握事情发生的全过程。这是秉持公正的基础。比如打架，是玩笑过火的恶作剧？是出于自卫的不得以？还是恶意的攻击？……针对不同的情况要作不同的处理。对待不同的学生——不同的成绩、不同的平时表现、不同的家庭社会关系等——也要注意采取一视同仁、公平公正的处理方法。这样，才能赢得学生的信赖和尊重。

3. 及时

偶发事件的发生常常是由于班主任和教师平时疏于对学生的品德、心理进行教育，使得事情在一定的潜伏期后，遇到适合的时间、场合从而发生。因此，必须及时进行处理，并且将对个别学生的教育及时转化成对班级集体进行教育的契机，让全体学生的思想品德得到一次净化，推动班级管理工作进一步发展。

4. 幽默

有些偶发事件，造成了一定的尴尬局面，但却不值得争个曲直长短，如果非追究下去不可的话，结果只能是越搞越糟。遇到这种情况，聪明的办法就是用幽默进行化解。运用幽默，不仅可以调节情绪、缓解冲突，更主要的是，幽默本身就是教育的武器。幽默是智慧的表现，也许能将一场冲突消于无形，正所谓"谈笑间，樯橹灰飞烟灭"。

总之，处理偶发事件是一门教育艺术，事情处理的好坏，既关系到学生的健康成长，又关系到班集体的巩固和发展，同时也是对班主任的水平和能力的一种考验。班主任需要用智慧与经验，在不断的实践中探索出行之有效的工作方法，以提高自己的教育水平。

（五）如何开发和利用各种教育资源

学生在家庭、学校和社会中生活，必然会受到这些方面的多种影响，为此，班主任要争取学生家长和社会有关方面的配合，尤其是学生生活所在的城市和社区的配合，形成统一的教育力量。比如，我们可以抓住本地的地域优势，吸收本地的文化资源（建筑、历史、家族史等）和人力资源（社会人士、能工巧匠、部队官兵等），充分发挥周边资源"润物无声"的作用，使学生获得丰富的知识和人生启迪。另外，不少学校还在积极开辟未成年人成长的"绿色通道"——各式各样的教育基地。如生态教育基地、科技教育基地、人文教育基地、农技教育基地、国防教育基地等。这些基地成了学生们学习知识、了解传统、参加实践的重要课堂，成为增强爱国情感、培育民族精神、锻炼劳动技能的重要阵地和陶冶道德情操、提高思想修养、实施素质教育的重要场所。

班主任还应该主动为社区工作站提供教育服务，如定期为社区内的家长提供家教咨询或讨论，为社区内的孩子提供学业辅导，帮助工作站组织孩子开展各种活动，积极组织学生参加社区的公益劳动、慰问孤老等活动。学校服务社区，社区就会支持教育。他们能为学生们提供活动场地、资料和各种力所能及的方便，使学生们的生活变得更加丰富多彩。

我们整合家长资源以后，建立了以下社团：

1. 小记者俱乐部

口号：关注我们的新闻。

工作内容：开展写作、培训、实践、采访等活动，开辟《校园记者俱乐部》报道栏目，以便于校园记者发表作品、加强沟通、锻炼能力。通过演讲、辩论、搞笑、娱乐等活动建立促进同学们交流的平台。

联系家长：经济日报集团名牌时报（全力支持）

　　　　　北京青年报社（参观报社/记者讲座）

　　　　　中国食品工业协会

2. "爱心"使者团

……

联系家长：北京市垂杨柳医院（医务工作全力支持）

　　　　　天坛医院（医学讲座）

3. 哈佛"桥"

……

联系家长：中国传媒大学（组织中央台英语大赛）

　　　　　北京信息科技大学（英语讲座）

4. "律政"精英

……

联系家长：北京律通律师事务所（法律知识讲座）

　　　　　朝阳区人民检察院（法律讲座）

5. "心灵港湾"社团

……

联系家长:北京闻心斋心理咨询所(家庭教育减压讲座)①

案例分析与讨论

案例一 最受欢迎的教育方式

联合国教科文组织下属的一个工作机构曾在日本东京组织了一次国际中小学教师、学生联欢活动,共有 20 个国家和地区的 410 位教师、学生参加,其中教师 208 人,学生 202 人。

联欢活动历时 6 天,先后开展了 5 项活动,其中有一项活动是评选最受欢迎的教育方式。主持者设计了一个问题,要求所有教师都作简单回答。这个问题是:大杰克和小杰克是孪生兄弟,都是 14 岁,正在学校读书。他们家离学校比较远,家长给他们配了一辆轻型汽车作为交通工具,让他们开车上学、回家。这兄弟俩由于晚上贪玩,好睡懒觉,经常迟到,虽经多次批评,但还是我行我素。有一天上午考试,尽管老师事先警告他们不许迟到,但他们因在路上玩耍,还是迟到了 30 分钟。老师查问原因,他们谎称汽车在路上爆胎,到维修店补胎误了时间。老师半信半疑,但没有发作,让他们进教室后就悄悄到车库检查他们的汽车,结果发现 4 个轮胎都蒙着厚厚的灰尘,没有被拆卸的痕迹。很明显,补胎的事是他们编出来的谎话。

主持人提问:"假设你是杰克兄弟俩的老师,你将怎么处理?"208 位教师认真思考,积极作答,都在规定的半小时内交上了答卷。主持人经过认真分析整理,从 208 份答卷中归纳出 25 种处理方式。其中主要的方式如下:

中国式的处理方法是:一是当面进行严肃批评,责令写出检讨;二是取消他们参加当年各种先进评比的资格;三是报告家长。

美国式的处理方法是:幽默地对兄弟俩说:"假设今天上午不是考试而是吃冰淇淋和热狗,你们的车就不会在路上爆胎。"

日本式的处理方法是:把兄弟俩分开询问,对坦白者给予赞扬、奖励,对坚持谎言者给予严厉处罚。

英国式的处理方法是:小事一件,置之不理。

韩国式的处理方法是:把真相告诉家长和全体学生,请家长对孩子严加监

① http://bjpta.org/Article/ShowArticle.asp?ArticleID=30。

督,让全班学生讨论,引以为戒。

新加坡式的处理方法是:让他们自己打自己的嘴巴10下。

俄罗斯式的处理方法是:给兄弟俩讲一个关于说谎有害的故事,然后再问他们近来有没有说过谎。

埃及式的处理方法是:让他们给真主写信,向真主叙述事情的真相。

巴西式的处理方法是:半年内不准他们在学校踢足球。

以色列式的处理方法是:提出3个问题,让兄弟俩分别在两个地方同时作答。3个问题是:a. 你们的汽车爆的是哪个胎? b. 你们在哪个维修店补胎? c. 你们付了多少补胎费?

之后,活动主持者把25种处理方式翻译成几种语言文字,分送给参加活动的202名学生,请学生们评选出自己最喜欢的处理方式。

讨论题:

1. 猜一猜哪种方式最受学生的欢迎?

2. 最受学生欢迎的方式就是最好的教育方式。想一想,为什么你认为这种方式最受学生欢迎?

案例二　晚自习时的冲突

一天晚自习,我进班辅导,刚进教室就发现垃圾堆在墙角处没有清理。我皱着眉头扫视全班。反应快的学生马上扭头看看教室后面的垃圾,然后在底下窃窃私语。我转身查看值日表,边看边说:"张忠勤,今天是你们仨值日,怎么没倒垃圾啊?"话音刚落,张忠勤腾地一下站起来,脸红脖子粗地嚷道:"凭什么叫我倒?他们(指的是和他一同值日的两个学生,他们都是走读生)走了就怪我?"我先是一愣,继而心中腾起一股无名火:"我好好地问你,你这是什么态度?"教室里的气氛陡然紧张起来,学生们都停下了正在进行的学习活动,望望我,又望望张忠勤。

讨论题:

1. 如果你是这位老师,你接下来会怎么办?

2. 为什么你会这样做?

【扩展阅读】

1. 郑杰,等:《给教师的一百条新建议》,华东师范大学出版社,2004年。

2. 齐学红:《今天我们怎样做班主任——优秀班主任成长之路》,华东师范大学出版社,2006年,第五章"优秀班主任的人生境界"。

3. (苏)苏霍姆林斯基:《给教师的一百条建议》,天津人民出版社,1981年。

4. 肖川:《教育的理想与信念》,岳麓书社,2002年。

5. 易连云:《重建学校的精神家园》,教育科学出版社,2003年。

6.《偶发事件的处理》,"敏思博客",http://blog. stnn. cc/sanersbook/Efp_Bl_1002426927. aspx。

7. 推荐网站:

新教育在线,http://blog. eduol. cn/。

《班主任》杂志官方网站,http://www. banzhuren. com/。

班主任之友,http://www. bzrzy. cn/。

新浪教育博客,http://www. blog. sina. com. cn/lm/edu/。

中国教育在线,http://www. eol. cn。

中国教育和科研计算机网,http://www. edu. cn/。

中国教师研修网,http://www. teacherclub. com. cn/tresearch/channel/china/index. html。

【思考与探究】

1. 查阅某小(中)学对班主任工作的具体规定,对照《中小学班主任规定》分析其是否合理。

2. 在学校,我们常常会发现,有的班主任为班级的管理焦头烂额、整天忙碌,可所带的班级却总是秩序混乱、事故不断,还有的班主任为了做好工作辛勤操劳,在疲惫不堪的同时也满腹怨言。那么,怎样才能做一个既专业又幸福的班主任呢?

3. 从对班主任的论述中我们可以看到,与其他任课教师相比,班主任最有可能成为学生发展的"重要他人"。但能否真正成为学生发展的"重要他人",是受各种条件制约的。你觉得班主任怎样才能成为影响学生发展的"重要他人"?

4. 据你了解,今天的中学生都有哪些特点?

5. 初任班主任怎样才能有一个良好开端?

6. 在下面几种具体情境中,班主任可以采取哪些具体的工作策略?

① 教育某一经常在身体或言语上攻击其他同学的学生;

② 与有偷窃行为的学生谈心;

③ 表扬勇于揭发他人错误的学生;

④ 运用现代媒体与学生交流。

7. 在了解学生的基础上,试着给一位学生写一则评语。

8. 对比《中小学班主任暂行规定》,新颁布的《中小学班主任工作规定》有哪些变化? 这些变化说明了什么?

专题二　班级建设与管理

学习要求：了解班集体对学生成长的意义，掌握班级管理的原则与方法，并能结合自己的思考理解现代教育背景下的班级管理理念的转变和模式的创新，提升自己的班主任素养。

一、班级是师生共同的精神家园

班主任是成人派往儿童世界的"全权大使"。现代社会的成人世界和儿童世界的代际差异虽在缩小，但质性差异却在拉大。而班集体是师生共同生活的场所，提供了跨越这种差异的最佳机遇。

（一）"班级"与"班集体"的区别何在

当我们接手一个班级时，班级里的几十个学生就像一根根麻绳独立存在着，也像一颗颗珍珠各自散落着。这时的他们，虽然身处一个班级，但还只是一个群体，没有形成集体。我们常说要建设班集体，就是想将这一根根麻绳拧成一股、将这一颗颗珍珠串在一起，发挥它们应有的作用与优势。可是，你知道从"班级"到"班集体"不仅仅意味着说法上的改变吗？你知道班集体对于孩子们有什么特别的意义吗？

班集体有着严格的标准和要求。班级与班集体是两个不同的概念。一般来说，一个班级发展成班集体必须具备以下五大特征：

1. 有共同的奋斗目标

明确的奋斗目标是集体与个人的发展方向和动力，它具有指向、激励和凝聚集体的作用。培养班集体，首先要使集体明确奋斗目标，把个人目标与集体目标统一起来，把个人目标纳于集体目标之中，并为实现这一目标而进行共同的活动。这是群体转化为集体必不可少的要素之一。

2. 有健全的组织机构

马卡连柯认为："集体是有目的的个人的集合，参加这一集体的每个人是被组织起来的,同时也拥有集体的机构。凡是有组织的地方,那里就有集体的机构,那里就有受集体委托的那些全权代表人的组织存在。"由此可见组织机构在集体中的重要性。一个班集体应该拥有自己的组织机构,即由全体成员以民主的方式选举出来的班干部组成的领导核心。这一领导核心应有严格的组织性和纪律性,在同学中享有较高的威信。

3. 有良好的舆论和班风

舆论是在集体中占优势的、为多数人所赞同的言论和意见。正确的舆论是集体自我教育的手段,也是衡量班集体是否形成的标志。健全的班集体还要具备优良的班风,即在班集体中引人向上的风气,它能调节集体成员的行为方式。集体有优良的作风和传统,就会变成一个大熔炉,新的成分进来就会被熔化在里面。正确的舆论、良好的班风,对巩固班集体起着举足轻重的作用。

4. 有严格的制度与纪律

规章制度是维持集体内部的团结、协调集体中的人际关系、指导每个集体成员行为的根本准则。一个班集体必须从实际出发,经过全班学生共同讨论制定出切实可行的规章制度和纪律,并要求学生严格遵守执行。马卡连柯说:"应该给儿童暗示和提出一个重要理论,这就是纪律能美化集体。"严格的规章制度与纪律对学生既有导向作用,又有约束作用。一旦组织健全,职责分明,又有共同遵守的行为准则,班里便形成了有人负责、有章可循的集体模式。

5. 有和谐的人际关系

班级中的人际关系主要是指班主任与全体学生之间的关系、同学与同学之间的关系、班干部与其他同学之间的关系以及班主任与班干部之间的关系等。其中,师生关系是最重要也是最难调节和把握的。师生关系对每个学生和教师的情绪、学习、工作及生活都有着重大的影响。平等和谐的师生关系有利于形成健康、向上的班风,有利于完成教育教学目标。班主任是教育活动的主要设计者、教育过程的主要调控者和教育成败的主要责任者,因此构建和谐师生关系的重担主要落在班主任身上,并主要取决于班主任的工作作风和人格品质。

以上是一个健全的班集体所必备的五大特征。目标是方向,领导是核心,组织机构是骨架,人际关系是基础,活动是动脉,舆论是灵魂,组织制度是保证。它们互相制约,互相促进,形成结构完整的统一体。

(二)怎样才能超越班级、形成班集体

从班级发展到班集体不是一蹴而就的过程,它需要班主任与全体学生长期的共同努力。从班级的组建开始,要经过以下几个阶段才能建成一个班集体:

1. 组建阶段

一般来说,在入学初期班级就已建立了。这时候班级的核心是班主任,由他对学生提出明确的集体共同奋斗目标和应当遵守的制度与要求,并引导学生积极地、有计划地开展活动,促进集体的发展。在这个时期,班级对班主任有较大的依赖性,不能离开他的监督独立地执行要求。若班级管理者不注意严格要求,整个班级就会松弛、涣散。

2. 集体初步形成阶段

这一阶段的特点是师生之间、同学之间有了一定的交往和了解,学生积极分子不断涌现并团结在班级管理者周围。班级的领导核心初步形成,他们能够在班主任的指导下积极组织和开展班级的工作与活动。班主任开始从直接领导、指挥班级的活动,逐步过渡到向班级领导核心成员提出建议并由他们自己来组织开展集体的工作与活动。

3. 集体自主活动阶段

在这一阶段,班级的积极分子队伍扩大,学生普遍关心班集体,能积极承担集体的工作,参加集体的活动,维护集体的荣誉,形成正确的舆论与良好的班风。这时的班级已成为教育的主体,能主动地根据学生和班主任的要求以及班级的现实情况,自觉地向集体成员提出任务与要求,自主地开展集体活动。这些都表明,真正的班集体已经形成。

(三)班集体给学生带来了什么

已经形成的班集体是一种具有很强约束力的组织形式,在学校中它既是教育的客体,又是教育的主体。正如马卡连柯所说:"教育了集体,团结了集体,加强了集体,以后集体自身就成为很大的教育力量。"全班学生在集体的教育下,能培养自我教育的能力,增强集体责任心和荣誉感,自觉自愿地学习、活动,从而保证班集体各项教育活动的顺利进行。

同时,班集体的目标、机构、规范等也是宏观社会环境的折射和反映。可以说,班集体是学生个体进入未来社会的通道。学生在班集体中学习与掌握各种知识技能、行为方式、道德准则和价值规范,通过彼此交往、相互理解、相互模仿、相互感染,促进共同发展,从而顺利地摆脱成年人的支配而独立地走上社会。

只有在集体中,个人才能获得全面发展其才能的手段,也就是说,只有在集体中才能有个人的自由。因此,良好的班集体是一个舞台,为每一名学生的个性发展提供广阔的空间。每个学生根据各自的兴趣、爱好和特长以及班集体的需要,都能在集体中找到一个适合自己的角色和位置,并在集体的要求和鼓励下,使自己的兴趣、爱好和自治自理能力等在实践中不断得到锻炼与发展。同时,班集体又给学生个性形成和发展提供了良好的社会心理氛围,在这种心理氛围的笼罩下,集体成员的感觉良好,心情舒畅,各种潜能都会得到发挥。离开了集体对个人的约束和促进,个性的发展就会受到影响。

二、班级管理的智慧与艺术

从松散的班级群体,到有组织的班集体,进而成为奋斗目标明确、成熟、自治的班集体,要通过班主任及全体同学坚持不懈的努力才能实现。在这一过程中,班主任不仅要发挥自己的主导作用,更要坚持以学生为主体。

种种教育实践表明,班集体建设是一项复杂的系统工程,班级的具体情况不同,所采取的具体方式和方法也不尽相同。在班级建设中,我们如果能针对不同的情境,正确地回答和解决下面的这些问题,就很容易营造出一个师生共同珍惜与热爱的精神家园。

(一) 我们的奋斗目标是什么

我们已经了解,拥有一个共同的奋斗目标是班集体形成的基本条件。马卡连柯指出:"集体的生存方式就是向前行进,它的死亡方式就是停滞。"[1]班级是一个活生生的有机体,要使她永葆青春、向前行进,就必须向全班学生提出奋斗目标,使每个学生都有"奔头"。班级目标是全班学生通过共同奋斗所要达到的目标,也是班集体形成的基础。它具有极大的吸引力,能使学生对集体生活充满信心,能产生凝聚作用,增加集体的向心力,使学生的积极性得到充分的发挥。因此,有经验的班主任总是在班级组建之初,就注重了解学生的情况,选准突破口,实事求是地确立一个积极的班级奋斗目标,并以目标为纽带,创建良好的班集体。

班级目标的制订要根据学校的要求和班级的具体情况,还要能为班上的学生所接受。目标的制订要具体、现实,要能让学生"跳一跳,够得着"。目标不能太空洞,也不能好高骛远。制订目标要民主,要让学生参与。这样既是对学生的尊重,也有助于目标的实现。

(二) 怎样进行常规管理

面临千头万绪的工作,班主任,尤其是新班主任应从何处入手呢? 一个简便实际的做法就是从常规管理入手。一旦把班级最基本的秩序和制度建立起来,

---

① (苏)马卡连柯:《教育诗》,磊然译,海天出版社,1998 年。

就为全班学生的学习生活创造了一个基本而又良好的环境,也为学校的各种教育活动打造了一个良好的载体。所以,有经验的班主任接任一个新班后,首先抓的是常规管理,即通过日常生活和学习过程中的具体事情对学生的言语、行为、态度等进行训练,以培养他们良好的行为习惯和基本的道德品质。

某校初三(2)班劳动班规

1. 每天有4个值日生打扫教室,他们分别承担排桌椅(1名)、扫地(2名)、擦黑板(1名)的工作,一周轮换一次。

2. 擦黑板的同学还要负责讲台的清理及电灯、电扇的开关。

3. 两名扫地的同学,扫完地后还要把教室里的垃圾倒掉。

4. 每一个值日的同学都不能偷懒,每人都要认真值日,要保持教室和本班包干区(排球场、门口的走廊)整洁优美。

5. 劳动积极,依照安排各自完成应尽义务。(每日的清洁工作包括清扫包干区、清扫教室、擦黑板、抹走廊栏杆、摆正桌椅。)

6. 在清洁、整理教室和包干区时不能嬉戏追逐、打闹喧哗,要维护学校、班级的良好秩序。

7. 若被发现在清洁、整理教室和包干区时,嬉戏追逐、打闹喧哗或打扫得不认真、不干净,将被罚重新打扫直到干净为止。

班级常规管理的最终目的或归宿是为了学生在校愉快地学习、幸福地生活、健康地成长。只有激发起学生自我教育愿望的教育,才是真正的教育;也只有使学生在日常行为方面具有自育、自律的能力,常规管理和教育才能真正取得实效。

一个高二学生的日记

上学期学校启动了寝室自主管理模式……为了管好寝室,8位寝室长非常重视沟通和联络感情(如在"11班博客"中写寝室趣事),在打扫和督查时一丝不苟、认认真真。宿管员对我们班的寝室长(如1406寝室长毛亚平)工作赞赏不已,寝室长述职报告也有集中而较翔实的表述。郑俊飞同学写道:"早上我是最后一个离开寝室的,可以把好卫生这一关,又可以避免室友有时候忘记关门;每晚我是最后一个躺上床的,可以检查水龙头有没有关好,门有没有锁好,及时让室友安静下来（这个环节，也许是我熄灯后最担心的吧）；每当有卫生扣分时，我是"补过"中最积极的一个，不管宿管爷爷安排给我们的任务有多重，我都会以最快的速度去完成，有时候参与室员比较少，我就会一个人默默地去承受。"2330寝室长周鹏飞同学坦陈分配任务真是艰难，特别感谢室友的理解和支持。1408寝室长郑燕谦虚地说自己是一个很平凡的人，任职后胆子大了，社交、管理能力都有了很大的进步，她很感谢班主任给了这样一个机会锻炼自己，也很庆幸自己抓住了这个机会……①

（三）如何设计班级活动

一名优秀的班主任能使孩子在多姿多彩的班级活动中，获得心灵成长所需要的各种营养，从而点燃起心灵的火花，享受成长的快乐。

那么，是不是所有的活动都能得到孩子的青睐，从而收到令人满意的效果呢？答案是否定的。有些活动由于没有考虑到孩子的需要，活动中孩子又缺乏自主权，因而不能引起孩子的兴趣。只有那些真正受孩子们喜爱的活动，才能丰富他们的心灵。

作为班主任，在组织活动时，应该首先考虑孩子心灵的需求，想一想：怎样组织、安排活动才能走近孩子们的心灵，得到他们的青睐，促进他们的成长？什么样的活动才能最大限度地激发孩子们的热忱与兴趣，使活动的教育功效最大化？

1. 精心选择活动主题

主题是班级活动的灵魂，是班级活动成功与否的关键。班主任在帮助学生确定班级活动主题时，要根据本班的实际情况，结合学校的教育计划确定相应的活动主题。生活是平凡的，但它并不枯燥，日常生活中有很多因素为班级活动提供了丰富的素材，如独特的自然风光、风土人情和悠久的历史等。通过日常这些有深远教育意义的典型，深入挖掘，巧妙筹划，就可以设计出相应的班队活动。

2. 灵活设计活动方案

班级活动是为建设和发展班集体而开展的班集体成员共同参与的活动，在设计活动方案时，必须符合教育活动的规律、体现教育性，以达到育人的目的。如"让地球妈妈笑起来"主题活动的目标是：响应国家环保总局、教育部联合发

---

① 摘自杭州教育城域网，http://www.hzedu.net/Template/teaWindow3.aspx? id=53836。

起的"争当环境小卫士"活动的号召,通过"地球的叹息"、"绿色行动"、"展望未来"等环节,激发学生从小保护环境的情感,并倡议学生从自我做起,爱护环境,增强小主人翁责任感。

班级活动的设计还要针对班级组织与建设的实际需要,针对学生的年龄特征以及学校所处的地理位置和条件来组织与设计。比如,有的班主任针对独生子女在家里受父母宠爱、多数儿童有着很严重的依赖思想这一现实,组织开展"做勤劳的好儿童"的主题活动,帮助儿童增强自理意识,提高生活和劳动技能,培养热爱劳动和自我服务的习惯;有的班主任针对班级学生普遍缺乏主体意识、不敢自我表现、没有信心的现状,确定了以心理健康教育为内容的"夸夸我自己"的主题活动,引导学生正确认识自己,激励学生的学习和生活热情。

班级活动必须要有多样性,这样才能具有吸引力,才能达到理想的教育目的。班级活动内容要丰富多彩,活动的形式和组织也要具有多样性,以满足儿童活泼好动、求知、求新、求奇、求美的需要,使其全方位、立体化地完成个性社会化过程。

班级活动在设计上也要量力而行,具有现实性和可操作性。如日常的活动要做到持续时间短、能解决具体的实际问题,不要求面面俱到;而主题突出的活动一般要全体参加,要做到主题明确、过程简洁,场面不宜太大,容量以一课时为宜。一学期内,活动的频率既不能太高以致冲击学习等其他活动,也不能过少,让学生感到枯燥、乏味。

班级活动的设计还需要具有创造性。班级活动具有创造性,不仅是素质教育培养创新型人才的需要,也是学生创造性发展的需要。班级活动不论在活动的内容上还是在活动的形式上,都应该体现创造性。如活动内容中时代感的体现、活动形式上调查性的实践活动的设计等。

3. 合理组织活动过程

只有善于抓住事物细节的人,才能真正把握事物的本质。即使是一个设计完美、步骤合理的活动,在实施的过程中,也需要班主任注重对每一个环节的正确处理,注重经营每一个环节中的每一个细节,唯有如此,才能最大限度地使活动取得应有的效应。

如有的班主任在每年4月的爱鸟周里,带领学生们到林子里开展爱鸟活动,那一阵阵悦耳的鸟鸣声是最好的背景音乐,其效果肯定要比在教室里开展好得多。

随着活动的展开,成败与得失、经验与教训、愉悦与痛苦也相伴而生,这些都是非常可贵的活动成果。对于积极的活动成果,如学生在班级歌咏比赛中获得冠军、办的手抄报在学校的宣传橱窗中展出等,班主任要毫不吝惜地给予肯定和鼓励;而对于那些消极成果,如学生在植树活动中弄断了树苗、表演小品时忘了台词等,班主任同样也要善意地向学生指出来。学生只有真切地看到成果,才能积极地投身于以后的活动之中。

班级活动无论从内容上还是从形式上,都要符合学生年龄特点,都要富有较浓的趣味性,这样才能促进学生全面而积极地参与到活动之中,从而受到教育。现代网络与多媒体技术恰以充满魅力的形式和无限丰富的信息量,使学生的身心在活动中得到健康发展。比如,可以建立班级网站,在开展"我是守法小公民"、"心中的好老师"、"今年的元旦怎样过"等活动之前,让学生以小主人的身份,在班级网站的论坛上发帖子,发表自己的看法。同时也便于学生家长参与其中,发表自己的见解,使家校紧密结合,更好地为学生服务。在开展以"缅怀先烈,爱我中华"为主题的班级活动的过程中,可利用学校的闭路电视系统,组织学生在教室里观看《闪闪的红星》、《小兵张嘎》、《地道战》等优秀的爱国主义影片。

4. 科学评价活动结果

班级活动结束后,该如何对它进行评价呢?

好的班级活动应该是有趣的、学生愿意参与的。班主任首先要了解本班学生的心理状况和兴趣爱好,活动要贴近他们的生活实际,要有创造性,不能重复别人搞过的活动,也不能重复自己曾经搞过的活动。只有这样的活动,才能给学生带来神秘感、新鲜感,学生才会在期待中积极地参与。

好的班级活动要有针对性。针对性越强,收效越大。要针对学生的年龄特点和身心发展需要,也要针对社会上各种有影响的人物或事件开展班级活动。有些社会现象是积极的,通过活动,引入班级,可以促进集体的发展和每个成员的成长。有些社会现象是消极的或比较复杂的,可通过活动引导学生认清现象的本质,分清是非,自觉抵制消极影响。

好的班级活动要体现学生的自主性。千差万别的个性特点,导致了学生爱好上的差异。班级活动不应该是教师的一言堂,它是学生自主参与的舞台,是学生放松身心、真实展示自己的好时机,教师重在引导而不能过多地加以束缚。学生通过活动自主地感悟出道理,要比教师干涩地说教好得多。在这中间,教师的作用就是创新性地进行引导,使学生在活动中增长见识、拓宽视野、获取知识、陶冶情操,达到既教书又育人的目的。

班级活动的创造性、超前性、实践性、多样性等也是评价活动价值高低的重要标准。

总而言之,一个好的班级活动必须是教师精心设计、身心投入,学生倾心参与、身心受益的活动。在一定程度上说,它没有固定的模式可依,没有固定的标准可套,适合学生发展需要的、适合学生特点的就是最好的。

(四) 班级文化建设的重点是什么

我们所说的班级文化,是指通过班级这个载体反映和传播的文化现象,是班级成员在班主任引导下,朝着班级目标迈进过程中所创造的物质财富和精神财富的总和,是以班级环境、班级风气、价值观念、人际关系、舆论等方式表现出来的观念文化和与之相应的物质文化、精神文化与行为文化。它是一个无形的磁场,弥散于学生心中,滋润着学生的心田,指引着学生的前进方向,无声地影响并制约着每个学生及整个班级的发展趋势与学习前景。

班级文化能激发班级成员对班级目标、准则的认同感以及作为班级一员的使命感、自豪感和归属感,从而形成强烈的向心力、凝聚力和群体意识。班级文化还能为每个班级成员提供文化享受和文化创造的空间,提供文化活动的背景以及必要的活动设施、模式与规范,从而有效地激发与调动每个成员参与班级活动的积极性、主动性和创造性,使其以高昂的情绪和奋发进取的精神积极投入到学习与生活中去。

除了班级的物质环境(如教室的卫生、布置)、硬件设备等物质文化之外,班主任的工作重点是构建班级的精神文化。班主任在构建班级的精神文化方面的核心任务是抓好班风的建设。班风建设包括了班级风格和班级风气,是班级对外的社会形象,体现了班集体成员在思想、行为上的一种共同倾向。它既具有一般社会规范的普遍性,又具有班级的独特性。从一定意义上说,班风就是特定班级个性化的社会风范。良好的班风主要表现为:班集体积极向上,凝聚力强,人人是主人,事事有人管;学生振奋,班级正气不断上升,学生的思想道德素质逐步提高;学生进取心强,学习热情高,人人勤奋好学;同学间团结友爱,互帮互助;课外活动丰富多彩;等等。良好的班风就像一座熔炉,陶冶着每个学生的思想、作风、品德,带动着班内每个学生前进,良好的班风是一种巨大的教育力量。对班风的建设,我们可以从以下几个方面着手:

一是培养学生的班级认同感。根据马斯洛的需求层次理论,我们知道,人的高层次需要中包含了归属与爱的需要。学生对班级的认同感和归属感就是这种高层次需要。班主任要经常把班级取得的成绩、科任老师对班级的良好评价以及家长的充分肯定等及时拿出来与学生分享交流,提高学生对班级的认同度,让学生感到在这个班里学习是非常荣幸和骄傲的,从而产生自豪感,并进而形成强烈的归属感。

二是协调班级的人际关系。要做好学生之间合作与竞争的协调工作。在班级的活动中,尤其是在班级的学习当中,合作和竞争是影响班级风气的两个重要的变量。合作能增进集体的凝聚力,形成积极的班风,促进学生的和谐健康发展。而竞争能够使集体生活富有生气,还能够激发学生的学习动力,提高他们的标准和抱负,提高

初三(3)班班徽

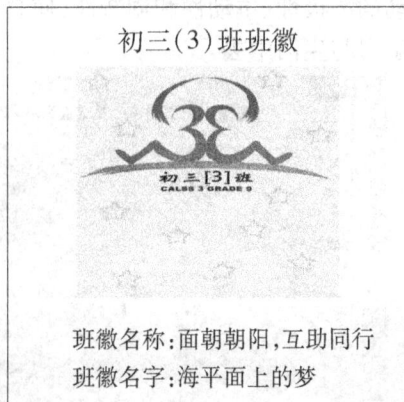

初三[3]班
CALSS 3 GRADE 9

班徽名称:面朝朝阳,互助同行

班徽名字:海平面上的梦

活动的效率。但是,激烈的竞争可能导致一部分学生过分紧张和焦虑,进而使学生之间产生矛盾,对学生的内部团结造成伤害。所以说,协调好这两者的关系,对班风的建设显得非常重要。

同时,班主任要关注学生间的同辈文化的影响,尤其是要注意引导班级舆论。良好的舆论对班级的各项事物都会产生十分积极的影响,它能让班级充满浓郁的学习气氛、同学之间团结友爱、师生之间互相信任。同样,不好的舆论也会造成不良的影响,它会使班级学习风气不够浓厚、同学之间没有交流、师生之间缺乏信任、师生彼此没有足够的尊重。

班主任还要注意对一些非正式的小群体的引导。在班集体的创建过程中,同时会伴有一个或多个小群体的产生。小群体对于班级的影响十分巨大:当它的原则与班级一致时,它能极大地促进班级的发展,维护集体的利益;当它与班级的发展方向相背或是不一致时,它就会严重阻碍班级的建设,甚至会损害班级的利益。

在师生之间,要建立平等、民主的师生关系。尤其是要注重班主任对班级的领导方式,这与“班风”有着密切的关系。一种好的班级领导方式,对于学生的身心发展有着极大的鼓励作用。班主任应采用民主的领导方式,积极参与到班集体当中,给班级活动以最大的支持;班主任要与学生 起,共同制定班级的各项规章制度、班级计划,或是对某事进行集体的裁决;在不损害班级整体利益的情况下,班主任应乐意给予学生帮助与指导,同时,接受他们的监督。只有这样,师生之间才会形成和谐共进的良好关系。

三是完善班级的制度建设。教师应该引导学生根据班级的实际制定一系列的班级规章、制度、公约和纪律等,在通过全体成员集体表决的基础上,认真组织实施,坚持“依法治班”。在班级制度的各项条文中,应突出精神风貌、价值观念、作风态度等具有文化气息的条款,给制度以灵魂,共同发挥规章制度的强制作用和激励作用,使班级形成“事事有人做,人人有事做,时时有事做,事事有时做”的良好局面。班级制度文化的建设,不仅为学生提供了一个制度化的法制环境,还为学生提供了评定品格和行为的尺度,从而使每一个学生时时都在一定的准则规范下自觉地约束自己的言行,使之朝着符合班级的群体利益、符合教育培养目标的方向发展。学生在良好的文化氛围中正确面对学习和生活,树立法制观念,按照法规办事,履行自己的职责和义务,维护自己的权利,不断提高自身的社会化程度。

一花一世界,一沙一天堂。一个学生就是一个世界,班主任的任务就是让班级里的每一个学生的世界成为最真、最善、最美的风景。建设优良的班风,能使班级成员在心理上产生巨大的内在的激励因素,能增强班集体的向心力和归宿

0

感。班风巨大的激励作用,还能使班级中的每个人精神振作、身心愉悦,人与人之间紧密团结、高度信任,人际关系和谐,班集体由此焕发出无穷的生机和活力,班集体与学生获得共同的成长和发展。这样,班级文化才能成为塑造学生心灵的美好家园。

三、改革中的班级管理模式

我国传统的中小学学校管理模式是在强调统一的国家课程的条件下形成的,是以理性主义为基础、以科层体制为模本的刚性管理模式。这样的管理模式过分重视学校工作的静态有序,学校自身形成一个封闭系统,缺少与外界社会的信息交换,学校内部等级森严,管理者和被管理者之间泾渭分明。显然,这样的管理模式与当前的课程改革要求在内在特质上根本相悖。在主体性、创造性日益成为教育主流思潮的今天,教育教学工作者应该采取哪些符合现代教育价值取向的班级管理新举措呢?这里介绍几种在新教育理念的指导下、在课程改革背景下形成的现代班级管理模式。

(一)柔性管理——"柔"与"刚"孰强孰弱

"柔性管理",即人性管理,是相对于传统的"刚性管理"而言的一种新的管理模式。"柔性管理"以"人为中心",是在研究学生的心理和行为规律的基础上,采用非强制方式,在学生的心中产生一种潜在的说服力,从而把组织意志变为个人的自觉行动。其核心思想是尊重人、理解人、信任人、培养人,给人以更大的发展空间,给人更多的关爱。郑其绪教授这样概括:"柔性管理内在重于外在,心理重于物理,身教重于言教,肯定重于否定,激励重于控制,务实重于务虚。"

班级的柔性管理模式在具体实践中主要强调以下几点:

1. 不怕有缺点,就怕没特点

柔性管理要求班主任带着爱心走向每一位学生,真诚平等地对待每一位学生,尤其是对待那些有着这样或那样缺点的学生。让学生在班级中感受到母亲般的温暖,并产生热爱教师的情感,从而形成良好的班级氛围。赞科夫认为,只有教师把每一个学生都看做是一个具有个人特点的,具有自己的志向、智慧和性格结构的人的时候,才能有助于教师去热爱他们。教师应深深地喜爱学生所有的个性,去注意、发现、肯定,并扶植与发展学生的性格和正当的兴趣爱好、特殊才能,而不应该将自己的主观意志强加于学生,处处追求整齐划一,把学生模式化,扼杀学生的个性和创造性。

2. 人人有事做,事事有人做

"听话"、"循规蹈矩"已不是时代要求的人才观。柔性管理模式要求班主任引导学生自主参与班级管理。班主任要坚持把管理的各项工作分给每一个学生。这样,每个人都有自己的任务,各守其职,各负其责,在管理的过程中,每个人的专长都能得以施展,每个人的管理能力就会得到提高。这样的工作能让学生能动地、自主地、积极地参与管理,体验到个人与集体之间的关系,把为班级与他人服务的义务和荣誉感还给学生,从而促进学生主人翁意识的形成。

3. "总结"无处不在

不管何种总结,均要以学生为主体,引导他们进行自我总结,培养他们自我评价的能力。采取柔性管理时,班主任可以教学生自己设一个记事簿,把日常表现、取得的点滴进步记下来;小组和班级可设小组日志、班级日志来进行记录。班主任要指导学生学会分析:个人或小组的成绩是怎么取得的,成功的原因有哪些,对今后工作的启示是什么,存在的缺点、问题是由哪些因素造成的,今后怎样才能克服。学生学会这样分析,今后才能扬长补短,不断取得进步。

(二)六维班级管理——"人"与"非人"孰重孰轻

六维管理理论是北京大学王建国教授于 2006 年提出的 种管理学新框架。该理论认为,班级管理不仅应该最大限度地寻求"人"因素的主动性、创造性,也应该最大限度地寻求到"非人"因素的支撑性,因为管理文化、管理制度、管理环境等这些"非人"因素的存在往往能左右班级管理效能提升的程度。六维管理理论强调"非人"因素的重要性。学生班级作为一个现代学校组织,文化管理、信息管理、知识管理、艺术管理、权变管理、执行力管理等构成了其管理的框架。相应地,班主任应通过塑造高雅的班级文化、广开师生的沟通渠道、建立科学的管理制度、采取恰当的教育方式、强调因人而异的管理方法,并最终坚持以结果为导向,协调以上各方面,全面做好班级管理工作。

(三)班级全员自主管理——"自我"与"他人"孰大孰小

全员自主管理模式打破传统的以班委为中心的管理体制,以满足学生的需要为着眼点,让学生全员参与班级管理,在人人"显优"、"献优"的管理活动中,增强学生的成就感与自信心,使学生逐渐建立起积极的自我观念,促使学生主动和谐地发展。我们以下面的范例来说明班级全员自主管理的主要内容。

一个 36 人的班级的全员自主管理模式的主要运作程序与内容

1. 构架

首先，以民主投票和竞争上岗相结合的方式，在全班 36 位同学中选出威信最高的 4 位作为班长，让他们在全班同学中各挑选 8 人自由组阁，9 位同学分别担任班长、"立法委员"、学习委员、生活委员、体育委员、劳卫委员、宣传委员、文娱委员、纪律委员 9 个职务。这样，全班36 位同学分为 4 组班委，每组 9 人，每职 4 人。在老师指导和全体同学参与下，同职务的班委经过讨论确立自己的职责。为方便相互协作、相互学习，4 位同职务的班委在教室内座次安排在一起，4 人既是一个管理小组、学习小组，又是一个值日小组。

2. 运作

每组班委工作 4 周。在当值的第一周班会上，由班长向全体同学宣布本届班委的工作计划及要达成的目标，由各职班委向全体同学宣布本职班委工作计划及要达到的目标，全体同学进行评议和补充。当值班委叫"前台班委"，其他同学叫"后台班委"。当"前台班委"工作时，同职务的其他 3 位同学——"后台班委"一起帮"前台班委"出谋划策。

运作伊始，班主任可向全体同学提出两条要求：第一，当自己做"前台班委"的时候，要有服务意识。同时自己要以身作则，起到表率作用。第二，当自己做"后台班委"的时候，要有服从意识。很多一事无成的人，不是因为个人专业水平不够，而是服从能力不够，只能指挥别人，而不能接受别人的指挥。同时，"后台班委"也要牢记自己的身份，不可降低对自己的要求。

3. 评价

即时评价：全体老师和同学及时发现各职班委 4 人小组中的优秀表现，以书面形式写在悬挂于教室中的小黑板上，以示表彰。

定时评价：同一班会时间，由全体同学进行量化评价。

评价分两种：一是对各职班委的评价。该评价只评价职务，而不评价个人。如"班长"一职，全体同学根据班级量化细则对其进行定量评价，所得分数为 4 位班长的共同得分，而不是当值班长的一人得分。二是对当值班委的评价。全体同学根据"前台班委"9 人的个人表现、合作情况，班级各项工作的量化成绩进行综合评价，平均分即为本届"前台班委"9人本周的共同得分。所有得分均以柱状表形式公布于教室内,一月内积分最高者既是本月最佳班委,又是各方面的学习标兵。

(四)品牌班级管理——"规范"与"特色"孰先孰后

品牌班级管理模式认为,具有班级个性特征和现代教育思想的班级文化建设是班级发展的基础。班级的品牌文化建设包括以下几个领域:

1. 创品牌环境,让孩子快乐成长

品牌班级管理强调让学生共同参与班级的物化形态和观念形态的环境建设,在环境建设的同时,既使学生的各项能力得到发展,又使学生在环境中受到教育。比如可让学生参与班标设计、班级口号的创想等。如一个爱看书的班级,可进行读书明星的评比、读书卡的展示,在班级一角创设"好书推介"等栏目。在创建品牌环境的过程中,学生学习动手、学习合作,开始思考、开始创造,环境又潜移默化地影响和感染学生,学生的体验加深、能力提高,集体的凝聚力也不断增强。

2. 重细节教育,提高学生文明素养

通过班级细节文化的建设,可以帮助学生养成良好的行为习惯,提高做人的修养,提升学生的品位及人格力量,让细节教育成为校园一道靓丽的风景线。如:教师可以组织学生去探究民族的优秀礼仪文明文化,开设"文明医院",评比"文明小绅士",汇编"校园文明名言录"等。通过一系列的研究活动,班级的细节文化便会焕发其特有的魅力,学生的综合素养也会不断提高。

3. 让特色成为班级活动的主旋律

在品牌班级管理模式中,教师应组织各种创新的文化活动,给学生提供发挥创造潜能的舞台,锻炼学生组织管理、自主合作的能力,让他们获得新的体验。例如,结合红领巾电视台的"我秀我才艺"、"实小新动态"等栏目充分展示班级的创新文化活动。再如,在晨会课中,可以把一个星期的晨会课分为"每周辩论"、"谈天说地"、"新闻发布"、"我的心语"、"红领巾小诊所"等板块,让学生在自我教育的同时,不断增强创新能力。

(五)生态班级管理——"理智"与"情感"孰优孰劣

生态班级管理模式是在对当代社会发展过程中人的主体地位和作用日益突出的反思中提出的一种管理理念。它充满了对学生在成长中的主体作用与地位的肯定。它既强调学生在成长发展中的主体地位和目的地位,又强调学生在成

长发展中的主体作用。它体现了一种以人为本的价值取向。

1. 生态管理的核心是人性化

教育生态管理就是让教育这项严肃的工作充满人情味,让受教育者感受到爱的温馨,体验到责任的动力,享受到成功的喜悦;让教育这项艰难的工作不再是冷冰冰的令人望而生畏的过程,而是让人倍感亲切、充满活力、洋溢激情的神圣事业;使教师再也不是威严地站在讲台前,透过厚厚的镜片,两道利剑似的目光直射而去的令人敬而远之的形象,而是可亲可敬的长者,是平等相处的朋友,尊重个性,开发潜能,完善人格,使教师真正成为太阳底下最值得尊敬的人。

2. 生态管理的基础是尊重与爱

生态班级管理模式建立在对受教育者个性充分尊重的基础上,体现出对教育对象人格的尊重与关怀。提倡教育人性化是对传统教育观念——师道尊严的有力挑战。对"爱心"最好的诠释是"责任心"。教师要对学生负责,要对学生的终生负责。要让学生自己感受到老师的爱心,感受到老师时刻在关怀着他、关心着他每一次的进步和成长。要让学生感受到自己每一次取得进步时老师为他发自内心的高兴以及当他犯下错误时老师发自内心地生气和感到伤心。这样才能真正做到与学生共荣辱、同甘苦,让学生在校有一个精神上的支柱。有时虽然也会对某些学生加以严厉批评,但有了爱做基础,这些学生也会理解老师。有学生会说"怕"老师,却没有学生说"恨"老师。

3. 生态管理的实施条件是了解与沟通

生态管理模式在运用中强调了解学生、多与学生沟通。

首先,利用课堂上的机会。教师争取将目光递给每个学生,关注每个学生的课堂表现,以情感给予鼓励,从语言上进行激励。

其次,多与学生谈心。谈心是了解学生的好方法。在课下邂逅时或专门安排在办公室等场合见面时,经常与学生一起聊天,这样既可以增进师生感情,也可以了解学生的动态。

最后,利用周记等方式进行沟通。很多学生把"写周记"作为与老师沟通的一种手段。在每天或每一周的生活中,他们将烦恼与困惑写在周记里。学生很喜欢这种形式的沟通,这是一种"平等的对话"。尤其对于一些出现了问题、需要重点沟通的学生,老师可以通过留言或书信的形式进行沟通。

案例分析与讨论

案例一　解读孙维刚老师

孙维刚老师,这位身患癌症,曾做过5次手术的老师,在北京二十二中任教已38年了。他不唯官、不唯利,以坚强的意志和顽强的拼搏精神呕心沥血,做了长达17年的三轮教改实验,一步一个脚印,一步一个台阶,取得了令重点中学为之咋舌的成绩:学生素质全面、品德高尚、身体强壮;第三轮实验班高考全部上线,上重点本科的占95%,上清华、北大的占55%;各轮都有很多同学获学科竞赛国家级奖励,其中有获IMO金牌的选手,此项开北京市之先河。而孙老师每次带班的学生的入学成绩均在北京市区重点中学录取分之下。

孙老师为什么能取得如此大的成就呢?他采用的是什么样的管理方法呢?

1. 敬业爱生,真情育人

20世纪80年代初,曾有3所高校以优越的条件调孙老师去任教,但他不为所动,仍留在北京二十二中这块普通实验田里劳作。领导多次有意安排重要岗位给他升迁的机会,他都痛快地拒绝了。他的高风亮节、无私奉献一直为他的弟子们所称颂。

在孙老师第三轮实验班升入高二时,一名学生由于家境贫寒,其下岗的父亲找到孙老师要求孩子跳级,以减轻家中负担。孙老师考虑再三说:"跳级不一定考得上理想的大学,孩子品学兼优,我向学校为他申请奖学金,不仅学费不交,以后的其他费用也不用交。"其实孙老师为了不为难校长,替这名学生交了一切费用,还谎称是学校给的奖学金。

2. 建立团结的班集体

孙老师认为:一个人没有目标,他的生活将百无聊赖;一个班级更是这样,要焕发勃勃生机,必须要确定一个正确的目标,一个团结大家为之奋斗的理想与追求。孙老师要求每个学生诚实、正派、正直;树立远大理想与抱负,上一流大学,将来为人民多作贡献;做有丰富感情的人,要因自己来到这个世界上,而使别人生活得更幸福。

孙老师高度重视以德育为首的建班方针,要求学生明确人生方向,产生学习动力,增强克服困难的勇气和力量;他致力于保障良好的学习秩序,营造一个安静的环境、理性的气氛;他帮助学生分析社会现象,明辨是非,促进学生做父母的好儿女;他花了很大的力气抓班主任不在时的管理,培养"自觉战士最光荣",要求每个学生、每个班干部以此共勉。通过较长时间的养成教育，学生行为规范、思想品格拾级登高，校方或年级不用管，甚至无须过问，他的班随时都是全校最优秀的班之一。

3. 为人师表，身正为范，师生一视同仁

孙老师教改获得成功的一个重要原因是他一向言行一致、光明磊落，他就是学生的榜样。每天早晨7点，他准时到校扫地、擦桌子、冲厕所。在他的感召下，学生们比他到校更早，后来几乎没有孙老师插手的机会。有一次，班上的一项工作没有到位，他批评了两位女班长。通过进一步了解，孙老师发现委屈了她们，在家长会、班会的联席会上，孙老师诚恳地承认了自己的错误，当着全班学生与家长的面向两位女班长鞠躬赔礼道歉。他认为，既然要求学生做到，老师为何做不到，要求学生做好，自己为何做不好，何况老师是成人，是有分量的称谓！在一个寒冬的早晨，孙老师骑车上班，在一段坡路上遇一小贩吃力地推着装满菜的三轮车，他毅然决定帮助小贩一把。当他赶到学校时，迟到了5分钟，他没做任何解释，在黑板上写下"我今天迟到了，我对不起大家"，然后走到门外，在凛冽的寒风中站了整整一小时。

讨论题：

1. 孙维刚老师的案例给了你怎样的启发？
2. 他的班级管理理念中有哪些值得我们学习的地方？

案例二　一篇家长的日记

天刚蒙蒙亮，远远就起床了，他忙着把前一天晚上准备好的苹果、橘子什么的装进书包里。他脸上满是兴奋——班里要开展"水果大拼盘"活动，还邀请所有的家长来观摩。远远做的是"水果拼盘"，全班共有7人参加这个项目的比赛。为了夺魁，最近的一两个星期里，他查阅了有关厨房刀法、拼盘制作工艺之类的书，细细揣摩，天天都得做掉好几盘的水果，害得我现在看见水果就感觉肚子胀。用远远自己的话来说，这叫"十天磨一剑"，今天可是大显身手的日子了，他能不开心吗？其实我也很兴奋，因为我知道，凭儿子现在的水平，要打败另外6名选手，已不是什么难事了。

上午9点，"水果大拼盘"比赛正式开始，远远一副胸有成竹的模样。首先剥橘子，削苹果。我是看好时间的，他只花了56秒。然后就用刀子在苹果上小心地切呀，刻呀，做成金鱼的头和身子，再摆上一瓣瓣橘子，做金鱼的尾巴，用小樱桃做金鱼的眼睛。不到8分钟，两条栩栩如生的"小金鱼"便呈现在大家面前了，而其他几名同学还正忙着呢！家长中也不时有人对他啧啧赞叹。远远回过头看着我,骄傲地做着鬼脸。

可比赛的结果却是我和远远没想到的。老师说,沈怀远("远远"是儿子的小名)做得又快又漂亮,很了不起,另外几名同学也做得很认真,很出色。老师甚至还表扬了陆刚同学的那盆"橘子大爆炸"。(很显然,陆刚同学平时根本没有练习做水果拼盘,比赛中,他只是将4个橘子剥了皮,然后散乱地放在了盘子上。那名字是儿子私下里给取的。)7名参赛的同学都得到了同样的奖品——一枝精美的铅笔。

回到家,远远缠着我不停地问:"爸爸,今天到底谁赢了?""爸爸,你说陆刚做得好吗?老师怎么也表扬他呢?""爸爸,你认为是我的'鱼'漂亮,还是张津津的'花'漂亮?"……

第二天晚上,我问远远:"你怎么不做水果拼盘了?"远远嘟哝着小嘴兴趣索然地说:"我不想做了。"

讨论题:

1. 你能帮助这位家长回答孩子的问题吗?

2. 你觉得老师在这次比赛的组织中有没有需要反思的地方?

3. 通过这样的反思,老师可得到哪些方面的经验?

【扩展阅读】

1. 林建华、曹树:《中学班主任与心理指导》,南京师范大学出版社,1999年。

2. 萧宗六:《学校管理学》,人民教育出版社,2008年。

3. 陈桂生:《教育实话》,华东师范大学出版社,2003年。

4. 王一军、李伟平:《班级活动设计与组织实施》,教育科学出版社,2007年。

5. 扬州大学网络教学平台《班主任》课程教学资料,http://eol.yzu.edu.cn/eol/tea_main.jsp。

6. 与班主任工作有关的文件法规

《中华人民共和国未成年人保护法》

《教师法》

《中小学德育工作规程》

《中小学教师职业道德规范》

《中学生守则》

《小学生守则》

《中学生日常行为规范》

《小学生日常行为规范》

7. 推荐网站

凤凰网教育版,http://edu.ifeng.com/。

国际教育在线,http://ieol.chsi.com.cn/。

中学生联盟,http://www.cando100.com/。

教师在线,http://www.jszxcn.com/。

人教论坛,http://bbs.pep.com.cn/。

【思考与探究】

1. 班集体建设并不是要抹杀集体中每个人的个性,不能将学生个性的发展与班集体建设对立起来。相反,班集体建设的最终目的就是让每个学生在集体中发挥自己的能力与特长,形成"独特的我"。请你谈谈怎样才能做到"从群体到集体,从集体到个体"。

2. 课堂辩论:"知识世界"和"生活世界"哪一个更重要?

3. 班主任要善于向同行学习。在这样的学习过程中,齐白石对那些模仿他的画风的人所说的"学我者生,似我者死",这句话对你有什么样的启发?

4. 一位初二的学生买饮料时中了一个小奖,即免费得到了同样的一瓶饮料,他便将它半价卖给了同学。你怎样看待这件事?你会由此展开哪些教育活动?

5. 九月是新学期的开始,请你为刚接手的初一年级学生设计一次主题班会方案。

6. 组织不同年级学生的班级活动时有哪些不同的要求?应该注意哪些不同的问题?

7. 走访几位班主任,询问他们在班级管理工作中感到最困惑、最困难的是什么?你怎样看待他们的困惑与困难?

附录:中小学不同年级的活动主题参考

初一(上):做合格的中学生

当我迈进新校门时	(新生谈进校体会)
难忘啊!"黄金时代"	(家长回忆中学生活)
我是这样起步的	(高年级优秀学生介绍)
我在祖国怀抱里成长	(诗歌朗诵会)
我和ABC交朋友	(英语学习)
我是家长小助手	(家务劳动比赛)
欢快的十分钟	(小型、多样的体育比赛)
方寸天地趣无穷	(集邮知识讲座)
学海初航品甘苦	(学习心得交流)
致敬,亲爱的老师!	(尊师活动)

初一(下):做家乡的小主人

请尝尝我们做的菜	(自炊)
小记者奔向四面八方	(调查)
请听我们的建议和呼声	(献策)
沿着历史的足迹前进	(参观历史陈迹或博物馆)
今日家乡在腾飞	(信息交流)
为了家乡,我愿……	(一分钟演讲比赛)
共献我们的青春和热血	(联谊)
刻苦学习 为我家乡	(学科竞赛)
家乡蓝图任我描绘	(访上级领导)
家乡,请听我们的报告	(模拟新闻发布会)

初二(上):迈好青春第一步
青春,人生最宝贵的年华　(青春期知识讲座)
在平凡的岗位上建功立业　(劳动模范报告)
伟大的时代召唤着青年　(家长与学生座谈)
十四岁,奋飞的起点　(介绍我心中的英雄)
在建设祖国的行列中　(访工厂青年突击队或农村青年专业户)
青春在边陲闪光　(与边防战士通信)
最好的青春乐章　(音乐欣赏)
练就我们强健的体魄　(青春杯体育竞赛)
爸爸妈妈,你们听我说　(学生与家长谈心)
十四岁,新的高度　(14岁集体生日庆典)

初三(上):谱写人生新一页
不朽的英名　壮丽的人生　(讲故事比赛)
成功在于实践　(小发明、小实验、小制作、小考察、
　　　　　　　小论文成果介绍)
我将这样对待生活　(答辩)
路,在我们脚下　(班级演讲比赛)
迈开步伐,走向远方　(远足)
我所敬仰的英雄们　(剪报交流)
我向教师进一言　(与任课老师通信)
钢铁是怎样炼成的　(书评)
我最喜爱的一句格言　(格言交流)
高歌新生活　立志献四化　(看画赛歌)

高一(上):高擎理想的火炬
在新的起跑线上　(交流新学期计划)
高中生活应当这样起航　(班主任老师指导)
百行百业状元郎　(新闻人物特写报告)
"人才成长百例"的思考　(实话实说)
怎样使你更聪明　(学习方法指导)
我们握有金钥匙　(学习经验交流)
向着更高、更快、更强　(班级微型室内运动会)
我最喜爱的一首歌　(歌曲欣赏)
共同扬起理想的风帆　(联谊)
迈向新的高度　(十佳评选表彰)

高二(上):全面发展谱新篇
家乡的昨天和今天　(专题调查汇报)
让喜讯传遍家乡　(为低年级同学演讲)
青年志愿者的报告　(青年志愿者活动报告)
笔下走龙蛇,丹青绘宏图　(书画作品比赛)
漫游智力世界　(学科智力竞赛)
警钟在这里长鸣　(模拟法庭辩论)
聚焦热点　(热门话题大家谈)
班级轶事面面观　(小论文评选)
剪得报春第一枝　(综艺)
我们是初升的朝阳　(模拟中外记者招待会)

初二(下):我为团旗添光辉
团旗指引我成长　(老共青团员作报告)
怎样才能成为光荣的共青团员　(论辩)
用热血填写我们的志愿书　(入团志愿书介绍)
烈士墓前的沉思　(祭扫烈士墓)
团旗在我心中飘扬　(编报评比)
在欢乐的"团员之家"　(游艺)
雷锋在我们的行列中　(走向社会的义务劳动)
伴着青春的旋律前进　(集体友谊舞)
我们是光荣的后备队　(入团宣誓)
谱写我们的青春之歌　(营火晚会)

初三(下):母校永在我心中
一颗红心献祖国　(家长寄语介绍)
我为母校添春色　(建校劳动)
为母校争光的人们　(与校友通信)
温故知新话复习　(学习经验交流)
奋发努力硕果多　(学习成果介绍)
我为母校献一计　(献计)
学海无涯勤作舟　(学科智力竞赛)
在我成长的路上　(征文)
同窗情深共勉励　(临别赠言)
二十年后再相会　(联欢)

高一(下):让生活充满阳光
做一个道德高尚的人　(文娱表演)
奔涌的科技新潮流　(科技知识讲座)
怎样才能成为生活的主人　(小组演讲对抗赛)
假如我当班活动主持人　(最佳主持人评选)
他与时间　(学习习惯评点)
薪火相传勇向前　(五四抒怀)
我们拥有一块绿洲　(个人爱好交流)
歌唱生活,歌唱理想　(班级优秀歌手评选)
校长同志,我们建议　(参政)
一路欢歌向未来　(自行车郊游)

高二(下):在党旗的召唤下
我在党旗下成长　(优秀共产党员报告)
人生·理想·信仰　(团支部与同学对话)
踏着先烈的足迹　(英雄诗抄朗诵会)
以革命的名义想想过去　(参观党史展览或纪念地)
党旗在我心中飘扬　(自编小报评比)
小草的情怀　(走访不同行业的共产党员)
我心中的标尺　(座谈)
我与老共产党员交心　(忘年交通信)
党旗颂　(年级歌咏比赛)
我们向祖国宣誓　(18岁成人仪式)

高三(上):莫让年华付水流

莫让年华付水流	(同龄人谈心)
假如我是……	(班级演讲比赛)
祝福你,闪光的年华	(为同学庆祝生日)
友谊与事业	(论辩)
青春的价值	(书评成影评)
我为同学送温暖	(互助交流)
在神奇的化学王国	(科技魔术)
生活教育了我	(自拟格言交流)
师长,你的心愿我明白	(猜测师长赠言)
青春礼赞	(师生联欢)

高三(下):走向美好的明天

当祖国召唤我们的时候	(家长与学生谈心)
在共和国辽阔的版图上	(剪报交流)
难忘的高校生活	(优秀大学生报告)
好儿女志在四方	(校友成就介绍)
时代风云胸中翻滚	(时政知识竞赛)三年学习得失
谈	(用外语交流学习体会)
光荣属于母校	(学习成果汇报)
情系母校	(征文评选)
留给母校一片情	(赠物留念)
我们走向美好的明天	(毕业庆典)

第七篇

教育环境建设与管理

专题一　学校、家庭和社区

学习要求：理解学校、家庭、社区环境在青少年成长中的作用及其影响方式，认识学校、家庭、社区三方合作的重要性，掌握学校与家庭、与社区互动的策略。

教育活动的开展是学校、家庭和社区三股力量的共同作用。学校是育人的主阵地，是有目的、有计划、有组织地培养人才的特定机构，学校环境对育人效果产生关键影响。家庭是教育的基础，父母是孩子的第一任教师，家庭环境的熏陶对孩子个性、习惯和道德行为的养成产生独特影响。社区是一种特殊的教育场所，社区环境对青少年的健康成长产生重要影响。

一、在校园中学习

学校一直被认为是最具塑造力量和最具影响作用的特殊环境。学校环境的特殊性在于它是为了教育的目的而专门设计的环境，其他类型的环境更多地属于"偶然的环境"，而非"控制的环境"。美国学者杜威把学校这一社会机构的职责概括为 3 个方面：第一，学校提供的是一个简化的环境，从人类复杂的文明中选择基本的并为青少年所反应的种种特征，建立起一个循序渐进的秩序；第二，学校提供的是一个净化的环境，尽力排除现存环境中的丑陋现象，以免影响儿童的心理习惯；第三，学校提供的是一个平衡的环境，协调不同环境中的行为准则和情感标准，使青少年不受原来环境的限制。[①] 正是从这个意义上讲，学校是学习的场所，是育人的圣地，是促进社会一体化和年青一代社会化的地方。

（一）校园何以是文化

我们之所以在校园中学习，不仅仅是因为校园提供了学习的固定场所，更在于它具有独特的文化品格。教育是对人类文化的承传和发展，校园是教育的基

[①]　（美）约翰·杜威：《民主主义与教育》，王承绪译，人民教育出版社，2001 年，第 25－29 页。

本场所,同时校园本身也是一种文化的集合。这种文化包含了校园的知识、思想、艺术、道德、制度以及校园风尚、行为习惯、环境、建筑等。总体上看,校园的文化品格可以从物质形态、活动形态以及精神形态等方面来考察。

1. 校园的物质具有文化性

校园建筑、校园景观是校园最基本的物质形式。好的校园建筑既是一种物质生产,又是一种艺术创造,它在满足使用要求的基础上,通过其巨大的空间形象,表现特定的地域风情、精神风貌、思想情感和审美趣味。它作为设施,影响师生的活动范围和学习条件,作为景观,影响师生的视觉感受和心理情绪。优美的校园景观可以陶冶学生的情操,富有艺术感的山水园林设计可以激发学生关爱自然、关爱社会的热情,内涵丰富的雕塑、书画作品可以营造高尚、健康的人文氛围。师生在校园中开展丰富多彩的寓教于文、寓教于乐的教育活动,使学生在求知、求美、求乐中受到潜移默化的启迪和教育。正如陀思妥耶夫斯基所说,人活在树木和水塘之间,活在劳动和精神自由之中,活在诗歌和艺术的边缘,活在有尊严和挚爱的生活之中,一定会活得更舒服些。物质文化是最外在的一种文化形式,它最容易被观察、被注意,最容易形成视觉的冲击力和艺术的感染力。物质文化虽属于校园的硬件,但却与校园的"软件"(精神文化)紧密联系。"神"往往寓于"形"之中,悠久的校园物质文化往往是学校精神的固化和集体智慧的凝聚,折射出一所学校的精神特征和文化品位。

2. 校园的活动具有文化性

校园若只是物质的存在而缺少人的活动,就必然失去了文化的真正意义。教育并不是一件"告诉"(教师)和"被告知"(学生)的事情,而是一个主体之间主动地交流的过程和富有建设性的过程。因此,校园活动是教育过程的基础。人的素质是在活动中形成的,也是在活动中得以表现与完善的。这种活动不仅包括最基本的教学活动,还包括课外活动、管理活动、人际交往以及社会实践等各种丰富多彩的活动形式。在活动中,学生的精神生活得以丰富,学生的交往需求得以满足,学生的个性得以张扬,学生的团队意识和团队精神得以培养。从某种意义上说,只有在活动中,那些对人生具有真正价值和意义的东西才有可能真正影响人的价值观念,改变人的气质和态度。校园的活动构成了一种"活文化"(活动文化或行为文化),是人们最经常、最直接感受和表达的文化形态,它以师生为主体,以活动为载体,影响人的行为方式、活动方式、精神状态和文化品格。

3. 校园的精神具有文化性

学校的历史和传统以及师生共同遵循的文化观念、价值观念和生活观念,构成了校园文化的精髓。这种精神文化是一所学校本质、个性和精神面貌的集中反映,它经历史积淀而形成,相对稳定,对师生具有一种无形的感染力。在精神文化的作用下,会形成一所学校根本区别于另一所学校的校园氛围。这种氛围对学生的发展会产生潜移默化的影响。一个团结友爱的氛围,会增进全校的团结;一个学习钻研的氛围,会激励学生探索;相反,浮躁的氛围,会造成不务实、片面追求升学率等问题。校园氛围已经成为一种巨大的教育力量,不仅具有约束力,而且具有促进和塑造功能。良好的氛围代代相传,相沿成风,会使得一届又一届的毕业生保持共同的作风,并将其带到工作岗位上,带到社会中去,影响深远。

(二)课堂为什么是学习的主要场所

课堂学习是学生学习的主阵地,学校教育的主要形式是课堂教学。课堂对于青少年成长的重要性在于它有系统设计的教学情境、教师的积极引导、师生的密切交往以及同伴的相互影响。

1. 系统的学习

课堂进行的是有目的、有计划、有组织的教学活动。人类知识的发展经历了从孤立到综合、从分散到系统的过程。现代知识作为一个系统性的组合体,反映到教材和课程中,就表现为学科知识的序列性和逻辑性,而且与其他学科的知识紧密相关。自班级授课制诞生至今,班级始终是教学的基本单位。课堂教学的内容是以适合学生年龄特征为依据而进行的有序安排,功课被仔细分成若干阶段,先学的内容为后学的内容开辟道路,保持循序渐进,最终使学生全面、深刻地掌握知识,并易于形成学生系统性的信息加工模式。课堂的组织和纪律,也有助于学生行为习惯的养成。

2. 教师的引导

课堂学习与自我学习最大的不同就在于,后者缺少教师这一活动主体,而课堂学习有教师的引领和指导。如果说园丁需要经验和技艺,否则花园的幼苗则有枯萎的危险,那么,引导学生发展也需要经验和技巧,这就需要受过专业训练的教师。在情感环境中,教师的期待

效应是对学生个体成长产生重要影响的一种心理环境。教师的期待效应，也称"皮格马利翁效应"。教师的期待对学生的健康成长起着重要作用，它是一种信任、一种鼓励、一种爱，有如催化剂和加热剂，日积月累，学生就会产生力量和信心，学习努力勤奋，取得教师所期待的效果。如果教师认为学生的成绩不可能提高、缺点不可能改正，对差生缺乏自信，或者厚此薄彼，学生就会自暴自弃、不求上进，甚至产生逆反心理。有的学生对自己要求不高，随遇而安；也有的学生自认为先天条件差，不思上进。他们的目标过低，无须付出太多努力就能达到，这样就容易养成懒惰的习惯，不利于成材。对这些学生，教师要帮助他们修正期望目标，督促他们努力。教师不仅要向部分学生提出更高的期望目标，而且要向全体学生提出基本的期望目标，以使所有学生的身心都得到发展。

3. 师生的交往

师生人际关系对学生学习有重要影响。良好的师生关系既是课堂教学有效进行的前提，也是影响课堂教学效果的关键因素。融洽的师生关系，有助于营造良好的课堂气氛，学生学习的积极性会得以激发，学生的想象力、创造力会得以发挥。在融洽的师生关系中，学生的认知水平可以得到提高，交往的需要和情感的需要也可以得到满足，最终有利于学生健全人格的形成。正如苏霍姆林斯基所说，关怀别人、合理的善良，是儿童集体生活应有的气氛，是师生相互关系应有的主要品质。我国近代教育家夏丏尊也指出，教育之没有情感、没有爱，如同池中没有水一样，没有水就不成其为池塘，没有爱就没有教育。社会心理学的研究表明，民主、融洽、和谐的师生关系有助于学生形成健全的人格，紧张、冷漠的师生关系不利于学生人格的健康发展，甚至会造成学生的人格障碍。因此，建立民主、和谐、进步的师生人际关系是提高教学效果、促进学生健康成长的保证。

4. 同伴的影响

夸美纽斯指出，即使父母有时间教育自己的子女，青少年也最好是一同在班级里接受教导。同龄的青少年在同一班级里学习具有分别学习所没有的优势，那就是广泛存在的模仿与竞争。榜样的力量要远远大于训条的力量，它会激发青少年模仿同伴的优秀表现。竞争是青少年学习的一种最好刺激，就像骏马有敌手才会跑得更快一样，人有了竞争才会发奋图强。同伴的交往还会满足青少年情感的需要，使他们找到归属和友谊。同伴间的影响非常之大，甚至可能超过父母和教师对一个人的影响。正如夸美纽斯所说，一个人的心灵可以激励另一个人的心灵，一个人的记忆也可以激励另一个人的记忆。

二、家庭是孩子的天然学校

人的教育是从家庭开始的,家庭是教育的第一场所,在这个意义上家长是孩子的第一任教师,家庭是孩子的天然学校。家庭教育是人类教育活动的重要组成部分,它同学校教育和社会教育一起构成教育的有机整体,是人们实现社会化的必由之路。就人的素质和能力的培养来说,家庭教育的责任十分重大。有学者指出,虽然 1~7 岁只占人生的 10%,却完成了人生 70% 的习得;只有用好未成年的 18 年,才能过好一辈子。

家庭教育相对于其他教育机构、教育组织而言,有着它特别优越的有利条件。家庭教育的影响最鲜明的特点是先入为主的定势作用,奠定了一个人接受教育的基础。此外,家庭教育中家长对子女的控制是通过情感的和经济辅助的纽带去实现的,它的方式具有多维性:家庭群体中交往接触的密切性,教育和生活的统一性,教育者对受教育者了解和影响的深刻性。这些特点都是家庭对孩子教育起着特殊作用的有利条件。

(一) 如何看待家庭条件对教育的影响

有两种观点曾经在社会上引起热烈的争论:一种认为顺境造就人才,一种认为逆境造就人才。顺境和逆境是指包含了家庭境况在内的人的成长环境。家庭的经济状况决定了绝大多数家庭的生活质量。生活在贫困线以下的家庭由于物质资料贫乏,生存问题就会超越教育问题成为家庭的核心任务,食物消费会大于文化消费而成为家庭消费的最大开支。在这种家庭经济状况下,最突出的影响表现为,青少年的失学风险加大,接受良好教育的机会降低,教育的质量无法保证。由于家庭贫困造成的失学问题在我国曾一度非常普遍。另外,家庭经济状况不佳会导致青少年必要的和基本的学习条件无法得到充分满足,各种兴趣爱好和精神需要也受到抑制,生存和学业压力会增加,进而给青少年的成长带来一系列的不利影响,甚至带来严重阻碍。虽然我们注意到尽管家境贫困但仍取得成功的人不在少数,但我们无法否认家境贫困给人的发展带来的不利因素,尤其在教育对物质条件保障要求愈来愈高的今天更是如此。

是不是家庭经济条件越优越越有利于青少年的成长呢?也不尽然。家庭经济条件在青少年的成长中所扮演的角色是一个必要条件,而非充分条件。青少年的成长离不开一定水平的经济条件作为保障,但并不是优越的家庭条件必然带来子女教育上的成功。因为除了家庭条件以外,家庭的文化环境和家长的教育方式等对子女的教育有着更为重要的影响。我们也注意到,超过正常学习需求的物质条件对子女的学习和教育将不再产生积极作用,相反还有可能养成子女养尊处优、贪图享受、相互攀比的品性,此时优越的物质条件反而可能成为影响他们学习的不利因素。

(二) 什么样的家庭氛围最好

家庭是人成长的摇篮。家庭中双亲与子女的互动及其影响,始终是在一定的家庭氛围下发生的,家庭氛围直接影响着家庭中每个成员的心理,尤其对子女个性品格的形成有特别深刻的意义。有人认为,孩子的天性本来应该是"阳光"的,之所以到了后来有活泼与胆怯、开朗与多疑、大方与自私、合群与孤独、谦逊与骄蛮、诚实与虚荣、好学与懒惰、节制与放任、礼貌与粗鲁等差异,多与家庭氛围的熏陶有关。

每个人每天约有一半以上的时间都是在自己的家庭中度过的。和谐、温馨、求知气氛浓厚的家庭环境,对孩子的成长起着积极作用。在快乐家庭中生活的每一个人,几乎都是快乐的,尽管有时会产生意见分歧,但在原则问题上一般是团结一致的。在这样的家庭氛围中,孩子不但容易学会与人沟通、交流与合作的方法,使自己的思维意志、交流能力等得到和谐发展,而且还能从中获得安全感,形成乐于接受教育的自觉性。争吵、繁乱、寻求享乐刺激的家庭环境,对孩子的未来成长起着消极作用。在烦闷、对抗家庭中生活的成员,很难享受到家庭的温暖,这不仅影响学习,更严重的是不利于孩子身心的健康发展,也许会在孩子心中留下永久的伤痕。

望子成龙一直是为人父母者最大的心愿和动力,家长期望值的高低会形成一定的家庭气氛。期望过高、盲目攀比、拔苗助长会给子女造成很大的心理压力。有的家长把追求高分摆在家庭教育的首位,以考试分数的高低评价孩子。有的家长把自己未能实现的目标转嫁到孩子身上,这种一厢情愿的理想跟孩子真正的兴趣、爱好有时是背道而驰的,还会增加孩子的心理负担,甚至导致孩子丧失对学习的兴趣。相反,父母期望过低、自由放任、不管不问也会使孩子失去努力学习的动力和动机。

(三) 我们需要什么样的家庭教育方式

在青少年成长的家庭环境中,父母的教育方式对青少年成长会产生重要的影响。那么,我们需要什么样的家庭教育方式呢?

在家庭的教育方式中,常见一种专制的、充满命令和强迫的教育方式,人们称之为"强权式的教育"。这种教育方式深受传统观念的影响,"家长制"的权威不容置疑,完全支配子女的一切事项,以父母的标准代替孩子的愿望,以父母的好恶代替孩子的决定,并伴以恐吓、威胁、辱骂、体罚等心理和生理损伤手段。强权式教育常伴以高期望值,将父辈失落的理想完全寄托于子女身上。过度强权的教育方式会造成儿童个性的扭曲,或懦弱畏缩、优柔寡断,或表里不一、阳奉阴违,或暴戾成性、冷漠无情,这些都将给孩子的健康成长和家庭的幸福埋下隐患。

与强权式的教育完全相反,有一种教育方式,人们称之"溺爱式的教育"。在这种教育环境中,家长沦为孩子的奴仆,孩子变为家长的上帝。在这种教育方式下,父母对孩子百般宠爱到了毫无原则的地步,主要表现在两方面:一是过度保护,将孩子置于自己设定的"保险柜"和"安全圈"之内,圈定孩子的交往范围,限制孩子的自主活动;二是骄纵惯养,毫无节制地满足孩子的各种欲望,毫无原则地偏袒孩子的各种缺陷。从强权式到溺爱式,是从一个极端走向了另一个极端。家长对孩子过度的溺爱,不利于青少年自立自强,不利于他们顺利地与人交往和融入社会,会像强权式教育一样,阻碍青少年社会化的进程。

除此之外,还有放任式的家庭教育和收买式的家庭教育等方式。放任式的家庭教育,即父母对孩子采取不闻不问、放任自流的态度;收买式的家庭教育,将父母对孩子的教育等同于物质交换和赤裸裸的金钱关系。

针对以上各种家庭教育方式的弱点,有人提出家长要给孩子自我发展的空间,充分尊重和信任孩子,以平等的身份与孩子交流,有限度地指导和帮助孩子,着重发挥孩子自身的潜力和积极主动性。这种方式被称为"民主式的教育"。

相比较而言,民主式的家庭教育方式更符合现代的教育观念,具有很大的优越性。但我们同时认为,家庭教育方式同学校教育方式一样,教无定法,也很难找到所有家庭同样适用的唯一的教育方式。成功的家庭教育都是根据子女的特点实施的个性化的教育方式。但这并不妨碍我们去追寻他们之间的共同之处。有研究表明,世界上诺贝尔奖获得者的成长过程都有一个共同特点,即父母的教育方式特别科学、特别人性化。他们教子成才的共同经验是:鼓励孩子从小立志;为孩子创造良好的学习环境;培养孩子的学习兴趣,满足孩子的求知欲望;对孩子提出严格要求,让他们懂得学习须刻苦;指导孩子观察,让他们从大自然中学知识;启发孩子积极思考,多问为什么;培养孩子的动手实验能力;把孩子作为启蒙教育或教育实验的对象;等等。

三、社区也有教育功能

从开放的观点看,学校不是与世隔绝的,社区是学校教育、家庭教育最直接的外部环境条件,因此,学校是"社区中的学校",学校教育、家庭教育离不开社区大环境大背景的影响,社区成为学校教育、家庭教育在时间和空间上的延伸与拓展。

（一）社区为青少年发展提供怎样的环境

社区以一定的地理区域为前提，是人们社会生活的基本环境。相对于家庭和学校而言，社区中人们之间的交往，是充实青少年社会生活的一项重要内容，也是青少年社会化的一条重要路径。从地域空间上看，社区是家庭、学校赖以存在的地方，社区内人与人的交往，尤其是成人之间的交往，客观上为青少年接触社区成员、了解社会生活、认识各种社会现象、培养各种社会能力提供了社会基础。

同时，社区也为青少年的成长提供了基本的文化背景。社区是具有文化属性的。社区文化包括了社区人群的信仰、价值观念、行为规范和社会习俗等，它们决定了人们的思维模式和行为方式，对社区成员的精神面貌和生活方式具有导向作用。青少年的成长过程中不可避免地会打上其所在社区的文化烙印。优秀的社区往往具有健康向上的社区文化。社会环境在人的成长过程中发挥的作用很大，尤其对于心智尚未成熟的青少年来说更是如此。他们在思想上和行为上具有极强的模仿性与受感染性，社区的风气、文化氛围、风俗习惯以及社区中普遍存在的思想倾向、价值观念、审美情趣、思维方式等都会对青少年产生潜移默化的影响，左右着青少年思想道德、观念意识、心理素质的形成和发展。健康向上的社会风气能够大大地促进青少年的健康成长，是对青少年进行教育的最生动活泼的课堂和教材。而作为社区文化的重要组成部分，社区青少年文化对青少年的影响更为直接、具体和巨大，因为那是属于青少年自己的文化。

（二）社区为学校提供哪些教育资源

社区中蕴涵着丰富的教育资源。

首先，社区可以为学校提供丰富的人才资源。青少年的素质教育仅靠学校的专职教师是远远不够的。社区中有大量的有识之士和热心教育的人士，他们愿意且有能力参与到学校内外的教育教学活动之中，如共同开发课程、参与管理、兼职教学等。更为重要的是，他们可以将学校中难以接触到的丰富的直观经验引入教育教学中，丰富教育内容，开阔学生的视野。

其次，社区可以为学校提供丰富的物质资源和人文资源。社区内硬件资源较为集中，坐落在社区内的科技馆、图书馆、音乐厅、影剧院等大型文化娱乐设施，为青少年提供了广阔的生活、学习和娱乐的舞台，有利于丰富教育的形式，做到寓教于乐。社区内拥有的名胜古迹、革命史迹、爱国主义教育基地以及文物保护单位等历史文化遗产，是开展社区教育得天独厚的人文资源。社区的物质资源和人文资源都对青少年的成长具有重要作用。优秀的社区会充分挖掘、开发、创造和整合社区资源，为青少年开展校外活动以及参与社区服务和社区建设提供物质保障，并号召全社区都来关心青少年成长，参与青少年的素质教育。

四、家庭、学校、社区：在互动中形成合力

形成家庭、学校、社区相结合的教育机制是当前教育发展的必然。首先，家庭、学校和社会这三个方面以不同的空间和时间形式占据了青少年的生活，无论哪一个方面出现空白，都将使学生在一定的时间、空间范围内放任自流，为一些不健康的东西乘机渗入提供机会。其次，如果家庭教育、社区教育和学校教育在基本方向上不能保持高度的一致，那么，它们各自的作用不仅会互相抵消，还会给学生的思想造成很大的混乱。最后，家庭教育、社区教育、学校教育不仅在时空上有所不同，而且在教育内容、教育方法、教育效果上也有各自的特点和优势，它们之间很难互相代替，只有把这三个方面协调起来，取长补短，充分发挥它们各自特长的多渠道一致影响的叠加效应，才能取得最佳的整体教育效果。

（一）家庭与学校如何对接

已有的研究表明，家长的参与是提高学生学业成绩的最快、最重要途径。教育的实践也告诉我们，单独依靠学校并不能圆满解决孩子的所有问题，就像不能单独依靠家庭一样。家庭与学校的协作和对接，是现代教育的必然要求。

首先，学校与家庭的对接，要有自由的、经常性的信息交流。信息交流可以促使教师了解与学生有关的信息，能够更多地了解孩子的成长经历和对他们的行为起决定性作用的影响因素。据此，教师可以了解家长是如何思考和行动的，了解家长的生活态度以及他们对孩子的要求。有了这种交流，教师会对学生区别对待并且能够更加明智地处理孩子们的需要，真正做到因材施教。信息交流也可以帮助家长获取有价值的信息，在家庭中更好地与孩子相处，实施家庭教育。家长们往往对孩子在家庭以外的表现、在与人相处方面的表现不够关心和重视。同样，家长对孩子在学校的经历以及教师在指导孩子成长时所持的主张也知之不多。通过对考试结果、学校记录、行为报告、课堂作业的分析，家长可以了解自己的孩子取得了多少进步，以及在家庭的帮助下他们还能取得多大进步。家庭和学校的密切信息沟通，有助于增强家长对学校教育的理解和支持。

其次，成功的协作关系不仅包括学校与家长的信息交流和让家长熟悉学校，还应包括学校与家长在对影响儿童与教育事业发展的问题上进行协商探讨和共同参与决策。这就要求学校实行真正意义上的开放办学，建立家长参与学校决

策的制度。传统的观点认为，家长在教育问题上并非专业人士，因此没有资格来确定什么教育对儿童最好，以及处理课程设置和教学程序等技术问题。然而现代观点认为，没有一个公民组织能比家长在公众意见上起到更大的影响。因此，只有得到广泛的民众支持，学校才能取得更显著的进步。家长对教育的发展应该而且可以做出自己的贡献。家长可以与行政官员和教师讨论教育的目的，以及他们对孩子的具体期望。他们在某些专门领域内的知识使他们成为课程改革中重要的人力资源。他们的技能与才干可以被用来丰富课程和课外活动。许多家长在分析现实问题和阐述教育政策上具有很强的能力。我们赞同把技术问题留给经过专业训练的教育者，家长们是描绘教育事业蓝图的有效帮助者。此外，密切家长与学校之间的联系可以依托一些业已证明行之有效的活动，如：举办家长—学校联谊活动；召开家长会；邀请家长参观校园，参与开放式课程，观摩课堂教学，在食堂就餐；邀请家长委员会定期与校长会面，讨论学校的重大改革事项，讨论学校教育的优缺点以及课程中的热点敏感话题；给家长写信，汇报学生情况，沟通思想，或发出活动邀请；向家长发放调查表或征求意见函；等等。

（二）学校与社区如何合作

作为"社区中的学校"，学校与社区相互依存、相互影响、相互制约，共同构成了社区体系。由于学校教育在历史中始终处于中心位置，所以在社区的学习和文化活动中也常常充当主导角色。当前，终身学习已然是大势所趋，未来的社会将逐渐走向学习型社会。在这种历史潮流的驱动下，学校和社区的关系将更加紧密，"学校社区一体化"是发展的基本走向。未来的学校和社区将趋向整合，学校与社区之间的界限将逐渐消失，一个共生的、多元的、持续的、不可分的整体将会悄然出现。

学校与社区在平等、尊重、双赢的基础上互惠合作是"学校社区一体化"的必由之路。

首先，学校要积极与社区沟通，并寻求社区支持。社区对教育的关心和支持是学校发展的重要外部条件，这需要积极有效的沟通来实现。作为学校，要制定学校—社区关系的总体规划，积极建立与社区之间的建设性合作关系；要建立并保持学校和社区公众之间通畅的交流渠道；要在重大教育政策和问题上与社区中的重要团体和个人进行合作；要为社区公民提供参与教育改进的机会；要通过开学典礼、公开演出等活动宣传和塑造学校良好形象；等等。在双方建立有效沟通和合作关系的基础上，学校可以获得社区的更多支持，包括物质资源、人力资源和社会环境等方面的支持。

其次，学校要充分依托社区，服务社区，融入社区。社区既是青少年成长的外在环境,也是社会实践的主要场所。充分依托社区丰富的资源,开展社会实践和教育教学活动,可以实现社区的教育功能。当前,结合课堂学习与社区服务的教育模式——"服务学习"已在世界范围内蓬勃开展,它强调课程教育与服务社区相融合,在"做中学",在"服务中学",在"学中服务"。真正把社区作为教育的大课堂,在社区中学会学习,学会做事,学会与人相处,学会生存,并把社区作为教育服务的对象和反哺的对象。双方互惠双赢的关系,有利于"学校社区一体化"的发展。

案例分析与讨论

案例一　美国父母进校做义工

你听说过学校里有义工父母吗? 在美国考察期间,父母到孩子就读的学校做义工这件事,让我们亲身感受到美国学校教育的社会性:学校教育在最大范围内为社会的每个人服务,同时社会也给予了学校教育最大的支持与关注。

教室中的义工父母

在我们参观美国学校的时候,经常发现教室中有好几个成年人。刚开始我们以为是教师的助手,细谈之下,才惊讶地发现,他们都是学生的父母,而且是没有任何报酬的义工家长。家长在教室中帮忙,真是从来没有听说过的新鲜事。

在我们参观的所有学校中,经常可以看见家长在教室中忙碌的身影。他们有的在帮助老师批改学生作业,有的在协助老师指导学生活动,有的在帮助老师做课前的准备和课后的收尾工作,有的家长在教室里帮忙之后,还要去学校图书馆整理书籍。在美国学校中,教室中的义工家长是一道独特的风景线。

"家校合作"

近年来,美国为着重研究解决公立学校的危机问题,把"家校合作"作为教育研究和学校改革的主题。他们相信,学生的学校教育能否顺利进行,学生在学校中的表现怎样,都与家长有密切的关系,家庭文化对于学校教育有很大的影响。美国教育部发表的题为《强化家庭,强化学校》的报告指出,当父母以各种方式参与孩子的学习时,孩子的测验成绩就比较高,且留在学校受教的时间也较长,孩子的学业表现有改善的倾向。其次,父母所做的,比起其收入及教育程度,对孩子的成功更为重要。美国联邦政府颁订了历史性的《目标2000年教育法》,将"父母参与"列为第八项国家教育目标,即每一所学校将促成父母成为参与学校教育的伙伴,进而促进孩子社交、情感与学业的成长。

在美国，学校的家长会组织称为"教师家长协会"，简称 PTA。这个组织成立于 1897 年，已有 100 多年的历史，会员将近 1 000 万人；其主要目的是建立家庭与学校更为密切的关系，促进儿童和青少年在家庭、学校、社会环境中的健康发展，它对于学校教育的发展贡献极大。

正像我们在访谈中发现的那样，几乎所有的学校和教师都非常肯定家长在学校教育中的作用。建立于 1898 年的老学校圣安娜高中，在刚进校门非常醒目的位置上用金色的大字写着："父母是学校教育中重要的一部分。"在美国，很多学校的经费紧张，因此，学校都善于利用家长这一重要的教育资源。

以我们参观的一所小学为例。在这所有 600 多名学生的学校里，有的教室门上就写着：家长如果愿意做义工，请在这里签名。老师事先会根据家长的意愿安排一个日程表，然后通知家长。有时，一个教室同时有好几个家长在帮忙，家长有时间随时可以来帮忙。这所学校的秘书也是家长。在这所学校里，有 40 多个义工家长。他们大多帮助老师批改学生作业，负责学生的午餐分配、学校资料的整理，在图书馆帮忙或者准备学校的各种活动等。每当学校有活动（例如节日聚会、学生汇报表演）的时候，就是学生家长大显身手的时候，他们有钱的出钱，有力的出力，从策划、组织到实施的各种细节，跑前跑后，忙得不亦乐乎，很大程度上减轻了老师的压力和工作量。很多美国家庭都把孩子在学校的活动视为家庭中的一件大事，往往全家人一起出动参加。

做义工是一种骄傲

很巧，与美国家庭一起过感恩节的时候，我们发现这家的女主人也是一个热心学校教育的义工家长。她每星期二都要放下手头的工作去学校做义工，据她说，教师工作压力很大，很需要家长的帮助，她把做义工家长视为一种骄傲。除了做义工，她还有许多机会与老师交流女儿的教育问题，比如学校组织的家长日、学校的学生音乐会。凡是学校组织的活动，她一定会参加并且热心帮忙。我问她上高三的女儿，怎么看待妈妈去做义工家长这件事，这个 18 岁的女孩一脸骄傲，她认为妈妈这样做是对她的关心、对学校的关心，她为有这样的一个妈妈而感到非常骄傲。

美国家庭重视孩子的学校教育，由此可见一斑。家长热心参与学校教育已经形成了良好的传统。目前在美国，有超过 90% 的学校提供父母在课堂内外担任义工、协助募款及参加老师组织的会议等机会。

事实上，由于已经认识到家庭在孩子成长中不可估量的作用，英国、德国、法国、芬兰和挪威等欧洲国家，也将"家校合作"作为教育改革的重要组成部分。

可以说,家校合作是当今学校教育改革的一个世界性的研究课题。①

讨论题:

1. 家长进校做义工体现了家长和学校双方怎样的教育理念?
2. 我国家校合作存在哪些问题? 美国家校合作的做法对我们有何启示?

案例二　服务学习

——学校与社区结合的新路径

服务学习(Service-Learning)是当代美国教育改革中一种颇为引人注目的课程形式,目前在美国中小学校已趋于普及。"服务学习",就是将服务与学习相结合,在服务的过程中获得学习的效果,它与杜威所说的"从做中学"有异曲同工之妙。服务学习理念的提出是在20世纪60年代,20世纪80年代真正步入人们的视野,20世纪90年代《国家与社区服务法》(1990年)以及《国家与社区服务信托法》(1993年)的实施标志着服务学习课程的全面推行。

《国家与社区服务信托法》中"学习与服务美国"计划(Learn and Serve America)将"服务学习"界定为:(1) 社区、学校和社区服务计划中心相互配合,安排学生完成社区真正需要的服务,以帮助学生或参与者的学习与成长;(2) 培养学生的公民责任;(3) 将学生的学科课程与社区服务整合为教学单元;(4) 给学生或其他参与者一定的时间去分享服务所得经验与心得。由此可以看出,服务学习强调"学习"与"服务"并重,与传统的社区服务(Community Service)有很大的不同。

服务学习课程方案的设计要经过"明确课程目标、依据课程目标选择服务主题、经反复讨论确定课程实施方案"等步骤;"服务学习"的实施过程可以分为"准备、服务、反思"等阶段;"服务学习"的评价主要涉及"背景的评价、方案的评价、实施过程的评价、成果的评价"等内容。

以美国马塞诸塞州阿特波罗市布卢纳中学5年级一门服务学习课程的课程方案为例。这门课程名称为"动物园计划"(Zoo Project),涉及的主要问题是:在保护野生动物和它们栖息地的活动中,你应承担什么责任? 要求学生提交的成果,是一张由配有图片的短文组成的海报。

"动物园计划"课程方案

学科范围:英语/语言艺术、数学、科学与技术、历史和社会科学、地理。

单元名称:动物园计划。

设计者:吉·多利、劳瑞·如斯。

---

① 中国教育在线,http://www.eol.cn,2005 年 10 月 24 日。

适用年级:5~8年级。

社区参与者:太阳编年史报、WARA(广播电台)、当地有线电视台、阿特波罗市公共图书馆、开普勒动物园、阿特波罗市艺术博物馆。

学生参与者:马塞诸塞州阿特波罗市布卢纳中学170名5年级学生。

教学目标:(1)调查社区公民在野生动物保护中的作用;(2)收集信息和材料支持自己的结论;(3)思考当地动物园作为"教育工具"所能发挥的功能和作用;(4)对一堆材料进行评价、筛选和分析,整合出所需知识;(5)运用交流技巧收集、加工和传递关于某主题的信息。

学习标准:(1)历史和社会科学学科:① 能够设计出适合通过历史研究解答的问题;② 能够从原始的二次文献中收集、筛选和提炼信息,并通过口头和书面语言表达出来。(2)地理学科:描述人类改变世界的活动方式,例如迁移动物和移植植物。(3)英语或语言艺术学科:学生学会提问题,倾听他人观点,以及在小组讨论和会谈中贡献自己的知识或思想,以学到新知识。

具体任务:学生通过追溯动物园收藏的1700年至今的展品的历史,制作一个有图片的短文,解释历史上的事件是如何影响美国社会对动物园功能和作用的看法。

提交材料:关于动物园的资料、海报、大的黑板报。

学习步骤:

(1)步骤1:①解释过去各种科学技术、风俗习惯如何影响人类改变环境的能力。② 追溯18世纪以来动物园展品设计的变迁历史:通过小组合作,学生利用手头资料收集相关信息回答3个重要问题:什么时候动物第一次成为展品?如何展览?为什么要展览?学生将回答上述问题的所有材料列个清单。③ 每个小组的记录员将小组成员的发现记录下来,与班组其他人分享。将学生的答案写在黑板报上供同学交流。④ 提出问题:在这段历史中,人类对动物的需要和看法对动物园展品的设计产生了怎样的影响?⑤ 将黑板报上的答案按照3个角度分类:人类的需要;展品设计的类型;历史分期。

(2)步骤2:① 制作一个有图片的短文,比较不同动物园的展品设计之异同。② 纵观历史上动物园展品的图片,回答下列问题:有证明自然栖息地存在的证据吗?它看上去足够大吗?它看上去让人赏心悦目吗?为什么/为什么不?如何改进这次展览?③ 对动物展品的图片作一历史分期。依照上述问题对每个展品用一段文字作出回答。参观开普勒动物园。和教育合作者一起观看各种展品并回答下列问题:这些展品设计能够改进吗?为什么?现存的哪些组织和法律条款正在发挥保护野生动物的作用?它们是什么时间成立或制定的?为什么能发挥作用?④ 将你的照片和描述性文字汇集于一张海报,取名为"美国动物园之历史"或"人类的野生动物观之变迁"。

评价标准:依据有图片的短文的做法说明对学生作品进行评价。

(1) 4—非常好:① 海报中有至少10幅动物展品的照片。② 照片反映的时间从现在回溯至1700年。③ 写一个5句话构成的描述性段落,包含一个有转折词的主题句和一个结论。④ 海报看上去:A. 打印干净清楚;B. 丰富多彩。

(2) 3—较好:① 海报至少有8幅动物展品的照片。② 照片反映的时间从现在回溯至1900年。③ 写一个由5句话构成的描述性段落,包括一个主题句和一个结论。④ 海报看上去:A. 打印干净清楚;B. 丰富多彩。

(3) 2—一般:① 海报至少有5幅动物展品的照片。② 照片反映的时间可追溯至1960年。③ 写一个由5句话构成的描述性段落,包括一个主题句。④ 海报看上去:A. 打印干净清楚;B. 丰富多彩。

(4) 1—仅仅完成任务:① 海报至少有5幅动物展品的照片。② 照片反映的时间仅为最近一段时间。③ 写一个由5句话构成的描述性段落,包括一个主题句。④ 海报视觉上:打印效果需要改进。[①]

讨论题:

1. "服务学习"是如何整合学校与社区双方的资源进行有效合作的?

2. "服务学习"对加强我国中小学课程实践环节以及改进学校与社区的互动方式方面有何启示?

【扩展阅读】

1. (美)约翰·杜威:《民主主义与教育》,王承绪译,人民教育出版社,1990年。

2. (美)富勒、奥尔森:《家庭与学校的联系:如何成功地与家长合作》,谭军华,等译,中国轻工业出版社,2003年。

3. (美)倍根、格莱叶:《学校与社区关系》,周海涛,等译,重庆大学出版社,2003年。

4. 刘淑兰:《学校与社区的互动》,四川教育出版社,2003年。

【思考与探究】

1. 如何理解校园环境的独特性?

2. 怎样看待家庭环境和社区环境对青少年成长的影响?

3. 如果你是一所中(小)学的校长,你将如何设计与家长的合作,又如何进行与社区的共建?

---

① 《外国教育研究》,2005年第1期。

专题二 信息社会的生活与教育

学习要求：了解信息社会中教育变革的内容，理解网络环境对青少年成长的影响，掌握应对网络环境的策略。

20 世纪 70 年代末，个人计算机问世。经过几十年的发展，尤其是多媒体的问世和互联网的飞速发展，已经影响到知识的创造方式、传播方式和处理方式，其规模如此之大，被联合国教科文组织形容为"我们正处在一个崭新的知识时代的前夜"。毋庸置疑，信息社会的出现是 20 世纪对未来有重大影响的事件之一。信息社会是相对于传统的农业社会和工业社会而言的，因此也被称之为"后工业化社会"。在农业社会和工业社会中，物质和能源是主要资源，人们所从事的是大规模的物质生产。而在信息社会中，信息成为比物质和能源更为重要的资源，以开发和利用信息资源为目的的信息经济活动迅速扩大，逐渐取代工业生产活动而成为国民经济活动的主要内容。

一、信息社会中的教育变革

英国学者詹姆斯·马丁统计，人类知识的倍增周期，在 19 世纪为 50 年，20世纪前半叶为 10 年左右，到了 70 年代，缩短为 5 年，80 年代末几乎已到了每 3年翻一番的程度。90 年代，计算机网络的出现使得知识增长速度进一步加快，网络扩张的轴线有两条：横向上加速了传递，知识更新速度越来越快，数量越来越多；纵向上加强了连接，知识的传播途径越来越多，传播速度越来越快。据测算，互联网上

的数字化信息每 12 个月就会翻一番。知识数量的急剧膨胀并没有给人类存储和传播知识带来太大的麻烦。以计算机技术和网络通讯技术为代表的现代信息技术有效地解决了这一问题。从存储的角度来看，一张高密度的光盘就可以存储一套 24 卷本的百科全书的所有内容。从传播的速度来看，一根光纤电缆就可以每秒钟传送几千万个电子信息。人类获取、传播信息的途径和方式已经悄然发生了根本性的改变。计算机网络技术的发展引发了人类历史上继文字和印刷技术以来的第三次信息革命。建立现代信息技术基础上的教育，具有与传统的工业化教育模式完全不同的新特点。

（一）储备学习如何走向终身学习

现代科学技术的飞速发展深刻地改变着未来人类的生活，知识更新和转化为现实生产力的速度大大加快。有关资料显示，一个人所掌握的知识半衰期[①]在 18 世纪为 80 ~ 90 年，19 ~ 20 世纪为 30 年，20 世纪 60 年代为 15 年，20 世纪 80 年代为 5 年左右。进入 21 世纪，知识的半衰期缩短的趋势愈加明显。从知识的层面来看，中小学校的知识可利用周期最长，约为 20 年，高等学校的知识是 10 年，电子数据处理和工艺的知识仅为 1 ~ 3 年。知识裂变速度可以用"一日千里"来形容，原有的储备学习将无法长久适应信息社会的生存，学校再也不会是一个为学生的一生准备一切的地方。因为一个人如果不学习或停止学习的时间太久，则会与社会脱节。正如联合国教科文组织在 20 世纪 90 年代所判断的那样："教育，如果像过去一样，局限于按照某些预定的组织规划、需要和见解去训练未来社会的领袖，或想一劳永逸地培养一定规格的青年，这是不可能的了……教育正在日益向着包括整个社会和个人终身的方向发展。"今天的学习只是适应今天的社会需要，适应明天的社会需要还需要明天加倍地学习。人们在学校中的学习只是人生学习过程中的一个基础阶段而已，个人从出生至临终的全部历程都必须是学习的历程。"活到老，学到老"是信息社会中现代人生存和发展的基调。

终身学习时代的来临并非意味着传统学校教育作用的降低，而是要求学校教育作出适当的变革，以适应时代的要求。在信息社会中，人们必须具有比现在更强的能力、知识、首创精神和继续发展的能力。学校教育是实现这些"关键能力"的前提条件，即促成学习能力的基础能力。其中培养"驾驭媒体的能力"是学校最主要的任务之一。作为运用新媒体促进学习的能力，驾驭媒体的能力包

---

① 知识半衰期指一个在某一领域很有学问或有丰富专业知识的人，如果不再学习，在一定时间后就进入知识半衰期，即基础知识仍可用，其他的一半知识已经落伍。

括针对已知媒体的信息进行选择、判断和运用的能力,学生的学习潜能可以借助这种能力在新的媒体世界里充满自信地、自主地和有责任心地探索与行动。

学生在离开学校后的职业发展,本质上依赖于学习过程的拓宽和加快。信息社会中,知识是社会财富的基础,新知识的创立及其解决问题的新方法,都能被创造性地应用到新产品和新服务中去。学习成为社会进步的主要推动力和个人生活的第一需要。学习将发生在未来的一切领域:在工作中、在业余时间里、在家里、在旅途中等。一个重大的变化存在于经济界,它将成为继传统学校和高等学校之外的学习过程的基本承担者。学习已进入生产力要素中,而且是作为最富有革命性的要素加入进去的。学习,是动态的技术,是鲜活的知识,是生生不息的超前的创造力。这一状况标志着终身学习时代的来临。

(二) 校园是否有边界

传统的学校是一个相对封闭的系统,教育活动主要在校内进行,校园的边界毫无疑问就是学校的围墙。随着学校与家庭以及学校与社区的合作日益受到重视,现代学校逐步走向一个开放的系统,教育活动与家庭活动尤其是社区活动产生了越来越多的互动,校园的边界逐渐向社会领域延伸。信息社会的到来,使校园的边界无限延伸。随着计算机网络越来越广泛地进入学校,今日的校园已不再是单纯的物理空间,它还包括虚拟的网络校园,不论在世界的任何角落,都可以通过互联网访问学校并进行网络学习,校园的边界越来越模糊。网络时代的到来使学校的开放性具有新的时代意义,它突破了传统校园边界的限制,向全世界进行文化辐射,同时从世界范围内获得新的教育资源。在这个意义上,学校已经成为超越围墙的"虚拟公共机构"。

教学中的网络应用越来越多,最普遍的一种模式是将网络以资源共享的方式引入传统课堂,使之成为学生在教师指导下进行探究性学习的工具。教师通常会给出相关问题的情景,对结论的方向不作事先预设,学生以小组的形式在网络提供的丰富信息环境中自行搜索、浏览、下载对解决问题有用的信息,并自主得出相关问题的结论。这种模式将课堂学习拓展到虚拟世界,也可以说把虚拟世界引入课堂,这种良好的结合形式有时甚至分不出是教学在网络中,还是网络在教学中。

此外,基于网络的国际教育合作项目也是当前发达国家的一种流行模式。这些合作项目以环境保护、能源开发、气候变化、宇宙探索等主题为研讨对象,以电子邮件、视频会议以及最先进的网络虚拟情境为工具,组织不同国家和地区的学生共同参与讨论。它充分发挥了网络超时空性、互动性、资源共享性的特点,把身处世界各地的儿童联系在一起,使他们相互交流和学习。这是发挥网络功能的新途径,完全超越了学校的界限甚至国家的界限。

另外,网络教育在大学教育和继续教育中的运用相当普遍与成功,基础教育也紧随其后。没有现实校园的网络虚拟学校已在世界范围内纷纷建立。同步的远程教育是通过提供虚拟教室,由教师在一个地方教学,学生同步在异地通过互联网来上课,师生展开实时对话交流。异步的远程教育不受时间的限制,可以全天候地在线学习,但没有实时的交流。基于网络的远程教育已经使校园完全虚拟化。

(三) 教学有哪些变化趋势

1. 教学内容的变化

信息社会是信息快速传递、知识不断更新的社会,也是信息互动生成、知识资源共享的社会。信息社会为教学带来的变化突出地反映在教学内容的拓展上。有学者认为"教育知识"向"教育资源"的拓展是信息社会在教育内部产生的极为重要的影响之一。在教育的语境中,与知识相联系的是"学习"和"传播",而与资源相联系的是"开发"和"利用"。传统意义上的教育知识是一种带有高度选择性质的知识,正如英国学者雷蒙·威廉斯(Raymond Williams)所说,在整个可能获得的知识领域中,只有有限的部分被视为法定知识和"值得"传递给下一代的知识。信息社会中人们借助于信息化平台,大大拓展了教育知识的领域,生成了大量的教育资源,包括电子书籍(EBs)、电子期刊(EPs)、网上数据库、百科全书、教育网站、虚拟软件库和新闻组等,当前专门以课程为对象的网络教育资源库建设也取得了重大进展。相对于传统意义上的教育知识的生成而言,教育资源的生成空间更为宽泛与灵活:它不是封闭的,而是开放的;不是单主体参与的,而是多主体参与的;不是单纯自上而下的,而是多种路径并行的。随着教育资源的日益丰富,法定的教科书将逐渐成为一种教学的参考,教学将由"从教材开始到教材结束"走向"从学生开始到学生结束",教师将从"教教材"走向"用教材教"。

2. 教学方式的变化

信息社会是一种全新的、开放式的教育系统,它允许任何人在任何时间和任何地点学习,并使个人掌握学习的主动权和控制权,从而有可能实现联合国教科文组织所阐述的"使教学本身适应于学习者,而学习者不应屈从于预先规定的教学规则"的理想,为学习方式多样化提供了最大限度的方便。信息社会学习方式的变化主要表现在以下几个方面:

(1) 基于人工智能的教学系统,能够根据学生的不同个性特点和需求进行教学与提供帮助,实现个性化教学。随着计算机科学的发展,以及控制论、信息论等多学科交叉渗透，各种人工智能的技术手段先后涌现并不断改进，如智能软件、智能设备、智能网络、智能计算机、智能机器人等。在教育领域广泛应用的是智能教学系统（Intelligence Tutorial System）。它以学生为中心、以计算机为交互媒介，利用计算机模拟

现有的学习方式

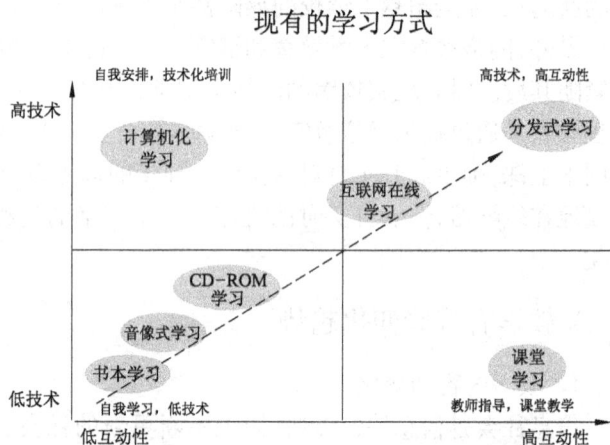

教学专家的思维过程，形成开放式的人机交互系统。这个系统最主要的特点是具有问题解决能力、诊断纠错能力、自然语言的生成和理解能力，使个性化的学习具有了技术上的支撑。

（2）基于超媒体、交互性的学习资源，为开展自主学习提供了条件。在信息技术条件下，学生具有了更多自主利用教育资源的权利，也具有了更多自主选择学习材料、寻找学习兴趣、确定学习目标、制定学习进度和评价标准的机会，他们不再拘泥于教材的内容和教师的讲授，而是在自主学习中培养积极思考和解决问题的能力，学生的主体性真正得到彰显。

（3）基于网络交流和网络通讯，更容易实现合作学习。在计算机网络的支持和教师的指导下，由多个学习者组成协作小组，共同完成某一任务，这是合作学习在网络环境下的发展。网络不仅提供了一个有助于维持学生兴趣的学习环境，而且提供了一个更加自然的学习场所，在这个场所中，系统与每个学生交互作用，使学生不再是一个孤立的学习个体，而是以小组成员的角色参与到广泛的讨论协商式的探究性学习活动中去，为达到共同目标而结成"学习共同体"。在共同体中，学生可以发挥自己的主体性，可以获得参与学习、体验成功的机会，还可以通过互动交流增强表达能力和沟通能力，培养自己的责任意识和团队精神。

（4）虚拟学习、研究性学习在信息技术支持下也更加卓有成效。借助于网络和多媒体技术，"在虚拟的环境中学习客观世界"成为可能，这就是虚拟学习。虚拟学习的学习环境是建构在网络虚拟世界中的，但虚拟学习的内容和其展示的情境是真实世界的反映。当前3D虚拟技术给虚拟学习内容带来了一个全新的提升，学习者可以对学习内容有特别"真实"的感性认识。网络虚拟实验室可以随时为学生提供更多、更新、更好的仪器，在网络中模拟一些实验现象，让学生

"身临其境"地观察实验现象,还可以和异地的学生合作进行各种实验。随着网络的普及和在教学中的广泛应用,基于网络的研究性学习作为传统研究性学习的补充得以深入开展,它以丰富的网络教育资源为依托,在动态开放的、交互的学习环境中,在教师的指导下,就相关研究专题进行探究,培养学生独立自主地发现问题以及获取知识、应用知识、解决问题的能力。

3. 教师作用的变化

信息社会中的教师面临着教育知识的拓展和教学方式的变化等诸多挑战,教师不再是过去知识的"唯一拥有者",教师所具有的传统教育经验的优势地位也在逐渐削弱,但教师的作用依然无可取代,依然至关重要。正如世界教育报告(1998 年)指出的那样,信息社会使得"教师从来没有像现在这样对我们共同的未来举足轻重"。教师更多地不是传授知识,而是帮助学生去寻找、发现、组织和管理知识,教师的角色逐渐从"独奏者"过渡到"伴奏者"。此外,教师的重要作用突出地表现在学生学习的"好奇心"仍需要教师来激发,学生的学习态度仍需要教师来引导,学生的分析判断能力和批判精神仍需要教师来培养;教师要承担起帮助学生寻找、发现、组织、管理和处理信息的责任,帮助学生对信息去粗取精、去伪存真,教会学生思考,提高其"思考的严谨性",帮助学生克服"闭门索居"现象,保证学生身心健康和正常融入社会,特别要重视学生"终身的基本价值"和人格精神的培养。

二、网络空间中的青少年成长

根据中国互联网络信息中心的报告,截至 2009 年底,中国网民规模达到3.84亿人,位居全球首位,互联网普及率达到 28.9%,超过了全球平均水平(21.9%),10～29 岁网民占网民总数的 60.4%。毫无疑问,一个美国数字未来学家唐·泰普斯科特(Don Tapscott)所称的"网络世代"(Net Generation)正在我国崛起。

网络空间是一个依靠计算机和网络技术支撑的数字化信息世界,这些数字化信息以多媒体形式呈现在人们的面前。网络空间的基本特征是虚拟性、自由性和即时性。当我们借助因特网收发电子邮件、进行商务活动、与他人交流思想和进行娱乐的时候,我们已经置身于一个虚拟空间中。计算机模拟现实和网络技术的快速发展,已经把虚拟社区、虚拟医院、虚拟课堂甚至虚拟战场这些人机互动、虚实相生的特殊物质形态带入我们的生活当中。在网络空间中,人们退到了信息终端的背后,在现实交往中备受关注的诸多特征,如性别、年龄、身份、性格等,都能借助虚拟技术得到充分的隐匿和更换,人们的行为也因此符号化和虚拟化了。虚拟技术带来了全新的生活场景和生存方式,正如心理学家和社会学家雪利·特克(Sherry Turkle)所说:"既然网络世界的各种活动常是在虚实相掩之中,谁说你爱上的 ICQ 网友不会是一个自行运作的计算机主机呢?"

网络空间的虚拟性伴生了自由性的特点。在虚拟空间中,没有国家和地域界限,借助代理服务器,人们可以自由穿梭于网络中的任何一个地方,现实生活中的地域和行政限制在虚拟空间中不复存在。人们在网上可以比较自由地选择、发布信息,而且人与人的交流不必是面对面的直接互动,网络中显示的只是一个个闪动的符号;因此,人们可以将现实中所隐藏起来的内在情感、观念无所拘束地展示出来,现实的道德、风俗、政治、法律约束因之也很难对人们起到有效的制约作用。

此外,网络空间的特点还表现为即时性。网上信息的超地域传播,打破了国家和地域界限,把全球不同角落的人们联系起来,人们不再受时空的限制,可以自由地交往。借助快速的信息传递技术,人们对遥远地方所发生的事件也具有身临其境之感,甚至较之眼前的事件更具亲切感。遥远地域发生的事件在短时间内也会对人们的生活产生重大影响,在人们心灵深处留下深刻的印象,这就使事件的发展呈现出即时性的特点。

(一)如何看待网络的影响

网络空间作为青少年成长的全新环境,必然对身处其中的青少年产生深刻影响,这种影响是多方面和全方位的。

1. 网络是青少年发展的重要环境

首先,全新的网络学习方式有助于发展青少年的主体性。在现代教育观念中,反思的活动和体验的过程对于青少年的自我建构具有非常重要的作用。青少年自我的学习活动和发展过程是这种反思与体验的基础和本位。互联网的出现为确立学生的主体地位,并使学生的学习活动成为本位,提供了必要的保证。网络教育的出现,使学习具有更大的选择性,使任何个人在任何地方、任何时间的任何学习需要,都能够得到一定的满足。而且,这种学生的主体地位也必然要求加强学习过程中的内化,即反思和体验等活动。同时,互联网的出现,使得教育活动的一体化真正成为可能。通过虚拟的网络空间,过去在传统社会中的"不在场存在",在今天已经成了具有现实意义的"在场存在",青少年的生活和学习借此实现了一体化。

其次,全新的网络交往方式拓宽了青少年的交往渠道。网络技术的神奇功能为人们的社会交往提供最先进的手段,无限扩大人们的交往范围,把"天涯若比邻"变为现实。史蒂夫·罗伯茨认为,在网络空间中"物理位置是无关紧要的。真正的友谊不受条件的限制。人与人之间的友谊来自心心相印,而不是因为他们住在一个城镇。而且,通过网络,人们无需见面便可以交流"。根据中国互联网络信息中心的报告,在所有的互联网应用功能中,网络通讯在青少年中的普及率高居榜首,其中即时通讯(如 QQ、MSN、Yahoo 等)的普及率高达 77.5%,电子邮件的普及率也达到 52.2%,网络已经成为青少年重要的互动交往平台。《未成年人互联网运用状况调查技术报告》也显示,使用过多元化交流、网络社区交往工具的未成年人比例非常之高,如:参加交友、社区俱乐部的比例为75.11%,参加论坛、BBS、讨论组的比例为 73.89%,使用过发送电子贺卡功能的达到 75.16%,使用过网络电话交往的达到 59.03%。由此可见,互联网空间的开放性、交互性、虚拟性等特质,突破了传统地域和时空限制,为人们的社会交往提供了更多的选择性、灵活性和快捷性。网络化的交往方式使个体接触到不同的文化传统,价值观和行为规范的评价扩大了个体的社会认定范围,提高了个体的社会认定程度,由此个体之间的同质性减少、异质性增强。有学者指出,网络空间不仅影响人类认知方式的变革和文化的演进,而且将真正促进人类行为规则的创新,并由此推动社会生活和社会交往方式的变革。

再次,全新的网络实践促进了青少年的社会化。社会化的核心内容是学习扮演社会角色,青年时期社会化的主要任务是依照社会对青少年的要求学会承担特定的社会角色,即实现期待角色与现实角色的整合。自由开放、平等多元的虚拟网络作为人类新的生存方式——与追求求变、渴望独立、藐视权威的青少年不谋而合,为他们提供了各种不同的角色模式、角色评价、价值标准、行为规范,成为影响青少年社会化的重要因素之一。在物理空间中,青少年的社会化是一个历时较长的过程,但网络超时间和空间的特性缩短了这一进程。传统社会化中的青少年始终处在"受动"状态下,主体的选择性微弱。通过网络,青少年不仅能与他们的同辈群体和同地域的人交往,而且也能与不同辈、不同地域和不同阶层的人建立联系,从中获得社会生活方方面面的信息。网络信息作为一种无孔不入的存在,将所有人平等地拉到一起。人与人之间互相交流信息,不存在谁压迫谁、谁统治谁、谁高于谁的问题,人与人之间是互相平等的,父辈权威不可避免地瓦解了。网络中,青少年主体的能动性得到充分发展,能积极地参与社会生活、社会关系,能动地内化及发展社会文化、发展自己的社会性,在网络虚拟社会中尽情地交流各种信息与情感,由此达到自我认知、自我表露,并建构起多元化的自我人格结构的目的。

2. 网络时代青少年成长出现的问题

首先,网络伦理失范对青少年道德发展有不利影响。由于网络空间具有虚拟性和自由性,诸多网络行为面临的伦理风险日益加大。在虚拟社区的人际互动中,作为生命体的"身体"特征被全部或部分地隐藏于电脑屏幕之后,这种"身体缺席"的状态为人们提供了一层保护膜和隐身术,使人们能够以一种更为开放、更为大胆的姿态介入到虚拟社区中去,人在网络中的行为往往更加原始、更加直率。同时,规范现实交往活动的伦理道德和法律法规在网络中的约束力大大折减,加之网络本身又是新生事物,全球性网络规范和网络法律建设相对滞后,网络世界几乎成为一个不受现实社会法律和道德约束的天地。网络伦理失范问题由此得以产生:任意发布虚假信息,使用不友好语言,不负责任地交友等,导致了信息污染和信息欺诈;传播色情图片,制造、传播"黄赌毒";侵犯个人隐私,实施"人肉搜索",掀起网络暴力;侵犯他人著作权益,肆意复制盗用;滥用计算机技术,实施黑客入侵,制造电脑病毒。青春期的孩子对异性和武力比较感兴趣,而网络里的色情信息和暴力信息就成为戕害他们的毒药。据中国青少年研究中心等部门发布的《2008—2009年青少年网络伤害问题研究》报告显示,48.28%的青少年接触过黄色网站;43.39%的青少年收到过含有暴力、色情、恐吓、教唆、引诱等内容的电子邮件或电子贺卡。报告还指出,根据北京市海淀区法院的统计,抢劫罪的数量在1999年后上升为未成年人犯罪之首,性犯罪的案例近年来也有所增加,而其中8成左右都与网络有关。一些青少年强奸类犯罪的违法犯罪动机就是受到网络中淫秽信息的诱惑。在网络游戏中长期地砍杀、爆破、飙车、打斗、枪战,也会使青少年的道德认知发生错位,逐渐认为网络中的砍杀在现实生活中也是合理的,从而在现实中予以实施。对于很多青少年来说,电脑黑客中那种"自由、反叛以及侠客精神"具有很强的吸引力。黑客行为正在日益流行,少年黑客越来越多,他们利用信息技术制造恶意程序,传播计算机病毒,窥探别人隐私,甚至盗取国家机构和个人机密,以此来炫耀计算机技能,获得心理满足,有些已经接近了犯罪的边缘。而在广大青少年心中,黑客行为仍然是值得关注的,甚至还带有英雄崇拜的意味,这都是网络伦理缺失的表现。

其次,网络环境下普遍存在青少年的自我认同危机和社会认同困惑。网络的虚拟性使自我认同变得困难。自我认同是个体依据个人的经历对自身的反思性理解。自我认同是青少年自我成长的条件,是形成完整人格的基础。现实社会中青少年对自我的理解往往是稳定的、整体性的。而网络空间将青少年带入了一个"讯息密集"的社会(message dense society),信息流不分昼夜,袭面而来。这种快节奏、高刺激使青少年精神不堪重负,出现了无所适从、无从选择、无力应对的"注意力匮乏性紊乱"(attention deficit disorder),个体内在的紧张和冲突不断加强,原本为整体的自我被割裂。此外,虚拟世界中个人身份的多重化也在加剧"自我"认同的危机。在网络上一个人可以同时具有若干个自我,也可以根据需要随意设定一个自我,任意规定自己的身份,甚至可以达到忘我的境地,"自我"就在各个方向上分裂开来。在网络交往中,人们所使用的和面对的是一个个抽象的符号,一个人可以在网络中同时设定几个符号,而且同一个符号可以被多个人加以使用,复杂的、多样化的自我出现了。由于符号在很大程度上游离于现实之外,因此,网络交往主体可以比较容易地进行非道德的活动,甚至非法活动。因此,交往主体往往呈现出一种主体体验冷漠感,进一步加剧了自我的不稳定性和"碎片化","我是谁?"成了青少年难以回答的问题。如雪利·特克(Sherry Turkle)所描述的,"我分裂了我的心灵……我可以看见我自己被分成若干个自我。当我从一个视窗跳到另外一个视窗的时候,我就启动了我心灵的另一部分"。除了自我认同的困境之外,青少年对社会的认同也成了一个难题。传统社会中的群体身份认同在网络社会中被瓦解了。网络的虚拟性和自由性在一定程度上将青少年的交流从现实关系中解脱出来:它为游戏者引入了新的身份,它动摇了业已存在的各种等级关系,使青少年的交往按照自由设定的关系进行。青少年在网络中渴望将身份多重化,在一定意义上反映了他们对某种理想身份的追求,更反映出他们对现实身份的一种逃避,对现实社会的反抗和挣脱。网络的发展为全球化进程的深入发展提供了强大的技术支持,与此同时,不同价值观念的碰撞、冲突的几率和强度均大大增强,原先为人们所认可的制度、价值、观念,由于外在价值观念的入侵,会受到怀疑甚至抵制。特别是由于西方信息技术和价值观念在网络空间中的广泛传播,对于后发国家的人们尤其是青少年的价值观念产生了严重的影响。

最后,网络成瘾是青少年成长中的一只毒瘤。网络空间中的虚拟生活使很多人对网络产生了依赖感,依赖感根据轻重,可以分为轻度依赖、网络沉迷和网络沉溺或成瘾。常见的情况是轻度依赖,即习惯了上网的人一旦无法上网就会有一种缺失感。网络沉迷(obsession)现象则是一种中度的网络依赖,通常表现为被网络空间中五花八门的信息和新奇的交往方式所吸引,将大量的精力投注在网络上,甚至对其他事物提不起兴趣。当对网络的依赖过于强烈,甚至使日常生活出现紊乱的时候,所发生的就是重度网络依赖,即网络沉溺(addiction)现象,也称之为网络成瘾。从心理现象比较的角度来看,网络沉迷是一种"乐此不疲"和"乐不思蜀"的现象。这与科学家和艺术家们的"入迷"现象十分类似,也同青少年的"追星"活动相像。但在发生网络沉迷的情况下,个人还拥有基本的自制能力,日常生活未陷入紊乱:一般没有"上瘾效应",即不需要一次比一次增加"剂量"来获得满足感;许多网络沉迷者会向人夸耀其上网经历,而一般不会隐瞒上网情况,也不以上网作为对真实生活的逃避;基本上不会过于影响学习、工作、财务支出和真实的人际交往。"沉迷"现象是人们遇到感兴趣的事物时所常见的一种行为表现,而且这种现象在持续一段时间后往往会自然减轻。"沉溺"现象则不然,它更多地表现为一种持续性强迫且具有伤害性的物质使用行为,一旦停止,便会出现焦虑、颤抖、沮丧、绝望等"退缩症状"(withdrawal symptoms)。"网络成瘾"或"网络沉溺"在当前社会上引起了广泛关注。据中国青少年研究中心等部门的调查(2009年),中小学生网民中网络成瘾的比例为6.8%,其中重度成瘾的约占1.4%。据中国青少年网络协会的调查

网络成瘾症状
- 网络游戏成瘾
- 网络色情成瘾
- 网络关系成瘾
- 网络信息成瘾
- 网络交易成瘾

(2009年),网络成瘾的青少年主要集中在13～31岁,其中男性占89.19%,初中及以下学生占45.95%,高中生占42.57%,大专生占4.73%,本科生占4.96%,这些网瘾青少年中已有66.80%的人休学或退学。因此,有专家指出网瘾是网络对青少年健康成长的最大威胁。网络沉溺对青少年的负面影响极为严重,相对于时间、金钱的花费和自我放纵的生活方式而言,青少年自主性的丧失更为可怕。青少年自主性的丧失表现为几个方面:其一,削弱人的责任感。自主性丧失一方面使得青少年在网络中毫无规则地任意作为,另一方面又使其没有能力对自己的行为负责,自我根本不可能在虚拟生活中获得自主的发展。其二,摧毁自我的多角色转换机制。人们在正常的心理状态下,能够依据情境扮演不同的角色,分清真实与虚拟,而人的自主性一旦丧失,要么会部分丧失分辨真实与虚拟的能力,要么会陷入某一虚拟身份而难以自拔,甚至对其产生强烈的"自恋"式的认同,导致暂时性的"精神分裂"。其三,满足于虚假的创造性活动。网络中的许多游戏所涉及的是虚假的创造,这些活动除了不能使人锻炼真正的创造性外,还由于耗去了行为者大量的时间,从而使行为者丧失了参与更有利于自我发展的活动的机会。

纽约精神病学家戈德堡医师(Dr. Ivan Goldberg)的网络沉溺症评估量表

想一想,过去一年来,你是否经历过下列状况:

1. 当你不上网时,还一直想着上网。
2. 你愈来愈需要以上网来满足自己。
3. 你无法控制你上网的时间。
4. 当你试图减少或停止上网的时候,就会觉得不安或易怒。

5. 你将上网视为逃避问题或疏解负面情绪的方式。

6. 你对家人或朋友隐瞒你对网络的涉入程度。

7. 因为上网而危及你的人际关系、工作、就学或就业的情况。

8. 即使你花费巨额上网费用,你还是坚持要上网。

9. 当你下了网络之后会有"退缩症状"。

10. 你停留在网络的时间经常比预定的时间长。

如果满足 4 项或 4 项以上,你就可能已经罹患网络沉溺症。

(二) 如何应对网络环境

网络空间已展示出它的无限魅力和发展潜力,就像空气和水一样,逐渐成为人们的一种生存方式。同时,网络也不是一个完美的天使,作为青少年成长的全新环境,也存在着一些突出的问题需要我们正视和面对。青少年学生可以在网络环境中健康成长,也可能因此误入歧途。面对网络这把"双刃剑",我们应当如何应对呢?

1. 教师角色的重新设计

第一,教师是终身学习者。互联网是一种基于资源的媒体,它的发展使知识更新速度成倍加快。面对这一现实,教师的学习者角色变得非常必要。学而不厌的态度既是学习型社会对教师的要求,同时也为学生树立了一个良好的典范。教师要不断更新知识结构,补充学术养料,拓展教育视野,始终走在学科、时代和社会的前沿。同时,教师要不断增强自己的网络素养,主动融入网络环境,熟练驾驭网络资源,影响并提高学生的网络素养。网络素养包含了在网络环境中生活、工作、学习和交流所必须具备的各项素质和修养,对教师而言,包括网络意识素养、网络技术素养、网络信息素养、网络交往素养、网络教学素养等方面。这些素养的习得离不开教师自身孜孜不倦的学习,也离不开教师在网络教学和网络生活中的不断探索与研究。

第二,教师是学习的指导者。网络为学生提供了更广阔的自由空间,学生可以获得大容量的信息,但这些信息往往不具有系统性和逻辑性,也不会考虑到信息接受者原有的知识水平与知识结构。这说明网络还不能针对学生的需要,对知识、信息进行主动选择、加工,也无法把智慧和能力教给学生。所以,如何帮助学生利用已有的知识经验来适应这个庞大而纷乱的网络世界,是教师所面临的一个新的任务。这要求教师的角色主要不是信息的传播者,而是学习的指导者。教师指导的目的是使资讯的获取更为得法,并引导学生将局部的零星知识串接成完整的知识系统,并将已有的知识与新的信息有机地联系在一起。外在的知识转化为内在的知识,需要学生主动的加工过程。这有赖于教师教会学生以一种批判、创新精神的态度去对待知识;教会学生用最经济、有效的方法去整合各种知识;教会学生对学到的知识进行自我再创造,构建起自己的知识体系,完成知识的内化。此时,教师成为学生的一个支架,学生通过支架达到独立发现问题的水平,把监控学习、管理学习以及探索的责任逐渐由教师转移给学生自己,最后撤去支架,使学生在新的情境中得到充分的发展。

第三,教师是网络生态教育者。互联网技术发展至今,已成为一种全民性的生存生态空间,个人的任何网络行为都应该无损于他人、无损于网络,这是评价网络行为的最基本的道德规范。尽管教师在网络时代作为知识源的重要性有所减弱,但一个顺应新时代的新角色也油然而生,即教师是网络生态教育者。这个角色旨在引导学生融入"健康环保"的网络社会,教育学生网民不做网络上的"害群之马",教育学生自觉摒弃网络垃圾,抵制有害信息,使自己的行为与网络系统的健康有序保持和谐统一。

2. 学校的工作方向

网络启发教育新观念,网络启发学习新观点,网络的日益发展将带来学校教育的重大变革,有人把这种变革称为网络对学校教育的再造过程,学校将成为更为高效的学习场所。从这个意义上讲,学校无疑是开展网络教育的主阵地。

我们面临的是一个教育高度信息化的时代和网络服务日臻完善的时代,开展网络教学、建设健康文明的网络文化是时代的需要,也是学校的必然选择。网络教学运用先进的计算机、多媒体和网络技术,改革传统的教学模式,让科学的教育理念与先进的教学手段走进学校、课堂和课程,目标是通过 10 余年的基础教育,给予每一个学生迎接网络时代挑战的良好心理素质、完善的人格、扎实的知识、自觉的学习能力、正确的人生观、与人合作的精神和敢于挑战的勇气,这是教会学生正确认识网络、主动做到趋利避害的根本途径。具体而言,首先,学校的网络教育教会学生"判断和选择的智慧",帮助学生树立正确的"网络观",明辨是非,分清美丑,自觉抵制不良网络内容和网络行为,做到"心无杂念"、安心学习。其次,学校的网络教育是培养学生"掌握和驾驭的技能",教会学生如何查询网络信息,如何利用网络资源,如何获得学习资料,做到授人以渔、促进学习。最后,学校的网络教育是搭建学生"参与和运用的渠道",将互联网与青少年的学习活动联系紧密,引导青少年利用网络进行研究性学习和拓展阅读,做到主题明确、自主学习。网络时代的教育目的不再是一味追求高分,而是培养出一代具有广阔的胸怀、丰富的知识、聪敏的智慧、开拓的精神、高尚的道德和完善的人格的人才。

网络生活已成为当今学生的主要生活方式之一,顺应这一社会发展趋势,学校应逐步地、有条件地为学生创造可控制的上网条件,提高学生的信息素养,加深学生触网的深度,从整体上提高学生的网络利用率。这样既有利于学校在良好的网络环境下,科学引领学生的网络生活,有效防止学生上网过程中的行为偏差;又体现学校教育对学生网络生活的极大尊重,而不是阻挠、拒斥和远离。学校要为学生创造可控制的绿色网络环境,可以从两方面去努力:一是为学生开辟绿色网吧或校园网络活动室。实践表明,学校健康网吧的不充分恰恰是社会黑网吧红火的重要原因之一。二是建立班级网络精神家园。作为学习、生活的集体,班级成为"科学引领学生网络生活"的主战场。建立代表班级主流意识的网上家园,通过师生之间、生生之间、班主任与家长之间的互动交流,有利于凝聚精神、汇聚情感,形成家校统一的引领系统,形成对学生网络生活的指导性和影响力。

网络是虚拟社会,虽然可以帮助学生与社会沟通,可以从许多方面打破学校与社会相脱离的局面,但它不可能完全代替人的社会交往。为更好地完成学生的社会化,仍需要学生自己走进社会现实中去。学校要增加学生接触现实社会的机会,帮助学生正确地认识社会现实,学会与他人、与社会以及自然环境和谐相处。

3. 网络环境的监管

网络无疑是人类最伟大的发明之一,它使信息的传播和获取更加便捷,为人们的工作、生活带来了极大便利,但与互联网发展速度一样迅猛的是它的没有规则和不守规则。如果将网络比作一个花园的话,那么不良信息就是花园中的杂草。正如美国学者弗莱克斯纳(A. Flexner)所说,"一个四分之三美丽芬芳、四分之一杂草丛生的花园,会是一个非常糟糕的花园。人们会羞于展示它,因为花园里面应该没有杂草。杂草不仅不雅观,而且会占领并摧毁花园"。[①] 网络中也不应该有杂草存在,它们不仅难看、不和谐,而且还会带来严重的危害。一段时间以来在网络上孳生蔓延的色情化倾向和网络游戏中的暴力倾向成为舆论抨击的焦点,青少年在这样的网络环境中非常容易受到戕害。因为现在的青少年接触网络的机会越来越多,手机上网的技术也越来越成熟,可以随时随地上网。网上有不少不良信息,它们严重危害广大青少年的身心健康,必须加强网络环境治理。2009 年开始,国家相关部门开展了整治互联网和手机媒体淫秽色情及低俗信息的专项行动,关闭了一批违法违规网站,有效斩断了淫秽色情和低俗信息的

---

① （美）亚伯拉罕·弗莱克斯纳:《现代大学论——美英德大学研究》,徐辉,等译,浙江教育出版社,2001 年,第 157 页。

源头,同时严惩了一批违法犯罪分子,净化了网络化境,取得了阶段性成效;但整治网络环境的任务依然艰巨,相关的长效机制建设还需加强,以防止低俗信息死灰复燃。

此外,建设绿色网络场所也非常重要。早在2002年国务院就发布了《互联网上网服务营业场所管理条例》,严令禁止网吧接纳未成年人,规定中学、小学校园周围200米范围内和居民住宅楼(院)不得设立网吧。然而总有一些"黑网吧"顶风作案,面向学生和未成年人开放。学生一旦沉迷网络,轻者影响学业,重者走上歧途。

网络环境的净化除了靠行政部门严格执法以外,还需要全社会共同关注青少年的成长。网络游戏的开发商和运营商应当担负起应有的社会责任与道德责任,开发健康的游戏产品;应该借鉴国外成功经验,根据成年人、青少年、儿童等不同用户群的特征和需要对网络游戏进行分级,经营性网吧也可以根据提供的游戏类别区分为成年人网吧和为未成年人用户服务的绿色网吧等。

此外,净化社会大环境,营造健康积极的社会氛围,加强文化建设,是促进青年一代健康成长的重要保证,这需要全社会的参与和配合。

案例分析与讨论

案例一 14款网络游戏最让未成年人沉迷

中国青少年网络协会针对411名网瘾青少年进行的调查结果显示,玩网络游戏是这些未成年人上网的主要目的。《地下城与勇士》是最让未成年人沉迷的网络游戏。其他13款网络游戏分别是:《劲舞团》、《梦幻西游》、《魔兽世界》、《穿越火线》、《天龙八部》、《诛仙》、《永恒之塔》、《QQ炫舞》、《热血传奇》、《魔域》、《跑跑卡丁车》、《问道》和《神鬼传奇》。

此项调查由中国青少年网络协会委托中国传媒大学调查统计研究所完成。调查从2009年10月份开始,针对北京、上海、江西、河北、山东等地网瘾治疗机构共411名在校学员进行。关于"上网目的"的调查,回收的有效样本为406个。根据选择频率和频数的多少,排名分别是:网络游戏、视频音频、联络朋友、搜寻信息、论坛/BBS、个人空间、浏览新闻、网络购物。有306人选择了以玩"网络游戏"作为上网的主要目的,占有效样本数的75.4%,居于榜首。有251人选择了"视频音频",占61.8%。有206人选择了"联络朋友",占50.7%。值得注意的是,选择"浏览新闻"的只有59人,占14.5%。

中国青少年网络协会针对这些孩子进行了"最喜欢的网络游戏"的调查,回收有效样本388个。统计显示,有105人选择了《地下城与勇士》,占有效样本数的27.1%,位居第一。调查中,中国青少年网络协会的工作人员和孩子们进行了深入交流。孩子们就《地下城与勇士》给出了如下评语:"打打杀杀的很过瘾,百玩不厌","游戏的虚拟、刺激很有吸引力,还有现实中做不到的,在网络中能够做到"。

"不良网络游戏对未成年人的影响,无异于花儿在成长的季节遇上毒针。"著名素质教育专家陶宏开在接受记者采访时说。

中国青少年网络协会秘书长郝向宏长期关注青少年网瘾问题,他在接受记者采访时表示,以上曝光的14款网络游戏,是网瘾青少年以自己的宝贵年华、父母的血汗钱和透支明天的亲身经历锁定的最让未成年人成瘾的网游。这说明不良网游和网游不良内容、不良机制的影响是当前未成年人思想道德建设迫切需要解决的问题。我们吁请政府监管部门加大《未成年人保护法》的执法力度,保持净化网络环境和打击不良网游的高压态势。我们要求网游企业要在产业发展、文化传承和未成年人权益保护的统筹考量中,找准发展道路。中国青少年网络协会也将联合有关部门,适时推出网游企业社会责任报告,全力为未成年人的健康成长营造绿色网络空间。①

讨论题:

1. 网游企业在青少年网络成瘾问题上负有怎样的责任?

2. 你认为青少年网络成瘾的根本原因是什么? 如何解决青少年网络成瘾问题?

【扩展阅读】

1. 联合国教科文组织国际教育发展委员会:《学会生存:教育世界的今天和明天》,教育科学出版社,1996年。

2. (美)尼古拉·尼葛洛庞蒂:《数字化生存》,胡泳,等译,海南出版社,1997年。

3. (美)曼纽尔·卡斯特:《网络社会的崛起》,夏铸九,等译,社会科学文献出版社,2001年。

4. (美)白甫丽·艾碧:《网络教育:教学与认知发展新视角》,丁兴富,等译,中国轻工业出版社,2003年。

5. (美)雪利·特克:《虚拟化身:网络世代的身份认同》,谭天,等译,台湾

① 《光明日报》,2009年12月23日。

远流出版公司,1998 年。

　　6. 马和民、吴瑞君:《网络社会与学校教育》,上海教育出版社,2002 年。

【思考与探究】

　　1. 信息社会带来了哪些深刻变革? 学校教育如何作出有效的调整和应对?

　　2. 如何在中小学有效地开展网络学习? 如何培养学生良好的网络使用习惯?

　　3. 如何认识中小学生网络成瘾的现象? 这一现象背后的原因有哪些? 如何预防和矫正中小学生的网络成瘾?

第八篇

教育科研与写作

专题一　教育科研的意义

学习要求：理解教育科研是教师职业专业化过程中的一个必要条件,也是教师个体专业成长的必经之路,懂得科研与教学并不矛盾以及科研与教育发展之间的关系。

教师的教育科研是教师职业专业化过程中的一个必要条件,也是教师个体专业成长的必经之路。当前教师的教育科研与学生的学习方式变革一样,成了新课程改革中的一大亮点。新课程改革极大地激发了广大中小学教师的科研兴趣,教师的教育科研正在由个人兴趣转变为一种职业生活方式,成为教师专业发展的新路径。

一、科研与教学并不矛盾

随着新课程改革的推进,以及学生个体和群体变化的加剧,在当今的教育教学中,教师时常会在教学过程中遇到各种各样的疑难问题或困境。例如,教师的教学设想、计划有时会与实际的教学效果之间有很大差距。教师在备课过程中精心设计的教学在实践中收效甚微,甚至效果相反;在教育教学情境中,教师与学生之间、学生与学生之间会表现出目标和价值的冲突与对立;又如,教师在处理学生个体发展与班级整体发展之间的关系时总是会陷入"两难"境地。这些疑难问题,教师几乎每天都会遇到,而且对于这些问题的解决并没有固定的、统一的可借鉴方法,教师只能将其作为研究对象,在研究过程中逐渐找到削弱其障碍、转化其限制力量的对策。

(一) 教师的教育科研误区在哪里

当前,我国教师的教育科研意识与能力从总体上来看还是相对薄弱的,其中一个重要的原因就是教师对教育科研的认识存在着误区。尽管教育科研与教师的工作、生活密切相关,而且从事教育科研已经成为当代教师专业发展中的一个不可逆转的大趋势;但是因为怕改革、怕影响升学率、怕家长抱怨,教师被迫或自愿地遵循机械式的教学模式,靠单纯的说教对学生进行教育,如此年复一年、日复一日地靠苦干、加班、超负荷地工作来换取升学率,而很少或从未试图去寻求更科学、有效的方法或途径,教师、学生、家长都因此感到疲惫不堪。还有些教师头脑中存在这样一些错误的观念和意识:把教育科研神秘化,认为搞科研只是教育理论研究者和教育专家的事,是高深莫测、很难做的工作,搞科研对于教师而言是额外的负担;把教育科研简单化、功利化,认为能写出文章、发表文章、有助于凭职称就是搞科研。实际上,多数教师尚未认识到什么是真正的教育科研,为什么要进行教育科研,也并未意识到教师自身正是教育科研的主力军,从事教育科研是每一位教师的分内工作。只会讲课而不会搞教育科研的教师,在当代教育改革的新形势下很难称得上是一位合格的教师。

教师只有深刻意识和感受到教育科研对于自身生活的意义,才能对教育科研投入精力,才可能在科研活动中逐渐改变和成长。教育科研本身蕴涵着改变与发展教师的积极因素和力量,教师完全可以通过自己的努力从中体会和发现这种力量,从而也能够获得教育科研过程中的快乐与幸福。

(二) 教师有哪些科研优势

课堂中的教师不仅仅是教育者,更应该成为教育科研者,因为教师是教育改革中最基层的实践者,是教育中最具有发言权的人;教师也必然成为教育科研者,因为教育科研是实现教师专业化的重要路径之一。教师的专业化发展是实现本次新课程改革的关键一环。教师只有在不断的学习和研究中才能实现自身的成长与发展,才能有效地促进学生的发展。

教师开展教育科研的优势主要表现在:(1) 教师工作于真实的教学情境之中,最了解教学的困难、问题与需求,能及时清晰地知觉到问题的存在;(2) 教师与学生的共同交往构成了教师的教育教学生活,因此教师能准确地从学生的学习中了解到自己教学的成效,了解到师生互动需要改进的方面,尤其是能从教育教学现场和学生的文件(如考卷、作

业、作文、周记等)中获得第一手资料,这为研究提供了良好的条件;(3)实践性是教育教学研究的重要品性,教师是教育教学实践的主体,教师针对具体的、真实的问题所采取的变革尝试,能够在实践中得到检验,进而产生自己的知识,建构适合情境的教学理论。这些优势是专家学者所不具备的,教师应当增强教育科研的信念,更好地发挥自身优势。

虽然世界上没有在工作中不犯错误的人,但是教师的工作是最不容许犯错误的。为了不犯大错误,或少犯错误,乃至尽可能不犯错误,教师小心谨慎、如履薄冰。要做到这一点,没有其他办法,只有不断地思考、研究和改进工作。因此,教师从事教育科研,实际上就是一种自我认识的过程。研究自己正是为了更新自己、超越自己,并朝向更理想的人生道路迈进。

(三) 教育科研对教师的教学有什么促进作用

一方面,教师参与教育科研将改变教师的生存态度与生活方式,进而将提高教师的工作积极性;另一方面,教师的专业能力与教学水平也将在科研过程中不断提高。

教学研究并不是简单的"教学 + 研究",教师的教学研究是与教学活动本身紧密交织在一起的。因此,教师要在教学中做一个有心人,每天上完课都要进行及时的反思,或者养成写教学日志、教学随笔的好习惯。这其中既有对某个教学问题的困惑,又有成功的喜悦,还有自己的感悟。多种多样的教学研讨、教改实验、科研立项等科研活动也正在摆脱以往的形式化,走进真正的科学研究领域。新课程教学新理念下的教育科研为教师的思考、探索、发展提供了广阔的空间。我们会发现教案不再是教师实施课堂教学的唯一依据,评价不再是教师个人的"专利",学生的学习方式也不再是单一、被动的接受式学习,课桌的摆放也不再拘泥于整齐划一的"秧田式",学生的视野不再被束缚在课堂之内、学科之内。

教师是学校课程中最为重要的因素,教师是国家课程、地方课程、校本课程的最终决定者和实践者,教师也是课程中最重要的元素,因为教师本身就是课程,教师的学识水平、精神风貌、行为举止无时无刻不影响着学生、教育着学生。教育科研引导下的合理教学将直接对学生的发展产生有益影响。更重要的是,教师参与教育科研也将直接或间接地影响学生科研素质的养成。我们很难想象,一个没有问题意识的教师能够有效地指导学生发现问题,一个自身从来没有搞过教育科研的教师能够合理地引导学生开展研究性教学,从而帮助学生成长为研究型、创新型人才。

二、科研与兴校之间的关系

当今中小学的发展也同样面临着许许多多的新情况、新问题,遇到了形形色色的新矛盾,这些都将制约学校的发展,影响学校的教育教学变革,如果不能及时对这些问题加以处理和解决,就难以使教育适应社会发展和学生个体发展的需求,难以达到预期的教育目标。由于这些问题和矛盾是伴随教育的快速发展与社会转型而出现的,原有的经验不能奏效,已有的老办法不能破解,教育科研因而成为解决这些问题或矛盾的前提与基础。[1] 因此,教师的教育科研工作不仅会推动教师的个人成长,而且也是推动学校更好发展的必要条件。教师教育科研不仅可以维持和完善学校正常的教育教学秩序,而且能够破解学校发展过程中的一些瓶颈问题,使学校的特色得以凸显,将学校潜在的资源提升到显在的层面上加以整合,从而使学校呈现出新的发展态势,形成学校办学的新气象。

"科研兴校"近年来已经成为中小学界的普遍共识,许多学校都从自身的立场出发,开展了多种多样的科研活动,这些科研活动已经在其中的部分学校成为了学校持续发展的动力与保障。但与此同时,我们也不难发现,在数量庞大的中小学教育科研成果中充斥着很多质

量低劣的所谓"科研成果",这种只重数量不重质量的教育科研对于教师个人和学校的发展都无法发挥积极的作用,换句话说,这样的"校兴科研"非但没有产生"科研兴校"的效果,反而给教师、给学校增加了很多不必要的负担。既然中小学教育科研是学校发展的一种自身要求,那么,在科研指向上就应该自始至终都围绕着学校的发展来进行。学校和教师都要有清晰的问题意识,明确地认识到借助于研究想去解决学校的哪些问题,什么样的研究活动才有助于达到这一目的。中小学教育科研活动要为学校发展提供后劲,在解决学校当前问题的同

---

[1] 郑金洲:《教师如何做研究》,华东师范大学出版社,2005 年,第 9 页。

时,提出后续努力的方向,进一步明确后续科研要探索的路径,通过持续不断的科研,使学校步入良性发展的轨道。学校的问题是层出不穷的,常常是一个问题解决了,新的更难以理解的问题又冒出来了,学校的科研活动也因此不能一蹴而就,需要在一轮研究活动结束、解决了一个问题的同时,设计新的研究计划或方案,去解决新的难题。这样,就需要学校将教育科研活动当做一种经常性活动,将科研作为学校发展的持续动力。检验学校教育科研活动不仅要着眼于是否解决了当前问题,还要考虑这项科研在多大程度上为学校的后续发展提供了支撑。

专题二　教育科研的计划与方法

学习要求：了解教师如何在工作中发现研究问题，掌握设计研究计划的策略，学会运用教育科研中的研究方法，初步形成开展案例研究、叙事研究与行动研究的能力。

一、关注身边的教育问题

问题是教师研究的起点，只有与问题为伴，善于发现问题、思考问题的教师，才能够创造性地开展教学工作。爱因斯坦说过，提出一个问题往往比解决一个问题更重要，因为解决问题也许仅是一个数学上或实验上的技能而已，而提出新的问题、新的可能性，从新的角度去看旧的问题，都需要有创造性的想象力，而且标志着科学的真正进步。

（一）如何发现问题

教师在日常教学实践活动中经常会遇到一些实际性的教学难题与教学中的困惑。例如，在新课程教学实践中，教师要改变传统教学中教师讲、学生听的单一教学方式，要把课堂留给学生，增加学生的交流与表达机会。但在这样的改变中，很多教师发现了新问题：低年级的学生急于表现、表达而缺乏倾听的习惯，教室里经常闹哄哄的；高年级的学生发言较少，课堂秩序较好，但是发言的在发言，其他学生各干各的，也没有倾听。教师如果不想办法解决这样的问题，那么就很难上好课，教学质量也会受到严重影响。实践中遇到的困难就是问题，而这些问题很有可能成为有意义的研究问题。

除了在教育教学实践中发现问题，教师还可以在进一步的学习和阅读中去发现研究问题。教师研究教育教学问题，但不能仅仅将眼睛盯在教育上面，要学会从其他学科中学习和借鉴，这样更容易发现教育实践中的问题。"不识庐山真面目，只缘身在此山中"，跳出教育来看教育，我们可以获得认识和理解教育的新视角，发现过去没有发现的问题。如果仅仅在教育内部研究教育，也不容易再有新的突破和超越。借鉴其他学科的研究成果,不仅更容易发现研究问题,而且更容易形成研究成果。

教师也可以尝试将教育领域中的热点、难点问题结合自身的教育教学实践来开展研究。作为热点和难点问题,研究这些问题的重要性当然是不言而喻的。例如,推进素质教育是国家的大政方针,是时代的要求和呼唤。作为教师,有责任和义务把国家的大政方针落实在自己的实践中,体现在教学行动上。但如何在学科教学中进行实践,如何在平常的教学工作中落实呢? 这就需要研究。研究这样的课题并付诸实践,不仅可以提升自己的教学质量,而且成果发表后,还会引起正在思考类似问题的其他教师的思考和实践兴趣,从而产生更大的影响。

选择热点与难点问题进行研究,研究者可能不在少数。因此,教师要争取所研究的问题具有创新意义。首先是要多读,要研究他人的研究成果,要了解自己的观点别人是否已经发表过了,同时要判断和比较自己的观点是否有新意。如果涉及方法和操作实践的问题,就要看一看自己的方法是否有实效性、操作性和推广可能。另外,也要看一看自己的文体和风格是否适合要投稿的刊物或所申报课题的要求。

(二) 如何确定问题

确定教育科研选题具有 3 个基本原则:有价值、有新意、有可行性。其中研究问题的价值与新意具有相对性。如果要研究国家级的课题,那就要从全国范围内考虑所研究问题的价值与新意;如果研究的是学校里的问题,那就要考虑该研究问题对学校改革和发展有没有价值,相对于学校的现状,该研究是否有创新。如果针对的是个人在教育教学中的实践问题,那就看这样的研究对改变自身实践问题有没有价值,有没有"新知、新事、新人"。

教师都希望自己研究的问题有很大的价值,具有教育创新意义,但是不能忘记选题的可行性原则。如果一线教师从开始就选择研究大问题,则很可能要受到很多条件的限制。因此,教师在最初从事科研时,最好先从自己的问题入手,从小问题做起,研究好了,研究水平和研究能力就会上一个新台阶,然后再尝试参与一些重大课题的研究和实践。

二、好的研究计划是科研成功的一半

研究的问题确定后,还需要制订一个科学、合理的研究计划。这样将使要研究的内容更加明确、细化,使研究行动具体化,并能够为此后的研究提供明确的方向和具体的行动指南;制订好研究计划也可以为研究的检查与评估提供依据,为其他教师和教育科研工作者等科研人员开展科研论证工作搭建对话与讨论的平台。一般而言,研究计划主要包含3个方面:研究什么,为什么要做这项研究,如何研究。

(一)问题怎样变成课题

上述所谈到的研究问题还不能直接作为研究的课题,研究课题的确定还需要对研究问题进行推敲和论证的过程。

1. 使研究问题形成系列问题

教师在找到研究问题后,还要善于转换问题的提法,不断试着从新的角度提出问题。寻找研究问题的过程就好像是通过不同的窗口看外面的风景。一个窗口有一个窗口的视角,我们在每一个窗口所看到的风景也不同。对于我们所发现的问题,从不同的角度、不同的层次去看,会有不同的感受,会产生不同的看法,也就会形成不同的问题。

我们在选择研究问题时,最初范围大多比较宽泛。对于这样的问题,教师在实际操作时应该通过界定研究范围将其分解为一系列子课题,而且子课题还有可能分解为一些更小的子课题。课题具体了,研究范围缩小了,研究也就容易操作。教师在确定选题时应当根据自己的能力,选择相对较小的课题进行研究。

例如:若我们选择的研究问题为"发挥学生主体作用的研究",经过思考我们就可以将这个研究问题进一步转化为以下问题:

- 在课堂教学中发挥学生主体作用的研究;
- 在初中课堂教学中发挥学生主体作用的研究;
- 在初中语文课堂教学中加强学生自主学习的研究;
- 在初中阅读教学中加强学生自主学习,提高阅读能力的研究。

又如:若我们选择的研究问题为"激发高中学生英语学习兴趣的研究",那么可以将问题转化为:

- 激发高中学生英语学习兴趣的研究;
- 激发高中学生英语课堂学习兴趣的研究;
- 激发高中学习困难学生英语学习兴趣的研究;
- 高中学习困难学生英语学习兴趣的调查研究。

2. 课题名称的确定

课题的名称必须明确表述所研究的问题。要有合适的标题来清晰表达所研究的问题,标题最好能涉及研究的范围、对象、内容和方法。例如,"某市小学5年级语文识字量调查研究",这样的题目就是一个大家都不必费脑筋猜想和琢磨就能明白的题目。又如,我们从"某县小学生学习方法的调查研究"这个课题中,就可以清晰地看出研究对象是"某县小学生",研究内容是"学习方法",研究方法是"调查法"。

总之,一个好的课题名称要简明具体,准确反映研究范围、内容和实质,要符合以下要求:(1)准确。课题名称要把课题研究的问题(研究内容)是什么、研究的对象是什么交代清楚;课题的名称一定要和研究的内容相一致,不能太大,要有一个适宜的切口,能准确地把研究的对象、问题概括出来。(2)规范。所用的词语和句型要规范、科学,似是而非的词不能用,口号方式、结论式的句型不能用。因为课题就是我们要解决的问题,这个问题正在探讨,正准备进行研究,不能有结论性的口气。(3)简洁。名称不能太长,能不要的字尽量不要,一般不要超过20个字。(4)醒目。课题研究的切口要适宜、新颖,使人一看就对课题留下深刻的印象。

3. 形成研究假设

无论选择哪种类型的教育研究,教师首先都要对所研究的问题有一个基本的想法。一般来说,研究者在确定课题的过程中,就逐渐建立了关于这个问题的某种想法,确定了解决这个问题的可能的答案。这些想法、猜测或"答案",都是研究者从相关的理论和经验出发,对问题和解答作出的假设,这可以作为解决问题的出发点。把这些猜测或设定的答案用明确的语言表达出来,就构成了一个研究假设。[①] 因此,教师首先要界定研究中的变量及关键词,这将让人了解自己的研究范围与研究对象,然后要讨论研究的假设,让别人理解自己的研究依据,明白自己在研究中想讨论的变量关系。变量是指在研究过程中在质或量上有变化的因素,它可以分为自变量、因变量和无关变量。

在此以课题"小学语文创造性教学对学生写作能力的影响研究"为例进行分析。其中,"小学语文"是研究牵涉的对象和学科,"创造性教学"、"学生写作能力"就是这个课题的两个关键词。那么,在"创造性教学"和"学生写作能力"之间是怎样一种关系呢?

"创造性教学"是我们研究中要做的工作,我们要对"创造性教学"进行设计和操控,这个变化因素的投入可能引起"学生写作能力"的变化,因此,"创造性教学"就是研究中的自变量。自变量就是那个具有影响作用的变量,其变化水平完全取决于研究者的操纵与设计,是引起或产生变化的原因。

"学生写作能力"将可能因研究所开展的"创造性教学"而改变,它的改变可能是实施"创造性教学"的结果,因此,我们可以说"学生写作能力"是研究中的因变量。因变量就是受自变量的变化影响而变化的变量,是自变量作用于研究

---

① 马云鹏:《教育科学研究方法导论》,东北师范大学出版社,2002年,第77页。

对象所产生的效应,是研究者要测定的假定的结果变量。

除了"创造性教学"、"学生写作能力"两个变量以外,研究中还涉及一些因素,如教学时间、教学环境、学生的智力、知识基础等。这些因素会干扰自变量和因变量的对应关系。这些研究者不想研究,但却又可能影响研究进程。需要研究者加以控制的变量就称为"控制变量"。上述诸多控制变量与"创造性教学"混杂在一起时,往往导致人们难以确定创造性教学是否产生效果以及所产生效果的优劣,无法判断最终学生写作能力是来自创造性教学,还是来自教学时间、教学环境、学生智力、原有知识基础等其他因素。因此,如果研究者能有效控制这些无关变量,研究结论——创造性教学和学生写作能力之间可能存在的某种关系——才会比较明确、可靠。

4. 研究目标的表达方法

研究假设是研究的前提和基础,它指引和规划了研究者的行动,并直接决定了研究的目标。课题研究的目标就是通过研究,要达到什么目标,要解决哪些具体问题。研究的目标是具体的,不能笼统地讲,必须清楚地写出来(参见下面"研究目标写作范例")。只有目标明确而具体,才能知道工作的具体方向是什么,才能知道研究的重点是什么,思路就不会被各种因素所干扰。确定课题研究目标时,一方面要考虑课题本身的要求,另一方面要考虑课题组实际的工作条件与工作水平。

研究目标写作范例

课题:农村小学牛津英语教学中开展"小小组活动"的实践研究

研究目标:探索"小小组活动"的目标要求、内容、途径、组织形式,探索具体的操作措施及科学的评价体系,建立一种灵活、开放、积极的教学组织形式,从而获得牛津英语教学的一般规律。

课题:小学语文阅读教学中学生探究性学习指导的实践研究

研究目标:探索一套让学生主动探究阅读的教学方法;总结有效提高小学生语文探究学习能力的措施与途径;形成可行性强的过程性、欣赏性、反思性评价方式。

(二)课题是否值得研究

教师在选定教育科研的课题、明确研究的目标的前提下,还要说明研究的缘由、背景和动机,并表明研究的重要性和必要性,解释研究的意义和价值。

1. 课题研究的背景与研究现状

阐述这部分内容时,要认真、仔细地查阅与所选定课题有关的文献资料,了解前人或他人对该课题或有关问题做过哪些研究及其研究的指导思想、研究范围、方法、成果等,把已有研究成果作为自己的研究起点,并从中发现以往研究的不足。说明该课题研究的地位和价值。

2. 课题研究的理论价值和实践意义的表述方法

研究者要阐述此项研究的目的和意义,即说明为什么要研究,研究的价值是什么,要解决什么问题。阐述通常是通过理论价值与实践意义这两方面进行的。下面是常用的基本表述格式:

(1) 理论价值。(研究是对□□□□相关理论的细化和补充;研究是对□□□□的具体阐述;研究是对□□□□理论的充实等。)

(2) 实践意义。(研究有利于促进学生□□□□的发展;研究有利于带动□□□□;研究有利于转变教学观念;研究有利于教学方式的改变;研究有利于实施新课程;研究有利于提高教育教学质量;研究有利于提高教师素质;研究有利于学校的可持续发展;等等。)

(三) 课题应该怎样开展

在研究计划中,研究者除了要明确所研究的问题,阐述课题的研究背景、现状以及理论价值、实践意义以外,还需要重点考虑如何开展这项课题研究。因此,研究计划中还要表明研究的主要内容是什么(如研究是否有子课题、子课题如何分解),将运用哪些主要的研究方法,研究的时间和步骤如何划分,各阶段的主要目标和任务是什么,研究人员如何组织,资源如何调配,如何有效保障研究活动,等等。

1. 课题研究的基本内容

有了课题的研究目标,就要根据目标来确定这个课题的研究内容,研究内容要比研究目标写得更具体、明确。教师科研中在这方面通常存在的主要问题是:(1) 只有课题而无具体研究内容;(2) 研究内容与课题不吻合;(3) 课题很大而研究内容却很少;(4) 把研究的目的、意义当做研究内容。这些问题对我们整个课题研究都十分不利。因此,我们要学会把课题进行分解,一点一点地去做。这里举一个例子:

某省"九五"重点课题"初中语文活动课研究和实验"的研究方案指出,本课题研究的中心是,如何科学有序、切实有效地开展初中语文活动课。具体内容包括下列 3 个方面:(1) 根据初中各年级学生的情况和语文教学要求,对初中各年级语文活动课对学生认知领域、情感领域和动作技能领域素质的发展进行详细的目标规定,从而建立初中语文活动类课程的目标体系。(2)根据初中各年级语文活动课目标和语文学科的特点,安排初中各年级语文活动课的内容,内容的安排力求充实、精确、有序,并初步形成一个相对完整的活动课内容体系。(3)根据初中各年级语文活动课目标内容和初中各年级学生的特点,探索初中语文活动类课程的学习活动方式,确定活动类课程的教学时间、空间及程序,并在此基础上形成多种切实可行的、可操作的语文活动教学模式。

2. 课题研究的方法

任何科学研究除了要运用哲学方法和一般科学方法之外,还要有具体的研究方法和技术手段。"研究方法"这部分,主要反映一项课题的研究通过什么方法来验证研究假设,为什么要用这个方法以及要"做什么"、"怎么做"。教育研究的方法很多,包括历史研究法、调查研究法、实验研究法、比较研究法、理论研究法、行动研究法等。一个大的课题往往需要多种方法,小的课题可能主要运用一种方法,但也要运用其他方法。我们在运用各种方法时,一定要严格按照每一种具体科研方法的要求,不能凭经验、常识去做。比如,我们要通过调查了解情况,进而明确我们如何制订调查表、如何进行分析,而不是随随便便发一张表,搞一些百分数、平均数就行了。这是教师科研工作中必须解决的问题。(关于研究方法的具体要求,此处略,后文将详细说明。)

3. 课题研究的步骤和计划

课题研究的步骤,就是课题研究在时间和顺序上的安排。研究的步骤要充分考虑研究内容的相互关系和难易程度,一般情况下,都是从基础性问题开始,分阶段进行,每一阶段从什么时间开始,至什么时间结束都要有规定。对每一阶段的工作任务和要求,不仅要心中有数,还要落实到书面计划中,从而保证课题研究按时保质保量完成,据此也可对课题研究进行检查、督促和管理。

上述课题研究计划的设计也是构成课题开题报告的核心部分,课题开题报告的格式与写作方法请参考附录4:开题报告范例。

三、教育科研的传统研究方法

(一)如何查阅文献

文献检索是教师教育科研过程中的一项基础性工作。它通常贯穿于教育研究过程的各个阶段之中。从各种文献中迅速、准确地查找研究所需要的信息和有价值的线索,并有效利用这些文献资料,将有助于教师全面把握教育研究前沿动态,提高自身科研效率与质量。

教育科研的文献资料主要分布在教育类书籍（包括教育名著要辑、教育专著、教科书、资料性工具书及科普读物）、教育档案（包括教育年鉴、学位论文、教育法规集、教育统计、教育调查报告、学术会议文集、政策、法规、文件汇编等）、教育专业报纸与期刊（国内外主要的教育研究专业期刊见附录1）之中。

上述文献资料主要集中在图书馆、档案馆、研究机构和学校等单位。但当前最大的教育文献资料检索源是互联网。利用计算机储存和利用互联网交流信息资料在教育研究中的应用越来越广泛。在网络上查找资料需要借助于网络搜索引擎，如谷歌、百度等，同时也需要了解一些常用的教育类网站（见附录2）。此外，还可以通过一些重要的图书馆网站查询馆藏书目、下载电子文献，也可以利用网络提供的数据库联机检索（见附录3）。

在开展文献检索工作的同时，应注意对资料一边搜集、一边整理。随着文献数量的增多，如不及时进行分类、记录、归纳，很有可能会遗漏一些重要的信息和线索。因此，为避免重复劳动，保证文献资料的条理性，必须按照所研究的主题和总体思路对文献资料进行分类，及时做好文献的归纳、整理工作。

（二）如何运用观察法

教育观察法是教育科研中一种最基本的方法，在实际应用中操作简便，一般不需要特殊的设备和场地，很适合中小学教师采用。教师可以凭借自身的感官或必要的辅助工具，有目的、有计划地对教育活动中自然状态下的研究对象进行系统的、连续的观察，及时作出准确、具体、详细的记录，并进行深入的理性分析。[①] 所以，教育科研中的"观察"不是我们日常生活中的简单看看或了解。教育观察中的一个关键问题就是围绕研究主题如何获取和整理资料，显然观察记录表是我们不可缺少的研究工具，见表8-1、表8-2。

---

① 沈英:《教师校本研究与专业成长》，北京出版社，2005年，第94页。

表 8-1　儿童游戏行为观察表

被试行为	1	2	3	4	5	6	7	8	…
独自游戏									
与朋友合作游戏									
带头游戏									
受别人支配游戏									
游戏中爱吵闹									
什么也不玩									
其　他									

表 8-2　课堂学习主体能动性观察表

行为表现	呈现人数
老师提问,学生没有举手	
老师提问,学生举手	
学生举手,并被老师提问,回答一般	
学生举手,并被老师提问,回答很好	
学生没有举手,但被老师提问,回答错误	
学生没有举手,但被老师提问,回答一般	
学生没有举手,但被老师提问,回答很好	
学生主动积极举手,向老师提出问题	

（三）教育调查如何设计

调查是教育科研中一种最基本、最常用的研究方法。在实际操作中,教育调查又分为问卷调查法和访谈法等具体方法。

1. 问卷调查法

问卷调查法是一种以书面形式提出问题、搜集资料的研究方法,采用统一提问、回答的方式,对所有的被调查者以问卷的形式进行询问,同时以同种方式发放、填写问卷。在问卷调查中,被调查者通常是匿名填写问卷,调查者可以不与被调查者直接见面。问卷的基本结构一般由前言、主体及结语组成。其中,问卷的主体内容主要是根据研究对象、研究范围和研究主题等因素进行设计的。

调查问卷可分为 3 种类型:封闭式问卷(又称为"结构型问卷")、开放式问卷(又称为"非结构型问卷")、半封闭式问卷(又称为"综合型问卷")。下面是各类型问卷中的问题设计示例:

(1) 封闭式问卷中的问题类型主要包括:是非式问题、选择式问题、排序式问题、划记式问题。

是非式问题,如:

我自己决定的事,别人很难让我改变主意。A. 是　　B. 否

选择式问题,如:

你最喜欢的课程是:(　　)

A. 数学　　B. 语文　　C. 英语　　D. 物理　　E. 历史

排序式问题,如:

请将下列电视节目,按你喜欢的程度,由 1~8 排出序次:

(　　)动物世界　　　　(　　)天地之间

(　　)文化生活　　　　(　　)儿童故事片

(　　)科技生活　　　　(　　)美术动画片

(　　)世界各地　　　　(　　)电视连续剧

划记式问题,按照同意或不同意在答案上划"√"或"×",如:

(　　)考试前我非常紧张,常担心自己的成绩会落后于他人。

(2) 开放式问卷中的问题,如:

你认为家庭教育在学生成长中起到什么作用?

(3) 综合型问卷(半封闭式问卷):上述两种形式的结合。如:

你认为教学的目的是:(　　)

A. 学习基本知识　　B. 训练基本技能　　C. 培养基本能力

D. 培养学习态度　　E. 其他＿＿＿＿＿＿(请自己填写)

2. 访谈法

对于教师做研究来说,较大规模的、相对复杂的问卷调查并不常见,在教育调查法中,访谈法的运用相对来说更为普遍。访谈是一种研究性交谈,是按调查提纲个别进行的一问一答的谈话。这种方法有时规定访谈内容,有时采用开放结构,围绕一个问题由被访者回答,访者再根据问答情况的调查需要追问,但不可分散中心主题、跑题漫谈。在访谈中,访问者要善于创造轻松和谐、相互理解支持的气氛,并一定要善于倾听、善于捕捉有价值的信息,让受访者充分阐述自己的观点。①

---

① 全国十二所重点师范大学联合编写:《教育学基础》,教育科学出版社,2002 年,第 306 页。

在进行访谈之前,访问者要围绕研究主题制订访谈计划,设计访谈问题。访谈的问题要切合所研究的主题,问题要通俗易懂,而且问题的措辞不能带有某种倾向性或暗示性,例如,"你认为初中阶段男生比女生的学习要好一些吗?""你认为教师的负担重吗?"所有访谈的问题并不是随意去问的,而是要体现出层次与次序。例如,如果我们想调查教师的工作量状况以及教师对工作量的看法,我们可以按照问题的难易程度与顺序拟定下面这样一些问题:

- 您参加工作多长时间了?
- 您教的班有多少学生?
- 您每周上多少节课?
- 除上课和批改作业外,您还有什么工作要做?
- 您备课一般都用什么时间?
- 您批改作业大约要用多长时间?
- 您认为现在的负担怎么样?
- 您对工作的安排是否觉得合理?

准备好访谈计划就可以到现场访谈了,访谈时要有意营造一个有利于访谈调查的交流氛围,使被访者放松心情,打消被访者的顾虑,让被访者明白访谈的目的、意义和内容,争取被访者的支持与合作。访谈时,主动访问的一方最好关闭手机,除纸笔记录外,在征得被访者同意的情况下,还可以使用录音笔、摄像机等。访谈调查中的倾听也是很值得重视的。通过恰当的提问,运用倾听技巧,既要从被访者的谈话中听出其对问题的看法与态度,也要注意被访者谈话中的"言外之意"。

四、教育科研方法动态

案例研究、叙事研究与行动研究是近几年我国教育界颇受关注的 3 种新的研究模式。比起传统的研究方法,这 3 种方法更接近教师的教育教学实践,更能够引起教师的研究兴趣。在"教师成为研究者"这样的大背景下,案例研究、叙事研究与行动研究已经成为最适合一线教师参与和实践的教育科研方法。

(一)案例研究有何特殊意义

每一位教师在其教育生涯中,都会遇到这样或那样的事件:可能会面对一些学习困难的学生,也可能会面对一些学业成绩优良的学生;所教的学生中,有些人某门或某些课程较好,而其他的学科却显得薄弱;有的学生认知与情感发展不均衡。教师也会在课堂内外遇到这样或那样的难题,在与同事、学校管理者交往中有时可以应对自如,有时难免会束手无策。诸如此类事件,其实都可以经过一定的思考加工,以案例的形式体现出来,成为大家共同探讨的问题。

在当代中小学教育领域中,案例正在越来越密切地与教师的教育研究结合为一体,并在教师的职业生涯中扮演着越来越重要的角色。案例研究,又称为个案研究,是以研究对象的单一性来界定的,它是针对某一研究对象在某种情境下发生的特殊事件,广泛系统地收集有关资料,从而全面地分析、解释、推理的过程。个案研究的单一研究对象可以是个人,也可以是个别团体或机构。对中小学教师的教育科研来说,个案研究有特别现实的意义。因为个案研究对象易选择,又可以结合日常的教育教学工作,并且不会影响研究的开展,尤其是对成绩不好、行为不良或学习优秀的学生的研究,个案研究方法有其非常大的价值。案例研究将有助于教师更深刻地认识自己工作中的重点与难点,促进教师对自身行为的反思,提升教师的专业化水平;案例研究也有益于教师之间相互分享经验和交流心得。

在中小学教师的案例研究中,最常见的是课堂教学案例。课堂教学案例并不是简单的课堂实录,由课堂教学实录到课堂教学案例还要经过一个"再创造"的过程。课堂实录是对课堂教学活动的真实记录,要详细记录课堂中的每一个细节。教学案例则是对课堂实录进行思考与编辑,针对课堂中的某个矛盾冲突对课堂实录进行有选择性的加工与调整。在案例内容的选择上必须紧紧围绕案例的主题,体现出事件的矛盾冲突,只有这样才能显现出案例的典型性。本专题的案例一就是在课堂实录基础上整理出来的案例(参见案例一:《在全班讨论中,他站在学生的……》片段)。

(二) 什么是教育叙事

简单地讲,教育叙事就是"教师讲故事"。这里的"故事"专指教师在日常生活、课堂教学与教改实践中曾经发生或正在发生的事件,也包括教师本人撰写的个人传记、教学日志、网络博客、个人经验总结等。这些故事是对实践的记录,是教师个人的主观体验,是具体的、情境性的。教育叙事描绘的是教师的经验世界,记录的是教师心灵成长的轨迹,道出的是教师在教育教学活动中的真情实感(参见本专题案例二:《教案:下课之后才完成的故事》)。

教育叙事比较容易被教师所掌握和应用,不像量化研究那样需要教师具有较高的专业知识技能。叙事研究对于教育研究的最大意义就在于它强调差异性。可以说,世界上有多少个教师,就会有多少种不同的教育故事。教育叙事研究的目的,并不是为了检验某种教育理论,也不是为了构建某种新的教育理论,更不是为了向别人炫耀自己的研究成果。教育叙事一方面是教师在讲述自己的过去与历史,另一方面也是要用过去的故事和历史来照亮前程、引领未来。因此,在教育叙事中,教师创造了故事,同时这些故事也创造了教师自身。在叙事研究中,教师不再是"传声筒"和"应声虫",教师最为看重的是自己的思想,不再依靠别人的思想而生活;教师要倾听自己内心深处最真实的声音,反思自己,挖掘自己。

那么,如何开展教育叙事研究呢?教育专家给出了以下建议:

(1)每个教育教学叙事必须蕴涵一个或几个在教育教学过程中出现的有意义的教育教学问题或发生的某种教育教学"意外"。由于教育教学叙事是对具体事件的叙述,因此必须相应地显示出一定的情节性和可读性。如对教学事件的叙述就既不能等同于教学之前的教学设计方案,也不能等同于教学之后的课堂记录。

(2)每个教育教学叙事所叙述的事件都必须具有典型性,有较强的说服力。叙事可以反映教师以自己的方式解决事件之后取得的某种效果,也可以反映教师忽视了事件之后导致的某种遗憾。

(3)教育教学叙事的写作方式以"叙述"为主。这种"叙述"可以是教师本人在反思的基础上以第一人称的语气撰写的教育教学事件,尽可能真实详尽地表现教师在教育教学事件发生时的心理状态,可以使用"我当时想……"、"事后想起来……"、"我估计……"、"以后如果遇到类似的事件,我会……"这样的句子。此类描写促使教师在反思某个具体的教育事件时显露或转换自己的个人教育理论以及个人教育信仰。

(4)一份完整的教育教学叙事报告必须有一个贯穿全文的主题。这个主题常常是教育教学理论中已经被提交出来讨论的一个问题,如:怎样加强中学生的性教育。但它与纯理论研究的主题的不同之处在于:教育叙事的主题是从某个或某几个教育教学事件中产生并发现的,是用事实演绎理论,而不是将教育教学事件作为支撑某个理论问题的例证。

(三)怎样开展行动研究

20世纪40年代,美国的心理学家科特·勒温(Kurt Lewin)和社会工作者约翰·考利尔(John Collier)提出了一种新的社会科学研究方法,即从实际工作需要中发现问题、寻找问题,在实际工作中进行研究,由实际工作者和研究者共同参与,使研究成果能够为实际工作者所理解、掌握和实施,从而达到解决实际问题的目的。这种研究方法事实上就是将"行动"与"研究"有机地结合起来,因此被称为"行动研究"(action research)。20世纪70年代以来,行动研究越来越受到教育科研工作者的重视,80年代被引入我国,当前行动研究已经成为促进教师专业发展的主要教育科研方法之一。

简言之,"行动研究"就是"行动 + 研究"。在行动中研究,在研究中行动。教育行动研究中的教师本人既是行动者,又是研究者,同时还有专职教育研究者的合作参与,行动与研究合为一体。行动研究的目标定位是"为行动而研究"。行动研究不是寻章摘句的理论研究,它直接面向行动、面向实践。行动研究的研究成果是为教师解决实际问题服务的,是以改善教师的教育行为方式、提高教育质量为首要目标的。

教育行动研究过程分为 4 个环节:计划、行动、观察和反思(参见本专题案例三:《行动研究应用于英语课堂教学改革的尝试》)。

1. 计划

教师在制订行动研究计划时,要以大量的实践和调查研究为前提。首先要明确存在的问题,然后分析问题的成因,设想制约问题解决的关键性因素及改进的方式和条件,最后拟定计划。行动研究的计划应包括总体设想和每一个具体行动步骤的计划方案,至少要安排好第一步和第二步行动研究的进度。行动研究的计划不能是僵化固定的,必须具有灵活性、开放性,它可以伴随实践的展开而随时修改。

2. 行动

行动是按照目的实施计划,是行动研究的中心环节。在行动研究中,行动是行动者在获得有关行动的反馈信息后,经过自身的思考、理解与内化,带有一定的目的性和计划性,为解决问题所开展的研究性实践活动。当然,开展实践行动也应是灵活的,要重视实际情况的变化,要不断调整活动,逐步实现解决问题的目的。修改计划与变化行动是不分先后主次的,两者的最终目的都是以解决问题为大前提,应根据不断出现的现实新问题作出适当的调整。

3. 观察

由于教育教学实践不可避免地要受到实际环境中多种因素的制约,而这其中的大部分因素是无法预测和控制的,这些因素的突然出现经常会打乱计划、干扰活动,它们可能会为实施行动研究的行动者带来意想不到的灵感,也有可能会使行动者一时不察而完全偏离研究目标,因此观察在行动研究中的作用分外重要。行动研究中的观察可以由行动者本人通过观察进行记录,也可以是从他人视角得来的观察。观察的主要内容包括参与行动的人员、使用的材料、出现的意外干扰、预期的与非预期的行动结果等。

4. 反思

反思是一个循环的终结环节,也承接着下一个循环的开始。反思的主要内容包括选定的研究问题是否合适,对问题的界定是否明确,计划是否周密,行动是否按照计划展开,出现了哪些预期的积极的结果,又有哪些结果是没有预料到且具有消极影响的,观察的过程及记录是否全面客观,资料的描述与解释是否合理。反思环节中还需在整理和描述的基础上,对行动的过程和结果作出评判与评价,对有关现象和原因作出分析与解释,为进入下一个循环做好铺垫。反思也可以通过撰写行动研究报告的形式进行,这种方法更有利于及时将研究成果与他人共享,并通过他人客观的审视改进研究过程。

案例分析与讨论

案例一 《在全班讨论中,他站在学生的……》片段

开始教室里很安静,所谓读课文,实际上是默读。几分钟后,渐渐有了讨论的声音。估计小组讨论的内容已经完成,江老师拍手示意停下来,准备开始全部讨论。他首先提出讨论规则,要求"一定要听好别人是怎么说,其他同学要补充的等一会儿再各抒己见"。他的话音刚落,马上就有两位同学同时站起来要发言,看来同学们讨论的积极性提高了不少。

小A:课文首先介绍死海的地理位置,然后再介绍死海得名的原因,接着……

小A滔滔不绝地讲着,讲完了,还未等他坐下,就有几个同学同时站了起来,其中有一位男生小B,他与小A是同组的,不知是老师没有注意到,还是为了坚持另外一条讨论规则,只见老师微笑着说:"女士优先。"

女生小C站起来发言,对小A的观点进行了补充。

她的话刚一完,马上又有几个同学站起来要求发言……几个同学此起彼伏地争相发言,标志着全班讨论高潮的到来,尽管发言的内容主要是补充和纠正。

小D(男生):他刚才说死海得名的原因是造了许多游乐场,这不是主要原因,死海真正得名的原因我认为是死海周围没有鱼虾水草,海边也寸草不生,这才是它得名的主要原因。

小D的发言好像偏离了老师的要求,按照要求,讨论的内容是"作者是怎样介绍死海的,文章的思路是怎样的",而他在探讨死海得名的原因。我们看了看江老师,他仍然在专心地听同学们的发言,并未制止,小D的发言使后面的讨论有些"跑题"。

小E(男生):……

小 F(女生):……①

讨论题:

1. 根据上述案例,思考课堂实录与课堂案例究竟有哪些区别。
2. 教师开展案例研究具有哪些现实意义?

案例二　教案:下课之后才完成的故事

这段时间我一直在思考"怎么备课"、"如何做教学设计"、"教案如何写"之类的问题。在大学读书时,教《教育学》的老师在讲到"如何备课"这一节时,苦口婆心地强调要"备教材"、"备学生",以教材的"知识结构"和学生的"学情"作为选择教学方法与教学工具的依据。记得期末考试的考题就是"怎样备课"。

自己做了教师之后,我一直按"备教材"、"备学生"这两个要求来设计我的教学。后来我发现,"备教材"、"备学生"其实是合而为一的事情而并非分开的两个要求或两个程序。我将它理解为"根据学生的学情梳理教材的知识结构"。

有一段时间,我很为我自己的这个想法和做法得意。学校曾在全校范围内检查教师的教案,我写的教案作为优秀教案得到了学校领导的认可和赞赏。

但做教师的时间长了,我感觉我的教案越来越没有个性、越来越没有生机。像周围其他老师一样,我发现我的教案不过是在不断"重复"昨天的、过去的故事。教案也越来越简单,有时甚至懒得做教学设计,懒得写教案。我开始为教案的问题感到困惑。

前两天接到学校通知,说有大学的专家来听我的语文课。学校领导提醒我"要注意教学设计"、"专家可能要看教案的"。

我对这个任务并不陌生,我已经习惯于上所谓的"公开课"了。

但是,在为这节"公开课"准备教案的过程中,在我自己提醒自己"要注意教学设计"的过程中,我开始反思我自己以往的"公开课"的得意与失意。我意识到我所有的得意与失意,似乎都与"教案"、"教学设计"相关。而且,关键的问题似乎还不在"上课前"我如何设计教案,关键是"在课堂教学过程中",如何根据学生在课堂中的实际状况调整我原先设计好的"教案"。如果这样来看,"教案"可能不完全是在上课之前设计好的,真正的教案,是在教学之后。

我不知道我这个想法是否正确,但我很愿意按照这个想法来展开这次的"公开课"。②

---

① 郑金洲:《教师如何做研究》,华东师范大学出版社,2005 年,第 182 - 183 页。
② 任英:《教案:下课之后才完成的故事》,《人民教育》,2002 年第 12 期。

讨论题:

1. 如果说教育叙事研究就是"教师讲述自己的故事",那么在教育叙事研究中怎样体现出"研究"的意义呢?

2. 结合上述案例谈谈教育叙事研究对于教师的教学有哪些帮助。

案例三 行动研究应用于英语课堂教学改革的尝试

吉林省长春市某重点中学的英语教师张老师在 2002 年开始担任初中二年级五班和七班的英语教师。这两个班的英语成绩优秀率基本持平,但平均分相差较远,五班低于七班 10 分左右。为了改变这种状况,张老师加大了五班的课堂练习量和作业量,除了和七班一样做课本上的习题以外,还布置了额外的练习卷。经过半个学期的努力,期末考试时,五班的平均分仍落后七班 9.6 分。这使张老师意识到增加的练习题量和作业量并没有带来预期的效果。于是,张老师决定采用科研方法来分析问题、解决问题,提高五班的英语成绩。基于五班的课堂听讲情况以及学生对教学的反应与七班没有大的差别,张老师选择从作业入手,开展行动研究。实施步骤如下:

(1) 发现问题。为了提高五班的英语成绩,张老师加大了该班的练习量与作业量,但收效不佳,五班的英语成绩仍没有提高。

(2) 确立研究主题。在阅读了有关英语教学实验改革以及学习理论的资料后,张老师向英语教学法专家、本校教研组长及同事请教之后,经过认真思索,考虑现有的研究条件与自身研究水平,确定以初二英语教学为研究重心,将改进英语练习作业布置、提高英语教学质量作为研究主题。

(3) 文献阅读与资料收集。主题确定之后,开始查询有关初中阶段学生的学习特点、初中英语特别是初二英语教学改革的文献资料;参阅名师教案、习题集等;分析五班的历次主要考试的考卷;对比原定的和额外的练习作业;搜集学生对作业的意见。

(4) 制订计划。在问题分析和资料收集的基础上,张老师得知五班的作业量虽然增加了,但作业的实质性内容并没有增加,大部分是在简单地重复,而且作业主要集中于客观记忆部分,学生得不到实际应用的足够练习。因此,张老师选定五班为实验班,拟采用问卷法、比较法、观察法和实验法进行一个学期的改进英语作业与练习的研究,以英语成绩的提高作为预期结果。

(5) 提出假设。张老师根据文献查阅与资料收集提出了假设:在英语作业中增加主观应用部分(如造句、作文、翻译等),减少客观记忆部分(如背诵单词、课文及语法规则),调整英语作业的结构,将两者的比例设定在 6:4,这样可以提高英语作业的质量,从而提高学生的英语成绩。

(6) 具体实施。在为五班留作业时,张老师注意按照设定的比例增加主观应用部分,在帮助学生牢固掌握英语知识的情况下,尽量避免重复内容的出现。每次作业批改后,记录学生作业的完成情况。从实施过程中的单元测验中,张老师发现中等水平学生的成绩有所提高,而原来成绩处于下游的学生成绩降低,原来成绩较好的学生变化不大。

(7) 反思结果。测验结果表明:英语练习作业主观部分与客观部分6:4的比例,对于一些基础较薄弱的学生不合适,他们的练习和作业中客观部分的比例应该增加。但同时还要注意到其他学生的需要。张老师为此准备制定出3种比例:5:5,6:4,7:3,综合考虑测验成绩及学生意愿进行选择(作者注:由此张老师的行动研究进入下一个循环,程序与上面的内容基本相仿)。

在一个学期之后的期末考试中,五班的平均分比以前提高了4.52分,效果显著,这表示张老师的行动研究取得了成效。[①]

讨论题:

1. 根据上述案例,谈谈在教育行动研究中,"行动"与"研究"的关系。

2. 请思考本案例中的"反思"在行动研究全部过程中的地位与作用有哪些。

【扩展阅读】

1. 郑金洲:《教师如何做研究》,华东师范大学出版社,2005 年。

2. 陈大伟:《教育科研与教师成长》,华东师范大学出版社,2009 年。

【思考与探究】

1. 教师具有哪些科研优势?

2. 什么是教育叙事研究? 教师在开展教育叙事研究过程中应注意哪些问题?

3. 什么是行动研究? 行动研究包含哪些主要环节?

4. 请按照本篇中研究计划的设计方法,在教师职业道德方面确定一个选题,围绕该选题设计一份课题的开题报告。

---

① 沈英:《教师校本研究与专业成长》,北京出版社,2005 年,第 152－154 页。

附　　录

附录1：相关期刊推介

1. 有关教育理论和实践研究的主要期刊

《教育研究》(中央教育科学研究所)

《教育研究与实验》(华中师范大学)

《上海教育科研》(上海市教科所)

《教育理论与实践》(山西省教科所)

《教育科学》(辽宁师范大学)

《课程·教材·教法》(人民教育出版社)

American Educational Research Journal(《美国教育研究》)

Elementary School Journal(《小学教育》)

The Journal of Experimental Education(《实验教育杂志》)

Educational Researcher(《教育研究者》)

2. 介绍世界各国教育的期刊

《比较教育研究》(北京师范大学)

《全球教育展望》(华东师范大学)

《外国教育研究》(东北师范大学)

《外国中小学教育》(上海师范大学)

Comparative Education(《比较教育》)

Comparative Education Review(《比较教育评论》)

International Review of Education(UNESCO,《国际教育评论》)

The Education Digest(《教育文摘》,美国)

3. 有关教育心理学理论与研究的期刊

《心理学报》(中国心理学会)

《心理发展与教育》(北京师范大学)

British Journal of Education Psychology(《英国教育心理学》)

Journal of Education Psychology(《教育心理学》)

4．有关教育管理的期刊

《中小学校长》(国家高级教育行政学院)

《中小学管理》(北京教育学院)

Education Administration Quarterly(《教育行政管理季刊》)

Administrative Science Quarterly(《管理学季刊》)

附录2：实用教育类网站

http://www.pep.com.cn(人民教育出版社网站)

http://www.cnki.net(中国期刊网)

http://www.g12e.com(中国中小学教育网)

http://www.k12.com.cn(中国中小学教育教学网)

http://www.chinaedu.edu.cn(中国教育信息网)

http://www.teachers.net(教师网，英文网站)

http://www.edu.gov(美国教育部网站，英文网站)

http://www.mext.go.jp(日本文部科学省网站，日文网站)

附录3：主要的图书馆网址

http://www.nlc.gov.cn(中国国家图书馆)

http://www.library.sh.cn(上海图书馆)

http://162.105.139.185/portal/index.jsp(北京大学图书馆)

http://www.lib.bnu.edu.cn/index.jsp(北京师范大学图书馆)

http://lib.nju.edu.cn/docs/main.php(南京大学图书馆)

http://www.lib.ecnu.edu.cn/structure/index.htm(华东师范大学图书馆)

http://www.las.ac.cn(中国科学院图书馆)

http://lcweb.loc.gov(美国国会图书馆，英文网站)

http://www.csu.edu.au/au/education/library/.html（教育应用图书馆,英文网站）

附录4：开题报告范例

"多媒体网络环境下的教与学的研究"开题报告

一、课题研究的背景

信息化是当今世界经济和社会发展的大趋势,以多媒体和互联网为核心的信息技术已成为拓展人类能力的创造性工具。面对高度信息化的社会生活,获取和处理信息的能力成为人类生存必备的知识和能力素质;高度信息化的社会生活环境与知识环境必将改变教师和学生的教与学的条件及教与学的环境。社会的高度信息化对学校教学产生了根本性的影响,促使了教育需求、教育功能、教育环境、人类知识体系的重新建构。

当今社会,科学技术转化为生产力的速度越来越快,速度快、周期短的特点对教育的滞后提出了严峻的挑战,对教育的目的、任务、课程、教材、教法、手段提出了从注重知识传授向重视创造能力改革转变的要求,需要创造一种有利于培养学生综合能力、持续发展能力的教学体系和教学模式。

由此可见,以网络化、数字化、多媒化和智能化为代表的现代信息技术,正在改变人们传统的生活、学习和工作方式,影响教育的内容与方法。信息技术教育成为全世界教育课程改革的热点研究课题。

二、课题研究设计

（一）课题依据及实际意义

1. 课题的理论依据

本课题依据邓小平同志"三个面向"的理论、第三次全教会和全国基础教育工作会议的精神,从德育学、教育学、心理学和教育社会学等角度出发,突出多媒体教学的发展性、创新性和与时俱进性,紧密联系教育教学实际,从实践中发现问题,从实践中解决问题。

在多部"教育心理学"著作中,心理学家均指出,人类的感觉器官获取信息的比例为:视觉80%、听觉11%、嗅觉1%。由此可见,教学中运用多媒体,可刺激学生各种感官,特别是听觉和视觉,从而收到良好的教学效果。

"合作教育学"于1986年在前苏联被提出,其相关思想对于我们的课题研究也有一定的借鉴作用。

首先，素质教育是面向全体学生，促进每一个学生全面素质发展的教育，必须坚持因材施教。"合作教育学"认为，过分强调统一的教学内容、教学进度和教学方法，是与学生实际不符的。实验证明，只要教育思想端正，教学方法适当，往往就可以保证每一个正常学生达到普及教育的标准，中等生可提高到优等水平，而优生可超纲地学到更多东西。所以，教师教给学生的东西要有一定的超前性和一定的难度，拓宽教学和学习领域，有选择地增加教学信息量。

其次，素质教育是开发每个学生潜能、促进个性发展的教育。"合作教育学"也提出教育教学必须从发展儿童的个性出发。一是给学生自由选择的权利。传统教学活动中，教师压制了学生的积极性、独立性和创造性。"合作教育学"倡导教学中要使儿童有自由选择感。当然，并非放任自流和降低教学要求，而是根据儿童的个性特点及生活经验和可能达到的能力，运用巧妙的教学艺术，使必需的学习任务变为学生内在的自觉要求。二是争取创造机会让学生从事自己感兴趣的活动。当堂完成作业，少留家庭作业；大量阅读，改善学生"智力背景"；从事创造性制作活动，让学生在多种多样的活动中发展个性。多媒体教学完全可以创造这样的条件。

2. 课题的实际意义

通过本课题研究，我们力求在理论上，以时代精神和新的教育理念为依据，对各学科教学在多媒体使用过程中的事实、行动和经验进行系统梳理，探索规律，为国家的课程改革提供多媒体方面的支持。在实践上，注重多种教学媒体的综合运用，加强实验研究，突出小学各学科多媒体的整体设计，系统研究，发挥综合效应。以课题组为中心，点面结合，资源共享，探究综合运用多种教学媒体的新的教育方式和学习方式，以促进全体学生的个性化发展；促进全体学生能力，特别是自学能力的培养；促进全体学生的个性品质的发展，为学生的终身学习和未来发展打下坚实的基础。

本课题的研究成果将会以多种形式呈现，有研究报告、论文、专著、地方课程与学校课程资源教材、学习材料、案例选、设计方案、教学资源库、虚拟实验室、物质化的教具、学具和各种材料等，对教育教学实践具有指导性、示范性和实用性价值。

（二）实验假设

课堂教学是在科学指导下的行为，是根据教育学、心理学和教学理论，在互联网（INTERNET）和内联网（INTRANET）的环境下针对小学实施的网络型多媒体教学，它能提高教学效益，促进教学的发展。

多媒体的综合运用所形成的良好的课堂教学环境，可以促进学生的学习与发展,反过来也能加速教师教学观念的更新和教学方法的改革。

在课堂教学中对多媒体的综合协调、合理运用,一定能促使学生积极主动、自主探索地学习,从而促进学生的发展和教学质量的提高。

(三)研究目标及研究内容

1. 研究目标

根据实验假设,本实验要达到的主要目标是:

(1)探索多媒体网络开放式教与学的教学理论和教学模式;

(2)研究多媒体网络开放式教与学的体系结构;

(3)研究多媒体网络开放式教与学的课件的结构和开发模式;

(4)探索多媒体网络开放式教与学在教学实践中的应用和研究;

(5)开发一批具有一定智能的多媒体网络课件。

2. 研究内容

研究内容包括:多媒体网络开放式教与学的体系结构,多媒体网络开放式教与学的教学理论、教学模式和教学实践,多媒体网络型课件的开发模式、结构和实践。

(四)研究的方法与步骤

在研究中我们将采用理论和实践相结合的办法,在全面贯彻"以学生发展为本"的课程改革中,探索多媒体网络开放式教与学的教学理论和教学模式,研究多媒体网络开放式教与学的体系结构,主要是以理论研究为主,研究多媒体网络开放式教与学的课件的结构和开发模式、多媒体网络开放式教与学在教学实践中的应用等,并采用实验的方法,开发一批具有一定智能的多媒体网络课件。整个课题的研究,我们将实施滚动式推进,边研究、边实践、边总结、边出成果。

在实践中我们将实行两步走。第一步,在 2001 年 6 月以前,硬件落实到位,创建良好的现代教育技术环境,主要在校园内的多媒体网络教室中进行各种探索;第二步,在 2001 年 6 月后,实现全校联网,并组织本校学生和其他学校的师生到我们的教学网站进行多媒体网上教学,开辟专题学习网站,营造网络学习氛围,总结课题研究经验,综合汇编各学科课题研究资料。

(五)课题研究进度计划

(1)2000 年 10 月—2001 年 1 月:相关教育教学理论的学习研究,阅读参考文献资料,制订课题研究的实施方案。

(2)2001 年 2 月:开题报告分配研究任务,开始第一轮实验。

(3)2001 年 2—6 月:教学实验,完善课题研究方案。

(4)2001 年 8 月:完成第一轮实验,以论文的形式提交中期成果。

(5)2001 年 9 月—2003 年 6 月:总结阶段性成果,进行第二轮实验。

（6）2004 年 3 月：完成结题报告和各学科网站建设，出版教师论文集。

（六）实验的预期成果及成果形式

（1）课题研究总报告：《多媒体网络环境下教与学的研究实验报告》。

（2）论文不少于 30 篇，其中发表在国家级核心期刊上的论文不下 2 篇，并出版论文集。

（3）教学实践成果包括公开课、不同课时实验，不少于 30 次。

（4）开发网络型智能多媒体课件，课件不少于 30 课，并在实践中运用。

为提高研究成果及实效，本课题本着边研究、边出成果的原则，积极鼓励课题组成员总结阶段性成果。

三、课题的研究人员及分工安排

1. 课题的领导小组

A1　钟克佩　长沙市雨花区教育局局长

A2　蔡定田　长沙市雨花区教研室主任

2. 顾问指导小组

B1　钱建昌　湖南省电教馆教研室主任

B2　刘　忠　中国国防科技大学博士后

B3　邹淑萍　湖南省电教馆教研员

B4　李　湘　湖南省电教馆教研员

3. 课题研究小组

C1　孟　毅　长沙市雨花区砂子塘小学校长

C2　邓　栩　湖南省第一师范学校高级讲师

C3　黄梦钧　长沙市雨花区砂子塘天华寄宿制学校校长

C4　王连华　长沙市雨花区砂子塘天华寄宿制学校校长助理

C5　谢秀云　长沙市雨花区砂子塘天华寄宿制学校教导主任

4. 参与人员

参与人员为天华寄宿制学校以学会组为单位的全体教学人员。

5. 课题的分工

语文组　多媒体网络开放式教与学的教学理论和教学模式的探索

负责人：斯思、方红

电脑组　多媒体网络开放式教与学的课件结构和开发模式的研究

负责人：蒋勇、李良

数学组　多媒体网络开放式教与学在教学实践中的应用与研究

负责人：卢楚芝、周铭芳

综合组　各学科交互式课件或网站的研究与制作

负责人:熊铁军、谭洁玉、王勇等

四、实验研究条件

1.实验经费

实验经费共计 30 万。

2. 设备

(1) 多媒体网络教室(64 结点＋服务器＋教师机,已有);

(2) 课件服务器(联想或 HP 服务器,已有);

(3) 多媒体网络开放式教与学环境软件(待购部分);

(4) 多媒体网络开放式教与学课件编辑软件(待购部分);

(5) 多媒体网络开放式教与学素材库软件(待购部分)。

3. 设施

本校具备各种实验的场地和设施。

4. 主要研究人员情况

孟毅:长沙市砂子塘小学校长,湖南省小学语文协会会员,主要研究领域为教育管理、小学语文教学,撰写论文多次在省市获奖。

邓栩:湖南第一师范专科学校高级讲师,湖南省家庭教育协会常务理事,主要研究领域为教育学、心理学。其论文曾获全国中师教育学论文比赛一等奖等多项奖励,并在《课程·教材·教法》、《中国电化教育》等国家级核心刊物上发表文章数篇。

黄梦钧:长沙市砂子塘天华寄宿制学校校长、中学高级教师,主要研究领域为低年级部件识字教学,参与多项课题实验,并在全国、省、市获奖。

刘忠:国防科技大学博士后,主要研究领域为网络、分布式协同系统,获多项国家级科技进步奖,并发表论文十几篇。

谢秀云:长沙市砂子塘天华寄宿制学校教导主任。承担过国家"九五"课题"电化教育促进学生自学能力的发展"、长沙市"小学语文 CAI 课件制作与使用"等课题的研究工作;撰写的论文多次在全国、省、市获奖;设计的教学软件、投影片在全省公开发行;执教的 CAI 教学对全省开放,获得好评,执教的作文指导课获省一等奖。

主要研究人员还包括学校各学科骨干教师。

五、实施课题的措施

(1) 领导高度重视,从省、市电教馆的领导到雨花区的领导对本项目都很重视,亲自指导,为本项目的实施提供了很好的环境。

(2) 理论联系实际,通过对多媒体网络开放式教与学的教学模式和体系结构的研究,指导基于多媒体网络开放式教与学的实践,并在教学中丰富教学模式和体系结构。

（3）真抓实干,建立一套完整的多媒体网络型智能课件,并通过我们自己的网站为自己的学生和其他学校的师生服务。

（4）建立健全课题研究的有关制度,激励广大教师积极参与,充分发挥教师的主观能动性和研究的创造性。[1]

---

①　源自湖南省长沙市砂子塘教育集团天华寄宿制学校 2001 年全国教育科学"十五"规划课题"多媒体网络环境下的教与学的研究"开题报告,http://www.lhzzx.cn/html/jiaoyan/2010/0402/92.html。

参考文献

1. （美）加德纳：《多元智能》，沈致隆译，新华出版社，1999年。

2. 祝智庭：《现代教育技术学——走向信息化教育》，教育科学出版社，2000年。

3. 李其维：《破解"智慧胚胎学"之谜——皮亚杰的发生认识论》，湖北教育出版社，1999年。

4. 吴康宁：《教育社会学》，人民教育出版社，1997年。

5. 鞠献利：《教师素质论》，山东教育出版社，1999年。

6. 林崇德：《教育的智慧：写给中小学教师》，开明出版社，1999年。

7. 叶澜，等：《教师角色与教师发展新探》，教育科学出版社，2001年。

8. 傅道春，等：《新课程与教师角色转变》，教育科学出版社，2001年。

9. 教育部师范教育司：《教育专业化的理论与实践》，人民教育出版社，2001年。

10. 成有信：《十国师范教育和教师》，人民教育出版社，1990年。

11. 滕大春：《美国教育史》，人民教育出版社，1994年。

12. 吴式颖：《外国现代教育史》，人民教育出版社，1997年。

13. 石中英：《知识转型与教育改革》，教育科学出版社，2001年。

14. 谢立中：《西方社会学名著提要》，江西人民出版社，1998年。

15. 刘捷：《专业化：挑战21世纪的教师》，教育科学出版社，2002年。

16. （美）Lynda Fielstein & Patricia Phelps：《教师新概念——教师教育理论与实践》，王建平，等译，中国轻工业出版社，2002年。

17. 全国十二所重点师范大学联合编写:《教育学基础》,教育科学出版社,2002 年。

18. 何克抗:《建构主义——革新传统教学的理论基础》,《学科教育》,1998 年第 3 期。

19.《英特尔未来教育教师培训教材》,中文版 3.0,因特尔公司,2000 年。